国家出版基金资助项目
“十二五”国家重点图书出版规划项目

中华佛教史

中韩佛教交流史卷

魏常海 著

总主编
季羡林
汤一介

山西出版传媒集团 山西教育出版社

图书在版编目（CIP）数据

中华佛教史. 中韩佛教交流史卷 / 季羡林, 汤一介主编 ; 魏常海著. -- 太原 : 山西教育出版社, 2014.5

ISBN 978-7-5440-5935-0

Ⅰ. ①中… Ⅱ. ①季… ②汤… ③魏… Ⅲ. ①中韩关系—文化交流—佛教史 Ⅳ. ①B949.2

中国版本图书馆CIP数据核字(2013)第069858号

书　　名 / 中华佛教史 · 中韩佛教交流史卷

作　　者 / 魏常海

出 版 人：荆作栋

总体设计：崔元和

编辑主持：雷俊林　刘立平　杨　文

责任编辑：李梦燕　贾云飞

复　　审：潘　峰

终　　审：刘立平

装帧设计：王耀斌　陶雅娜

印装监制：郭　勋　贾永胜

出版发行：山西出版传媒集团 · 山西教育出版社

（地址：太原市水西门街馒头巷7号　电话：0351-4729801　邮编：030002）

印　　装：北京图文天地制版印刷有限公司

版　　次：2014年5月第1版　2014年5月第1次印刷

开　　本：787×1092　1/16

印　　张：17.75

字　　数：297千字

印　　数：1—5 000册

书　　号：ISBN 978-7-5440-5935-0

定　　价：58.00元

《中华佛教史》总序

◎季羡林

此丛书名曰《中华佛教史》，为什么我们不按老规矩，称此书为《中国佛教史》呢？用意其实简单明了，就是想纠正一个偏颇。我们惯于说中国什么史，实际往往就是汉族什么史。现在改用“中华”这个词，意思是不只汉族一家之言，而是全国许多个有佛教信仰的民族大家之言。

谈到中华佛教史，我们必须首先提到汤用彤先生的《汉魏两晋南北朝佛教史》，此书取材丰富，分析细致，确是扛鼎之作，已成为不朽的名著。但是，人类社会总是在不停地前进，学术也是日新月异，与时俱进。到了今天，古代西域（今新疆一带）考古发掘随时有新的考古材料出土，比如，吐火罗语就是在新疆发现的，过去任何书上都没有这种语言的记载。所以我们感觉到，现在有必要再写一部书。

在中国古代佛教的著述中，有几种实际上带有佛教史的性质，比如《佛祖历代通载》等。佛教以及其他学科而冠以史之名称（如文学史之类），是晚近才出现的，其中恐怕有一些外来的影响。

近代以来，颇有几种佛教史的著作，这些书为时代所限，各有短长，我在这里不一一加以评论。

我们现在有胆量写这一套中华佛教史，就是为了赶上学术前进的步伐。

总而言之，归纳起来我们这套书有几个特点：第一，就是我们不只说汉族的事情，也介绍我国其他有关的少数民族的情况；第二，我们对古代西域佛教史的发展有比较详细的论述；第三，现在写这部书不仅有学术意义，而且还有现实意义。佛教发源于印度，传入中国后，经过两千多年的演变，最终已成为中华文化的一部分。在现实生活中，佛教仍然是一个有生命的团体。中国人民不管信佛教与不信佛教的，都必须了解佛教的真相，这会大大地促进社会主义和谐社会的发展。

在另一方面，也有利于世界各国对中国人民精神生活的了解。我们现在所需要的正是中外互相了解，全世界都互相了解。

我是不信任何宗教的，但是，对世界上所有的堂堂正正的宗教，我都有真挚的敬意。因为这些宗教，不管它的教义是什么，也不管它是如何发展起来的，这些宗教总是教人们做好事，不做恶事，它们在道德上都有一些好的作用。因此，现代世界上，宗教的存在有它的必要性。专就佛教与中国而论，佛教的原生地印度和尼泊尔，现在佛教已经几乎绝迹，但在我们中国，佛教得到了很大的发展。原因是中华民族几千年来，大度包容。中华民族文化之所以达到今天这样如火如荼的程度，就是因为我们民族有这种特点。从当前世界来看，我们最近提出了和谐世界的概念，这就希望全世界各个国家各个民族之间互相了解，互相促进，共同达到人类社会更高的层次。

所以，我们研究佛教写佛教史，不但有其学术意义，还有更深刻的现实意义。

目 录

第一章

中韩文化交流概说

第一节　古朝鲜、箕子朝鲜及汉武帝设郡

中国和韩国朝鲜半岛地理上唇齿相依，历史上关系密切，两国之间的文化交流自古以来就十分频繁和深入。这种交流是双向、互动的，中国文化固然对韩国朝鲜半岛的文化产生过久远而深刻的影响，但与此同时，中华民族受韩国朝鲜半岛文化的影响也颇多。并且，中国文化传入韩国朝鲜半岛之后，就不再是简单的延续，它必然会和半岛的社会情况及文化传统结合起来，多少改变了原来的面貌，变成韩国朝鲜半岛民族文化的一个组成部分，如同印度佛教传入中国而变成中国佛教一样。

中韩两国佛教的交流，是在中韩两国文化交流的大背景下展开的，因此，本章先对两国文化交流的各个方面，特别是对以儒释道为主的传统思想文化的交流，作一个概况的论述。

迄今为止的考古发现表明，朝鲜半岛（韩半岛）在距今四十万年乃至六十万年前，就已经有人类生存，他们和其他许多古老民族的先民一样，也经历了旧石器时代、新石器时代等漫长的发展和进步过程。韩（朝鲜）民族有着不同于中华民族的形成发展历史，传统习俗等方面也与中华民族有所不同，有本民族自己的文化特质。关于朝鲜民族（韩民族）的起源，在 13 世纪高丽时代的一然禅师所

著《三国遗事·古朝鲜》中，就记述有檀君开国的神话。《三国遗事》引《魏书》说："乃往二千载，有檀君王俭，立都阿斯达，开国号朝鲜。"

据说这位古朝鲜的开国者檀君，是天帝桓因的庶子桓雄的儿子。桓雄"数意天下，贪求人世"。桓因便让他带着三个天符印，率领三千天兵天将，降到太伯山顶的神檀树下，"凡主人间三百六十余事，在世理化"。当时有一熊一虎，同穴而居，再三祈请天神桓雄把它们变成人。于是桓雄给了它们一把灵艾和二十头大蒜，对它们说："尔辈食之，不见日光百日，便得人形。"它们遵嘱吃完了灵艾和蒜，开始过起不见天日的生活。但老虎忍耐不住潮湿阴暗的环境，不几天就跑出洞见了阳光，所以未能如愿变人。熊则谨守着桓雄规定的条件，坚持不见阳光，到第二十一天，提前变成了熊女。这熊女与桓雄结合，生下一子，就是檀君王俭，也就是古朝鲜的开国之君。

这个神话传说反映了韩民族祖先的敬天思想和图腾崇拜。熊女之说可能出自北方民族的图腾。北方民族的图腾动物有熊、狼、虎、鹫、鸦等等，其中以熊的崇拜最为普遍。

据说，当中国的尧即帝位的第五十年，檀君王俭在朝鲜称王，定都平壤，后又移都于白岳山阿斯达，御国一千五百年。后来周武王"封箕子于朝鲜，檀君乃移于藏唐京。后还隐于阿斯达为山神，寿三千九百八岁"[①]。

檀君神话，无其他史料可考，而箕子封于朝鲜的传说，则见于中国的史书。《史记》说，箕子是殷商末朝纣王的叔父。纣王无道，杀戮忠臣，箕子谏而不听，"乃佯狂为奴，纣又囚之"。不久，周武王起来"革命"，伐纣成功，"释箕子之囚"[②]，又请箕子作《洪范》九畴，以明彝论攸叙，于是武王"乃封箕子于朝鲜"。[③]这是有关古朝鲜的最重要的传说之一。

《汉书·地理志》也记载说："殷道衰，箕子去之朝鲜，教其民以礼义、田蚕织作。"并制定了八条法律："相杀以当时偿杀；相伤以谷偿；相盗者男没入为其家奴，女子为婢，欲自赎者，人五十万。虽免为民，俗犹羞之，嫁取无所雠。是以民终不相盗，无门户之闭，妇人贞信不淫辟。"

---

①《三国遗事·古朝鲜》。

②《史记·殷本纪》。

③《史记·宋世家》。

如果箕子封于朝鲜的传说是真实的，那么这应当是公元前 10 世纪的事情。由此可以推想，在箕子封于朝鲜之前，中国已与古朝鲜建立了联系，否则不可能把他分封到那里。考古学证明，在公元前 10 世纪，朝鲜半岛的确已与中国有密切联系，例如那个时期已具有共同的所谓“巨石文化”。朝鲜半岛发现的那个时期的墓葬石棚（支石墓），分为北方式和南方式两类。北方式分布于半岛中部和北部，与中国辽东半岛发现的石棚属于同一种形式。南方式分布在半岛南部，与中国辽东半岛南瑞的大连和山东半岛发现的石棚基本一致①。

公元前 4 世纪到公元前 2 世纪，中国处于战国时代，许多中国人流亡到朝鲜半岛，带去了大陆的铁器文化。由于铁器文化的传入，古朝鲜出现了铁制的剑、鉾等武器和铁制的锹、犁、镰等农具，战斗力和经济力大为提高；与此同时，还有大量的青铜器物，有些是由中国直接传入的，有些则经过古朝鲜人改造而带有了自己民族的特色。这些铁器、铜器文化又进而传到日本，促成了日本的弥生文化。

秦末战乱，中国的燕、齐、赵等地有多达数万的流民避往朝鲜。汉初，燕王卢绾惧怕汉的压力，叛汉投奔了匈奴，燕王的部下卫满（或称魏满）则“聚党千余人”，亡命朝鲜，当时的朝鲜王准（箕准，据说是箕子后代）让他充任北方的防卫。随着大陆移民的增多，卫满聚成了一大势力，于公元前 194 年驱走准王，自立为王。他依靠中国先进的铁器文化，统治了古朝鲜。卫满建立的国家，史称卫满朝鲜。

到卫满之孙右渠王时，因其阻碍汉朝与古朝鲜的南部部族通交，卫满朝鲜同汉朝发生了冲突。公元前 109 年，汉武帝派六万陆军和七千水军进攻卫满朝鲜的首都王俭城，第二年灭卫满朝鲜，于是，在古朝鲜的原属地设置了乐浪、真番、临屯、玄菟四郡，郡下置县，建立起汉朝的统治体制。到公元前 82 年，真番、临屯二郡即行废止，玄菟郡迫于高句丽部族的压力，也于公元前 75 年把郡治远迁北方，古朝鲜的境内就只剩下乐浪郡（郡治在今平壤乐浪区）了。乐浪郡设置了四百余年，到公元 313 年，终于被高句丽的势力占领。

古朝鲜时期，朝鲜半岛南部还有许多部族，后来逐渐形成了三个部族联盟，这就是马韩、弁韩、辰韩，即所谓“三韩”。马韩在汉江流域以南的西半部，辰

①参见周一良《中朝人民的友谊关系与文化交流》，开明书店，1951 年；池明观《韩国文化史》，高丽书林（日），1979 年。

韩在洛东江之东，弁韩在洛东江之西。三韩大体是北方移民与当地部族结成的部落联盟，其中马韩的势力最大，常常可以决定辰韩、弁韩的首领。《三国遗事》引《魏志》说，卫满占据古朝鲜时，“朝鲜王准率宫人左右越海而南至韩地，开国号马韩”。辰韩中有一部分原来是中国秦朝人，因为避秦苦役，所以流亡到三韩地域，他们带去了中国文化，与当地人联结成一体。几百年后，其语言中仍保留着中国语言的习惯，所以辰韩“或名之为秦韩”①。弁韩可能有乐浪设郡时的移民，其地有辰韩人杂居，所以也叫弁辰。弁韩加耶地区发现的金海贝冢中，有汉元凤元年（前79）铸造的货泉（钱币）一枚，还有纺锤车、琉璃玉、少量石器和大量的铁刀子，说明当时铁器已经被广泛使用。另外，在那里还发现了一把炭化米，这就是韩国最早的金海米。加耶文化或金海文化，带有当地文化与中国文化相结合的特点，例如金海土器，就是原来的土器与中国式灰陶技术相结合而成的红色或青灰色土器。

第二节　半岛三国与汉唐文化

公元前57年至公元935年间，朝鲜半岛（韩半岛）有高句丽、百济、新罗三国并立，是朝鲜半岛（韩半岛）的三国时期。高句丽本是中国东北地方的一个部族，汉武帝设郡时，属玄菟郡所辖。汉孝元帝建昭二年（前37），其首领朱蒙开国称王，定都卒本（或谓纥升骨城，今辽宁桓仁）。朱蒙死后被尊称为东明圣王。东明圣王之子类利（琉璃明王）继王位后，又迁都尉那岩城（今吉林集安）。高句丽的势力逐渐扩大，到北魏时，已统治了今中朝界河两岸的广大区域。到长寿王（413—491）时，高句丽首都移到了古朝鲜旧都平壤（427）。

百济始祖是温祚王，他是高句丽东明圣王的次子，他于前汉成帝鸿嘉三年（前18）率领一批臣民到达汉江流域，在汉城附近的慰礼城（广州）定都称王，国号初为十济，后改为百济。到古尔王（234—286）时，他统治了原马韩占据的整个地域。

---

①《后汉书·东夷传》。

新罗是由辰韩发展起来的，传说其始祖姓朴，名赫居世，前汉孝宣帝五凤元年（前57）即位称王，国号徐那伐，以金城（今庆州）为都城。到智证王四年（503），才正式定国号为新罗。此后逐渐强盛起来，在六世纪中叶统一弁韩，占据了整个洛东江流域。662年又依靠唐朝力量灭掉百济，668年又灭高句丽，实现了三国的统一。大同江以北的高句丽旧领域内，曾建有渤海国，受唐朝控制。

新罗后期发生战乱，9世纪末和10世纪初，先后有甄萱建立后百济国，弓裔建立后高句丽国（后改国号摩震，又改为封泰），形成了短暂的后三国时代。直到918年，王建取代弓裔建高丽国，935年和936年新罗、后百济降服，朝鲜半岛才建立起统一的高丽王朝。

有关三国的史料，今天保存下来的不多。据说三国都曾编纂过自己的史书，高句丽在建国之初即编写《留记》，后来编成百卷，大概是大事记那样的东西。高句丽末期又有《新集》五卷，是在《留记》基础上写成的高句丽史书。百济在近肖古王时代（346—375）编纂了《书记》，后来又有《百济记》、《百济本纪》、《百济新撰》等。新罗也在545年奉王命编纂了《新罗史》。

但是，所有这些三国时代编写的史籍全都没有保存下来，大概是毁于战火了。今天尚存的有关三国的最早的历史书，是高丽时代金富轼撰写的《三国史记》（1145年）和一然禅师的《三国遗事》（1275—1281）此外就是中国史书中的有关记述。不过，近几十年来考古方面的成就，对研究三国文化很有帮助。

三国之中，高句丽地理位置距中国最近，所以汉文化最先传入。汉武帝时，即设置了“汉四郡”，可以想见，中国的文物制度与儒学思想，那时已开始起主导作用。据《三国史记》记载，高句丽在“国初”就已经使用汉字，第二代王琉璃王（前19—19）还创造了四言汉诗：“翩翩黄鸟，雌雄相依，念我之独，谁其与归？”这与《诗经》中的“关关雎鸠，在河之洲，窈窕淑女，君子好逑”，诗体十分相似。到高句丽小兽林王二年（372），即“立太学、教育子弟”①。太学是当时儒教教育的最高学府，所授内容为五经三史之类。儒学影响在高句丽相当广泛，据《旧唐书·东夷列传》所载，高句丽“俗爱书籍，至于衡门厮养之家，各于街衢造大屋，谓之扃堂。子弟未婚之前，昼夜于此读书习射，其书有五经及《史记》、《汉书》、范晔《后汉书》、《三国志》、孙盛《晋春秋》、《玉篇》、《字统》、

①《三国史记·高句丽本纪》。

《字林》，又有《文选》，尤爱重之”。与此类似的记述又见于《唐书·东夷列传》，其中说：高句丽“人喜学，至穷里厮家，亦相矜勉，衢侧悉构严屋，号扃堂，子弟未婚者，曹处诵经习射。”由此可见，高句丽的学制，有为贵族子弟所设的太学，又有一般平民读书的扃堂，二者皆以儒家学说为主要教材。

据《旧唐书》记载，高句丽后期，地方村落中“造大屋”、“设扃堂”，大概是民间办的学堂，教平民子弟读中国儒家典籍。可见，当时汉文化在高句丽已经相当普及和深入。

到7世纪中叶，高句丽更加积极地吸收唐朝先进的文化，还派遣留学生赴唐，入“国学”学习，由唐朝直接培养精通中国文化的人才。

372年，中国前秦王苻坚遣使送名僧顺道携带佛像、经文到高句丽，从此，高句丽开始建佛寺，传播佛教。佛教传入高句丽之后，得到国家和贵族的支持，并和本土祭天敬神的古俗结合起来，迅速在全国得以普及。高句丽僧人又到百济、新罗以及日本传法，对佛教在东亚的传播发挥了重要作用。

高句丽末期，中国道家思想和道教传入朝鲜半岛。《三国遗事·宝藏奉老》说：“《高丽本纪》云：丽季，武德、贞观间，国人多奉五斗米教。唐高祖闻之，遣道士，送天尊像，来讲《道德经》，王与国人听之。即第二十七代荣留王即位七年、武德七年甲申也。明年遣使往唐，求学佛老，唐帝（高祖）许之。”这是说，高句丽末期，唐武德、贞观年间（618—649），中国的五斗米教已经传到了高句丽，并且在民间造成了相当大的影响。唐高祖得知这种情况后，便派道士送去天尊像，宣讲《道德经》，更促进了道教在高句丽的发展。第二年，荣留王又派使者赴唐求学佛老，得到唐高祖的支持和鼓励。

五斗米教是汉末张道陵所创，其教是宣传以祷请之法给人治病。把病人姓氏及本人悔罪之意写在纸上，一式三份，一份送上天即放在山上，一份埋于地，一份沉之水，叫作“三官手书”。据说这样就可以把人的病治好。要学此道，需出五斗米，所以称为五斗米教或五斗米道。此道最初在蜀中流行，张道陵之后，张衡、张鲁继续传其道术，造成广泛影响，以后历代皆有信奉者。高句丽人争相信奉五斗米道，大概是与其传统的神仙信仰有关系。

此后不久，高句丽宝藏王时，权臣盖苏文又正式提议高句丽兴道教。《三国史记·高句丽本纪》载，宝藏王二年（643），盖苏文向宝藏王进言说：“三教譬如鼎足，阙一不可。今儒释并兴，而道教未盛，非所谓备天下之道术也。”因此他请求遣使入唐，“求道教以训国人”。宝藏王很赞成他的主张，就派遣使者，奉表入唐陈请。于是，唐太宗“遣道士叔达等八人，兼赐老子《道德经》”。宝藏王非常高兴，以贵宾之礼厚待叔达等道士，并把他们安置在佛寺中，改佛寺为道观，使道士坐儒士之上，开始宣讲道教，从此道教信仰超过儒、佛。

《三国遗事》也记述了这件事情，其《宝藏奉老》一节中说：“及宝藏王即位，亦欲并兴三教。时宠相盖苏文，说王以儒释并炽，而黄冠未盛，特使于唐求道教。”《三国遗事》中还说，当道教传到高句丽时，曾有盘龙寺普德和尚多次提出反对意见，认为传道教是“左道匹正，国祚危矣”。但宝藏王没有听取他的意见，他便隐居到深山里去了。从此，道教在高句丽传播开来，道士除讲解道教经典外，还举行各种斋醮，行镇国之术，镇护国家名山大川。

中国艺术对高句丽的影响，可以从出土的古坟壁画中窥知。壁画大致分为三个时期，第一个时期是4世纪末到5世纪的作品，分布在东北地方南部、乐浪故地和今平壤周围。内容多是社会风俗画、生活风俗画，图案画和神灵画，与中国的古墓壁画类似。例如，其壁画中表现青龙、白虎、朱雀、玄武四神形象的四神图，在从6世纪后期到7世纪末的高句丽古坟中，常常占据主壁的地位，而在中国的汉代墓葬里就已经发现了同样的四神图。

百济的开国之王温祚王本来是高句丽始祖东明王的王子。既然高句丽“国初”使用汉字，第二代琉璃王（温祚王之兄）又作汉诗，那么就可以设想，当温祚王带大批高句丽臣民南迁而建百济国时，汉字和汉文化也必定同时传到了百济。儒学传入百济，始于百济建国之初，到3世纪后半期，儒学教育得以完备，并设五经博士之职。百济的儒学盛况，并不逊于高句丽。据《旧唐书·东夷列传》所载，百济“其书籍有五经、子、史，又表、疏并依中华之法”。此外，百济儒学对日本的影响颇大。据《古事记》和《日本书纪》所载，3世纪后期，百济阿直岐使日，并传汉学。其后不久，博士王仁赴日，向应神天皇献《论语》和《千字文》，儒家经典始传日本。6世纪初，又有百济五经博士段杨尔等到日本传授儒学，由此日本以五经为中心的儒家学问渐盛。古代日本的儒学等中国学问，许多是从百济人学到的。百济的贵族层，汉学相当普及，对经、史、文章、阴阳五行、医药、占卜等无所不通。

佛教传入百济比高句丽稍晚。384年，胡僧摩罗难陀自东晋到百济，第二年，百济“创佛寺于汉山，度僧十人”，佛教从此开始流布，并逐渐兴盛起来，进而又传到了日本。6 世纪 30 年代和 40 年代，百济屡次遣使访问中国的梁王朝，求得《涅槃》等经义，同时聘请了《毛诗》博士和一些工匠、画师，从而更推动了儒学、佛教、工艺美术等中国文化的各个方面在百济的传播。

道教传入百济的具体年代不太清楚，《后周书》甚至说“百济无道士，而僧尼寺塔甚多”。这种说法未免过于绝对了。百济固然是一直佛教势盛，但也不能说没有道家思想的影响和道教活动的踪迹。

《三国史记·百济本纪》载，近肖古王（356—371）时，高句丽进犯百济，近肖古王遣太子近仇首王率军抗击，大败高句丽军，“追奔逐北，至于水谷城之西北。将军莫古解谏曰：‘尝闻道家之言，知足不辱，知止不殆。今所得多矣，何必求多。’太子善之，止焉。”

莫古解所说的话，显然是出于老子《道德经》之第四十三章“知足不辱，知止不殆，可以长久”。另外，据《三国史记·乙支文德传》载，隋炀帝（605—618）时，曾派大将军于仲文率兵征高句丽，高句丽大相乙支文德有诗遗隋将于仲文曰：“神策究天文，妙算穷地理，战胜功既高，知足愿云止。”乙支文德之诗的结句，与莫古解的话如出一辙，这说明《道德经》中“知足知止”之训，已盛行于高句丽和百济两国，熏陶着国人的思想。

这里值得注意的是，莫古解是百济近肖古王时人，近肖古王当政是在 4 世纪的后半期。而乙支文德则是与隋炀帝同时代的高句丽人，当在 7 世纪前期。上引《三国遗事·宝藏奉老》和《三国史记·高句丽本纪》，也都是说 7 世纪前期《道德经》才传到高句丽，照此推论，百济之流传《道德经》，反比高句丽早了两个半世纪。但是实际上，高句丽在通过官方渠道从中国传入科仪道教和得到《道德经》之前，道家思想大概早已通过民间渠道传到高句丽了。

百济不仅有道家思想流传，而且也有道教流传的迹象。《三国史记·百济本纪》记载，百济武王三十五年（634）时，曾“穿池于宫南，引水二十余里，四岸植以杨柳，水中筑岛屿，拟方丈仙山”。这里的“方丈仙山”，是晋王嘉所撰《拾遗记》中的海上三仙山之一，于此可见，在 7 世纪时，道教神仙思想也在百济传播开来，这与高句丽末期之道教流行，差不多是同时的。

另外，日本人黑板胜美博士曾著《我国古代的道家思想及道教》一文，以为日本的道教是通过百济传入的。他推测，日本应神天皇时赴日献《论语》等书的百济人阿直岐、王仁，“必非为纯粹之儒学者，而宁为道家者流”。日本的《延喜式》中所规定的神祀仪式，即是由阿直岐、王仁从百济传去的。[①]

新罗在三国中开国最迟，其对中国交通须经由高句丽和百济，因而文化发展也晚于高句丽和百济。《梁书》说，新罗建国之初，“其国小不能自通聘使……无文字，刻木为信，语言待百济而后通焉”。但是，新罗的前身是辰韩，辰韩中有一部分人是秦朝时流亡去的中国人，很难设想他们不会带去中国文字和文化。

自6世纪以后，新罗与唐朝往来密切。6世纪以前，新罗国号、王号皆用当地语言称呼，而且变动不定。如国号称徐那伐、斯卢、斯罗等，王号称居西干、尼师今、麻立干等。6世纪初，经群臣计议，才按照中国儒教的方式确定国号为新罗，“新者德业日新，罗者网罗四方之义”。同时尊其首领为“新罗国王”，并采用中国的帝王年号纪年。可见当时儒学已呈广泛普及之势。6世纪中叶，修成汉文新罗国史。到7世纪40年代，开始派留学生到唐朝“入国学”，学习唐朝的典章制度和思想文化，更促成新罗儒学的深入发展。新罗的儒家学者中，有强首、薛聪等较有影响，其事迹见于《三国史记》中“强首传”和“薛聪传”。

在7世纪中后期，强首、薛聪等人总结了朝鲜半岛人民长期使用汉字的经验，创造出了“吏读”文字。“吏读”是用汉字的音表示当地语言中的助词、助动词等，夹在汉文中间，以帮助读解汉文书籍。这是新罗人民的一大创造，也是对汉字的一个贡献。

据《三国史记》载，新罗神文王二年（682）创建国学，为儒教教育机关。国学曾一度改称大学监，不久后又复名国学。747年，“置国学诸业博士、助教”。国学以培养官吏为目的，受教者为贵族及其子弟，教授内容以儒家经典为主。《论语》和《孝经》是必修课目，其他如《礼记》、《周易》、《左传》、《毛诗》、《尚书》、《文选》等为选修课目。还设有从中国传去的算学和医学、天文学等科技方面的课程。到元圣王四年（788），官吏登用开始实行科举制度，“诸生读书以三品出身，读《春秋左氏传》，若《礼记》、若《文选》，而能通其义，兼明《论语》、《孝经》者为上；读《曲礼》、《论语》、《孝经》者为中；读《曲礼》、《孝经》者为下。若能兼通五经、三史、诸子百家书者，超擢用之”[②]。如此量才登用，从而培养出一大批熟悉中国文化又在各方面做出成就的人才。

---

①见李能和《朝鲜道教史》（《韩国道教史》），第55页，韩国民族文化社1980年刊行。

②《三国史记》。

新罗最有名的儒者是崔致远（858—?）。他是新罗王京沙梁郡（今庆州境内）人，字孤云，一字海云，自幼精敏好学，十二岁舶海入唐求学，十八岁科举登弟。曾任宣州溧水县（今江苏溧县）县尉，迁承务郎侍御史内供奉赐紫金鱼袋。黄巢为首的农民起义时，他曾做讨黄兵马都统高骈的从侍官，高骈委以书记之任，表状书启多出其手，并撰写了讨黄檄文，从此他的文名传遍了中国。二十八岁归国，历任侍读兼翰林学士、兵部侍郎、瑞书监事、太山郡（今春仁）太守、富城郡（今瑞山）太守等职。其间曾奉召使唐。崔致远返新罗，本欲为故国一展雄才，但时逢新罗季世，自伤不遇，于是打消仕进之念，弃官"逍遥自放山林之下、江海之滨，营台榭，植松竹，枕藉书史，啸咏风月"①。不知所终。高丽显宗时从祀圣庙，追谥文昌侯。

崔致远在中韩文化交流史上占有重要的地位，他的《桂苑笔耕集》不仅是一部优秀的诗文集，而且保存了大量的史事，对研究晚唐社会颇具文献价值。收录于《新唐书艺文志》，《四库全书》亦有录。姜信沆影印编辑的《崔文昌侯全集》，较全面地收集了现存的崔致远著述。

他是韩国历史上第一位留下了个人文集的学者，韩国人誉之为"东国儒宗"②"吾东方理学之宗"③、"东国文学之祖"④，称赞他"道德文章，我东方第一人"⑤；"生乎东国而其文章事业至于驱驾中原、暌曜后世者，千古一人而已"⑥。他在诗文辞赋等方面有相当高的造诣，并且对儒释道思想都很精通。他回国后撰写的佛教方面的《碑铭》等，也是有关韩国佛教的最早、最可靠的历史文献。

崔致远崇尚儒学，自云"但遵儒道"⑦，主张"政以仁为本，礼以孝为先。仁以推济众之诚，孝以举尊亲之典"⑧。但唐代是儒、释、道三教融合的时代，崔致远长期仕唐，也主儒、释、道并行不悖，他说："学者或谓身毒（印度，指佛教）与阙里（孔子居所，指儒教）之说教也，分流异体，圆凿方枘，互相矛盾，守滞

①《韩国文集丛刊·孤云先生文集》（以下简称《文集》），第137页。
②成均馆大学校大东文化研究院编《崔文昌侯全集》（以下简称《全集》），第438页。
③《全集》，第419页。
④《文集》，第133页。
⑤《全集》，第421页。
⑥《全集》，第435页。
⑦《桂苑笔耕》卷一七。
⑧《文集·大嵩福寺碑铭》。

一隅。尝试论之，说诗者不以文害辞，不以辞害志，礼所谓言岂一端而已，夫各有所当，故卢峰慧远着论，谓如来之与周孔，发致虽殊，所归一揆，体极不能兼者，物不能兼受故也。沈约有云：孔发其端，释究其致。真可谓识其大者，始可与言至道矣。”① 致远返归新罗后，又曾盛赞新罗流行的花郎道（风流道、风月道）之三教合一的思想，他说：“国有玄妙之道，曰风流。设教之源，备详仙史。实乃包含三教，接化群生。且如入则孝于家，出则忠于国，鲁司寇之旨也；处无为之事，行不言之教，周柱史之宗也；诸恶莫作，诸善奉行，竺乾太子之化也。”②

佛教传入新罗，大约是在公元 5 世纪前半期。当时有高句丽僧人到新罗传扬佛法，渐渐出现了信奉者。但起初新罗最高统治阶层排佛者甚多，他们认为“僧徒童头异服，议论奇诡，而非常道”③，因而强烈反对引进佛教。但近臣异次顿极力主张接受佛教，并于 528 年殉教而死，在新罗朝廷中引起震撼。以此为契机，佛教才得到国家的正式承认，并逐渐采取积极支持和保护的政策，大寺院不断建立，派到唐朝的留学僧也日益增多。佛教广泛流传开来，甚至有几位国王也曾削发为僧。中国的佛教宗派差不多都传到了新罗，因而有义湘、元晓等高僧辈出。

统一新罗时代正当唐代文化的极盛期，中国六朝以来的文物大量输入，佛教艺术也因而达到顶点，其中最具代表性的是庆州吐含山的石窟庵和佛国寺，据说是景德王时代（742—765）的宰相金大城发愿营造的。石窟庵基本上是模仿中国的石窟，只不过中国是用自然岩石营造，而石窟庵用的是人工花岗岩石。石窟分为平面矩形前室和平面圆形后室，中间有过道联通。后室天井为穹窿，后室圆形平面直径是二十四唐尺，周围壁高相当于以平面圆形半径十二唐尺为一边的正方形的对角线之长，恰与窟内中央手结印契、结跏趺座的本尊佛的高度相同。窟的入口也是十二唐尺。本尊佛像以及后室、前室、过道石壁上的十一面观音菩萨、十弟子、四天王、两仁王、八部众等雕像，皆栩栩如生，颇具唐风。

佛国寺的遗址也可以看出中国唐代佛寺的艺术风格。其堂塔有回廊环绕，回廊以四十三唐尺为基准；东西之长是四十三唐尺的四倍，南北之长是其五倍。寺

①《文集》卷二。

②《孤云先生续集 · 鸾郎碑序》。

③《三国史记 · 新罗本纪》。

的正门紫霞门前，有精美的白云桥和青云桥，紫霞门西侧有奇拔的泛影楼基柱。毗卢遮那佛像及多宝塔、释迦塔、八方金刚座等，熔造型美与佛教信仰于一炉。

道家思想及道教何时传入新罗，没有明确的史料记载。但最晚到7世纪时，老庄思想已在新罗上层传播开来。《三国史记·金仁问传》记述："金仁问，字仁寿，太宗大王第二子也。幼而就学，多读儒家之书，兼涉庄老浮屠之说。……永徽二年，仁问年二十三岁，受王命入大唐宿卫。"唐高宗永徽二年，即是651年，那时金仁问二十三岁。而金仁问"幼而就学"时，不仅读儒典，同时也读了道家和佛教的书。由此看来，在7世纪前期，《老子》、《庄子》等道家的书已列为新罗教育贵族子弟的教材。

《三国史记·新罗本纪》载："孝成王二年（738）春二月，唐玄宗闻圣德王薨，……遣左赞善大夫邢璹以鸿胪少卿往吊祭。……夏四月，唐使臣邢璹以老子《道德经》等文书献于王。"

此外，新罗圣德王十八年（719），金志诚在庆州造甘山寺及阿弥、弥勒石像，他在《庆州甘山寺弥勒菩萨造像记》① 中自述说："弟子志诚，生于圣世，历任荣班，无智略以匡时，仅免罹于刑宪。性谐山水，慕庄老之逍遥；志重真宗，希无着之玄寂。年六十有七，致王事于清朝，遂归田于闲野。披阅五千言之《道德》，弃名位而入玄；穷研十七地之法门，坏色空而俱灭。"《造像记》比邢璹献《道德经》要早19年，而当时老庄之学已经盛行，并且与佛教相融合。

新罗不独有道家思想传播，同时也有道教存在。《东国通鉴》载："惠恭王十六年（780）夏四月，金良相弑王自立。初，王幼冲嗣位，母后临朝。及壮，淫于声色，常作妇女之嬉，好佩锦囊与道流为谑。"可见当时已有道士活动。

关于新罗道教，多有个人修炼成仙的传记。凡放浪山水、吟弄风月者，常被人们传为神仙，所以名区胜地，多有仙踪。新罗的花郎道，又叫风流道，其花郎称为国仙。这样，传说中的成仙之人，则成为新罗仙派。对于新罗仙派，李朝时期的文人多有集记。这些传说中的仙人，多是史无其人。但也有些是确有其人，因其平生或放浪山水、吟风弄月，或通晓道教方术，后人便传称之为仙。特别值得提起的是，新罗有一大批文人学士曾赴唐留学，他们中不少人在唐朝学习过道教，对道教在新罗的广泛传播起了决定性的作用，他们也常被人视为仙家。其著

①见大正八年朝鲜总督府编印的《朝鲜金石总览》上，第34—35页。

名者有金可纪、崔承佑、僧慈惠、李清、僧明法、权清、崔致远等。

李朝道士韩无畏所撰《海东传道录》，记述了金可纪等人在中国学道的情况，其中说：唐文宗开成（836—840）中，新罗人崔承佑、金可纪、僧慈惠三人游学入唐，可纪先中进士，承佑又中进士，相与游终南山。当时有天师申元之住广法寺，慈惠正寓居寺中，与申元之深相结知，崔、金二人因慈惠而也与申元之亲近。通过申元之，三人得见仙人钟离将军，钟离“授三人道法，有《青华秘文》、《灵宝异法》、《入头岳诀》、《金诰》、《内观玉文宝箓》、《天遁炼魔法》等书及口诀，又有伯阳《参同契》、《黄庭经》、《龙虎经》、《清净心印经》。燃灯相付，一线以传。崔孤云（致远）入唐得还，反学以传，并为东方丹学之鼻祖。其最者，《参同契》十六条口诀也”。

金可纪在唐官至华州参军、长安尉。唐沈汾所撰《续仙传》说，可纪“性沉静好道，不尚华侈，或服气炼形，自以为乐”。后隐逸终南山子午谷，常焚香静坐，又诵读《道德经》及诸仙经不辍。曾一度归国，又复来入终南山，务行阴德，济助贫寒。唐大中十一年（857）十月，忽上表言：“奉玉帝诏召，明年二月当上升。”第二年二月，果然有仙人仙杖，迎其升天而去。

崔承佑和慈惠后来回到了新罗。据《海东传道录》等道书说，崔承佑返国后累官至大尉，以口诀授崔孤云及道士李清。李清入头流山修炼得道，九十三岁升去，传道于弟子明法。明法学于慈惠、李清二人，尽得其要，一百一十二岁解去，传于上洛君权清。慈惠也在一百四十五岁时入寂于太白山。权清佯狂为僧，修炼得道，隐于头流山，常与孤云相访，隐现无方。

这些道教传人中，最突出的还是崔致远。他东还故国后，正值乱世，自伤不遇，于是逍遥自放于山水林间，又挈家隐伽倻山。一日早起，遗冠履于林间，人莫知其所终，世称仙去。

崔致远的名著《桂苑笔耕》除收录他的诗文外，还收有斋词十五首，其内容包括科仪道教的各种醮祭仪式和祝文、颂文等。这些斋词文句优美，颇有深义，表明他对道教不仅抱有强烈的仰慕之情，而且还有很深的研究，开了后朝高丽科仪道教之先风。

此外，从《三国史记》、《三国遗事》的有关记载和出土文物中还可以看出，三国的天文、历法及工艺美术等许多方面，都有很大的发展进步，并且体现出中国文化的巨大影响。

这里值得注意的是，当新罗统一了高句丽、百济后，东亚的唐朝、新罗、日本，无论是各自国内还是三国之间，都处在比较安定和平的环境中，出现了一个长达二百余年的繁荣昌盛的文化交流时期，可以说，由此便奠定了所谓“东亚文化圈”的基础。中国唐王朝时期是从618年至907年，统一新罗时期是从668年至935年，而日本则自645年大化革新确立起古代天皇制，直到10世纪中叶，也正是奈良、平安文化的兴盛时期。在这个历史时期，中国、新罗、日本三国的文化密切联结起来，隔离三国的海洋看上去恰如同一文化圈中的内海一样。这个文化圈的文化内容，核心是五经、《论语》等儒家文化和佛教文化。在这个文化圈中，中国文化处在领先的地位，中国文化首先在朝鲜半岛传播、发展，然后又经朝鲜半岛东渡至日本。

第三节　高丽王朝与宋元文化

高丽王朝的开创者是松岳（开城）地方的豪族王建。他在918年取代后高句丽王弓裔，建立起高丽王朝，定都开京（开城）。935年，新罗敬顺王举国归服王建，936年又灭掉后百济。这样，高丽王朝统一了朝鲜半岛，直到1392年被朝鲜王朝所代替。

高丽文化是统一新罗文化的继承和发展。新罗致力于输入盛唐文化，为此后全面吸收中国文化打下了基础。高丽王朝继承其大业，进一步大力输入中国文化，使朝鲜半岛的文化与中国文化更紧密地联结起来。高丽高宗（1215—1260）以前，在新罗时代输入的唐代文化的基础上，又加上了宋代文化。高宗以后，主要引进宋代的新文化。而在元宗（1260—1275）时，高丽服属元朝，元帝室与高丽王室建立起亲戚关系，于是高丽子弟中多留学元都者，他们成了在朝鲜半岛传播程朱理学的先驱。

高丽建国之初，就采取了敬佛崇儒并重的政策。从光宗九年（958）起，正式实施科举制度，每三年进行一次科举，分制述、明经、明法、明算、明书、医业、咒禁、地理诸科。要想成为高级官僚，必须通过制述、明经两科中的一科。最受重视的是制述科（进士科），其考试科目是经义、诗、赋、策等，必须通过三场考试（三场制）才算合格。合格者依其成绩分为甲、乙、丙、同进士四种。到肃宗时（1096—1105）取消了甲科，规定乙科三人，丙科七人，同进士二十三人，共取三十三人，据说这是为了与佛家的三十三天相应。

到第六代王成宗（982—997）时，更强力推行崇儒政策。他为了革除佛教的弊害，取消了燃灯与八关两项佛事，并与此同时创设了国子监，地方也开设了儒教学校。此外，他又派学者入宋，积极引入中国的儒教文物。

贵族子弟为了通过科举而当官，就必须首先接受学校教育。官学在京城有国子监、东西学，在地方有乡校。国子监包括国子学、太学、四门学之儒学部和律学、书学、算学之技术学部，是综合性的教育机构。学部不是依学科的内容划分，而是依入学者的身份划分。国子监的教学内容有所谓“七斋”，即丽泽斋（《周易》）、待聘斋（《书经》）、经德斋（《诗经》）、求仁斋（《周礼》）、服膺斋（《礼记》）、养正斋（《春秋》）和讲艺斋（武学），后来讲艺斋废去，只剩下六斋。1119 年，国家设立了养贤库，这可以说是对学生们的奖学和福利机构。养贤库到朝鲜王朝时改为成均馆，起着同样的作用。

官学之外，高丽的私学也极发达，其教育成效甚至超过国子监等官学。私学的开创者是当时的名儒崔冲（984—1068），崔冲二十二岁科举及第，后来官至宰相之位，文宗称他是“累代儒宗，三韩耆老”。他退官后于 1055 年七十四岁时开办学校，“收召后进，教诲不倦，学徒坌集，填溢街巷”①。崔冲分设乐圣、大中、诚明、敬业、造道、率性、进德、大和、待聘等“九斋”，教育学生，所以他办的学校称为“九斋学堂”。他的学生人称“侍中崔公徒”，“凡应举子弟，必先隶徒中学焉”。崔冲卒后谥文宪，后来“凡赴举者，亦皆隶名九斋籍中，谓之文宪公徒”。因而时人尊称崔冲为“海东孔子”②。

崔冲办学不久，又有十一位儒臣受崔冲启发，退官后相继开办学校，所以当时有“十二徒”之说，侍中崔公徒（文宪公徒）之外，还有匡宪公徒、南山徒、西园徒、文忠公徒、贞慎公徒、贞敬公徒、忠平公徒、贞宪公徒、徐侍郎徒、龟山徒等十一家门徒弟子。由此，以儒学为主要教育内容的私学名声大振。办私学的风气一直持续到高丽朝末年，三百余年间培养出许多如金仁存、尹彦颐、郑知

---

①《高丽史·崔冲传》。

②《高丽史·崔冲传》。

常、金富轼那样的文人学者。

忠烈王（1275—1308）和忠宣王（1309—1314）时，积极采取振兴儒学的政策。就在此时，程朱理学自元传到了高丽。忠烈王针对当时“儒士唯习科举之文，未有博通经史者”的情况，要求国子监要让“通一经一史以上者教授国子”。他借助崇奉朱子学的儒者安珦的力量，完善国学，建立孔庙，又扩充了养贤库。

忠宣王长期居住在元朝首都，并在元朝首都设立“万卷堂”，组织元朝和高丽的一些学者收集中国的经史资料，进行认真研究。高丽学者白颐正、李齐贤、朴忠佐等人，就是在那里开始研究程朱理学，并把程朱理学传播到高丽的。高丽末期，又出现了李穑、郑梦周、郑道传、权近等理学者，形成高丽末期的新官僚群体，他们不仅在学术方面有重大影响，而且在政治方面也发挥了重要作用。

程朱理学之传入高丽，始于忠烈王时的安珦，著名的理学家有白颐正、李穑、郑梦周、郑道传、权近等人。

安珦（1243—1306）是最先把朱子学引入高丽的人。历任监察御史、尚州判官、集贤殿大学士、宰相等职。他推崇儒家学说，认为“夫子之道，垂宪万世”。他反对佛教，认为“佛教弃亲人离家庭，蔑视人伦，逆道义，乃夷狄之徒”①。1289年，安珦随同高丽忠烈王赴元，广求儒家书籍。其中不少是属于朱子学的，归国后开始讲授朱子学，这是韩国传朱子学之始。白颐正是与安珦同时代人，也是朱子学在韩国的早期传播者。他于1298年随高丽忠宣王入元，在元十余年，专心学程朱理学，归国后授徒讲学。

李穑（1321—1396），字颖权，号牧隐，高丽末期著名的理学家。他1349年入元为国子监生员，科举及第，曾任翰林知制诰等职。1351年因奔父丧而归国，归国后曾为成均馆大司成（校长），历仕高丽恭愍、辛禑、辛昌、恭让四王，官至侍中，封韩山君。李穑大力宣传程朱理学，为理学在高丽末期的广泛传播起到了重要作用。据《高丽史·李穑传》载，他任成均馆大司成时，“增置生员，择经术之士金九容、郑梦周、朴尚衷、林宜中、李崇仁，皆以他官兼教官。先是，馆生不过数十，穑更定学式，每月坐明伦堂，分经授业，讲毕相与论难忘倦，于是学者坌集，相与观感，程朱性理之学始兴”。

郑梦周（1337—1392），字达可，号圃隐，他与李穑处于同一时代，曾任成

①《高丽史·列传·安珦》。

均馆博士（教授）、大司成，官至宰相。《高丽史·郑梦周传》载：他任礼曹正郎兼成均馆博士时，“经书至东方者，唯《朱子集注》耳。梦周讲说发越，超出人意，闻者颇疑。及得胡炳文《四书通》，无不吻合，诸儒尤加叹服。李穑亟称之曰：‘梦周论理，横说竖说，无非当理。推为东方理学之祖。’”高丽时期，一向以佛教学说为维持其封建统治的思想根据，郑梦周则试图以朱子学的理论代替佛教学说，以求挽救高丽末期的衰败局面，因此，他提倡儒家的伦理道德，反对佛教出世主义。

郑道传（1337—1398），字宗之，号三峰，李穑著名弟子之一，是高丽末期朝鲜王朝初期的大哲学家、政治家、军事家。他自幼好学，二十五岁考中进士，高丽王朝时历任忠州司录、典校主薄，成均馆博士、典校副令等职，力主改革。朝鲜王朝建立后，他作为开国功臣，担任政治、军事、教育等各方面的要职，后因卷入王子之间王位之争而被杀。郑道传是高丽末期改革派的杰出理论家。他的理论锋芒直指高丽王朝占统治地位的意识形态——佛教，除了指出佛教所带来的社会弊端之外，特别着重对佛教从理论上进行批判。他的排佛理论，与当时实际的政治和经济问题紧密联系，具有深刻的哲学内容和相当完整的理论体系。

权近（1352—1409），字可远，号阳村，出身权门势家，与郑道传同为李穑的著名弟子，后又曾学于郑道传。高丽时期任成均馆大司成，李氏朝鲜时官至艺文馆提学。他也是高丽末期、朝鲜王朝初期朱子学的重要代表人物，在高丽时期的政治态度接近其师李穑，持温和改良的立场，李氏朝鲜时期则积极主张改革。对于佛教的态度，在高丽时期持调和观点，李朝时期则积极反佛，同时排老。总之，他前期受李穑影响较大，后期则受郑道传影响较大。他的哲学思想，主要是继承和发挥朱子学的观点。认为“理为心气之本”。以理为天地人物之本源，认为精神性的“理”先于物质性的东西而存在，也先于每个具体人的“心”而存在，并且对万物和人心起着决定作用。他依据这种“理主心气”的理论，对佛老加以排斥和否定，认为“老不知气本乎理而以气为道，释不知理具于心而以心为宗。此二家自以为无上高妙，而不知形而上者为何物”①。权近与郑道传有所不同，郑道传着重反佛，在反佛中阐发朱子学理论，权近则更多地从正面发挥朱子学理论，同时也辟佛老。权近的哲学思想对韩国后世哲学发展有较大影响，韩国

①《心气理篇注》。

儒学史上亘数百年的“四七论辨”（四端与七情的关系之辨），就可溯源于权近。他在《入学图说》中提出，四端由理、性所发，纯善无恶，七情由气、心而成，有善有恶。这在韩国思想史上是最早的关于四端与七情关系的论述。

中国的五代和北宋时期，曾有不少文人学士移居高丽，他们得到高丽朝廷的重视和优遇，对在高丽传播中国文化做出了贡献。例如后周人双冀，956 年随册封使到高丽，高丽国王光宗请求把他留了下来，并委以重任。高丽设科举制，就是采纳双冀的建议而实行的。

高丽时代，佛教受到王权的特别保护，佛教界实行了像科举制度那样的僧科制度，僧官的登用分教宗和禅宗两科进行考试，合格者可以获得“大选”的法阶，然后依次晋升为大德、大师、重大师、三重大师，与官阶类似。禅宗可成为禅师、大禅师，教宗可成为首座和僧统。僧侣的最高名誉是王师、国师，相当于高丽王的顾问。

高丽僧人中，义天很是著名，他曾入宋求法，回国后在高丽开创天台宗，弘扬华严学，推进唯识学的传习，力主教禅一致，同时致力于编藏事业，著有《新编诸宗教藏总录》、《圆宗文类》等，影响颇大。在义天编藏之前，高丽已刊行过《大藏经》，共六千余卷。《大藏经》和义天“续藏经”的版木收藏在大邱的符仁寺，但可惜于 13 世纪初毁于战火。从 1236 年起，高丽重刻《大藏经》，花了 15 年的岁月，到 1251 年才告完成，这就是至今仍流传的《高丽藏》。其刻版达 86 600多块，现保存在庆尚北道陕川的海印寺里。这些佛经的刊行，不仅促进了佛教文化的发展，而且推动了高丽木板印刷术的进步，并进而导致了金属活字排版的诞生。

高丽初期华严、天台两教盛行，高丽后期禅宗压倒教宗。禅僧知讷（普照国师）在综合吸收中国禅宗思想的前提下，发展了中国禅宗思想，开创了曹溪宗。他所著《真心直说》等文，以“真心”为本体，系统阐发禅学思想，纠正中国南宗禅中流行的“不立文字，教外别传”等观点和宗风，主张教、禅调和，提倡顿、渐并行，定、慧双修，在当时佛教界很有影响。知讷的弟子慧谌继承知讷的思想，直接阐发禅学理论，又与门人集成《禅门拈颂》三十卷，“以配传灯”。他还主张佛儒融合，认为“认其名则佛儒向异，知其实则儒佛无殊”。反映出高丽王朝儒佛并重的政策。

知讷、慧谌之后，有太古普愚、懒翁慧勤、无学自超等学僧相继入元求法，把中国临济禅传到高丽，成为高丽后期禅宗的主流，并且一直影响到朝鲜王朝时代。

高丽自建国之初，就在崇奉佛教的同时，也尊崇道教。高丽太祖统一三韩之后，每年十一月十五日举行八关斋。八关斋虽名为佛教仪式，实是道教醮祭，即所谓“燃灯所以事佛，八关所以事天灵及五岳名山大川”①。高丽毅宗二十二年（1170），又在西京观风殿下教颁令：崇重佛事，归敬沙门，保护三宝，遵尚仙风，继行八关。

李圭景《道教辨证说》记述，高丽仁宗时（1123—1147），曾筑西京林原宫城，置八圣绘像于宫中，八圣之名：一曰护国白头岳太白仙人实德文殊师利菩萨；二曰龙围岳六通尊者实德释迦佛；三曰月城天仙实德大辨天神；四曰驹丽平壤仙人实德燃灯佛；五曰驹丽木觅仙人实德毗婆尸佛；六曰松岳震主居士实德金刚索菩萨；七曰甑城岳神人实德勒又天王；八曰头岳天女实德不动优婆夷。八圣都是半佛半仙的形象。郑知常撰文赞八圣像说：“不疾而速，不行而至，是名得一之灵。即无而有，即实而虚，盖谓本来之佛。……安八仙于其间，奉白头而为始，想耿光之如在，欲妙用之现前。恍矣至真，虽不可象，静惟实德，即是如来。”

从以上事实可以看出，高丽时期带有佛道并崇、佛道融合的倾向。道教和佛教一样得到王朝的支持和保护，历代君王都把道教视为护国安民、禳灾求福的重要方策之一，因而道教的各种仪式逐渐完备起来，并与人们的社会生活紧密联系在一起。

高丽第十七世睿宗王（1106—1123）最崇道教，他即位第二年，就在玉烛亭供置元始天尊像，并令举行月醮。即位第三年，又率近侍三品以上在会庆殿醮昊天五方帝。即位第十四年，在宫廷藏书处清燕阁“命韩安仁讲《老子》”②。即位第十五年，亲到他建立的道观福源宫斋醮，如此等等。睿宗在位十八年，举行过许多道教仪式，仅祈雨醮就达三十七次之多，可见其奉道之真诚热烈。

睿宗王时，高丽人李仲若曾航海入宋学道。李得懋《青庄馆全书》“东国道教”条引林椿撰《西河集》说：“李仲若入山嗜禅学，后航海入大宋，从黄大忠亲传道要，及还本国，上疏置玄观，以为国家斋醮之所，今之福源宫是也。”而

①见《太祖训要》。

②见《高丽史》。

《宋史·高丽传》则说："高丽王城有佛寺七十区而无道观，大观（1107—1110）中，朝廷遣道士往高丽，乃立福源观，置羽流十余辈。"

宋朝徐兢曾在徽宗时（即高丽睿宗时）访问高丽，回国后撰《高丽图经》，记述当时高丽道教的情况，其中说："大观庚寅（1110），天子眷彼遐方愿闻妙道，因遣信使，以羽流二人从行，选择通达佛法者以训导之。王俣（睿宗）笃于信仰。政和（1111—1117）中始立福源观，以奉高真道士十余人。然昼处斋宫，夜归私室。后因言官论列，稍加法禁。或闻俣享国日，常有意授道家之箓，期以易胡教（指佛教），其志未遂，若有所待然。"

睿宗之外，高丽其他君王也大都崇信道教，多行斋醮，毅宗王一生举行醮祭数十次，竟至于一度国库空虚。还有时有中国道士去高丽。高丽恭愍王时，明太祖曾遣道士徐师昊到高丽，"设坛城南，敬行祀事于高丽首山大华岳神及诸山之神、首水大南海神及诸水之神"①。

高丽时代，历代君王大力提倡道教，国家经常举行各种各样的醮礼，有阙庭醮祭、老人星祭、本命星宿醮、太一醮、星变祈禳醮祭、三界神醮、百神醮、别贡斋醮、助兵六丁醮、开福神醮等等，名目繁多，因而促成科仪道教的成熟、发达。于是许多著名文人学士常制醮祭青词，以与醮祭仪式相应。所谓青词，就是用于醮祭的祝愿文、醮礼文及道场文之类，因其书于青纸之上，所以称青词。高丽科仪道教极盛，醮祭的场所有福源观、大清观、神格殿、净事色及九曜堂等数处。凡有醮祭活动，当然就有羽流周旋从事，在众多的道士之中，也必然会有一些较为著名的人。只是文献对此记述甚少，无从详加考究。不过还是有些线索，证明高丽也有仙派。赵汝籍《青鹤集》等书还记述了高丽中期李茗、郭舆、崔说、韩惟汉等人隐居山林、修炼成仙的故事，说他们属于新罗仙人大世、仇染一派。这些当然都是世间传闻，不足为信，但也反映了高丽时期不独盛行科仪道教，同时也受到中国修炼道教的影响。

中国宋代，朝廷常向高丽赠送书籍，内容除文史之外，还有医书、佛经佛典等诸多种类。高丽也常通过民间交易途径重金收购有价值的中国书籍，收集的书籍又重新加以刊行、珍藏。因而高丽所藏中国书籍极其丰富、齐全，宋哲宗称高丽"书籍多好本"，并开列了一个大书单，希望高丽宣宗能向中国提供。书目内

①《文献备考》。

容广涉经、史、子、集等中国各方面的书籍，多达一百二十余种，四千九百八十余卷。

与此同时，高丽王朝也很重视修史事业，现存最早的两部史书《三国史记》和《三国遗事》，就是出自高丽时代，两书都是用汉文书写的。《三国史记》是仁宗时（1123—1146）金富轼奉王命而编纂的，意在发露“君臣之善恶，臣子之忠邪，邦业之安危，人民之理乱”①。其体例完全仿中国正史，记述了三国时期一千年的历史，分为本纪、年表、志、列传，共五十卷，体现出儒教的历史观。

《三国史记》编成后过了一个世纪，忠烈王时代的一然禅师撰成《三国遗事》，记载纪传体的《三国史记》所未能包含的内容，其中有丰富的民间习俗内容和神话传说，还收有新罗的诗歌、乡歌十四首，贯穿着佛教的历史观。

除两部书外，据说还有郑可臣的《千秋金镜录》、闵渍的《本朝编年纲目》、李齐贤的《世代编年》、金宽毅的《编年通录》等汉文史书，但今已失传。李承休的《帝王韵记》二卷至今尚存，这是用汉诗的形式咏赞中国和韩国（朝鲜）历代帝王的治绩的一部书。关于佛教人物，觉训编有《海东高僧传》，但现今只有其中的一部分保存了下来。

高丽前期的文学，其素材多是神话、传说，如李仁老的《破闲集》、李奎报的《白云小说》和《李相国集》、崔滋的《补闲集》，以及稍后李齐贤的《栎翁稗说》，都属于这一类。高丽后期，诗歌文学发达起来，略分为两种类型，一种是汉文学系统的诗歌群，如《翰林别曲》、《关东别曲》、《竹溪别曲》等，一般称之为“京畿体歌”。另一种是高丽歌谣性质的诗歌群，一般称之为“高丽俗谣”或“古俗歌”。高丽歌谣没有乡歌那样的佛教色彩，多包含着民众的乐天情趣和丰富联想，并重视音乐性的要素，宜于在舞台上咏诵。因为高丽还没有自己的固有文字，所以书面流传还是要借助汉文或吏读文字，民间则常用自己的语言口碑相传。高丽末期，由于儒学特别是程朱理学的影响，歌谣中的乐天倾向逐渐减弱，其伦理教化意义则逐渐增强，从而朝着朝鲜王朝的时调方向发展。

高丽艺术和新罗时期的艺术一样，仍在佛教的影响之下，并与中国的佛教艺术相通。例如高丽时代的石塔，明显是受宋塔的影响。高丽末期的敬天寺石塔，是元朝工匠参与建造的，共有十层，基坛和塔身都有佛菩萨群雕，生动形象。但

①《三国史记》序文，《进三国史表》。

许多宫殿寺院都毁于战火，留存至今的并不很多。

书法方面，高丽前期盛行欧（欧阳洵）体，后期盛行赵（赵孟頫）体，僧坦然、崔瑀、柳伸、金巨雄、洪慬、李嵓等，都是高丽朝书道大家。绘画方面，受中国山水画影响较深，明显带有北宋画风，李宁的礼成江图，恭愍王的野猎图，都是当时名作。而高丽末期的儒者李齐贤更为杰出，人称其诗、书、画为三绝。

高丽的音乐，盛行从中国宋朝传入的大晟乐（雅乐）。1116 年，高丽睿宗遣使到宋都学雅乐，宋徽宗赠送给他们大晟乐和各种伴奏乐器，以及舞衣、乐服、衣冠、仪物，从此以后，大晟乐便成了高丽的正乐。大晟乐有太庙乐章等十几首歌曲，伴以文舞、武舞，广泛用于宫廷的郊礼、宗庙祭礼、文庙祭祀及宫廷宴乐等方面。高丽末期又引进明朝的雅乐，也用于宫廷的祭祀。大晟乐之外，还有统一新罗时期传下来的中国音乐，叫作唐乐。高丽时代，唐乐歌曲有献仙桃、寿延长、五羊仙、抛球乐、莲花台等四十多篇，用唐笛、洞箫等唐代中国乐器伴奏，同时有舞蹈相配。唐乐在高丽初期盛行，中期以后被雅乐压倒，呈现衰落的趋势。

雅乐、唐乐之外，高丽还有自己的民族传统音乐，这称为乡乐，又叫俗乐。乡乐之中，也包含着唐乐以前所传入的中国音乐的成分，但内容主要是高丽歌谣。另外，高丽民间还有一种山台剧，是假面剧，在燃灯会、八关会等例行的佛事中演出。剧中人物的木制假面，表情十分丰富，吸取了中国假面乃至日本假面的特长，同时又带有浓厚的民族色彩。

高丽的工艺技术，也与中国有密切的关系。例如高丽的瓷器，起初受唐代瓷器的影响，多呈黑灰色。后来受宋朝瓷器制作技术的影响，尤其是浙江越州窑生产瓷器的还原焰法传到高丽，从而制作出了有名的高丽青瓷。高丽青瓷的样式花纹分两种，一种是纯青瓷，属高丽青瓷的前期，颜色呈秘色或翡色。这个时期的代表作有仁宗长陵（1146 年）中出土的盖盒、瓜形瓶、方形台，还有狮子形香炉、鱼龙形酒煎子、鸭形砚滴等。再一种是镶嵌青瓷，属高丽青瓷的后期，其特点是运用了青嵌法，瓷器未干时阴刻纹样，在阴刻部分填上白土，预燔之后再涂青瓷釉，然后再行本燔。纹样采用云鹤、杨柳、宝相花、菊花、唐草、石榴等。这个时期的代表作有时宗智陵（1197 年）出土的石榴文碗、菊花文碟，文氏墓（1159 年）出土的菊花文碟、宝相花文碗，还有汉城梨花女子大学所藏的竹文瓶，德寿宫美术馆所藏的牡丹文梅瓶等。高丽后期，青瓷技法受元朝影响，生产混乱，高丽青瓷由此便衰退下去。

高丽的印刷事业极为发达，大量刊印佛经、佛典和各类汉文书籍，推动了印刷技术的大发展。中国在北宋庆历年间（1041—1048），毕昇发明了活字排版，但其活字是用胶泥制的。毕升的活字排版法传到高丽后，在其基础上，高丽又发明了金属活字。金属活字的印刷始于1234—1241年间刊印的《详定古今礼文》五十卷（崔允仪撰），使用的是铜制活字，这比西方德国首先使用金属活字要早二百年，比中国使用铜活字也早得多。

明朝初期，中国与高丽友好往来，大力支持高丽“造船捕倭”，从而火药制造技术也传到了高丽。明太祖曾应高丽请求，为其捕倭船只配备“合用器械、火药、硫磺、焰硝等物”，并且派人帮助高丽用硝和硫磺配制火药。但这时火药的配制方法还没有传给高丽。后来，高丽门下府事崔茂宣从赴高丽的江南客商那里打听到制造火药的要领，经研制而成功。从此，高丽设火熥都监，负责制造火药和大炮。火药的使用，大大推动了高丽武器的进步，对荡平倭寇起了很大作用。

高丽恭愍王时，棉花种植技术从中国元朝传到了高丽，促成了高丽服饰和织造业的变革。中国北宋时，福建、广东一带已经种植棉花，南宋时更推广到长江流域，到元代，北方也已经广泛种植。14世纪60年代，恭愍王朝臣文益渐“奉使如元”，回高丽时“得木棉种，归属其舅郑天益种之。初不晓培养之术，几槁只一茎在。比三年，遂大蕃衍。取子车、缫丝车，皆天益创之”①。从此，高丽不仅广种棉花，而且棉纺织业也迅速发展起来，改变了此前贵族衣绢、平民衣麻的社会状况，同时棉织品还成了对外贸易的主要出口产品之一。

第四节　朝鲜王朝与明清文化

1392年，李成桂推翻高丽王朝，建立起朝鲜王朝，最初仍以开京为首都，两年后迁都汉阳（今汉城）。朝鲜王朝统治了五百余年，直到1910年日本侵占朝鲜半岛。

朝鲜王朝时期，强化了抑佛崇儒的政策，儒教政治得到大力推进。世宗二年（1419），仿照唐制创设了集贤殿，这是王室所建立的儒学研究机构。集贤殿定额

①《高丽史·文益渐传》。

开始是十人，后来增加到二十人至三十人，他们的主要工作是教育世子，从事关于制度和历史的研究，进行史书、经典、仪礼、地理、医学等方面书籍的编纂、著述。集贤殿学士是学者的最高荣誉，号为玉堂学士，他们又是王的顾问或教师，还常常在朝廷里担任要职。他们有时可以得到长期休假，在山寺中专心读书。当时名儒辈出，社会形成了尊重文人的风气，世宗也因此有“海东尧舜”之称。

朝鲜王朝建立以后，努力强化文人官僚体制，朝廷官僚虽然分为文班（东班）和武班（西班），但文官处于绝对优势，所以国家是文治国家。科举分文科、武科和有关技术方面的杂科，每三年进行一次，其中文科录取名额大大超过武科和杂科，文科中的殿试合格者还可以得到高官。考试内容以中国的四书五经、中国史书及汉文学为主，实行彻底的儒教教养主义。

全国各地设有书堂（家塾或乡塾）。孩子七八岁入书堂，十五六岁毕业。其教育内容，是在教师指导下学习儒教和汉文学的入门书。读完书堂之后、再读首都汉城的四学（东西南中）或地方的乡校。四学或乡校毕业后，便可赴科举考试。朝鲜王朝的最高学府是成均馆，这是王朝的大学。成均馆和乡校都有文庙和明伦堂，文庙是祭祀孔子等儒家圣人的场所，明伦堂则是讲授儒学的课堂。

明朝皇帝常向朝鲜国王赠送中国书籍，如 1426 年赠四书、五经、《性理大全》各一部，《通鉴纲目》一部，世宗王召集百官为此举行贺宴。1451 年，又向朝鲜国王端宗赠《宋史》，满足了世宗、文宗、端宗三代国王的夙愿。朝鲜还通过民间渠道求购中国书籍，并对有价值的书籍进行刊印，如世宗（1418—1450）就曾命集贤殿校订《资治通鉴纲目》、《楚辞》，编集《韩柳文注释》。然后加以刊行。

朝鲜王朝时期，儒学伦理逐渐融化到国民意识之中，长期支配着人们的思想和行为。而这时的儒学、朱子学占居优势，学习四书、五经，都要以朱子的注释为准。最初是朱子的《易学启蒙》、《近思录》、《增损吕乡约》和《资治通鉴纲目》等广泛流行，中宗（1506—1544）时刊行了《朱子大全》，从此以后朱子学成为官学，背离朱子学的人便被视为“斯文乱贼”。

前期朱子学者中，有金宗直、赵光祖、李彦迪等人较为著名。到 16 世纪时，朝鲜朱子学达到了登峰造极的程度，出现了李滉（退溪）和李珥（栗谷）两位最卓越的理学家。李滉集朝鲜朱子学之大成，有“海东朱子”之称。李珥也对朱子学理论有诸多发挥和发展。这两个人的成就可以说超过了中国同时期的朱子学者。

李滉（1501—1570），字景浩，号退溪、又号退陶、陶叟、清凉山人等。曾任成均馆司成、弘文馆修撰等职。中年以后，忧于不断发生的士祸，辞官返乡，兴办书院，从事教育和著述。七十岁时任判中枢府使，实际上只是虚位。其著作有《朱子书节要》、《圣学十图》、《宋季元明理学通录》、《心经释疑》、《三经四书释疑》等。今有《退溪集》六十八卷行于世。李退溪继承并发展了中国程朱理学的思想学说，被称为“朝鲜之朱子”，对日本朱子学的形成与发展发生了很大影响。李退溪的哲学思想，继承了朱熹的理本论，以理为最高范畴，认为理是“生物之本，万事之根柢”。“此理极尊无对，命物而不命于物。”① 从理本论出发，李退溪以“破邪显正”为旗帜，对其他哲学流派进行了批驳。关于理气动静问题，李退溪进一步发展了朱熹的思想，明确论证了理有动静。他以天道论人道，将理气关系推导于性情关系上，就引出了朝鲜哲学史上著名的“四七论辩”。“四七”指《孟子》中的仁、义、礼、智“四端”与《礼记·礼运》中的喜、怒、哀、惧、爱、恶、欲“七情”。“四七论辩”就是辩论四端与七情的关系。他在与奇大升的论辩中，提出“四端理之发，七情气之发”。后又把理气与四端七情的关系概括为“四则理发而气随之，七则气发而理乘之”②。以此避免“分别太甚”之嫌，更清楚地说明理气互发互随，因此四端与七情同中有异，异中有同。

李、奇论辩之后，当时著名哲学家李珥又提出四端七情都是“气发而理乘之”，反对李退溪的“四则理发而气随”之说，从此四端、七情论辩绵延三百年之久，分为主理论与主气论两派，其中包含着理本论与气本论两种宇宙观的争论。

李珥（1536—1584），字叔献，号栗谷、愚斋，出身官僚世家，曾任副提学、大提学户曹佐朗司宪府持平、清州牧使、承政院通副承旨、右承旨、兵曹参判、大司谏、大司宪、户曹判书、吏曹判书等要职。在学术和教育方面，他主要从事书院教育，创立了独立的学派。著作有《答成浩原》、《东湖问答》、《圣学辑要》、《经筵日记》等多种，均收录于《栗谷全书》中。李珥的哲学思想，基本上是倾向于理气二元论。他一方面批评李滉完全尊信朱子的态度，说“退溪多依样之味”③，顺便提出了自己对朱子的看法。另一方面又批评了徐敬德的气一元论陷入“指气为性之误”④ 和罗钦顺的气本论观点。他基于理气二元论，认为“理者气之

①《答李达李天机》。

②《答奇明彦·论四端七情第二书》。

③《栗谷全书·答成浩原》。

④《栗谷全书·答成浩原》

主宰，气者理之所乘也。非理则气无所根柢，非气则理无所依着。既非二物又非一物，非一物故一而二，非二物故二而一也”①。李珥的观点介于气一元论和理一元论之间，最终还是倒向理本论。他提出“理通气局”的主张，认为理无形无为、无先后、无本末，“而其本然之妙无乎不在”。气涉形迹，有本末、先后、清浊、偏正，参差不齐。所以理能贯通一切事物，气则局限于不同的事物。② 由此他进一步认为，理为形而上者，气为形而下者，天地万物化生，“其然者气也，其所以然者理也”③。李珥的认识论有许多合理的内容。他首先说明，人的思维器官依赖物质性的肉体，而思维知觉本身则是“精气”的功能。他还认为，人的感情意识必由于思维知觉器官感于外物方能发生，如果离开外物，就无所谓感情意识。他进一步论述分析了人的认识过程，提出“人之所见有三层”，即认识有三个阶段。第一层是“读圣贤之书，晓其名目”；第二层是“晓其名目而又能潜思精察，豁然有悟其名目之理，了然在心目之间”；第三层是“既悟名目之理，了然在心目之间，而又能真践力行，实其所知。及其至也，则亲履其境，身亲其事，不徒目见而已也。如此方可谓之真知也”④。这个“晓名目”、“知理”、“真践力行”而获得“真知”的过程，约略接近了从感性到理性、再由理性到实践而获得真知的过程。这是朝鲜认识论发展史上的一大进步，他的思想为后来的实学派所继承。李珥对于李滉与奇大升“四七论辩”，倾向于奇大升的观点，并对其有所发展。他反对李滉七情分开，主张四端包含在七情之中，反对李滉的“理气互发”说，主张“理气兼发”说。在他看来，理无形无为，气有形有为，所以无为的理不能发，有为的气才能发。他与李滉的论辩，虽基本上仍属朱子学内部的争论，但其中却又包含着主理与主气两种对立倾向。

在朝鲜王朝后期，李珥主气派的代表人物是宋时烈，站在李珥主气派方面的还有韩元震。主理派的代表人物有奇正镇和李震相。

在朝鲜王朝后期，封建社会衰落，商品经济发展，朱子学也走向衰微，注重实际的实学派兴盛起来，形成了反朱子学传统的实学思想潮流，出现了一大批实学思想家。实学的产生，除了当时朝鲜国内的各种社会条件之外，另一个重要的

---

①《栗谷全书·答成浩原》。

②《栗谷全书·答成浩原》。

③《栗谷全书·易数策》。

④《栗谷全书·答成浩原》。

条件就是与中国的频繁交往，以及通过中国而受到欧洲自然科学和技术的影响。17 世纪初，朝鲜使臣到北京，带回了欧洲地图，从而了解了西方世界。以后，西方传教士利玛窦等人在中国出版的天主教书籍及大量自然科学书籍，都陆续传到了朝鲜。朝鲜的实学思想家们，有不少人到过中国，他们一般都具有儒学素养，又通晓自然科学和社会科学的诸多领域，他们吸取中国先进思想家黄宗羲、顾炎武、颜元等人的“实事求是”的方法，吸收清朝考据学积极的方面，扬弃其消极面，注重社会经验，主张政治、经济、军事、文化等各个方面的改革，为朝鲜的富强发展努力创造新的理论。实学家大都明确主张气一元论，认为理只是气之理或具体事物之理，反对离开具体事物空谈义理。他们认为天地万物都是发展变化的，社会也是不断进步的。朝鲜实学思潮发生于 17 世纪初，在 18 世纪得到大发展。早期的实学思想家有李睟光、金堉、柳馨远等人。到 18 世纪，实学思想更进一步丰富、发展，形成了独立的体系。其代表人物有李瀷、洪大容、朴趾源、朴齐家，19 世纪初的丁若镛集其大成。实学思潮对朝鲜半岛的哲学发展和社会进步起了重要的推动作用。

17、18 世纪，朝鲜儒学中兴起了反对朱子学派的“异端”学派——汉学（考据学）和阳明学派。汉学家反对朱子学派对经传的注释方法，他们广泛参考汉代古注，直接研究先秦儒家经典。其代表人物有尹镌、朴世堂。

在汉学兴起的同时，朝鲜的阳明学也出现了活跃的趋势。王阳明《传习录》初刊的第三年，即 1521 年（中宗十六年），就传到了朝鲜，从此阳明学被朝鲜一些学者所接受。宣祖（1568—1611）时，由于宣祖本人对阳明学怀有兴趣，所以当时出现了李瑶等阳明学者。但宣祖之后，阳明学受到正统朱子学的严重压制，难以得到发展。17 世纪中叶以后，才趋向活跃，其突出代表人物是郑齐斗。

郑齐斗（1649—1736），字士仰，号霞谷，出身汉城两班家庭，历任工曹左郎、户曹参议、汉城府尹、元子辅养官等职。他对阳明学“心深欣会而好之”[①]，不顾正统朱子学派的迫害，积极研究和传播阳明学。他的著作，除《万物一体说》、《良知图说》等是阳明学方面的著作之外，其他几乎都是关于天文、历算等自然科学方面的。他主张学问要有利于社会实际，反对空谈空论，这与当时的实学思潮相通。他赞成王阳明“心即理”、“心外无理”的观点，反对朱子学者“析

①《霞谷集 · 存言下》。

心与理为二”，并且认为理与气、心与性也都是不可分离的。他说：“凡言理气两决者，诸子之支贰也，理气不可分言。言性于气外者，理气之支贰也，心即理也，性即理也，不可以心性岐贰矣。”① 他和其他阳明学者一样，强调心或“良知”的作用，认为人心是“感应之主，万理之体”②。在知行问题上，郑齐斗也继承了王阳明的知行合一说，认为“致知”与“力行”不可分开，“若曰致知，则知之而行焉，已无不尽矣”③。由此他反对虚论空理，主张真正的学问应该“力行”，应该有益于社会。

朝鲜王朝后期，正统的朱子学经实学及汉学、阳明学的冲击，其权威性大大动摇。到18、19世纪，形成了气一元论的哲学思潮，其最杰出的代表是任圣周、崔汉绮。

对于佛教，朝鲜王朝历代君王则多取排斥态度。朝鲜王朝建国之初，太祖仍承继高丽时代的遗习，在尊儒的同时也尊信佛教，修行佛事。但自高丽后期，由于佛教的大发展，寺院遍布全国各地，寺院不仅有庞大的庄园，占有大量的土地，而且占有众多奴婢，还经营商业和高利贷等业，腐败之风日趋严重，直接影响到国家经济、财政等许多方面。所以朝鲜王朝自太宗王时，即采取排佛政策，同时大力支持前朝末期勃兴的儒教。太宗除了从经济角度限制寺院的发展之外，又把当时的佛教十一宗（曹溪宗，总持宗、天台疏字宗、天台法事宗、华严宗、道门宗、慈恩宗、中道宗、神印宗、南山宗、始兴宗）合并为七宗（曹溪宗、天台宗、华严宗、慈恩宗、中神宗、总南宗、始兴宗）。太宗之子世宗进而把七宗统合为禅、教二宗，曹溪、天台、总南归为禅宗，华严、慈恩、中神、始兴归为教宗。世宗还进一步限定寺院数量（禅、教二宗各十八寺）以及寺院的土地和僧侣人数。后来历代君王多采取削弱佛教势力的政策，甚至规定不准僧侣出入城内。他们被放逐到山中，受到各种压迫，还要筑山城以守卫都城，并为官家服各种杂役。

李氏朝鲜的君王中，只有世祖（1455—1469）不取排佛政策，他被称为大护佛王，在他治世期间，是佛教在朝鲜王朝最盛的时代。他设置了刊经都监，组织力量用创制不久的国语文字《训民正音》翻译了《楞严经》、《法华经》、《金刚

①《霞谷集·存言中》。

②《霞谷集·存言中》。

③《霞谷集·存言中》。

经》、《心经》、《圆觉经》、《永嘉集》等佛教经典。世祖还命人创作了佛教乐曲《灵山会上曲》，这是朝鲜王朝雅乐的重要遗产。他又重建汉城的一废寺，定名为圆觉寺，并在那里建起了十层石塔。此外，他还重建或修复了许多寺院，并常去那些寺院巡礼，供养。世祖又规定，僧侣如有犯罪嫌疑，要事先得到国王准许后方可讯问，严禁官吏侵入寺院，僧侣可以自由出入城内。由于他采取了诸多保护佛教的措施，使佛教得到了一定的发展。但是在世祖之后，成宗（1469—1494）又着力重建儒教的王道政治，废止了刊经都监，禁止出家为僧，奖励僧侣还俗。这种政策一直继续到王朝末期。

尽管如此，朝鲜王朝仍有一些名僧大德出现，他们为佛法永续而尽心竭力，同时为保卫国家做出了贡献。其中最著名的是休静。休静被称为僧界泰斗。在1592年日本丰臣秀吉侵寇朝鲜，宣祖西避龙湾时，休静仗剑出山，向宣祖请求组织缁徒抗敌，宣祖遂命他为八道禅教十六宗都总摄。他率领爱国义僧数千人，随同赴朝抗日的明军英勇作战，克复平壤，迎接宣祖还都。明朝提督李如松给休静送帖嘉奖，并题诗赞扬其功德。宣祖赐号“国一都大禅师禅教都总摄扶宗树教普济登阶尊者”。他主张儒释道三教一致，修禅与念佛结合，禅宗、教宗不二，王法、佛法不二，弘传佛法与忠烈报国统一，在朝鲜王朝后期有很大影响。休静弟子甚多，其中著名者有松云惟政、鞭羊彦机等人。另外，与休静及其弟子同时代的浮休善修、碧岩觉性等禅师，也颇有影响。

朝鲜王朝一贯奉行独尊儒学的政策，对佛教加以排斥，而对道教却较为温和，长期沿袭了高丽时代崇奉道教的遗制，只是缩小其规模而已。

朝鲜太祖李成桂潜邸时就曾在咸兴府南的都连浦筑坛祭太白金星，及其登朝鲜王位，又在每年端午遣中贵人以御衣鞍马致祭。太祖元年（1392）十一月，把高丽朝时祭天醮星的道观福源宫、神格殿（昭格殿）、九曜堂、烧钱色、大清观、清溪拜星所等处合并为一，定名昭格殿。昭格殿从此成为朝鲜王朝唯一的道观，道教醮仪都集中在那里举行。

太祖三年八月，群臣奉王命商议迁都之事，但诸臣多以为不便迁都，太祖便“决疑于昭格殿”，结果把国都从松都迁到了汉阳。太祖五年，朝廷又征发左右道丁夫二百名营造昭格殿。太祖之后，二世定宗王曾祈祷斋宿于昭格殿。

太宗十七年（1417），礼曹参判许稠建议改建昭格殿。太宗说：“予未深知佛法，故不信不毁而任其自为。今醮礼天帝星辰之事，亦未知其实理，然历代帝王与今中华、前朝王氏皆有此礼，故曾命礼曹与提调金瞻等明考旧籍，定其祀宗，去其烦伪。”这说明。佛教与道教相比，太宗还是比较支持道教的，他主张遵从中华传统和高丽王朝的遗制，继续奉行道教醮祭，并由笃信道教的金瞻负责确定昭格殿的礼典。金瞻是昭格殿最初的提调，他对朝鲜道教多有贡献。

世祖十二年（1466），重新确定官制，同时把昭格殿改为昭格署。昭格殿纯属神殿名称，而昭格署则兼有官署色彩，表明道教管理纳入了国家官僚体制。

燕山君时崇儒废佛，同时也把道教视为“左道”。但他认为，佛、道仍有区别，“佛法妖言惑众，其害尤甚，宜加痛革。道教则非此类”。所以他虽然下令罢昭格署，但只是藏置位版，依然行醮祭，名罢而实未罢。

中宗废燕山君而即位之后，赵光祖等一批儒臣强烈要求罢昭格署，中宗认为是沿袭祖制，不轻听许，但迫于群臣不断施加压力，曾于 1518 年一度革罢昭格署。不久发生“己卯士祸”，赵光祖等新进官僚受到打击，中宗之母又因病要行祈祷，便于 1522 年又恢复了昭格署；直到 1592 年发生壬辰倭乱，昭格署毁于战火，此后未再复建。

昭格署长期以来作为国家一个行政机构，掌管着道教的醮祭活动，它在朝鲜王朝的道教发展中起了十分重要的作用。昭格署有三清殿，掌管三清星辰醮祭。署里的最高官吏是提调，提调下属有令一人，别提、参奉各二人，杂职尚道、志道各一人，此外还有学道者十余人。

朝鲜王朝时期，以昭格殿为中心的醮祭活动仍然得到不少文人学士的支持，他们虽多属儒者，但常作词吟诗咏赞道教。太祖时著名的学者权近即有咏三清诗曰：“地涌灵泉静，山藏道境幽，经营开宝殿，咫尺隔尘区。霄汉仙居迥，云霞鹤驭留，度人多妙诀，降福永千秋。”意在赞赏太祖初创昭格殿之功，同时表达了对道境仙居的仰慕。

15 世纪的名儒金时习有《梅月堂诗集》，其中吟咏仙道的诗词甚多。他曾到三清宫访友，适遇立冬之醮，于是作诗曰：“云散长空星斗寒，琼章读罢礼天坛，玉皇降处围香雾，金母来时驾彩鸾。宝磬有声人寂寂，瑶台无影月团团，三清醮毕门重锁，照殿青灯彻夜阑。”

金时习又有赠道士诗云：“玉清坛上退朝还，环佩珊珊态度闲，灵宝度人飧六气，黄庭换写养三关。奇香满灶晨成药，异气浮空夜入班，乞我半升铛折脚，年来我亦煮溪山。”

朝鲜道教的醮祭活动，虽然是以昭格殿为中心，但也不是绝对限于昭格殿。太祖即位之初，下令革除昭格殿以外的其他醮祭之所，但却因袭高丽遗制，在京城之内，文庙之右设大清观，醮祭天皇、太一等神。到世宗时，因昭格殿内有太一殿以祀太一，才把京城大清观废除了，而地方五道仍各设太一殿来祭太一神。

此外，江华府的摩利山顶，世传是檀君祭天之处，高丽时代即设有星坛，李氏朝鲜依旧在此祭星，又祭玉皇上帝，设云马之乐。宣祖时曾命李栗谷制摩尼醮青词，栗谷以“左道”而未从。到17世纪仁祖时，又在摩尼山中麓建立祠版奉安阁，每年春秋降香祝祀。朝鲜君王又常设坛祭老人星（寿星），其祭仪仿效周制，而坛制则取法宋朝五礼新仪。

新罗末期，崔承佑、金可纪、慈惠以及崔孤云从唐朝带回丹学，他们并成为韩国丹学的鼻祖。特别是崔孤云所著《参同契十六条口诀》，是有关内丹修炼的名作，其影响广泛而深远。丹学在高丽时期不甚发达，但到朝鲜王朝时期却有显著发展，形成了道教丹学一派，其特征在于注重内丹的修炼。

朝鲜王朝时期，有一件特别应当提到的事情，那就是本国文字《训民正音》的创制。新罗时期已经发明了吏读文字，但那主要是用来帮助国人理解汉文的。到朝鲜王朝时，世宗王设正音厅，组织王室研究机构——集贤殿的学者研究本国文字，在1443年12月制定出二十八个拼音字母，后来定名为《训民正音》，又称谚文，于1446年9月正式公布。《训民正音》的御制“解例序文”说：“国之语言异乎中国，与文字不相流通，故愚民有所欲言而终不能申其情者多矣。予为此悯然新制二十八字，欲使人人易习，便于日用矣。”从此以后，他们才真正有了本国的文字，用以表记本国人的语言。

《训民正音》是朝鲜王朝许多优秀学者辛勤研究的成果，是本民族人民实践经验和智慧的结晶，同时它又是在长期使用汉字的基础上产生的，广泛吸取了汉文和中国文化，特别是中国音韵学的合理内容。所以《朝鲜王朝实录·世宗庄宪大王实录》记述说：“癸亥年（1143）十二月，上亲制谚文二十八字，其字仿古篆，分为初、中、终声，合之然后乃成字。”说明《训民正音》在字形和发音方式上与中国文字和中国音韵学有密切的联系，在这方面，已经有许多语言文字学者进行过详细的比较研究。而且事实上，在《训民正音》的制定过程中，有关学者们就认真研究过中国的音韵学，着重钻研过明初的《洪武正韵》。世宗还曾派集贤殿学士成三问、申叔舟等人，先后十三次访问谪居辽东的明朝翰林学士、语言学专家黄赞，直接听取他的意见。

《训民正音》创制后，朝鲜王朝曾用它翻译过许多儒家经典、佛经佛典、诗集、韵书等汉文书籍，并用它编写过《东国正韵》等书籍。起初，《训民正音》并未得到文人学士们的重视，只在平民妇孺间流行，后来其实用范围逐渐扩大，在公卿中也开始使用。但《训民正音》的真正推广普及，是到近代才实现的。在朝鲜王朝时期，汉文仍是他们的主要文字。

朝鲜王朝特别重视修史事业。自太祖李成桂起，历代国王都设立春秋馆，记录编纂本朝政事，后来编成了《朝鲜王朝实录》（《李朝实录》），从太祖到哲宗（1392—1863）共编有一千八百九十三卷。日本占据朝鲜后，又补编了朝鲜王朝末期高宗和纯宗二王的实录。这部实录是研究朝鲜王朝史的基本资料。除此之外，这个时期还编纂了《国朝宝鉴》、《东国宝鉴》、《高丽史》等重要史书。

在史书编纂中，其内容都贯穿着儒家文化精神，特别强调儒家的伦理道德教化。为了用儒家仪礼统御国民，在 1474 年又参照中国历代礼书和高丽时代的礼书，编写刊行了《国朝五礼仪》。所谓五礼，就是吉礼（祭祀）、嘉礼（冠婚）、宾礼（宾，客）、军礼（军事仪礼）、凶礼（丧礼）。在两班之间，视、听、言、动都严格遵守着朱子家礼。为了推动儒家伦理深入到广大庶民之中，王朝还组织编纂了《三纲行实》，用通俗的图解形式说明，人们应当如何在实际生活中处理好君臣、父子、夫妇之间的关系，大力宣传忠臣、孝子和烈女的典型，把这些典型在全社会加以推广。

在文学方面，朝鲜王朝自始至终是以汉文学为主流，汉诗的数量和水平均占有优势。王朝末期，学者张志渊编辑了《大东诗选》十二卷，收录了历代有代表性的汉文诗，其中李氏朝鲜时期的作品共有十一卷，其他时代的作品仅有一卷，由此可见朝鲜王朝汉文诗的兴盛程度；成宗（1470—1494）、中宗（1506—1544）时的学者徐居正、申用溉编集的《东文选》，收集了从新罗时期到朝鲜中宗时代的汉诗文，是一部很有影响的诗文集，几百年来在我国也曾广为流传。此外，金时习在 1438 年发表的《金鳌新话》，是模仿中国明朝文人瞿佑的《剪灯新话》而创作的，这是韩国的第一部传奇小说集，收有五篇小说，故事情节曲折离奇，人物刻画生动鲜明，表现出作者具有广博的知识和极高的汉文学修养。李氏朝鲜时期，由于创造出了本国的文字，有些文人也使用国语创作文学作品，时调、歌辞文学和国文小说便逐渐发达起来，这在韩国文学发展史上具有重大意义。

朝鲜王朝由于独尊儒学，文人学士们其他方面的才艺往往不被重视，甚至受到两班的禁止。例如当时的绘画，作者多属地位低下的画工，他们常是奉命为正室或两班官作肖像画、山水画或陶器上的图案，作品的艺术价值一般不太高。即或有地位较高的人作画，也只是作为业余爱好或消遣，并不愿意署上自己的名字。然而，文人的水墨画却有相当多的优秀作品保留了下来。

朝鲜王朝的绘画大体是承继中国宋代的画风。王朝前期著名画家安坚的《梦游桃源图》，画法细密，与北宋院体画相似。而他的《赤壁图》、《山水画帖》等，则反映了南宋马（远）、夏（珪）派的画风。16世纪中叶贱民阶层出身的画师李上佐，画有《松下步月图》、《雨中猛虎图》、《罗汉图》等，显示了南宋院体画的画风，空旷而有气势。作者不详的《羊图》，则是体现出宋、元细画手法的名品。士大夫出身的姜希颜，以诗、书、画三绝著称于世，他的《闲日观水图》等山水人物画，多是仿效南宋院体画。16世纪以后，画家人数增多，他们一般仍保持着北画系的画风，但其中也有些画家以明朝画家的作品为楷模，创作出一些有新意的作品。士大夫画家中，有些人喜画翎毛、草虫，也有些人喜画梅、兰等四君子。

当时的儒者们大都重视中国的书法艺术，学习中国书道而自成一家的人颇多。世宗的第三子安平大君，专习赵孟頫笔法，他的笔迹保留在写经、铜活字以及骊州英陵碑等金石文中。安平大君之外，有金絿和韩濩习王羲之笔法，杨士彦工于草书。这四个被称为王朝前期的书道四大家。王朝后期，书法与其他文化艺术一样，陷入了长期的沉滞状态。

在音乐方面，朝鲜王朝完全沿袭了高丽时代的唐乐、雅乐和乡乐，宗庙用雅乐，朝会用唐乐，宴乐时则唐乐和乡乐合用。世宗王时，曾命乐理学家朴堧整理雅乐谱，改造雅乐乐器。朴堧以中国古来的五声十二律为基础，参考《周书》、《通典》、《陈氏乐书》，使雅乐尽量接近周代的音乐，并推进了雅乐的发展。成宗二十四年（1493），又组织专家对以前的音乐进行整理，修撰成《乐学规范》，共九卷三册，结合图解的方式，详细说明雅乐、唐乐、乡乐三部乐的乐调、乐舞、乐服和乐器，这是研究东方音乐文化的宝贵文献。

在科学技术方面。朝鲜王朝特别是王朝前期，也有较大的发展和进步。从中国引入的数学得到广泛普及。编纂了《历书七政书》内外篇，内篇参考中国元代的授时历，外篇以回教历为基础。各种天文历象方面的仪器如大简仪（天文观测器）、小简仪、浑天仪（天球仪）、日晷（日时计）、自击漏（水时计）以及世界上最早的铜制测雨器等相继出现。

农耕技术也多取法中国。朝廷曾传旨各道监司，用中国的《四时纂要》、《农桑辑要》等农书指导农业生产。在此基础上，又刊行了《农事直说》等书籍，同时大力推进农田基本建设。农书之外，医书也受到特别重视。1445年，朝鲜吸收中国的医学成果，结合本国的临床治疗经验，编成了《医方类聚》二百六十四册，发布到全国的医疗机构。此后，御医许浚又奉王命编写医书，综合中国和朝鲜的医学成果，经过十年的不懈努力，终于编成了汉方医学巨著《东医宝鉴》。后来，《东医宝鉴》的确成了后世医学之鉴，18世纪时中国和日本也刊行了此书，促进了汉方医学的发展。

值得提起的是，在18世纪后半叶，朝鲜王朝有许多著名文人学士纷纷到北京访问，为吸取中国文化、开展中国和朝鲜的文化交流做出了重大贡献。18世纪的朝鲜实学家中有所谓北学派（即主张学习中国的派别，因北京在汉城之北，故有此称），就是在这种背景下形成的。北学派的代表人物洪大容、朴趾源、朴齐家都到过北京，收集购买了许多中国书籍和各种科技文化资料，并通过“笔谈”，与中国的硕学之士结为至友，为他们的北学理论奠下了基础。还有实学家金正喜（1786—1856），青年时曾随父到北京，努力学习中国先进的科学技术和文化，与中国清代著名的汉学家翁方纲、阮元等建立起密切的联系，从而促使他开创了朝鲜的金石考古学。朝鲜王朝的检书官柳得恭（1749—?），曾多次出使北京，在琉璃厂的书店街采购图书，并与清朝著名语言文字学家陈鳣、“扬州八怪”之一罗聘和《四库全书》馆总纂官纪晓岚等著名学者密切往来，积极吸取中国的学术文化。

第二章
东晋时期中国佛教初传海东

第一节　前秦佛教东传高句丽

中国佛教之初传海东，时值中国东晋十六国与朝鲜半岛的三国时期。朝鲜半岛三国为高句丽（前 37—668）、百济（前 18—663）及新罗（前 57—935），其时期相当于中国西汉末至五代后唐。高句丽与中国东北接壤，所以汉文化最先传入，也最先接受了中国佛教。百济次之，新罗又次之。

《三国史记》记载：

“小兽林王二年，夏六月，秦王苻坚遣使及浮屠顺道，送佛像、经文。王遣使回谢，以贡方物。”

“四年，僧阿道来。”

“五年，春二月，始创肖门寺，以置阿道。此海东佛法之始。”①

高丽僧人觉训 1215 年所撰《海东高僧传》、高丽僧人一然（1206—1289）所撰《三国遗事》，均有与《三国史记》大体相同的记述，虽个别地方说法不同，但共认高句丽小兽林王二年即 372 年，前秦王苻坚派遣使者和僧人顺道到高句丽，

①《三国史记》第十八卷。

并送佛像、经文，此为“海东佛法之始。值得注意的是，就在这一年，高句丽设立太学，以儒家学问教授贵族子弟。而此时前秦王遣使者及僧人传佛教，小兽林王同样持积极的接受态度，可见高句丽有佛教之初，即实行儒佛并行而不相悖的政策。

对于中国佛教始传高句丽的情况，中国的历史文献则有另外的说法。南北朝时期，梁僧慧皎撰写的《高僧传》中，关涉高句丽佛教肇始的记载有两处。

其一，是卷四《竺潜传》中所载：

> 支遁遣使求买仰山之侧沃州小岭，欲为幽栖之处。潜（竺潜）答云：“欲来辄给，岂闻巢、由买山而隐。’遁后与高丽道人书云：‘上座竺法深，中州刘公弟子。体德贞峙，道俗纶综。往在京邑，维持法网，内外具瞻，弘道之将也。”

支遁是东晋名僧，生于晋愍帝建兴二年（314），卒于太和元年（366）。据《高僧传》卷四《支遁传》，他晚年“投迹剡山，于沃州小岭立寺行道”。由此可见，他写信给高丽道人（即高句丽僧人）盛赞竺潜之德行，也是他晚年的事情，但这比小兽林王二年（372）至少要早六年以上，说明在前秦王遣使者和僧人顺道赴高句丽之前，高句丽民间已有信仰佛教者，并与东晋佛教有密切的联系。

其二是卷十《昙始传》所载：

> 释昙始，关中人。自出家以后，多有异迹。晋孝武太元之末，赍经律数十部，往辽东宣化，显授三乘，立以归戒，盖高句丽闻道之始也。义熙中，复还关中，开导三辅。

唐代僧人神清所撰《北山录》也记载：

> 晋昙始，孝武末（东晋也，帝临位，深奉佛法，苻坚兵至，谢玄破也）适辽东，高丽开导始也。后还三辅（三辅，咸阳县，昔秦皇于此置殿观），三辅人宗仰之。①

东晋孝武太元末年，即396年，这比高句丽小兽林王二年（372）晚了24年，

①《北山录》卷三。

说是“高句丽闻道之始”，自然不够准确。但昙始携“经律数十部”往高句丽，并且在高句丽“显授三乘，立以归戒”，直到东晋安帝义熙（405—419）初才返回关中，在高句丽传法达十年之久，而且其所传的内容，比有关阿道、顺道的记述都具体，因此也可以说是在高句丽民间成规模的弘法之始。

自阿道、顺道到高句丽传佛法之后，佛教在高句丽渐趋兴盛。392 年，高句丽第十八代王故国壤王敕建国社宗庙，并令全国崇信佛法以求福，把崇佛与敬神结合起来，使佛教得以顺利传播。第十九代广开土王二年（393），在平壤创立了九寺。第二十一代文咨王七年（497），又建金刚寺。此后佛教教化渐行，名僧辈出。到第二十四代阳原王（545—558）时，有法师惠亮开堂讲经，产生了很大的影响。后来他到了新罗，真兴王让他任僧统，在新罗始置百座讲会和八关之法。

同时，高句丽僧人还到百济、新罗乃至日本广传佛法，更扩大了佛教的影响。595 年，高句丽僧人惠慈到日本，与百济僧人惠聪共同担任圣德太子的老师，惠慈不仅向圣德太子教授三论学，而且还教授《法华经》、《维摩经》、《胜蔓经》等经典，进行相当广泛的佛教教育。传说是圣德太子所撰的“三经义疏”，即《法华经义疏》、《维摩经义疏》、《胜蔓经义疏》，很可能与惠慈教授的佛教内容有关系。

如前章所述，高句丽并非独尊佛教，而是儒、释、道并尊，三教鼎立，到高句丽后期，佛教式微，道教兴盛。

第二节　难陀自东晋赴百济传法

《三国史记·百济本纪》记载：

> 枕流王即位年，秋七月，遣使入晋朝贡。九月，胡僧摩罗难陀自晋至，王迎至宫中礼敬焉。佛法始于此。
>
> 二年，春二月，创佛寺于汉山，度僧十人。

枕流王即位年即公元 384 年，那年七月，百济王派遣使者到东晋朝贡；九月，摩罗难陀即从东晋到了百济，百济王亲自出宫迎接，对摩罗难陀礼遇优厚。由此可以推想，百济王的使者到东晋朝贡时，可能接触到或谈到佛教，甚至可能提出请东晋僧人到百济传法的要求，所以百济朝贡使到东晋两个月后，难陀即到了百济，也许难陀是随返国的朝贡使到百济的。难陀在百济受到王宫的隆重接待，可见他带有点东晋使者的身份，如同前秦王遣使者及僧人顺道赴高句丽一样。难陀虽为“胡僧”，但其所传佛教当为东晋佛教。

《三国遗事》卷三“难陀辟济”条中记载：

> 《三国史记》百济本纪云：第十五（《僧传》云十四，误）枕流王即位甲申（东晋孝武帝大元九年），胡僧摩罗难陀至自晋，迎置宫中礼敬。明年乙酉，创佛寺于新都汉山州，度僧十人，此百济佛法之始。

此记述和《三国史记》完全一致，枕流王即位甲申，东晋孝武帝太元九年，即公元384年。文中同时纠正了《海东高僧传》以枕流王为第十四代王的错误说法。

《海东高僧传》的记述显得更为详细：

> 释摩罗难陀，胡僧也。神异感通，莫测阶位，约志游方，不滞一隅。按《古记》，本从竺乾入于中国，附材传身，征烟召侣，乘危驾险，任历艰辛，有缘则随，无远不履。当百济第十四枕流王即位九年九月，从晋乃来。王出郊迎之，邀至宫中，敬奉供养，禀受其说。上好下化，大弘佛事，共赞奉行，如置邮而传命。二年春，建寺于汉山，度僧十人，尊法师故也。由是，百济次高丽而兴佛教焉。①

此处“第十四枕流王”，上引《三国遗事》已经指出，当为“第十五枕流王”。另外，这里明言胡僧摩罗难陀是“本从竺乾入于中国”，这是《三国史记》和《三国遗事》没有记载的。其他比《三国史记》和《三国遗事》多出的部分，皆属描绘性的语言，并未说出更多的事实。

百济佛教的传入比高句丽晚了十几年，但与高句丽一样，都是在中国文化特别是儒家文化已经深入影响其社会的背景下传入的，百济也同样实行儒佛兼容的政策。

---

①《海东高僧传》卷一。

百济佛教有比较明显的戒律主义倾向，戒学较为发达，注重虔诚求福，宣传从现实中得解脱，比较倾向于个人的内面的立场。

另外，百济佛教是中国佛教东渡日本的重要桥梁。当时朝鲜半岛的三国，因佛教而与中国、日本紧密地联系起来，展开了普遍的交流活动；在这种交流活动中，百济佛教对日本影响极大，552 年（梁承圣元年，百济圣王三十年，日本钦明天皇十三年），百济王遣使到日本，向日本朝廷赠送金铜佛像、经论及幡盖等物，表赞佛法的功德，这是日本有佛教之始。此后，百济常有名僧和佛工、寺工到日本，大大推动了日本佛教文化的发展。588 年，日本尼僧善信等数人赴百济，学戒律三年，而后把律宗传到了日本。602 年，百济观勒到日本游化，同时带去历法、天文、地理及遁甲、方术等书籍。观勒是三论学匠，又博通外学，后来常住元兴寺，被任命为僧正，这是日本最早的僧正。609 年，僧人道藏为研究《成实论》到日本，撰成《成实论疏》十六卷，成为日本成实宗的实际始祖。665 年，百济尼僧法明渡日，诵读《维摩经》行医治病，她因此而成名，现在日本佛教界以吴音诵经，据说就是法明尼之遗风。

第三节　阿道奠基新罗佛教

新罗在三国中开国最迟，其对中国交通须经由高句丽和百济，因而文化发展也晚于高句丽和百济，佛教的传入也是如此。关于新罗佛教的起始，有各种异说，此可见于《三国遗事》中的记述。现引《三国遗事》中的“阿道基罗”条，以见其梗概。

阿道基罗（一作我道，又阿头）

新罗本纪第四云：第十九讷祇王时，沙门墨胡子，自高丽至一善郡，郡人毛礼（或作毛禄）于家中作堀室安置。时梁遣使赐衣着香物（高得相咏史诗云：梁遣使僧曰元表，宣送溟檀及经像）。君臣不知其香名与其所用，遣人赍香遍问国中。墨胡子见之曰：“此之谓香也，焚之则香气芳馥，所以达诚于神圣。神圣未有过于三宝，若烧此发愿，则必灵应（讷祇王在晋宋之世，而云梁遣使，恐误）。”时王女病革，使召墨胡子焚香表誓，王女之病寻愈。王喜，厚加赉贶，俄而不知所归。又至二十一毗处王时，有我道和尚，与侍者三人，亦来毛礼家，仪表似墨胡子，住数年，无疾而终，其侍者三人留住，讲读经律，往往有信奉者（有注云与《本碑》及诸传记殊异，又《高僧传》云西竺人，或云从吴来）。按我道《本碑》云：我道高丽人也，母高道宁，正始间，曹魏人我（姓我也）堀摩奉使句丽，私之而还，因而有娠。师生五岁，其母令出家，年十六归魏，省觐堀摩，投玄彰和尚讲下就业。年十九又归宁于母，母谓曰：“此国于今不知佛法，尔后三千余月，鸡林有圣王出，大兴佛教，其京都内，有七处伽蓝之墟，一曰金桥东天镜林（今兴轮寺，金桥谓西川之桥，俗讹呼云松桥也，寺自我道始基，而中废，至法兴王丁未草创，乙卯大开，真兴王毕成），二曰三川歧（今永兴寺，与兴轮寺同代），三曰龙宫南（今黄龙寺，真兴王癸酉始开），四曰龙宫北（今芬皇寺，善德甲午始开），五曰沙川尾（今灵妙寺，善德王乙未始开），六曰神游林（今天王寺，文武王己卯开），七曰婿请田（今昙严寺），皆前佛时伽蓝之墟，法水长流之地，尔归彼而播扬大教，当东响于释祀矣。”道禀教至鸡林寓止王城西里，今严庄寺，于时未邹王即位二年癸未也。诣阙请行教法，世以前所未见为嫌，至有将杀之者，乃逃隐于续林（今一善县）毛禄家（禄与礼形近之讹。古记云：法师初来毛禄家，时天地震惊，时人不知僧名，而云阿头三么。三么者，乃乡言之称僧也，犹言沙弥也）。三年时，成国公主疾，巫医不效，敕使四方求医，师率然赴阙，其疾遂理。王大悦，问其所须，对曰：“贫道百无所求，但愿创佛寺于天镜林，大兴佛教，奉福邦家尔。”王许之，命兴工。俗方质俭，编茅葺屋，住而讲演，时或天花落地，号兴轮寺。毛禄之妹名史氏，投师为尼，亦于三川歧创寺而居，名永兴寺。未几，未邹王即世，国人将害之，师还毛禄家，自作冢，闭户自绝，遂不复现，因此大教亦废。至二十三法兴大王，以萧梁天监十三年甲午登位，乃兴释氏，距未邹王癸未之岁二百五十年，道宁所言三千余月验矣。据此，《本记》与《本碑》二说相戾，不同如此。尝试论之，梁唐二僧传，及三国本史皆载，丽济二国佛教之始，在晋末大元之间，则二道法师，以小兽林甲戌到高丽明矣，此传不误。若以毗处王时方始到罗，则是阿道留高丽百余岁乃来也，虽大圣行止出没不常，未必皆尔。抑以新罗奉佛，非晚甚如此。又若在未邹之世，则却超先于到丽甲戌百余年矣，于时鸡林未有文物礼教，国犹未定，何暇阿道来请奉佛之事，又不合高丽未到而越至于罗也。设使暂兴还废，何其间寂寥无闻，而尚不识香名哉？一何大后，一何大先，揆夫东渐之势，必始于丽济而终乎罗，则讷祇既与兽林世相接也，阿道之辞丽抵罗，宜在讷祇之世。又王女救病，皆传为阿道之事，则所谓墨胡子非真名也，乃指目之辞，如梁人指达摩为碧眼胡，晋调释道安为染道人类也。乃阿道危行避讳，而不言名姓故也。盖国人随其所闻，以墨胡、阿道二名分作二人为传尔。况云阿道仪表似墨胡，则以此可验其一人也。道宁之序七处，直以创开先后预言之，两传失之，故今以沙川尾跻于五次，三千余月，未必尽信书，自讷祇之世，抵乎丁未，无虑一百余年，若曰一千余月，则殆几矣。姓我单名，疑赝难详。

《三国遗事》把《三国史记·新罗本记》、《海东高僧传》、高得相《咏史诗》、《我道本碑》、《古记》等文献中的诸种说法加以综述，并进行了分析判断。照一然的看法，诸说可大别为二，一以《三国史记·新罗本记》为代表，一以《我道本碑》为代表。《本记》说，在新罗第十九代讷祇王（417—457 年在位）时，有沙门墨胡子从高句丽到新罗，住在一善郡毛礼家，开始传佛教，得到讷祇王的赏赐，“俄而不知所归”。到第二十一代王毗处王（479—499 年在位）时，又有我道和尚与侍者三人，亦来毛礼家。我道仪表似墨胡子，住数年无疾而终，三名侍者继续留住，讲经说法，往往有信奉者。而《本碑》则说，在新罗第十三代王未（味）邹王即位二年（263），我道（阿道）从高句丽赴新罗，住在续林（一善县）毛禄（即毛礼）家，开始在新罗传佛教，得到未邹王的信赖与支持。我道之身世，殊为奇特，其父是曹魏人我堀摩，于曹魏正始间（240—248）奉使高句丽，与高句丽女高道宁私通而还，后高道宁生我道。我道五岁出家，十六岁归魏省父堀摩，并投玄彰和尚讲下就业。十九岁又回到高句丽，不久即遵母嘱赴新罗。未邹王去世后，国人要杀害我道，我道遂隐居不出，佛教也因此中绝。直到二十三代王法兴王（514—540 年在位）即位后，才大兴佛法。

简言之，《三国史记·新罗本记》等持讷祇王时（晋宋之世）始传说，《我道本碑》等则持未邹王时（曹魏之世）始传说。一然在《三国遗事》中对二说进行了中肯的分析论证，认为《本记》之讷祇王时始传说既合史实，亦合逻辑，应当是可信的。一然又认为，墨胡子、我道、阿道、阿头等，皆非人名或法名，只是取其相貌或僧人身份而言之，四名实指一人，即在小兽林王时继顺道之后从东晋赴高句丽传法的阿道。若如此说，则阿道是东晋人，于高句丽小兽林王四年（374年，东晋孝武帝宁康二年）到高句丽传法，几十年后，又于新罗讷祇王时（417—457年间，东晋安帝义熙十三年至南朝宋孝武帝大明元年）从高句丽赴新罗传法。这样，新罗始传之佛教，实与东晋、高句丽一脉相承。

但是，佛教初传新罗时，新罗国尚以民族神为唯一的最高神，民族神具有不可动摇的权威性，所以佛教一时未被国家承认。进入6世纪以后，佛教渐在新罗普遍传播，在贵族内部引发了崇佛与排佛之争，以致引发了异次顿殉教事件。据史书记载，法兴王十四年（527），王意欲提倡佛教，但受到群臣谏阻，近臣异次顿坚决支持弘扬佛教，并奏请斩自己的头"以定众议"①。异次顿殉教后，法兴王才正式宣布佛教为新罗公认之教。两年后，法兴王进而发令全国禁止杀生，遵行佛教仪式，由此佛教才真正得到朝廷的支持。

三国之中，新罗是最自觉地用佛教统一意识形态的国家。真兴王五年（544），前王法兴王时即已破土动工的兴轮寺建成，真兴王又制定国法，允许国民出家为僧尼，并进而依靠国家的力量，建起了皇龙寺、祇园寺、实际寺等大寺院，从而涌现出了一批杰出的僧尼。新罗王室于是有意识地培养并控制佛教教团，通过佛教把民族的族内精神提高为国家的统一精神。真兴王征讨巡狩时也常常带着僧侣，他又在大书省和少书省置吏司宰管佛事，任命归化新罗的高句丽僧人惠亮为僧统，僧统之下设大都唯那和都唯那娘（尼僧职务），负责组织发展教团。僧统惠亮负责国家性的佛教仪式，首开百座讲会及八关会。百座讲会是依据《仁王经》的内容，为防内乱外患、祈祷国家安泰而设置的法令。八关会是为俗人信佛教举行的一昼夜修八戒的法会。真兴王晚年削发出家，号法云，他因而成为政教的双重主宰者，力图在新罗把所谓正法王国现实化。

新罗僧侣们许多曾到中国求法，回国后不仅传中国佛教新流派，而且从中国带回可使新罗强大的各种科学文化知识，在新罗统一三国中发挥了重要作用。

①事见《三国史记》卷四、《东国通鉴》卷五、《三国遗事》卷三及《海东高僧传》卷一。

第三章

南北朝、隋时期海东三国僧人入华请益

佛教在汉代传入中国时，只不过被视为神仙方术之类，人们认为佛教禅法等与中国黄老方技相通，对佛教的基本教理，几乎一无所知。及至魏晋（西晋），玄学清谈之风渐盛，而佛教之般若学理论与玄学思想多有契合，佛教便因依玄学而得以流行，同时佛教的经典翻译工作也受到重视。不过，此时是译经的初始期，所译经典数量不多，质量也有待提高。

东晋列国时期，般若学大盛，特别是鸠摩罗什译出《摩诃般若波罗蜜经》、《大智度论》等大乘经论之后，般若学摆脱了对玄学的依附，理解和诠释趋于准确和完善。这个时期，南方东晋与北方列国的统治者大都对佛教取支持与利用的态度，这个时期的译经事业，在质和量、规模与系统方面，都远超魏晋时期，而且出现了道安、支遁、慧远、僧肇等名僧，佛教呈现大发展的势头，在民间的传播也越来越广泛。正是在这个时期，中国佛教传到了朝鲜半岛。

南北朝时期，除个别帝王如北魏太武帝、北周武帝排佛外，历代帝王都提倡佛教，因而佛教大为兴盛。此一时期，佛学讨论的重心由般若学转向涅槃学。各类佛典的翻译大体齐备，在此基础上，形成了佛典讲诵与研讨的不同派别，如成实师、涅槃师、毗昙师、俱舍师、摄论师、地论师、三论师、四论师、律师、楞伽师等，表明中国的佛教思想理论发展到了一个新的阶段。

在东晋南北朝时期，海东三国僧人的入华求法活动开始兴盛起来。

第一节　义渊北齐问道

北齐武平七年（576），高句丽平原王之大丞相王高德崇信佛法，欲在高句丽弘扬佛教，于是派名僧义渊入北齐向法上问道求法。法上俗姓刘，朝歌（河南淇县）人。九岁读《涅槃经》，萌生出世之念，十二岁投禅师道药而出家。神气高爽，通晓词论，人称“圣沙弥”。曾创讲《法华》，听者无不叹服。后依慧光律师受具足戒。《续高僧传》（卷八）记其事迹谓：

> 法上“既慧业有闻，众皆陈请，乃讲《十地》、《地持》、《楞伽》、《涅槃》等部，轮次相续，并著文疏。……年届四十，游化怀卫，为魏大将军高澄奏入在邺。微言一鼓，众侣云屯。但上戒山峻峙，慧海澄深，德可轨人，威能肃物，故魏齐二代，历为统师，昭玄一曹纯掌僧录，令史员置五十许人，所部僧尼二百余万，而上纲领将四十年，道俗欢愉，朝廷胥悦。……景行既宣，逸响遐被，致有高句丽国大丞相王高德，乃深怀正法，崇重大乘，欲播此释风被于海曲，然莫测法教始末缘由，西徂东壤年世帝代，故具录事条，遣僧向邺，启所未闻事。叙略云：释迦文佛入涅槃来，至今几年，又于天竺几年方到汉地，初到何帝，年号是何？又齐陈佛法，谁先传告？从尔至今，历几年帝？远请具注。并问《十地》、《智论》等人法所传。上答略云：佛以姬周昭王二十四年甲寅岁生，十九出家，三十成道，当穆王二十四年癸未之岁。穆王闻西方有化人出，便即西入而竟不还，以此为验。四十九年在世，灭度已来至今齐代武平七年丙申，凡经一千四百六十五年。后汉明帝永平十年，经法初来。魏晋相传，至今流布”。

此文中说高句丽大丞相王高德“遣僧向邺”，这位僧人即是义渊。义渊按大丞相王高德的指示，向法上请教佛教之始末缘由，法上一一作答。法上是北齐的佛学权威，文宣帝对他极为器重，“帝之待遇，事之如佛，凡所吐言，无不承用”①。所以他的解答自然会对义渊及高句丽佛教发生重要影响。

对此，《历代三宝纪》也有详细的记述，其中说：法上“戒山崇峻，慧海幽深，

①《续高僧传》卷八。

德可轨人，威能肃物。故魏齐世历为统都，所部僧尼咸二百万，而纲纪将四十年。当文宣时盛弘释典，上总担荷，并得缉谐，内外阐扬，黑白咸允。非斯柱石，孰此栋梁。景行既彰，逸响遐被，致句丽国大丞相王高德，乃深怀正信，崇重大乘，欲以释风被之海曲，然莫测法教始末缘由，自西徂东年世帝代，故从彼国件录事条，遣僧义渊，乘帆向邺，启发未闻。事条略云：释迦文佛入涅槃来，至今几年。又在天竺经历几年，方到汉地。初到何帝，年号是何。又齐陈国，佛法谁先，从尔至今，历几年帝。请乞具注。其《十地》、《智度》、《地持》、《金刚般若》等诸论，本谁述作，著论缘起，灵瑞所由，有传记不。谨录谘审，请垂释疑。上答：佛以姬周昭王二十四年甲寅岁生，十九出家，三十成道。当穆王二十四年癸未之岁，穆王闻西方有化人出，便即西入，至竟不还，以此为验。四十九年在世，灭度已来，至今齐世武平七年丙申，凡一千四百六十五年。后汉明帝永平十年，经法初来，魏晋相传至今。孙权赤乌年，康僧会适吴，方弘教法。《地持》是阿僧佉比丘从弥勒菩萨受得，其本至晋安帝隆安年，昙摩谶于姑臧为河西王沮渠蒙逊译。《摩诃衍论》是龙树菩萨造，晋隆安年鸠摩什波至长安为姚兴译。《十地论》、《金刚般若论》并是僧佉弟婆薮盘豆造，至后魏宣武帝时，三藏法师菩提留支始翻。上答指订，由缘甚广，今略举要，以示异同”①。这里明言，高句丽大丞相是“遣僧义渊，乘帆向邺，启发未闻”。另外，义渊所问“条事”及法上的解答，较《续高僧传》更为详细。

《海东高僧传》有与《续高僧传》类似的记载，显然是参考了《续高僧传》的内容。但《海东高僧传》有关义渊的记述是《续高僧传》所没有的。《海东高僧传》载：

> 释义渊，高句丽人也，世系缘致咸莫闻也。自隶剃染，善守律仪，慧解渊深，见闻泓博，兼得儒玄，为一时道俗所归。性爱传法，意在宣通。以无上法宝光显实难，未辨所因。闻前齐定国寺沙门法上，戒山慧海，肃物范人，历跨齐世为都统，所部僧尼不减二百万，而上纲纪将四十年。当文宣时盛弘释典，内外阐扬，黑白咸允，景行既彰，逸响遐被。是时高句丽大丞相王高德，乃深怀正信，崇重大乘，欲以释风被之海曲，然莫测其始末缘由，自西徂东年世帝代，故件录事条，遣渊乘帆向邺，启发未闻。②

---

①《历代三宝纪》卷十二。

②《海东高僧传》卷一。

由此可见，义渊其人，不仅佛学造诣甚高，而且对儒学和道家（玄学）思想也有深入的了解，所以道俗归向，名声显赫。他入齐后所问问题及法上的解答，《海东高僧传》所记与《续高僧传》大同小异，在此无须赘述。而《海东高僧传》又记有义渊向法上问道之后的情况，则是《续高僧传》中没有的。《海东高僧传》云：

上答指证，由缘甚广，今略举要。渊服膺善诱，博通幽奥，辩高炙輠，理究连环，曩日旧疑，涣然冰释，今兹妙义，朗若霞开。西承慧日，东注法源。望悬金不刊，传群玉而无朽。所谓苦海津济，法门梁栋者，其唯吾师乎。既返国，揄扬大慧，导诱群迷，义贯古今，英声藉甚。①

这里说明，义渊这次入北齐问道求法，收获甚大，过去的疑问，“涣然冰释”，法上所说佛法妙义，使他“朗若霞开”。他“西承慧日，东注法源”，在高句丽大弘佛法，成为“苦海津济，法门梁栋”，推动了高句丽佛教的发展。

第二节　高句丽僧朗齐梁学道弘法

僧朗是高句丽辽东人，南朝齐时从北土至江南，曾师事法度。法度少年出家，游学北土，备综众经，而专以苦节成务。刘宋末年，南下游于京师，在摄山（南京栖霞山）建栖霞精舍，讲经说法，“偏讲《无量寿经》，积有遍数”。南齐永元二年（500）圆寂，世寿六十四。《高僧传》卷八“法度传”载：

度有弟子僧朗，继踵先师，复纲山寺。朗本辽东人，为性广学，思力该普，凡厥经论，皆能讲说，《华严》、三论最所命家。今上深见器重，敕诸义士受业于山。

这是说，僧朗继法度之后，住持摄山栖霞寺，他学识渊博，能够讲说各种经论，而最擅长于华严学、三论学。梁时深得梁武帝器重，武帝派遣多名义士从其受业。

中国三论宗的创始人吉藏（549—623）在其著作中多次提及僧朗在三论学方

①《海东高僧传》卷一。

面的造诣与贡献。吉藏在《大乘玄论》（卷一）中说：

摄山高丽朗大师，本是辽东城人，从北土远习罗什师义，来入南土，住钟山草堂寺。值隐士周颙，周颙因就师学。次梁武帝，敬信三宝，闻大师来，遣僧正智寂十师往山受学。梁武帝天子得师意，舍本《成论》，依大乘作章疏。开善亦闻此义，得语不得意。今意有第三谛，彼无第三谛；彼以理为谛，今以教为谛；彼以二谛为天然之理。今明唯一实谛，方便说二，如唯一乘方便说三。故言异。

其《维摩经义疏》（卷一）中也记述有：

梁武帝初学成实、毗昙，闻摄山栖霞寺高丽朗法师从北山来，善解三论，妙达大乘，遣智寂等十人，就山学之，而传授梁武，因此遂改小从大。

此外，吉藏在《二谛义》、《中观论疏》等著作中也多次提到僧朗（摄山、摄山大师），可见他对僧朗的推重。

天台九祖荆溪湛然（711—782）也特别提到僧朗在三论学传承中的重要地位，他指出：

自宋朝已来三论相承，其师非一，并禀罗什。但年代淹久，文疏零落，至齐朝已来玄纲殆绝，江南盛弘成实，河北偏尚毗昙。于时高丽朗公，至齐建武来至江南，难成实师结舌无对，因兹朗公自弘三论。至梁武帝敕十人止观诠等令学三论，九人但为儿戏，唯止观诠学习成就。诠有学士四人入室，时人语曰：兴皇伏虎朗，栖霞得意布，长干领语辩，禅众文章勇。故知南宗初弘成实，后尚三论。①

由以上这些文献可知，僧朗先是在北土研习鸠摩罗什所开创的三论学，齐建武年间（494—498）到江南，曾师事摄山栖霞寺法度。然法度所说法，重在《无量寿经》，未见讲说三论学的记载，而僧朗却主要是弘传在北土习得的三论学，故吉藏、湛然等记僧朗事迹，皆未提到他师事法度的事情。三论学盛行于东晋，刘宋尚有传承，但到南齐时，南方盛弘成实学，北方偏尚毗昙学，三论学已经衰微不振，血脉几至断绝。正当此时，僧朗振微起衰，弘传三论，名士周颙从其学，

①《法华玄义释签》卷十九。

高僧开善（即开善寺智藏）闻其道，梁武帝特派数人前往受业，武帝也因之改小从大，舍成实论，归三论学。

关于梁武帝派人前往就学之事，各种文献记述稍有差异，《高僧传》说“敕诸义士受业于山”，吉藏则谓“遣僧正智寂十师往山受学”，湛然却说“敕十人止观诠等令学三论”。似乎三家的说法各不相同，但也可能是从不同角度而言。慧皎所说“诸义士”，较为笼统，大概既有僧人，又有信士；吉藏专言所遣僧人，又以僧职高者为代表，所以说“遣僧正智寂十师”；湛然也专言所遣僧人，但以成就大者为代表，所以说“令十人止观诠等”。这样看来，梁武帝所遣，可能僧俗都有，十名僧人中，可能有智寂，也有僧诠（止观诠）。

僧诠等十人随从僧朗研习三论，其他九人无所成就，只有僧诠得其法，继嗣僧朗，住止观寺，大兴其道。僧诠弟子数百人，而法朗、慧布、智辩、慧勇世称其门下四哲。法朗从僧诠学三论教学及《华严》、《大品》等经，驻锡兴皇寺，大力阐扬这些经论的旨趣奥义，随众常达千余人。嘉祥大师吉藏即出其门，三论宗于是大成。由此可见，鸠摩罗什来中国后传译的三论学，虽在东晋盛极一时，但到南齐时则面临断绝的危险，若无僧朗出现，三论学或许不会发展成后来的一大宗派。僧朗可以说是三论学的中兴者，又是吉藏所创三论宗的先驱者。他作为一位高句丽的僧人，不仅是来中国求法问道，而且对中国佛教的发展做出了卓越的贡献。

第三节　高句丽僧波若等陈隋学法传道

义渊、僧朗之后，高句丽之入华求法传道者还有波若、智晃、印公、实法师等。关于波若《续高僧传》卷十七“智越传”载：

> 台山又有沙门波若者，俗姓高句丽人[①]，陈世归国[②]，在金陵听讲，深解义味。开皇并陈，游方学业。十六入天台北向智者求授禅法，其人利根上智，即有所证。谓曰：汝于此有缘，宜须闲居静处，成备妙行。今天台山最高峰，

①此记载中，“俗姓高句丽人也”之“俗姓”后当脱漏其姓。

②“陈世归国”，其意当是陈世来中国。

名为华顶，去寺将六七十里，是吾昔头陀之所。彼山只是大乘根性，汝可往彼学道进行，必有深益，不须愁虑衣食。其即遵旨，以开皇十八年往彼山所，晓夜行道，不敢睡卧，影不出山，十有六载。大业九年二月，忽然自下。初到佛垄上寺，净人见三白衣担衣钵从，须臾不见。至于国清下寺，仍密向善友同意云：波若自知寿命将尽菲久，今故出与大众别耳。不盈数日，无疾端坐，正念而卒于国清，春秋五十有二。送龛山所，出寺大门，回舆示别，眼即便开，至山仍闭。是时也，莫问官私道俗，咸皆叹仰，俱发道心。外睹灵瑞若此，余则山中神异人所不见，固难详矣。

文中记载，波若卒于隋大业九年，即 613 年，世寿 52 岁，则其生年应是 562 年。这样看来，波若应是在南朝陈代入华，先在金陵听受诸德讲经说法，深得佛法妙义。隋初游学四方，开皇十六年（596）入天台山请智者大师授禅法。开皇十八年遵智者之嘱，往智者昔日修头陀行之所，即天台山最高峰——华顶，日夜勤苦修道，十六年足不出山，直至临终前才下到国清寺与众辞别。

《人天宝鉴》也记述说：

沙门波若，高丽人，开皇间诣佛陇求智者禅法，未几即有所证。智者谓曰：汝于此有缘，宜须闲居静处，成办妙行。今天台华顶去寺六七里，是吾昔日头陀之所，汝可往彼学道进行，必有深益，勿虑衣食。波若遵训，往彼晓夜行道，不曾睡卧，影不出山十有六年。一日忽下山告诸友曰：波若知命将尽，特出山与大众别尔。即回华顶而卒。①

此与《续高僧传》所记相同。《三国遗事》“惠现求静”条也简略记其事说：

高丽释波若，入中国天台山，受智者教。观以神异，间山中而灭。唐《僧传》亦有章，颇多灵范。

关于智晃，《续高僧传》卷十八说，隋僧昙迁（542—607）通晓大乘经论，以把《摄大乘论》传到北地而著名。“有高丽沙门智晃，善萨婆多部，名扇当涂，为法城堑。”昙迁与他“一见而结友”。此也是两国佛教交流的佳话。

印公的事迹见于《续高僧传》之“灵睿传”中：

①《人天宝鉴》卷一，“沙门波若”条。

释灵睿，姓陈，本惟颍川，流寓蜀部。……八岁二亲将至道士所令诵步虚词，便面孔血出，遂不得诵。还家入田，遇见智胜法师，便曰：家门奉道，自欲奉佛随师出家。即将往益州胜业寺为沙弥。一夏之中，大品暗通。开皇之始，高丽印公入蜀讲三论，又为印之弟子，常业大乘。后随入京流听诸法。大业之末，又返蜀部住法聚寺。

此中对印公的记述很简单，只说他入蜀讲三论，未谈及其他情况，可见他是三论师无疑。但是，他的弟子灵睿在他门下“常业大乘”，并且“后随入京流听诸法”，说明印法师除主讲三论外，对诸大乘教说亦必有研究。

关于实法师，《续高僧传》“慧持传”载：

释慧持，姓周，汝南人也。开皇初年，父任预章太守，因而生焉。少机警美姿制……初达丹阳开善寺，投满法师而为息慈。……年登冠具……乃听东安庄法师，又听高丽实法师三论，钩深幽极，门学所高。

这里透露的信息，只有实法师讲三论这一点，对实法师的其他情况无从了知。《续高僧传》卷十五“法敏传”有一段记载值得注意。该传说法敏是丹阳人，八岁出家，事英禅师为弟子，后入茅山听明法师讲三论。“年二十三，又听高丽实公讲大乘经论，躬为南坐，结轸三周。及实亡，高丽印师上蜀讲论。法席雕散，陈氏亡国，敏乃反俗三年潜隐。”此中之“实公”可能就是“慧持传”所说“实法师”，而“印师”可能就是“灵睿传”中的“印公”。

另外，日本三论宗的初祖慧灌，高句丽人，据日本《元亨释书》卷一载，慧灌“入隋受嘉祥吉藏三论之旨”，后返回高句丽。日本推古天皇三十三年（625），他奉高句丽王之命到日本传法，敕住奈良元兴寺，任职僧正，大弘三论宗旨。继慧灌之后不久，高句丽僧道登于625年入唐从吉藏学三论，然后随遣唐使往日本，住在元兴寺弘三论宗①。慧灌、道登皆入中国从中国三论宗创始人吉藏受学，之后又都赴日本弘法，是古代促进中、韩、日三国佛教交流的优秀使者。

在南北朝、隋时期，中国佛教与海东高句丽佛教的交流，未留下明确记载的一定还很多。仅就上述记述而言，除义渊入北齐向法上问佛教“始末缘由”、波

①慧灌、道登事迹，见日本《本朝高僧传》卷七十二、《扶桑略记》卷四。

若入天台从智者学教观禅法、智晃善传说一切有部外，僧朗、印法师（印公）、实法师（实公）、慧灌、道登等都是研习和弘传三论学的。

三论指龙树的《中论》、《十二门论》与提婆的《百论》，此三部论书都是鸠摩罗什所译。《中论》又称《中观论》，其旨在申明中道之理，令修行者离二边偏执，破空、破假，亦破执中之见，主张所谓“不生亦不灭，不常亦不断，不一亦不异，不来亦不出”之“八不中道”，即无所得之中道，是一种独特的般若思想。《十二门论》立“观因缘门”至“观生门”共十二门以发挥大乘空义，可视为《中论》之纲要。《百论》继承《中论》的学说，以破斥数论、胜论等外道之见解为宗旨。中国的三论学由鸠摩罗什始传，其弟子僧肇、道生、僧睿等加以发挥弘扬，曾一度呈现盛势，但后来渐趋消沉，直到高句丽僧朗出现，才有三论学的复兴。僧朗传僧诠，僧诠传法朗，法朗传吉藏，吉藏集三论学之大成而创中国三论宗。因其宗旨是阐扬般若性空、缘起性空、真俗二谛、八不中道等义理，所以又名般若宗、空宗、中观宗或法性宗、破相宗等。此宗所依经典，自罗什、僧肇、僧朗相承以来，就以《大品般若经》、《法华经》、《华严经》为主。至法朗又加《涅槃经》。《大智度论》、《中论》、《百论》、《十二门论》则是此宗的根本论典，吉藏对于三论学所依经论的注疏及其《大乘玄论》、《法华玄论》、《净名玄论》、《二谛章》、《三论玄义》等专著，是中国三论宗的要典。

三论宗立二藏三轮以判一代佛教。二藏是依《大品般若》、《大智度论》等所说的声闻藏、菩萨藏，也就是小乘藏和大乘藏。三轮即根本法轮（《华严经》）、枝末法轮（《华严经》之后、《法华经》之前佛所说一切大小乘经）、摄末归本法轮（《法华经》）。

高句丽僧慧灌入隋从学吉藏回高句丽后又赴日本传法，成为日本三论宗之鼻祖。很显然，罗什——僧朗——吉藏——慧灌，是当时中国三论学、三论宗发展并传播到韩国、日本的关键人物，而其中体现出中韩佛教交流的至关重要的作用。

第四节　百济僧玄光入陈学法（附：发正、谦益）

从摩罗难陀自东晋把佛教传到百济之后，佛教被迎入百济王室，到阿莘王

（枕流王之子）元年（东晋太元十七年，392 年）二月，诏敕全国“崇信佛法求福”[1]，佛教开始兴盛。但自此以后，一百余年间，见不到有关百济佛教的记事。这期间，百济与高句丽战乱频仍，百济都城被迫由汉城南迁熊津。到梁天监年间（502—520），有百济僧发正入华求法，三十年后返回本国。陆杲（459—532）的《系观世音应验记》记其事云：

有沙门发正者，百济人也。梁天监中，负笈西渡，寻师学道，颇解义趣，亦明精进。在梁三十年，不能顿忘桑梓，还归本土。

唐代僧祥所撰《法华传记》卷六也有同样的记载。照此记述，发正当是解行兼具的僧人，但不知其所学所修为何。到百济圣王四年（526），有沙门谦益“航海以转至中印度常伽那大律寺，学梵五载”，归国时与印度僧倍达多三藏同行，带回梵本《五分律》等，他们召集名僧二十八人，合力翻译成汉文律部七十二卷，这是百济有律宗之始[2]。接着，昙旭、惠仁两位法师又著《律疏》三十六卷，圣王为之亲作《毗昙新律序》，更促使律学发达起来。

此后不久，圣王十九年（541），百济遣使臣到梁朝贡，同时表请毛诗博士、《涅槃》等经义，以及工匠、画师等，得到允许[3]。当时，梁朝对于《涅槃经》的研究可以说已集大成，道生等十师奉梁武帝敕命所撰《大般涅槃经集解》，标志着涅槃学的盛势。这一类的佛学著作大概由朝贡使带到了百济，推动了百济佛教的发展。百济法王元年（599），更明令全国禁止杀生，民养家禽要全部放掉，并销毁一切狩猎渔捞用具，这是百济佛教戒律主义发展的极点。

到陈朝时，有僧人玄光入华学天台，《宋高僧传》“陈新罗国玄光传”对此有详细记载，其中说：

释玄光者，海东熊州人也。少而颖悟，顿厌俗尘，决求名师专修梵行。迨夫成长，愿越沧溟求中土禅法，于是观光陈国，利往衡山，见思大和尚开物成化，神解相参。思师察其所由，密授法华安乐行门。光利若神锥，无坚不犯，新犹劫贝，有染皆鲜。禀而奉行，勤而罔忒。俄证法华三昧，请求印

①《三国遗事》卷三。

②参见李能和《朝鲜佛教通史》上编。

③《三国史记》卷二十六，《南史》卷七《梁本纪》。

可。思为证之：“汝之所证，真实不虚，善护念之，令法增长。汝还本土，施设善权，好负螟蛉，皆成蜾蠃。”光礼而垂泣，自尔返锡江南，属本国舟舰附载离岸。……光归熊州翁山，卓锡结茅，乃成梵刹。同声相应，得法者蛰户爰开，乐小回心，慕膻者蚁连倏至。其如升堂受莂者一人，入火光三昧一人，入水光三昧二人，互得其二种法门，从发者彰三昧名耳。其诸门生，譬如众鸟附须弥山，皆同一色也。光末之灭，罔知攸往。南岳祖构影堂，内图二十八人，光居一焉。天台国清寺祖堂亦然。

《佛祖统纪》卷九“新罗玄光禅师传”也记述说：

禅师玄光，海东新罗人。越沧溟求法中夏，首造南岳，授法华安乐行门。禀受勤行，俄证法华三昧。南岳谓之曰：汝还乡国，当以善权而行化度，若负螟蛉以成蜾蠃者也。师即礼辞南岳，返锡江南，值本国海舶，遂获附载。……师既归国，于熊州翁山结茅为居，集众说法，久之遂成宝坊。受道之众咸蒙开悟，升堂受莂者一人，入火光三昧者一人，入水光三昧者二人。南岳影堂如图二十八，师居一焉。

其他如《神僧传》、《新修科分六学僧传》等对玄光事迹也有所记载。由上记可知，玄光是海东熊州人，熊州当时属百济，并非属新罗，说他是新罗人，可能有误。

玄光在南朝陈时求法中夏，到湖南衡山（南岳）拜天台宗二祖慧思为师，慧思密授法华安乐行门。玄光禀此法门，勤苦精进，很快证悟法华三昧，得到慧思印可。后遵师嘱，回到百济熊州翁山，说法授徒，受道之众皆得开悟。弟子中一人受记，一人入火光三昧，二人入水光三昧。火光三昧和水光三昧是比四禅八定更深层次的禅定。①

天台宗的实际开创者是天台智𫖮（538—597），因之所立之宗即名天台宗。此宗最尊崇的经典是《法华经》，所以又称法华宗。智𫖮曾师事慧思（515—577），慧思师事北齐慧文。慧文依龙树《大智度论》得“一心三智”之旨，提出一心三观的观行法门。慧思受慧文之观心法门，证得“法华三昧”，著有《法华经安乐

①此三种三昧，参见《增壹阿含经》卷十九《四意断品》。

行义》等。智𫖮于陈天嘉元年（560）入河南光州大苏山谒慧思，受法华三昧、四安乐行，豁然开悟。著有《法华玄义》、《法华文句》、《摩诃止观》，世称“天台三大部”。又有《观音玄义》等“天台五小部”，集法华研究之大成，把《法华经》精神与龙树《大智度论》思想结合，建构成具有中国特色的体系。

玄光入陈之后，往衡山拜谒慧思，当是慧思于陈光大二年（568）始入衡山之后的事情，较智𫖮于陈天嘉元年入大苏山谒慧思至少晚了八年以上，但所受“法华安乐行门”，所证“法华三昧”，则与智者相同。

所谓“法华安乐行门”，即《法华经·安乐行品》所说修行“法华三昧”的法门。其中说：“如来灭后，于末法中欲说是经，应住安乐行。”慧思撰《法华经安乐行义》，对《法华经》中所说的“安乐行”进行了疏释和阐发。慧思说：“一切法中，心不动故曰安；于一切法中，无受阴故曰乐；自利利他故曰行。复次，四种安乐行。第一名为正慧离着安乐行；第二名为无轻赞毁安乐行，亦名转诸声闻令得佛智安乐行；第三名为无恼平等安乐行，亦名敬善知识安乐行；第四名为慈悲接引安乐行，亦名梦中具足成就神通智慧佛道涅槃安乐行。”此安乐行常在一切深妙禅定，行住坐卧饮食语言，一切威仪心常得定。“一切诸法中，心相寂灭，毕竟不生”，所以又名为“无相行”①。

玄光随慧思修法华安乐行门，已经登堂入室，回到百济后大力弘传，成就显著。值得注意的是，其弟子中有入火光三昧和水光三昧者，而此二种三昧，在《法华经》和慧思的《法华经安乐行义》中并无明确的记述。而《增壹阿含经》卷十九有：

> 是时，目连躬自露地敷座而坐，而入初禅；从初禅起，入第二禅；从第二禅起，入第三禅；从第三禅起，入第四禅；从第四禅起，入空处；从空处起，入识处；从识处起，入不用处；从不用处起，入有想无想处；从有想无想处起，入火光三昧；从火光三昧起，入水光三昧；从水光三昧起，入灭尽定。从灭尽定起，入水光三昧；从水光三昧起，入火光三昧；从火光三昧起，入有想无想定；从有想无想定起，入不用处；从不用处起，入识处、空处、四禅、三禅、二禅、初禅。从初禅起，飞在空中，坐卧经行，身上出火，身

①《法华经安乐行义》卷一。

下出水，或身下出火，身上出水，作十八变，神足变化。

这样看来，火光三昧、水光三昧是比三界禅定更深妙的禅定，在三界禅定基础上修入此二种禅定，会得到各种神通变化。那么，我们再来看《法华经安乐行义》中的一段相关论述：

诸余禅定三界次第，从欲界地，未到地，初禅地，二禅地，三禅地，四禅地，空处地，识处，无所有地，非有想非无想处地。如是次第有十一种地差别不同，有法无法二道为别，是阿毗昙杂心圣行。安乐行中深妙禅定即不如此，何以故？不依止欲界，不住色、无色。行如是禅定，是菩萨遍行，毕竟无心想，故名无相行。①

这里说安乐行中深妙禅定不依不住欲界、色界、无色界三界，与三界之四禅八定不同，不是有相行，而是菩萨遍行、无相行。此种论说正与《增壹阿含经》中所说的火光三昧、水光三昧相应。换句话说，火光三昧、水光三昧等才是“安乐行中深妙禅定”。对此二种三昧，慧思没有明言，智𫖮等师也没有论述过，其弟子中亦无得此二种三昧的记载。而玄光弟子中有得此二种三昧者，必是玄光传授弟子时传授了此二种三昧，可见玄光不仅继承了慧思的思想，而且有进一步的发挥，这应该说是对法华教学的一大贡献。所以南岳衡山祖堂构影堂中所绘二十八人中，玄光居其一，天台国清寺祖堂也有其画像，他是当之无愧的。

第五节　新罗圆光西学入陈（附：觉德、明观、智明、昙育、缘光、安含、安弘）

梁、陈、隋时代，中国与新罗的交往渐多，时有使者往来，新罗也常有学僧入华求法。梁太清三年（新罗真兴王十年，549 年），梁武帝派遣使者与新罗入学僧觉德一起到新罗，送去佛舍利。觉德是新罗僧入华求法的第一人，梁所赠佛舍利也是新罗有佛舍利之始。《海东高僧传》卷二“觉德传”谓：“释觉德，新罗

①《法华经安乐行义》卷一。

人，聪明广博，凡圣莫测也。新罗既奉行佛教，人争归信，师以达智，知世之可化，谓曰：迁乔必出谷，学道务求师。……即附舶入梁，为求法之先锋，但不知第何年耳。此新罗入学之始。遂历事明师，备承口训，如除翳膜，如去盯聍，有始有终，无荒无怠，德高行峻，道望弥隆。以采宝者非但自用，当还故国普振群贫，乃于真兴王十年，与梁使赍佛舍利，还至旧都。王遽命有司，即遣百官备礼仪出迎于兴轮寺前路。此亦舍利之始也。"

陈文帝天嘉六年（真兴王二十六年，565 年），陈派遣使者刘思与入学僧明观到新罗，送去佛教经论二千七百余卷，改变了"新罗法化初张，经像多阙"的状况，佛教典籍较为齐备了①。

陈至德三年（真平王七年，585 年），新罗僧智明入华。《海东高僧传》卷二"智明传"谓："释智明，新罗人，神解超悟。……师以命世之才，当真平王之七年秋七月，问津利往，入陈求法。云游海陆，梗转西东，苟有道而有名，悉爰谘而爰诣，如木从绳，如金成器。飘然一去，忽尔十霜，学既得髓，心切传灯，以真平王二十四年九月，随入朝使还国。王钦风景仰，推重戒律，褒为大德。……后加大大德。"

隋文帝开皇十六年（真平王十八年，596 年），新罗僧昙育入华学法，隋大业元年（695 年）随入朝使惠文还国②。

许多新罗僧侣们曾到中国求法，回国后不仅传中国佛教新流派，而且从中国带回可使新罗强大的各种科学文化知识。他们为新罗统一教化王室贵族，振奋民族精神，发挥了重要作用。其中著名者有圆光。

圆光事迹见于《续高僧传》、《海东高僧传》、《三国遗事》所引《殊异传》和《三国史列传》等。《续高僧传》卷十三"唐新罗国皇隆寺释圆光传"载：

> 释圆光，俗姓朴。本住三韩，卞韩、马韩、辰韩。光即辰韩新罗人也。家世海东，祖习绵远。而神器恢廓，爱染篇章。挍猎玄儒，讨雠子史。文华腾翥于韩服，博赡犹愧于中原，遂割略亲朋，发愤溟渤。年二十五，乘船造于金陵。有陈之世，号称文国。故得谘考先疑，询猷了义。初听庄严旻公弟

①参见《海东高僧传》卷二"觉德传"。同书卷一记所送经论为七百余卷，而《三国史记》、《朝鲜禅教考》等则记为一千七百余卷。

②见《海东高僧传》卷二、《朝鲜禅教考》卷一。

子讲。素沾世典，谓理穷神，及闻释宗，反同腐芥，虚寻名教，实惧生涯。乃上启陈主，请归道法，有勅许焉。既爰初落采，即禀具戒。游历讲肆，具尽嘉谋。领牒微言，不谢光景。故得《成实》、《涅槃》，蕴括心府。三藏数论，偏所披寻。末又投吴之虎丘山，念定相沿，无忘觉观。息心之众，云结林泉。并以综涉四含，功流八定，明善易拟，筒直难亏，深副夙心，遂有终焉之虑。于即顿绝人事，盘游圣踪，摄想青霄缅谢终古。时有信士宅居山下，请光出讲，固辞不许，苦事邀延，遂从其志。创通《成论》，末讲《般若》。皆思解俊彻，嘉问飞移，兼糅以绚采，织综词义。听者欣欣，会其心府。从此因循旧章，开化成任，每法轮一动，辄倾注江湖，虽是异域通传，而沐道顿除嫌郄。故名望横流，播于岭表，披榛负橐而至者相接如鳞。会隋后御宇，威加南国。历穷其数，军入杨都。遂被乱兵，将加刑戮。有大主将望见寺塔火烧，走赴救之，了无火状，但见光在塔前被缚将杀，既怪其异，即解而放之。斯临危达感如此也。光学通吴越，便欲观化周秦。开皇九年来游帝宇，值佛法初会，《摄论》肇兴，奉佩文言，振绩徽绪。又驰慧解，宣誉京皋。绩业既成，道东须继。本国远闻，上启频请。有勅厚加劳问，放归桑梓。

照此记述，圆光俗姓朴，世代住在新罗，他自幼喜欢读书，对儒道诸学说、子史等书籍多有涉猎与研究，因此“文华腾翥于韩服”。但他觉得“博赡犹愧于中原”，于是决意出国西学，25 岁时乘船到达金陵。到达金陵的时间，这里没有明说。但据后文，他 99 岁逝世时是唐贞观四年，即 630 年，照此推究，他 25 岁时当为 556 年，即梁敬帝太平元年，第二年梁灭陈兴。

陈朝号称文教之国，所以他得以把以前学习中的各种疑问归纳出来，访师问友，以求获得正确的答案，最初是听庄严寺旻法师宣讲佛法。在此之前，他一直是学习“世典”，即佛教经典之外的典籍，如儒家道家的典籍等，认为这些典籍所说的道理能穷神知化，是真实的道理。可是，听闻佛典以后，觉得这些世典所说的名教等内容，如同草芥，难与佛法相比，唯恐贻误终生，于是上启陈主，请求允许他皈依佛教，得到敕许后，便削发为僧，受具足戒。此后游历讲肆，深得《成实论》、《涅槃经》等经论的宗旨，又遍阅佛教三藏及诸论疏，佛学知识愈加广博。后来入虎丘山修习禅定，“念定相沿，无忘觉观”，并有意在此修炼终生。然而当时有住居在山下的信士恳请他出山说法，苦事邀延，乃从信士所愿，开讲

《成实论》、《般若经》，讲得清晰透彻，生动感人，听众欣悦，心领神会由此声名远扬。圆光“学通吴越，便欲观化周秦”，于是在开皇九年（589）游历帝都长安，适值《摄论》肇兴，他从师学习了《摄论》，并且进行讲说，得到广泛的赞誉。本国远闻，乃多次上启隋朝皇帝，请求允许圆光回国，得到隋文帝的同意后，圆光即归桑梓。但圆光回国的时间，《续高僧传》没有明确记载。

由此看来，圆光在华期间，对当时流行的中国佛教的主要学派都有研究，并且宣讲《成实》、《般若》、《摄论》等经论，业绩十分显著。

《海东高僧传》和《三国遗事》所引《殊异传》谓，圆光（一说俗姓薛）入华之前即已出家，真平王十二年（590）圆光 37 岁时入陈求法，真平王二十二年回国。但 590 年隋已灭陈，何谈入陈求法，所以此两传所说圆光入华时间不可取，但两传所记圆光于真平王二十二年（隋开皇二十年，600 年）还国的时间，倒是可以参考，以补《续高僧传》之阙。另外，两传所说圆光享年八十四或八十余，亦可备一说。①

对于圆光归国后的情况，《续高僧传》说：

> 光往还累纪，老幼相欣。新罗王金氏，面申虔敬，仰若圣人。光性在虚闲，情多泛爱，言常含笑，愠结不形。而笺表启书，往还国命，并出自胸襟。一隅倾奉，皆委以治方，询之道化。事异锦衣，请同观国。乘机敷训，垂范于今。年齿既高，乘舆入内，衣服药食，并王手自营，不许佐助，用希专福，其感敬为此类也。将终之前，王亲执慰，嘱累遗法，兼济民斯为说，征祥被于海曲。以彼建福五十八年，少觉不悆，经于七日，遗诫清切，端坐终于所住皇隆寺中，春秋九十有九。即唐贞观四年也。当终之时，寺东北虚中音乐满空，异香充院，道俗悲庆，知其灵感，遂葬于郊外。国给羽仪葬具，同于王礼。后有俗人儿胎死者，彼土谚云：当于有福人墓埋之，种胤不绝，乃私瘗于坟侧。当日震此胎尸掷于茔外，由此不怀，敬者率崇仰焉。有弟子圆安，神志机颖，性希历览，慕仰幽求，遂北趣九都，东观不耐，又西燕魏，后展帝京，备通方俗。寻诸经论，跨轹大纲，洞清纤旨，晚归心学。高轨光尘，初住京寺，以道素有闻，特进萧瑀，奏请住于蓝田所造津梁寺。四事供给，

①见《三国遗事》卷四“圆光西学”条；《海东高僧传》卷二“释圆光”条。

无替六时矣。安尝叙光云：本国王染患，医治不损，请光入宫，别省安置。夜别二时，为说深法，受戒忏悔，王大信奉。一时初夜，王见光首，金色晃然，有象日轮，随身而至。王后宫女，同共睹之。由是重发胜心，克留疾所，不久遂差。光于卞韩马韩之间，盛通正法，每岁再讲，匠成后学。傑施之资，并充营寺，余惟衣盔而已。

圆光回国后，深得新罗百姓的欢心，更得到新罗王室的崇重，请他撰写外事公文，又常向他咨询国政，在当时新罗的内政外交方面，发挥了重要的作用。及至年高，可以乘舆出入宫廷，甚至其衣服药食，也是国王亲手料理。寂后以国王之礼殡葬。他的弟子圆安，也是入华求法僧。圆安说其师“于卞韩马韩之间，盛通正法，每岁再讲，匠成后学”。所得资财，全都用来建设寺院，自己仅留衣钵而已。但不知圆光在三韩之地每年宣讲两次的佛法，具体是何种法。《三国遗事》所引《殊异传》说：“法师始自中国来，本朝君臣敬重为师，常讲大乘经典。此时高丽、百济常侵边鄙，王甚患之，欲请兵于隋（宜作唐），请法师作乞兵表。皇帝见，以三十万兵亲征高丽，自此知法师旁通儒术也。”这可以视为对《续高僧传》的一种补充。

圆光回国后的其他事迹，又见于《三国遗事》所引《三国史列传》云：

贤士贵山者，沙梁部人也。与同里箒项为友，二人相谓曰：我等期与士君子游，而不先正心持身，则恐不免于招辱，盍问道于贤者之侧乎。时闻圆光法师入隋回。寓止嘉瑟岬（或作加西，又嘉栖，皆方言也。岬俗云古尸，故或云古尸寺，言岬寺也。今云门寺东九千步许有加西岘，或云嘉瑟岘，岘之北洞有寺基是也），二人诣门进告曰：俗士颛蒙，无所知识，愿赐一言以为终身之诫。光曰：佛教有菩萨戒，其别有十，若等为人臣子，恐不能堪。今有世俗五戒：一曰事君以忠；二曰事亲以孝；三曰交友有信；四曰临战无退；五曰杀生有择。若行之无忽。贵山等曰：他则既受命矣，所谓杀生有择，特未晓也。光曰：六斋日春夏月不杀，是择时也；不杀使畜，谓马牛鸡犬；不杀细物，谓肉不足一脔，是择物也。此亦唯其所用，不求多杀。此是世俗之善戒也。贵山等曰：自今以后，奉以周旋，不敢失坠。后二人从军事，皆有奇功于国家。又建福三十年癸酉（即真平王即位三十五年也）秋，隋使王世仪至。于皇龙寺设百座道场，请诸高德说经，光最居上首。议曰：原宗兴法

> 已来，津梁始置，而未遑堂粤，故宜以归戒灭忏之法开晓愚迷。故光于所住嘉栖岬，置占察宝以为恒规。时有檀越尼纳田于占察宝，今东平郡之田一百结是也。①

这里记述了圆光的两件很重要的事迹。其一是向贤士贵山、帚项传授“世俗五戒”。从“世俗五戒”的内容可见，圆光的戒律思想是取佛儒融合的立场，而且是立足于新罗的现实，对于培养新罗统一三国的忠勇人才有重要意义。贵山、帚项后来从军，为国家立下奇功，就是一个明证。其二是创设占察宝。在真平王三十五年（613），隋使王世仪出使新罗，在皇龙寺设百座道场，请诸高僧大德讲经说法，圆光位居最上首。当时众僧共议，认为应以归戒灭忏之法开晓愚迷众生。由此，圆光便于所住嘉栖岬寺设置了占察宝，作为弘扬佛法、化度众生的一种恒规。所谓占察宝，是专为占吉凶善恶、行忏灭罪而定期举行的法会。占察宝所依据的经典是《占察经》，此经为隋代菩提灯所译，共二卷，上卷详细讲说占察善恶吉凶之法，下卷阐述大乘实义之观法。隋代依《占察经》而行灭罪法者甚多，圆光归国前应得到了此经并熟知中国的占察法会，所以回国后就设立了占察宝。

比圆光稍晚，另有一新罗僧缘光入华学法。据沙门慧详撰《弘赞法华传》卷三“缘光”条载：

> 释缘光，新罗人也，其先，三韩之后也。桉梁员职图云：其新罗国，魏曰斯卢，宋曰新罗，本东夷辰韩之国矣。光世家名族，宿敦清信。早遇良缘，幼归缁服。精修念慧，识量过人，经目必记，游心必悟。但以生居边壤，正教未融，以隋仁寿年间，来至吴，会正达智者，敷弘妙典，先伏膺朝夕，行解双密，数年之中，欻然大悟。智者即令就讲《妙法华经》，俊郎之徒，莫不神伏。后于天台别院，增修妙观。忽见数人，云天帝请讲，光默而许之，于是奄然气绝，经于旬日，颜色如常，还归本识。既而器业成就，将归旧国，与数十人同乘大舶，至海中，船忽不行，见一人乘马凌波来，至船首云：海神请师暂到宫中讲说。光曰：贫道此身，誓当利物，船及余伴，未委如何？彼云：人并同行，船亦勿虑。于是，举众同下，行数步，但见通衢平直，香花遍道，海神将百侍从，迎入宫中，珠璧焜煌，映夺心目。因为讲《法花

①《三国遗事》卷四“圆光西学”条。

经》一遍，大施珍宝，还送上船。光达至本乡，每弘兹典，法门大启，实有功焉。加以自少诵持，日余一遍，迄于报尽，此业无亏。年垂八十，终于所住。阇维既毕，髅舌独存，一国见闻，咸叹希有。光有妹二人，早怀清信，收之供养，数闻体舌自诵《法花》。妹有不识《法花》字处，问之皆道。有新罗僧连义，年方八十，弊衣一食，精苦超伦，与余同止，因说此事。录之云尔。

《法华传记》亦记云：

释缘光，是智者门人，诵《法华经》为业，感天帝下迎龙宫请讲，灭后舌色如红莲华而已。①

由上可知，缘光是新罗人，出身名门世家，早与佛教结缘，幼年出家为僧，精修念慧，识量过人。于隋仁寿年间（601—604）入华，到吴地求法，适遇智者大师到那里弘法，便投身智者门下，数年朝夕相随，解行兼备，听受智者说法，得大觉悟。智者便令其讲《法华经》，听众皆信服。后住天台别院，增修妙观。缘光回国后，弘扬《法华经》，大启天台法门，对中国天台教在新罗的传播与发展，做出了重要的贡献。缘光本人每天诵持《法华》，一直坚持到八十岁寿终正寝，感化国人和家人。《传》中所说上天讲经、龙宫说法等，多为神异，虽不可尽信，亦从一个方面彰显出他传《法华经》的影响之大。

但是，照《弘赞法华传》的记述，缘光于隋仁寿年间入华后随智者大师学法。然而，智者大师卒于隋开皇十七年（597），缘光若在隋仁寿年间入华，断无面会智者之理，因此《弘赞法华传》记述缘光入华的时间可能有误。

另外，据《海东高僧传》卷二“释安含”传记载，僧人安含于真平王二十三年（隋开皇二十年，600 年），作为学问僧与聘国使同舟涉海入隋，“敕配于大兴圣寺居住。旬月之间洞解玄旨”。然后学习天台十乘观法、智者《法华玄义》等天台宗的教籍，五年毕览。又“越二十七年，爰与于阗沙门毘摩真谛，沙门农加陀等俱来至此。西域胡僧直到鸡林，盖自兹也”。该《传》接着引崔致远《义湘传》说，真平王建福四十二年（唐武德八年，625 年），“是年东方圣人安弘法师

①《法华经传记》卷三“隋新罗圆光”条。

与西国二三藏，汉僧二人至自唐。注云：北天竺乌苌国毗摩罗真谛年四十四，农伽陀年四十六，摩豆罗国佛陀僧伽年四十六。经由五十二国始（入）汉土，遂东来住皇龙寺，译出《旃檀香火星光妙女经》，乡僧昙和笔授。未几汉僧上表，乞还中国，王许而送之。则安弘者殆和尚是也”。该《传》又说：“又按《新罗本记》：真兴王三十七年，安弘入陈求法，与胡僧毗摩罗等二人回，上《楞伽》、《胜鬘经》及佛舍利。”此《海东高僧传》所记安含与安弘，事迹有类似处，但入华年代有异，或许是指同一个人，而有的传记不准确，所以不能确定。

第四章

唐朝与新罗的佛教交流

唐朝与新罗之间的佛教交流，可以说是中韩佛教交流史上的鼎盛期。在这个时期，入华请益的韩国僧人人数之多，是任何历史时期都远不能相比的。对于韩国学僧入华求法基本情况的研究和人数的统计，自上世纪初以来，已有多位中、韩、日的学者发表了自己的研究成果，总的倾向是：越到后来，研究得越完备，统计得越精细。初以为总人数只有几十，近十数年来的研究则谓超过一百、超过二百。在这里，仅介绍陈景富所著《中韩佛教关系一千年》中的相关内容。陈教授把韩僧入华求法的活动分为三个阶段，即兴起阶段、兴盛阶段、低潮阶段。兴起阶段（317—589），时间跨度为 273 年，入华学僧 16 人；兴盛阶段（590—907），时间跨度 300 余年，入华求法请益的僧俗共 185 人，其中隋代仅 4 人，其他均是唐代入华；低潮阶段，自 10 世纪初至 11 世纪末，约 180 年中，入学僧骤降至 39 人。其后，北宋后半叶至南宋末年，入华学僧不见于文献史料。从元初到明初，又有入华求法僧 36 人。对于这三个阶段的求法僧，作者都一一列其名。据此可知，唐代的新罗入华求法僧俗人数占了三个阶段全部人数的三分之二。该书还特别谈到，在入华求法请益的韩国僧人中，有一部分或独自或跟随中国僧人又前往西域求法巡礼，作者称之为“二次求法”。韩国的“二次求法”僧共有 15 人，除 2 人是在隋以前入华，其他 13 位都是在初唐和中唐时期入华。书中还具体论述了谦益、慧超等二次求法僧的事迹。[1] 我们在本章和以下的几章中，仅举唐朝和新罗佛教交流中比较重要的人物，对其中的著名者，设专门章节加以论述。

第一节　新罗慈藏入唐学法（附：圆胜）

新罗善德女王时期（632—647），又有慈藏律师出，入唐学法，归国后弘传戒律，使佛教更进一步与新罗的国民精神合为一体。

据《续高僧传》卷二十四“唐新罗国大僧统释慈藏传”记载：“释慈藏，姓金氏，新罗国人，其先三韩之后也。”他出身名门世家，而且是王族，他的父亲官居高位，相当于唐朝的一品大员，素来信奉佛教。因无子嗣，乃求佛菩萨加护，造千部观音像，希望后继有人，并许下心愿，若孩子长大成人，“愿发道心，度诸生类”。后来果然得子，而且恰巧生于四月八日佛诞之日，道俗皆庆，以为是稀有的祥瑞，他就是慈藏。慈藏自幼聪明过人，“年过小学”，即到了 8 岁时，对世典史籍皆有所浏览，但这些都没有引起他的兴趣。及至父母双双离世，深感人生无常，“终归空寂”，于是产生厌世离尘之意，舍离妻子，捐出宅第田园，施舍给穷苦人家，只身投入山林之中，“独静行禅。不避虎兕，常思难施。时或弊睡心行将微，遂居小室，周障棘刺，露身直坐，动便刺肉，悬发在梁，用祛昏漠。修白骨观，转向明利。”所谓“白骨观”，是佛教实践修行的观法之一，又称为“枯骨想”、“枯骨观”，是九想观中的“骨想”。其意在观想人死后白骨狼藉的不净之状，以启发觉悟，证知人生无常而破除对自我的执着念头，不生贪欲之心。

慈藏如此日夜苦修，“冥行显被，物望所归”，结果引起了王宫的关注。善德女王要他出来做官，而且是“位当宰相”的官，但是他“频征不就”，以至善德女王大怒，要砍他的头，他说：“吾宁持戒一日而死，不愿一生破戒而生。”（见《续高僧传·三国遗事》：“吾宁一日持戒而死，不愿百年破戒而生。”[2]）国王愧服而准其出家，任修道业。“即又深隐，外绝来往，粮粒固穷，以死为命。便

[1]详见陈景富著《中韩佛教关系一千年》，第二、三章，宗教文化出版社 1999 年版。
[2]《三国遗事》卷四“慈藏定律”条。本节所引《三国遗事》语，皆出此条。

感异鸟各衔诸果就手送与，鸟于藏手就而共食，时至必尔，初无乖候。斯行感玄征，罕有联者。而常怀戚戚，慈哀含识，作何方便，令免生死。遂于眠寐见二丈夫曰：卿在幽隐，欲为何利？藏曰：惟为利益众生。乃授藏五戒讫曰：可将此五戒，利益众生。又告藏曰：吾从忉利天来，故授汝戒。因腾空灭。于是出山，一月之间国中士女，咸受五戒。”这里说得有点神异，不过由此可知，慈藏传授五戒，得到众多人的皈信。

但是，慈藏深深感到：“生在边壤，佛法未弘。自非目验，无由承奉。”于是上表给国王，请求“西观大化”，入华学法，得到国王的认可。“以贞观十二年（《三国遗事》为‘贞观十年’），将领门人僧实等十有余人，东辞至京。蒙敕慰抚，胜光别院厚礼殊供。人物繁拥，财事既积，便来外盗。贼者将取，心颤自惊，返来露过，便授其戒。有患生盲，诣藏陈忏，后还得眼。由斯祥应，从受戒者日有千计。性乐栖静，启敕入山，于终南云际寺东悬崿之上，架室居焉。旦夕人神归戒又集，时染少疹，见受戒神为摩所苦，寻即除愈。往还三夏，常在此山。”后来，慈藏“将事东蕃，辞下云际”。“既而入京，蒙敕慰问，赐绢二百匹，用充衣服。贞观十七年，本国请还，启敕蒙许，引藏入宫，赐衲一领，杂彩五百段，东宫赐二百段。仍于弘福寺为国设大斋，大德法集，并度八人。又敕太常九部供养。藏以本朝经像雕落未全，遂得藏经一部并诸妙像幡花盖具堪为福利者，赍还本国。”

慈藏回到新罗时，“倾国来迎，一代佛法于斯兴显”。“王以藏景仰大国，弘持正教，非夫纲理，无以肃清，乃敕藏为大国统，住王芬寺（《三国遗事》作‘芬皇寺’），寺即王之所造。又别筑精院，别度十人，恒充给侍。”慈藏被任命的“大国统”，是没有先例的最高僧职。中国北齐时，国置十统，法上法师为大统，其余为通统。梁陈之间，有国统、州统、国都、州都、僧都、僧正、都维那等职，由昭玄曹统管。唐初又有十大德之职，统摄僧众、僧团事务。新罗真兴王时，设大书省一人，小书省二人，后来又以高丽惠亮法师为国统，置大都维那一人，及州统九人、郡统十八人。慈藏的大国统之职，实在是非同一般，可以说是新罗佛教的最高负责人。不久，国王又请他入宫，“一夏讲《摄大乘论》（《三国遗事》谓‘讲《大乘论》’）。晚又于皇龙寺讲《菩萨戒本》。七日七夜，天降甘露，云雾奄蔼，覆所讲堂，四部兴嗟，声望弥远。及散席日，从受戒者其量云从，因之革厉十室而九。藏属斯嘉运，勇锐由来，所有衣资并充檀舍，惟事头陀、兰若综业。正以青丘佛法东渐百龄，至于住持修奉盖阙，乃与诸宰伯详评纪正。时王臣上下，佥议攸归，一切佛法须有规猷，并委僧统藏令僧尼五部各增旧习，更置纲管，监察维持。半月说戒，依律忏除，春冬总试，令知持犯。又置巡使，遍历诸寺，诫励说法。严饰佛像，营理众业，镇以为常。据斯以言，护法菩萨即斯人矣。又别造寺塔十有余所，每一兴建，合国俱崇。……大众悲庆，积施如山，便为受戒，行善遂广。又以习俗服章中华有革，藏惟归崇正朔，义岂贰心，以事商量，举国咸遂，通改边服，一准唐仪。所以每年朝集，位在上蕃，任官游践，并同华夏。据事以量，通古难例。撰诸经戒疏十余卷，出观行法一卷，盛流彼国。”

《三国遗事》也有与《续高僧传》类似的记述。照此记述，慈藏的生平事迹可大分为三个时期，即入唐前、留唐时和回国后。第一个时期，慈藏入唐之前，无染世趣，意归空寂，独于深山之中行禅修观，颇有影响。后经善德王批准，出家修行，梦感“丈夫”（指人中之最胜者，精通佛法者，神人）传授五戒，由此开始弘传戒律，从其受戒者甚多。

第二个时期，他于贞观十二年（638 年。或谓贞观十年，636 年）入唐，在京师长安得到唐太宗的优遇，敕住胜光寺别院，礼厚供殊，人物繁拥。于此传授戒律，受戒者日以千计。后入终南山，在云际寺东悬崖之上架室而居，一边修行，一边传戒，长住三年。贞观十七年，因新罗善德王上表乞还，唐太宗诏许，慈藏返回新罗。回国时宫廷赐礼甚丰，还举行了隆重的欢送仪式。尤其值得注意的是，应慈藏的请求，唐朝送给他大藏经一部，及诸尊妙像、幡幢华盖等具，携回本国，弥补了新罗“经像凋落未全”的状况，对新罗佛教的发展有十分重要的意义。

还有一点应该提到。据《续高僧传》卷十五“法常传”中说，名僧法常“贞观九年，又奉敕召，入为皇后戒师，因即敕补兼知空观寺上座，抚接客旧妙识物心，弘导法化长镇不绝，前后预听者数千，东蕃西鄙难可胜述，及学成返国皆为法匠，传通正教于今转盛。新罗王子金慈藏，轻忽贵位弃俗出家。远闻虔仰，思睹言令，遂架山航海，远造京师，乃于船中梦瞩颜色，及睹形状宛若梦中，悲涕交流欣其会遇，因从受菩萨戒，尽礼事焉。”这位师事法常的“金慈藏”是不是我们这里所述的慈藏，值得思考。《续高僧传》没有说慈藏是王子，只说其父“以本王族，比唐一品”。可是，《新修科分六学僧传》（卷四）却说慈藏是“新罗国王诸公子也，金氏”。又说“王以其次当绍位，屡征不为起”。而且，慈藏与法常同时在京师，法常说法，听者数千，其中多有“东蕃西鄙”的僧人回国后成为法匠者。再者，法常主要弘传《华严》、《摄论》等经论，并著有《摄大乘论义疏》八卷，联系到慈藏回国后所讲的经论，慈藏曾师事法常的可能性也许是有的。

另外，据《三国遗事》卷四“慈藏定律”记载，慈藏入唐后先到了清凉山，即五台山，然后才去京师的。其中说：

> 藏自叹边生，西希大化，以仁平三年丙申岁（即贞观十年也）受敕，与门人僧实等十余辈西入唐，谒清凉山。山有曼殊大圣塑像，彼国相传云，帝释天将工来雕也。藏于像前祷祈冥感，梦像摩顶授梵偈，觉而未解。及旦有异僧来释云（已出皇龙塔篇）。又曰：虽学万教，未有过此文。以袈裟舍利等付之而灭（藏公初匿之，故唐僧传不载）。藏知已蒙圣莂，乃下北台，抵大和池入京师。

这是说，慈藏拜谒清凉山，向着山上的文殊菩萨塑像虔诚祈祷，因而梦感文殊像摩顶授梵偈，觉醒后不明白偈的意思。及至天明，有位神异的僧人来向他作了解释，并付给慈藏袈裟、舍利，然后隐身而去。慈藏知道已蒙授记，即下山入京。这段故事《续高僧传》等中国文献无载，《三国遗事》说这是因为“藏公初匿之”，慈藏为何要“初匿之”，不得而知。另外，文殊大圣所授梵偈的具体内容，这里只说“已出皇龙塔篇”，但“皇龙寺九层塔”篇并无偈颂，而所幸在“台山五万真身”篇中有此记载，其中说：

> 初（慈藏）法师欲见中国五台山文殊真身，以善德王代贞观十年丙申（唐僧传云十二年，今从三国本史）入唐。初至中国太和池边石文殊处，虔祈七日，忽梦大圣授四句偈，觉而记忆。然皆梵语，罔然不解。明旦忽有一僧，将绯罗金点袈裟一领，佛钵一具，佛头骨一片到于师边，问何以无聊，师答以梦所受四句偈，梵音不解为辞。僧译之云：呵啰婆佐曩，是曰了知一切法；达𠻬哆佉野，云自性无所有；曩伽呬伽曩，云如是解法性；达𠻬卢舍那，云即见卢舍那。仍以所将袈裟等付而嘱云：此是本师释迦尊之道具也，汝善护持。

这首偈汉译为“了知一切法，自性无所有，如是解法性，即见卢舍那。”其意是说，世界上的一切事物及其现象，即“一切法”，本质上都没有自性，都是缘起性空的。如果能证悟如此道理，便能见到佛之真身（佛之法身或报身）。诸法缘起性空，这是大乘佛教的基本理论。慈藏在中国所学，当以大乘为主。

第三个时期，慈藏回国之后，受到新罗举国上下极热烈的欢迎，他被任命为大国统这一非常之职，由此开始致力于新罗佛教的振兴与发展，并且参与国事，在新罗的精神文化建设方面发挥了重要作用。

他的突出事迹有以下几个方面：

其一，讲经说法，声名远播。他先是应国王之请在宫中讲《摄大乘论》（或《大乘论》）一夏，这便足以震动朝野。后又在皇龙寺讲《菩萨戒本》七日七夜，更使出家、在家四部弟子兴叹惊服，散席之日，信众纷纷从其受戒。《三国遗事》说，慈藏还讲过《华严经》，感得52位神女现身证听。

其二，建立健全僧伽制度，整顿僧尼纲纪。他针对当时新罗佛教“住持修奉盖阙”等严重问题，采取了几条强有力的措施。一、令习五部律的僧尼各增旧学，并设专员监察维持；二、半月说戒，依律忏悔改过；三、每年冬季和春季对僧尼进行综合考试，使他们牢记所当持守，不可违犯；四、设置巡使，到全国各地的寺院检查督促说法等活动；五、严饰佛像，营理佛教方面的各项事业，确立恒常的规章制度。这几项措施十分果断，十分得力，为新罗佛教的兴盛打下了基础，所以慈藏被誉为“护法菩萨”。《三国遗事》更赞扬说，慈藏回到新罗，“一代护法于斯盛矣，如夫子自卫返鲁，乐正雅颂，各得其宜”。

其三，造寺造塔，设立戒坛，行善授戒。这里说他“又别造寺塔十有余所，每一兴建，合国俱崇。……大众悲庆，积施如山，便为受戒，行善遂广。”《三国遗事》说得更具体：“当此之际，国中之人，受戒奉佛，十室八九，祝发请度，岁月增至。乃创通度寺，筑戒坛以度四来（戒坛事已出上），又改营生缘里第元宁寺，设落成会，讲《杂花》万偈，感五十二女，现身证听。使门人植树如其数，以旌厥异，因号知识树。”戒坛的建立，是佛教发展的一项重要保证。其中说慈藏讲《杂花》万偈，《杂花》即《华严》，慈藏讲《华严经》，中国史料无载可供参考。

其四，由于慈藏的主张，新罗官服采用唐朝衣冠制度，并使用唐高宗的永徽年号，反映出新罗为统一三国而加强与唐关系的意向。《三国遗事》也有记载说：慈藏“尝以邦国服章不同诸夏，举议于朝，签允曰臧，乃以真德王三年己酉，始服中朝衣冠，明年庚戌又奉正朔，始行永徽号。自后每有朝觐，列在上蕃，藏之功也。”真德王三年，即649年，新罗开始服唐朝衣冠，第二年，开始实行永徽年号。由此大大加强了新罗与唐朝的友好关系，所以诸国入唐朝觐时，新罗位列上首，这是慈藏的一大功绩。

其五，撰述经疏，流通全国。《续高僧传》说慈藏撰诸经戒疏十余卷，《出观行法》一卷，“盛流彼国”。高丽义天撰《新编诸宗教藏总录》中记其撰有《四分律羯磨私记》一卷、《十诵律木叉记》一卷。日僧永超编《东域传灯目录》记其有《阿弥陀经疏》一卷。《佛典疏抄目录》记其有《阿弥陀经义记》一卷。这些著述对新罗佛教、特别是对新罗戒律学的发展有重要的意义，只可惜今已失传，无从考究其具体内容。

其六，建造皇龙寺九层塔。此事中国的文献没有记载。《三国遗事》卷三“皇龙寺九层塔”篇中说：

> 新罗第二十七善德王即位五年，贞观十年丙申，慈藏法师西学，乃于五台感文殊授法（详见本传）。文殊又云：汝国王是天竺刹利种，王预受佛记，故别有因缘，不同东夷共工之族。然以山川崎崄故，人性粗悖，多信邪见，而时或天神降祸。然有多闻比丘在于国中，是以君臣安泰，万庶和平矣。言已不现。藏知是大圣变化，泣血而退。经由中国太和池边，忽有神人出问：胡为至此？藏答曰：求菩提故。神人礼拜又问：汝国有何留难？藏曰：我国北连靺鞨，南接倭人，丽、济二国，迭犯封陲，邻寇纵横，是为民梗。神人云：今汝国以女为王，有德而无威，故邻国谋之，宜速归本国。藏问：归乡将何为利益乎？神曰：皇龙寺护法龙，是吾长子，受梵王之命，来护是寺。归本国成九层塔于寺中，邻国降伏，九韩来贡，王祚永安矣。建塔之后，设八关会，赦罪人，则外贼不能为害。更为我于京畿南岸置一精庐，共资予福，予亦报之德矣。言已遂奉王而献之，忽隐不现（寺中记云：于终南山圆香禅师处，受建塔因由）。贞观十七年癸卯十六日，将唐帝所赐经像袈裟币帛而还国，以建塔之事闻于上，善德王议于群臣，群臣曰：请工匠于百济，然后方可。乃以宝帛请于百济。匠名阿非知，受命而来，经营木石，伊于龙春（一云龙树）干蛊，率小匠二百人。初立刹柱之日，匠梦本国百济灭亡之状，匠乃心疑停手，忽大地震动，晦冥之中有一老僧一壮士，自金殿门出，乃立其柱，僧与壮士皆隐不现。匠于是改悔，毕成。其塔刹柱记云：铁盘已上高四

十二尺，已下一百八十三尺。慈藏以五台所授舍利百粒分安于柱中，并通度寺戒坛，及大和寺塔，以副池龙之请（大和寺在河曲县南，今蔚州，亦藏师所创也）。树塔之后，天地开泰，三韩为一，岂非塔之灵荫乎。后高丽王将谋伐罗，乃曰：新罗有三宝，不可犯也。何谓也？皇龙丈六，并九层塔，与真平王天赐玉带。遂寝其谋。周有九鼎，楚人不敢北窥，此之类也。

对于此塔的具体情况，《三国遗事》接着说："又海东名贤安弘撰《东都成立记》云：新罗第二十七代，女王为主，虽有道无威，九韩侵劳苦，龙宫南皇龙寺建九层塔，则邻国之灾可镇。第一层日本，第二层中华，第三层吴越，第四层托罗，第五层鹰游，第六层靺鞨，第七层丹国，第八层女狄，第九层獩貊。又按国史及寺中古记，真兴王癸酉创寺后，善德王代，贞观十九年乙巳，塔初成。三十二孝昭王即位七年，圣历元年戊戌六月，霹雳（寺中古记云圣德王代误也，圣德王代无戊戌）。第二十三圣德王代庚申岁，重成。四十八景文王代戊子六月，第二霹雳，同代第三重修。至本朝光宗即位五年癸丑十月，第三霹雳。现宗十三年辛酉，第四重成。又靖宗二年乙亥，第四霹雳。又文宗甲辰年，第五重成。又宪宗末年乙亥，第五霹雳。肃宗丙子，第六重成。又高宗十六年戊戌冬月，西山兵火，塔寺丈六殿宇皆灾。"照此记述，可以看出，当时的新罗，一方面与唐朝保持着友好亲密的关系，同时也怀有高度的警惕。

慈藏暮年谢辞京辇，于江陵郡（今冥州）创水多寺而居。其生卒年及世寿不详。

另外，《续高僧传》"慈藏传"又载，"有沙门圆胜者。本族辰韩清慎僧也，以贞观初年，来仪京辇，遍陶法肆。闻持镜晓，志存定摄，护法为心，与藏齐襟，秉维城堑。及同返国，大敞行途讲开律部。惟其光（先）肇自昔东蕃有来西学，经术虽闻，无行戒检。缘构既重，今则三学备焉。是知通法护法代有斯人，中浊边清于斯验矣"。《三国遗事》"慈藏定律"条也说"有释圆胜者，先藏西学，而同还桑梓，助弘律部云。"圆胜在贞观初年（627）入唐学律，比慈藏入唐时间早十年，后与慈藏同时返国，并与慈藏同时弘传律学，弥补了以前"经术虽闻，无行戒检"的不足，从此新罗"三学备焉"。据义天《新编诸宗教藏总录》（卷二）载，圆胜撰有《梵网经自分持犯记》一卷，《四分律羯磨记》一卷，《四分律木叉记》一卷。

第二节　净土教之传入新罗

中国的净土信仰主要有弥陀净土信仰与弥勒净土信仰。关于弥勒信仰之经典的翻译，始自西晋大安二年（303），竺法护译出《弥勒下生经》、《弥勒菩萨所问本愿经》，此后至唐开元年间，陆续译出相关经典近十部，使弥勒信仰的经典翻译臻于完善。与此同时，弥勒信仰也逐渐传播开来。西晋道安著有《净土论》六卷，宣扬往生兜率弥勒净土的思想，其后代有信奉者，唐代玄奘与窥基，也以弥勒净土为行持及依归。但此后修行与阐扬弥勒净土的人越来越少，逐渐衰落下去，而为越来越兴盛的弥陀信仰所代替，弥陀净土遂成为诸佛净土信仰的代表。我国净土经典之传译，以东汉灵帝时（179 年）支娄迦谶、竺佛朔共译的《般舟三昧经》为嚆矢。之后，三国时代支谦译出《大阿弥陀经》等，西晋竺法护译出《无量清净平等觉经》等，姚秦鸠摩罗什译出《阿弥陀经》、《十住毗婆沙论》等，又有北凉昙无谶译《悲华经》，刘宋宝云译《新无量寿经》与畺良耶舍译《观无量寿经》相继问世。北魏永平元年（508），菩提流支来华，授昙鸾《观无量寿经》，并译出世亲所造《无量寿经优婆提舍愿生偈》（即《往生净土论》）。后世以《观无量寿经》、《无量寿经》、《阿弥陀经》及世亲的《往生净土论》为净土教所依之主要经论，合称净土“三经一论”。至此净土经典传译已臻完备。弘扬弥陀净土以东晋慧远为最力，他于东晋太元十五年（390）在庐山东林寺建莲社（亦称白莲社），参加的僧人、居士达 123 人。他们于阿弥陀佛像前，建斋立誓，依《般舟三昧经》专修念佛三昧，共期往生西方见佛，并令刘遗民著文勒石，以明所誓。此为我国结社念佛之始。北魏菩提流支译出世亲的《无量寿经优婆提舍愿生偈》后，昙鸾为之作《往生论注》，兼依龙树之《十住毗婆沙论》明辨难、易二道，及他力、自力的区别，主张依靠他力本愿是五浊恶世中的方便易行之道，以持名念佛为往生西方净土的主要修学方式。至唐代道绰、善导等师，继承并进一步发挥了昙鸾的教旨。道绰曾讲《观无量寿经》，以小豆计数近 200 遍，每日口诵阿弥陀佛，并著《安乐集》一书，依昙鸾难行、易行二道之说，更立圣道、净土二门之别，以净土门为唯一见佛之路。善导曾学于道绰，后到长安，在光明、慈恩等寺弘扬净土教，撰有《观无量寿佛经疏》等，明示净土教义、教相，并承接昙鸾、道绰的思想，而立正行、杂行，建立了净土教义独立的学说体系，形成了中国大乘佛教重要的宗派之一净土宗。其后，有怀感著《释净土群疑论》，少康大弘此宗。自昙鸾至少康，被称为“震旦五祖”。当时长安等地各师亦各有阿弥陀经、观经等疏，净土经典之研究遂达高峰。五代至宋，净土宗一直很盛行，弥陀信仰深入民间，又常常依附于天台、禅、律诸宗而流行，自唐开元初，即有人主张戒净并行、禅净双修、教禅一致。唐代的禅门也不断有人提出此种主张。自宋代之后，禅净双修的主张更加盛行。

唐代净土信仰的流行，对新罗发生了相当大的影响。新罗的名僧大德，都撰有关于净土经典的注疏，如：慈藏有《阿弥陀经疏》与《阿弥陀经义记》；圆测有《阿弥陀经疏》与《无量寿经疏》；元晓有《无量寿经宗要》、《阿弥陀经义疏》、《游心安乐道》、《般舟三昧经疏》、《弥勒上生经宗要》等；义湘有《阿弥陀经义记》；大贤有净土三部经的“古迹记”，还有《弥勒上生经》与《弥勒下生经》的“古迹记”，如此等等。这些佛教界名流的这类著述，自然会推动净土信仰在新罗民间的传播。《三国遗事》卷三“弥勒仙花”条载：新罗真兴王（540—575）“一心奉佛，广兴佛寺，度人为僧尼。又天性风味，多尚神仙”。于是聚徒选士，成立花郎团（花郎道、风月道、风流道），教之以孝悌忠信。始以美艳女子为原花，居首领位。后因原花间发生嫉妒残杀事件，乃废原花，更选良家男子有德行者，奉为花郎国仙。“自此使人悛恶更善，上敬下顺，五常六艺，三师六正，广行于代。”“及真智王代（576—578），有兴轮寺僧真慈（一作贞慈也），每就堂主弥勒像前发原誓言：愿我大圣化作花郎，出现于世，我常亲近睟容，奉以周旋。”真慈“诚恳至祷之情，日益弥笃”，后来果见弥勒仙花示现。这是把弥勒信仰与花郎团的理念结合起来了。

关于弥陀信仰，《遗事》卷五“广德、严庄”条记载，在新罗文武王（661—681）时代，有沙门名广德、严庄，二人友善，曾相约修净土行。于是，广德隐居芬皇西里，蒲鞋为业，挟妻子而居。虽与其妻同居十余载，然未尝一夕同床共枕，“但每夜端身正坐，一声念阿弥陀佛号。或作十六观，观既熟，明月入户，时升其光，加趺于上”。竭诚如此，终得往生西方净土。严庄则“庵栖南岳，大种刀耕”。初不专心，后经广德之妻劝导，自感愧疚，“便诣元晓法师处，恳求津要。晓作铮观法诱之，藏（庄）于是洁己悔责，一意修观，亦得西升”。此二人专意修净土之行，终于如愿得报。

《三国遗事》卷四“真表传简”载：“释真表，完山州（今全州牧）万顷县人（或作豆乃山县，或作那山县。今万顷，古名亘乃山县也。负宁传释□之乡里，云金山县人，以寺名乃县名混之也）。父曰真乃末，母吉宝娘，姓井氏。年至十二岁，投金山寺崇济法师讲下，落彩请业。其师尝谓曰：‘吾曾入唐受业于善道三藏。然后入五台。感文殊菩萨现受五戒。’”后来真表依师教遍历名山，止锡仙溪山不思议庵，捐身苦修二七日终，“见地藏菩萨，现受净戒，即开元二十八年（740）庚辰三月十五日辰时也，时龄二十余三矣。然志存慈氏，故不敢中止，乃移灵山寺（一名边山，又楞伽山），又懃勇如初，果感弥力（勒）现授《占察经》两卷并证果简子一百八十九介。……表既受圣莂，来住金山，每岁开坛，阪张法施，坛席精严。末季未之有也。……景德王闻之，迎入宫闼，受菩萨戒，䞋租七万七千石，椒庭列岳皆受戒，品施绢五百端，黄金五十两，皆容受之，分施诸山，广兴佛事”。“得法之袖领，曰永深、宝宗、信芳、体珍、珍海、真善、释忠等，皆为山门祖。”由上述内容可知，真表主要活动在新罗圣德王（702—736）、孝成王（737—741）、景德王（742—764）时代，真表之师金山寺崇济法师说他自己“曾入唐受业于善道（即善导）三藏”，如果确实如此，那么真表所学，亦应是善导传承下来的净土宗。然而，真表不仅修弥陀净土之业，还通过修行，感得地藏菩萨化现授净戒，又感得弥勒示现，授《占察经》二卷。之后便大张法筵，传授《占察经》，得法弟子中的永深等七位高足，堪称领袖人物，又各开山门，为一方弘法之祖。这样看来，从圣德王到景德王时期，弥陀信仰与弥勒信仰、地藏菩萨信仰是结合在一起的，而且形成了自己的法脉传承，颇具规模。《占察经》又称《地藏菩萨经》，说占察善恶业报之法，又论大乘实义，劝修净土往生法，正是集三种信仰为一体的经典。

《遗事》卷三“南白月二圣”条引《白月山两圣成道记》云：白月山在新罗仇史郡之北（古之屈自郡，今义安郡），峰峦奇秀，延袤数百里。山之东南三千步许有仙川村。村里有二人，一名努肹夫得（一作等），一名怛怛朴朴。二人皆风骨不凡，有域外遐想，而相与友善。年皆弱冠，往依村之东北岭外法积房，剃发为僧。未几，听说西南雉山村法宗谷僧道村有古寺可以栖真，乃一同前往，分别居于大佛田、小佛田二洞。夫得寓居怀真庵，一云壤寺（今怀真洞有古寺基是也），朴朴居瑠璃光寺（今梨山上有寺基，是也）。“皆挈妻子而居，经营产业，交相来往，栖神赡养，方外之志，未常暂废。”不久，二人相互谓曰：“今我等既落彩为僧，当脱略缠结，成无上道，岂宜汩没风尘。与俗辈无异也。”于是，“唾谢人间世，入白月山无等谷（今南薮洞也）。朴朴师占北岭师子岩，作板屋八尺房而居，故云板房。夫得师占东岭磊石下有水处，亦成方丈而居焉。故云磊房。各庵而居，夫得勤求弥勒，朴朴礼念弥陀”。如此不到三年，唐景龙三年（709）四月八日，即新罗圣德王八年，有观音菩萨显变化身，开示成道法门，夫得乃“坐莲台，作弥勒尊像放光明”。朴朴“亦如前成无量寿”。二尊相对俨然。山下村民闻之，竞来瞻仰。叹曰：希有希有。二圣为说法要。全身蹑云而逝。天宝十四年（755），新罗景德王（742—764）闻知此事，便“遣使创大伽蓝，号白月山南寺。广德二年（764）七月十五日，寺成，更塑弥勒尊像，安于金堂，额曰：现身成道弥勒之殿。又塑弥陀像，安于讲堂，……额曰：现身成道无量寿殿。”这则传说表明，新罗从圣德王到景德王时代，弥陀信仰与弥勒信仰、观音信仰结合在一起，而且呈现出兴盛的态势。

在景德王时代，“歃良州东北二十许里有布山川，石窟奇秀，宛如人斫。有五比丘，未详名氏，来寓而念弥陀求西方几十年，忽有圣众自西来迎。于是五比丘各坐莲台，乘空而逝，至通度寺门外留连，而天乐间奏，寺僧出观，五比丘为说无常苦空之理。蜕弃遗骸，放大光明，向西而去。其捐舍处，寺僧起亭榭，名置楼，至今存焉”。①

另外，“南山东麓有避里村，村有寺，因名避里寺。寺有异僧，不言名氏，常念弥陀，声闻于城中，三百六十坊十七万户，无不闻声。声无高下，琅琅一样。以此异之，莫不致敬，皆以念佛师为名。死后泥塑真仪，安于敏藏寺中，其本住避里寺，改名念佛寺。寺旁亦有寺名让避，因村得名”。②

还是在景德王时代，“康州（今晋州，一作刚州，则今顺安）善士数十人志求西方，于州境创弥陀寺，约万日为契”。当时有阿干贵珍家一婢名郁面，随其主归寺，亦竭诚念佛，坚持不懈，如是九年之后，“坐莲台放大光明，缓缓而逝”。此前，“阿干家距惠宿法师所创弥陀寺不远，阿干每至其寺念佛，婢随往，在庭念佛”。③ 这就是说，景德王时代，弥陀信众已有结社创寺的活动，并且还举办万日

①见《三国遗事》卷五“布川山五比丘”条。

②见《三国遗事》卷五“念佛师”条。

③见《三国遗事》卷五“郁面婢念佛西升”条。

念佛会，表明弥陀信仰之隆盛。这里还有一点值得注意，就是其中提到惠俗曾在康州创弥陀寺。惠宿是真平王时代（579—631）的僧人，位列“东京兴轮寺金堂十圣”之一①。可见在真平王时代即有名僧传扬弥陀信仰，而且建立了弥陀寺。

第三节　密教之传入新罗

密教的咒术密法发源于古印度婆罗门教的根本圣典《吠陀》之中。《吠陀》中对神的赞歌、祭词、祈祷咒术等，称为真言。据说颂持真言就可以得到神灵的护佑，达到禳灾招福的目的。后来，这些真言咒语逐渐普及到民间，成为一种普遍的信仰。佛教在形成、发展过程中吸收了这些真言咒语，用来守护佛教信徒。起初，真言咒语并没有和佛教的思想体系融合在一起，只是作为佛教的附属物，杂糅在佛教典籍之中，这叫做杂部密教，简称杂密。与杂密相关的一些经典，如《大灌顶经》、《孔雀王经》等，东晋初即传到中国，并且译成了汉文经典。

自7世纪中叶至7世纪末，印度佛教中出现了《大日经》、《金刚顶经》等密教经典，使密教与佛教的思想体系密切地结合起来，以真言陀罗尼诠显诸法实相，由此形成了大乘正纯秘密佛教，简称纯密。纯密以大日如来为教主，以“即身成佛”为核心思想，以金胎两部大法为基本教义。所谓金胎两部大法，即基于《大日经》的胎藏界大法和基于《金刚顶经》的金刚界大法。胎藏界大法说大日如来以菩提心为因，以大悲为根，以方便为究竟之理性；金刚界大法说大日如来之智德如金刚石，坚固不坏，力摧一切烦恼。金胎两部相辅相成，是“二而不二，不二故二”的关系。

纯密传到我国西藏之后，形成了藏密（喇嘛教）。纯密传到我国中土，始于印度僧善无畏（637—735），他在开元四年（716）到帝都长安。善无畏之后，又有印度的金刚智（671—741）、西域的不空（705—774）相继到长安。他们翻译密教经典，传扬密教思想，奠定了中国密教的基础。不空弟子极多，其中有金阁寺含光、新罗慧超、青龙寺惠果、崇福寺慧朗、保寿寺元皎和觉超，世称六哲。

①见《三国遗事》卷三、卷四。

六哲之中，主导唐朝密教，并更加广泛地向朝野弘传的是惠果。惠果传法于日本的空海，空海在日本完成了真言密教的体系，创立了日本的真言宗。而杂密传到中国之后，即有新罗僧来唐学习。纯密传入中国之后，又有新罗僧入唐研传。

新罗僧入唐学杂密者，有明朗、惠通、明晓。根据《三国遗事》卷五“明朗神印”条所述，明朗字国育，新罗沙干才良之子，其母是慈藏律师之妹。善德王元年（632）入唐。贞观九年（635）乙未回到新罗。《遗事》又引《金光寺本记》云：“师挺生新罗，入唐学道。将还，因海龙之请，入龙宫传秘法，施黄金千两。潜行地下，涌出本宅井底，乃舍为寺，以龙王所施黄金饰塔像，光曜殊特，因名金光焉。”这里说明，明朗舍宅为寺，建立了新罗第一座密教寺院“金光寺”。唐高宗时，曾发兵征讨新罗，新罗文武王乃请明朗“开秘法禳之”，大败唐军，明朗“因兹为神印宗祖”。《三国遗事》卷二“文虎王法敏”条也记有此事，其中说，唐兵攻打新罗时，明朗“乃以彩帛营寺，草构五方神像，以瑜珈明僧十二员，明朗为上首，作文豆娄秘密之法”。这里的“文豆秘密之法”，即神印法，是密教的一种禳灾行法，《大灌顶经》有具体记述。

明朗之后，惠通入唐习密，《三国遗事》卷五“惠通降龙”条记载说，惠通，氏族未详，白衣之时，家在南山西麓银川洞之口（今南涧寺东里）。弃俗出家后渡海入唐，“谒无畏三藏请业。藏曰：嵎夷之人，岂堪法器。遂不开授。通不堪轻，谢去。服勤三载，犹不许，通乃愤悱立于庭，头戴火盆。须臾顶裂声如雷。藏闻来视之，撤火盆，以指按裂处，诵神咒，疮合如平日，有瑕如王字文，因号王和尚，深器之，传印诀。时唐室有公主疾病，高宗请救于三藏，（三藏）举通自代。通受教别处，以白豆一斗咒银器中，变白甲神兵，逐祟不克。又以黑豆一斗咒金器中，变黑甲神兵，令二色合逐之，忽有蛟龙走出，疾遂瘳”。此龙怨恨惠通驱逐自己，便到惠通的故乡新罗去作祟。惠通遂于麟德二年（665）回国降龙，几经周折，终于降服这条毒龙，“谕龙授不杀戒，神害乃息”。另外，《遗事》该条中又载：“初神文王发疽背，请候于通，通至咒之立活。乃曰：‘陛下曩昔为宰官身。误决臧人信忠为隶，信忠有怨，生生作报，今兹恶疽亦信忠所祟。宜为忠创伽蓝。奉冥佑以解之。’王深然之，创寺号信忠奉圣寺。”

这里说惠通入唐后师事善无畏，殊为错谬。惠通入唐习密后于麟德二年（665）返国，而善无畏是在惠通返回新罗五十余年后的开元四年（716）才到唐朝来，何得有师徒之谊。但其中所记惠通施行的降龙法等咒术秘法，确实是唐朝当时已流行的杂密中的行法。

其实，在明朗、惠通入唐之前，新罗已有杂密流传。“惠通降龙”条说：“密本之后，有高僧明朗，入龙宫得神印（梵云文豆娄，此云神印），祖创神游林（今天王寺），屡禳邻国之寇。今和尚（惠通）传无畏之髓，遍历尘寰，救人化物。兼以宿命之明创寺雪怨，密教之风于是乎大振，天磨之总持岩、母岳之咒锡院等，皆其流裔也。”这是说，在明朗之前，密本已在新罗传密教。《遗事》卷五“密本摧邪”条记述说：“善德王德曼遘疾弥留，有兴轮寺僧法惕，应诏侍疾，久而无効。时有密本法师，以德行闻于国，左右请代之。王诏迎入内，本在宸仗外读《药师经》，卷轴才周，所持六环飞入寝内。刺一老狐与法惕，倒掷庭下，王疾乃瘳。”丞相金良图为阿孩时，曾忽然发病，肢体不遂，口不能言。密本施以咒术秘法，“其疾乃治，语通身解，具说件事。良图因此笃信释氏，一生无怠，塑成兴轮寺吴堂主、弥陀尊像，左右菩萨，并满金画其堂”。本条中还讲述了一位“老居士”与密教师因惠斗法的情形。这些说明，在明朗未入唐时，中国的杂密典籍已经流传到了新罗，并且出现了专门修习秘法而具有社会影响的人物。

在惠通之后，又有新罗僧明晓入唐学密教。《开元释教录》卷九记载：“婆罗门李无谄，北印度岚波国人，识量聪敏，内外该通，唐梵二言，洞晓无滞。三藏阿儞真耶、菩提流志等，翻译众经，并无谄度语。于天后代圣历三年（700）庚子三月，有新罗国僧明晓，远观唐化，将欲旋途，于总持门先所留意，遂殷勤固请译此真言，使彼边维同闻秘教。遂于佛授记寺翻经院为译《不空罥索陀罗尼经》一部，沙门波仑笔受。至久视元年（700）八月，将所译经更于罽宾重勘梵本，方写流布。”这就是说，明晓入唐求法，特别留意密教，在他的恳请下，由李无谄翻译、波仑笔受，译出《不空罥索陀罗尼经》，并经过与梵本重勘后抄写下来，明晓带回新罗传布。

纯密传到唐土以后，入唐学纯密的新罗僧，师事善无畏的有玄超、义林、不可思议，师事金刚智、不空的有慧超，师事惠果的有惠日、悟真。

玄超从善无畏受胎藏界大法，后传与惠果。《两部大法相承师资付法记》说：“时善无畏三藏复将此《大毗卢遮那大教王》传付大兴善寺沙门一行及保寿寺新罗国沙门玄超。沙门一行既传教已，造《大毗卢遮那义释》七卷（或分为十四卷），略释二卷，《大毗卢遮那形像图样坛仪》一卷，《标帜坛仪法》一卷，《契印法》一卷。造《金刚顶经义决》三卷（上卷有本，余两卷阙本）。大兴善寺一行和尚，博瞻天文，学通内外，唐梵经史无不洞明，每与玄宗皇帝行座相随，论理国及预翻经，不暇传法。次沙门玄超阿阇梨复将《大毗卢遮那大教王》及苏悉地教传付青龙寺东塔院惠果阿阇梨，阿阇梨又传付成都府僧惟尚（又云惟明），汴州辨弘，新罗国僧惠日、悟真，日本国空海。”善无畏将胎藏部传付一行与玄超，一行平时忙于著述与应酬朝廷，“不暇传法”，传法的重担就落在玄超身上了，遂将此大法传于惠果。另，《大唐青龙寺三朝供奉大德行状》记：惠果“于无畏三藏和上弟子玄超和上边，求授大悲胎藏毗卢遮那大瑜伽大教，及苏悉地大瑜伽法，及诸尊瑜伽等法，一一亲垂旨授。又于大兴善寺三藏和上边，求授金刚顶大瑜伽大教王经法，诸尊瑜伽密印，亲承指示”。惠果从玄超处受胎藏部秘法，又从不空处受金刚部秘法，由此密教金胎两部大法集于惠果一人之身。

关于义林的国籍，有两种不同的说法，日僧圆珍所撰《胎金血脉图》谓，义林是新罗国人，入唐从善无畏学法后又回到新罗传扬密教。也有资料说，义林本是唐人，随善无畏学秘法后赴新罗传教。两种说法虽有异，但都肯定义林学于善无畏，后到新罗弘法。另据日本传教大师最澄于唐贞元二十一年（805）所撰《内证佛法相承血脉谱》记，义林阿阇梨“师事善无畏三藏，三藏以大悲胎藏曼荼罗妙法付嘱沙门义林。阿阇梨一百三岁，今在新罗国转大法轮。”又说，善无畏传法与义林，义林传给其大唐弟子顺晓，顺晓又传给日本国弟子最澄。

不可思议是新罗灵妙寺的僧人，撰有《大毗卢遮那经供养次第法疏》上下两卷，是在听受善无畏的有关讲解和研究了一行的《大日经疏》后完成的。其上卷中有：“所谓小子者，厥号善无畏三藏和尚。即是小僧不可思议多幸，面谘和上所闻法要，随分抄记。”该《疏》末记：“此文造人新罗国灵妙之寺释僧不可思议。随分穿凿，愿此文见独知于本不生理中证。”明确说明造疏者是新罗灵妙寺的僧人不可思议。

惠日和悟真，如前所述，都是惠果的弟子。《大唐青龙寺三朝供奉大德行状》说：“建中二年，新罗国僧惠日，将本国信物，奉上和上，求授胎藏、金刚界、苏悉地等，并诸尊瑜伽三十本。已来授讫，精通后时，却归本国，广弘大教。精诚绝粒持念，悉地现前。遂白日冲天竺国王宫中瞻礼，求乞其法。空中□言：西大唐国，有秘密法，法有青龙寺。同年，新罗国僧悟真，授胎藏毗卢遮那及诸尊持念教法等，至贞元五年，往于中天竺国，大毗卢遮那经梵夹余经，吐蕃国身殁。”这是说，唐德宗建中二年（781），新罗僧惠日和悟真入唐，师从惠果学密教，得授胎金两部大法。惠日后来回国传教，悟真则于贞元五年（789）赴印度求取《大日经》

等梵本，不幸卒于吐蕃。惠日之后，还有均亮、弘印等新罗僧入唐学密教。

慧超的事迹，在《大辨正广智三藏和上表制集》卷三、慧琳《一切经音义》卷一百及《大日本佛教全书》卷一百一十三“游方传丛书”等文献中有零星的记载。根据相关的史料以及他本人的著述可知，慧超少年时即入唐求法，后从海路入天竺，遍游五天竺后，于唐开元十五年（728）经陆路归安西，第二年返回长安。著有《往五天竺国传》三卷，然该书久已散佚，至近代始于敦煌石窟发现其残本。慧超开元二十一年（733）正式入金刚智之室，从学八年，开元二十八年，金刚智于长安荐福寺译《大乘瑜伽金刚性海曼殊室利千臂千钵大教王经》时，慧超任“笔受”之职。大历八年（773），慧超又于大兴善寺随不空再次受法，成为不空的高足弟子。《三藏和上表制集》中载有不空《遗书》一首，书中谓：“吾普告四众弟子等：大教总特，浩汗深广，瑜伽秘密，谁测其源？吾自髫亂出家，依师学业，讨寻梵夹二十余年，昼夜精勤，伏膺谘禀，方授瑜伽四千颂法。奈何积衅深重，先师寿终，栖托无依，凭何进业。是以远游天竺，涉海乘危，遍学瑜伽，亲礼圣迹，得十万颂法藏印可，相传来归帝乡，福地行化。然一朝供奉为三代帝师，人主尽授瑜伽密传法契。爰自今圣弘教最深，十八会瑜伽尽皆建立，三十七圣众一一修行，每入道场，依时念诵，九重万乘，恒观五智之心，阙庭百寮，尽持三密之印。吾当代灌顶三十余年，入坛授法弟子颇多。五部琢磨，成立八个，沦亡相次，唯有六人。其谁得之？则有金阁含光，新罗慧超，青龙慧果，崇福慧朗，保寿元皎、觉超。后学有疑，汝等开示。法灯不绝，以报吾恩。”由此可见慧超在不空门下的地位。

大历九年（774）二月上“贺玉女潭祈雨表”，六月被选为持诵僧七人之一。建中元年（780），携其所译经典至五台山乾元菩提寺，并作《一切如来大教王经瑜伽秘密金刚三摩地三密圣教法门》，述其秘义。后终老于唐。

第四节　赤山新罗法华院

唐朝与新罗之间，在政治、文化、经贸等领域交流颇为密切，许多新罗人入唐之后须有一个落脚的处所，或短暂停留，或长期居住，于是，在山东登州这样的交通要冲，就出现了一些新罗人聚居的村落，称为新罗坊。同时，入唐求法的新罗僧人亦络绎不绝，他们往往就在新罗坊附近的寺院里集体安住，这样的寺院称为新罗寺或新罗院。文登县的赤山新罗院，就是其中规模较大的一个，又因日僧圆仁在其名著《入唐求法巡礼行记》中，对该寺院的佛教仪式等方面有具体而生动的记述，更彰显出该寺院在唐罗佛教文化交流中的特殊地位。赤山法华院为唐代新罗人张保皋（张宝高）所建。唐宪宗二年（807），张保皋应征入唐，为武宁（今徐州）军中小将，后回新罗，出任镇守清海（新罗海路要冲）的大使。此时，他在山东文登的赤山浦（今石岛湾）建立了这个寺院。寺僧以读诵《法华经》为主，故取名为“赤山法华院”。

据《入唐求法巡礼行记》所述，圆仁及其弟子僧惟正、惟晓，行者丁雄万，“本心志慕释教，修行佛道”。远来中华，“游礼诸处，寻师访道”。于“日本国承和五年四月十三日，随朝贡使乘船离本国界。大唐开成三年（838）七月二日，到扬州海陵县白湖镇。八月廿八日，到扬州，寄住开元寺。开成四年二月廿一日，从扬州上船发，六月七日到文登县青乡，寄住赤山新罗院，过一冬。”在开成五年二月十九日，离开赤山院。他对这段期间的所见所闻，加以仔细记述。其中说：文登县的赤山“纯是岩石，高秀处，即文登县清宁乡赤山村。山里有寺，名赤山法花院，本张宝高初所建也。长有庄田，以充粥饭。其庄田一年得五百石米。冬夏讲说，冬诵《法花经》，夏讲八卷《金光明经》，长年讲之。南北有岩岑，水通院庭，从西而东流。东方望海远开，南西北方连峰作壁，但坤隅斜下耳。当今新罗通事、押衙张咏及林大使、王训等专勾当”。①

关于法花寺的佛事活动，圆仁在《行记》中写道：十一月十六日，“山院起首讲《法花经》，限来年正月十五日为其期。十方众僧及有缘施主皆来会见，就中圣琳和尚是讲经法主，更有论义二人：僧顿证、僧常寂。男女道俗同集院里，白日听讲，夜头礼忏听经及次第，僧等其数卌来人也。其讲经礼忏，皆据新罗风俗。但黄昏、寅朝二时礼忏，且依唐风，自余并依新罗语音。其集会道俗老少尊卑，总是新罗人，但三僧及行者一人，日本国人耳”。照此记述，该寺有僧等三十来人，除四名日本人外，都是新罗人。其讲经礼忏，多依新罗风习，间与唐风结合。

①本节引文均见《入唐求法巡礼行记》卷二。

关于赤山院讲经的仪式，圆仁记述说："辰时，打讲经钟，打惊众钟讫，良久之会，大众上堂，方定众钟。讲师上堂，登高座间，大众同音称叹佛名，音曲一依新罗，不似唐音。讲师登座讫，称佛名便停。时有下座一僧作梵，一据唐风，即'云何于此经'等一行偈矣。至'愿佛开微密'句，大众同音唱云'戒香、定香、解脱香'等。颂梵呗讫，讲师唱经题目，便开题分别三门。释题目讫，维那师出来，于高座前读申会兴之由，及施主别名，所施物色申讫，便以其状转与讲师。讲师把尘尾，一一申举施主名，独自誓愿，誓愿讫，论义者论端举问。举问之间，讲师举尘尾，闻问者语。举问了，便倾尘尾，即还举之，谢问便答。帖问帖答，与本国同，但难仪式稍别。侧手三下后，申解白前，卒尔指申难，声如大嗔人，尽音呼诤。讲师蒙难，但答不返难。论义了，入文读经。讲讫，大众同音长音赞叹，赞叹语中有回向词。讲师下座，一僧唱'处世界如虚空'偈，音势颇似本国。讲师升礼盘，一僧唱三礼了，讲师大众同音，出堂归房。更有覆讲师一人，在高座南下座，便谈讲师昨所讲文，至'如含义'句。讲师牒文释义了，覆讲亦读。读尽昨所讲文了，讲师即读次文，每日如斯。"

圆仁又说到一日讲仪式："辰时打钟，长打拟了，讲师、都讲二人入堂。大众先入列坐，讲师、读师入堂之会，大众同音称叹佛名长引。其讲师登北座，都讲登南座了，赞佛便止。时有下座一僧作梵，'云何于此经'等一行偈也。作梵了，南座唱经题目，所谓唱经长引，音多有屈曲。唱经之会，大众三遍散花；每散花时，各有所颂。唱经了，更短音唱题目。讲师开经目，三门分别，述经大意。释经题目竟，有维那师披读申事兴所由。其状中具载无常道理、亡者功能、亡逝日数。"

关于新罗诵经仪式，圆仁说："大唐唤作'念经'：打钟定众了，下座一僧起打搥，唱'一切恭敬敬礼常住三宝'。次一僧作梵，'如来妙色身'等两行偈，音韵共唐一般。作梵之会，一人擎香盆，历行众座之前，急行行便休，大众同音诵摩诃般若题数十遍也。有一师陈申诵经来由了，大众同音诵经，或时行经本，或时不行经本。念经了，导师独唱'皈依佛、皈依法、皈依僧'，次称佛菩萨号。导师唱云：'南无十二大愿。'大众云：'药师琉璃光佛。'导师云：'南无药师也。'大众同音云：'琉璃光佛。'导师云：'南无大慈悲也。'大众同音云：'观世音菩萨。'余皆如是。礼佛了，导师独结愿回向，回向稍长。回向之后，导师云：'发心。'大众同音亦云：'发心。'次导师唱发愿已竟，顶礼三宝。次施主擎施物坐，导师与咒愿，便散去。"

赤山新罗院还有一个引人注目的方面，那就是，每逢传统的节日，便会把佛事与节日的庆祝活动结合起来，充满欢喜祥和的气氛。例如，八月十五日，“寺家设馎饨饼食等，作八月十五日之节。斯节诸国未有，唯新罗国独有此节。老僧等语云：‘新罗国昔与渤海相战之时，以是日得胜矣，仍作节乐而喜舞，永代相续不息。设百种饮食，歌舞管弦以昼续夜，三个日便休。今此山院追慕乡国，今日作节’”。

到了过年的时候，庆祝活动则更显得隆重而庄严。除夕夜，“此新罗院佛堂经藏点灯供养，别处不点灯。每房灶里，烧竹叶及草，从突出烟。黄昏、初夜、后夜、寅朝礼佛。后夜，诸沙弥、小师等巡到诸房拜年，贺年之词依唐风也”。

“正月一日戊寅，早朝礼佛了，不相拜谒，直归自房。吃粥之后，堂前礼佛行道。礼佛了，便于堂前，众僧同礼拜，更互参差，不依次第。”

“正月十五日，得当年历日抄本，写著如左：……。右件历日具注勘过。此日山院法花会毕。集会男女，昨日二百五十人，今日二百来人，结愿已后，与集会众授菩萨戒。斋后，皆散去。赤山法花院常住僧众及沙弥等名：僧昙表、僧谅贤、僧圣林、僧智真、僧轨范禅门、僧顿证寺主、明信去年典座、惠觉禅门、修惠、法清去年院主、金政上座、真空、法行禅门、忠信禅门、善范、沙弥道真去年直岁、师教、咏贤、信惠住日本国六年、融洛、师俊、小善、怀亮、智应，尼三人，老婆二人。”由此可见，正月十五前后的佛事活动颇有些规模，男女信众二百多人与寺僧等在法花院集会、讲经说法之外，还举行结愿、授戒等仪式。

第五节　地藏与九华山

九华山位于安徽青阳县西南，与山西五台山、四川峨眉山、浙江普陀山合称中国佛教四大名山。原名九子山，唐代李白至此，见九峰耸立如莲华，便名为九华山。

最早记录九华山景观与新罗僧地藏事迹的历史文献是唐费冠卿于元和八年（813）所撰的《九华山化成寺记》。费氏自谓：“予闲居山下，幼所闻见，谨而录之。”乃成此《记》。此文载：“九华山，古号九子山。崛起大江之东，揖潜庐于西岸，俨削成于天外。旁临千余里，高峰峻岭臣焉，连冈走陇子焉。自元气凝结，几万斯年。六朝建都，此为关辅。人视山而天长，山阅人以波逝。其间圣后贤臣，咏歌迭兴，言不及者，兹山屈焉。”唐玄宗开元（713—741）末年，“乡老胡彦”曾请僧檀号和尚至九华山开演佛法，广度男女有情，但为时豪所嫉，官府不明就里，于是焚其居，废其教。当此之时，“有僧地藏，则新罗国王子金氏近属，项耸骨奇，躯长七尺，而力倍百夫。尝曰：‘六籍寰中，三清术内，唯第一义，与方寸合。落发涉海，舍舟而徒，睹兹山于云端，自千里而劲进。披榛援藟，跨峰越壑，得谷中之地，面阳而宽平。其土黑壤，其泉滑甘。岩栖涧汲，以示高洁”。端坐无念，修行精进。地藏素愿写四部经，遂下山至南陵，在俞荡等人的帮助下，终于写成四部经，实现了心愿。“自此归山，迹绝人里。”到至德初（756），有诸葛节等人自麓登峰，见山深无人，云日虽鲜明，居唯一僧，闭目石室。其旁有折足鼎一具，鼎中唯有白土和些许的米粒，地藏即烹而食之。他们见和尚苦行若此，投地号泣，发愿“出帛布买檀公旧地”，以为和尚居处。“近山之人，闻者四集，伐木筑室，焕乎禅居。”继而又有上首僧胜瑜等，同建台殿，开凿溪涧，辟成稻田，造放生池。“当殿设释迦文像，左右备饰。次立朱台，挂蒲牢于其中，立楼门以冠其寺。丹素交彩，层层倚空。岩峦队起于前面，松桧阵横于后岭。日月晦明，以增其色；云霞聚散，而变其状。松声猿啸，相与继续，都非人间也。”

建中初（780），郡守张严仰藏师高风，厚加施舍之外，又奏请朝廷敕赐新寺额（即“化成寺”）。此后，本州岛牧贤者到寺，严师之敬；旁邑豪右，一瞻一礼，必献桑土；富商大族，竭诚皈仰，多施钱帛。新罗国人闻之，僧俗“相与渡海，其徒实众”。尽管如此，地藏及其徒众仍然过着清苦的修习生活，“夏则食兼土，冬则衣半火，无少长，畲田采薪自给。其众请法以资神，不以食而养命，南方号为枯槁众，莫不宗仰。”

中岁，地藏“领一从者，居于南台，自缉麻衣，其重兼钧，堂中榻上，唯此而已。池边建台，厝四部经，终日焚香，独味深旨”。贞元十年（794）夏，地藏坐灭于本寺，时年九十九岁。

另外，《宋高僧传》中又有“唐池州九华山化城寺地藏传”，是依据《化成寺记》而撰成的，与《化成寺记》的内容大致相同，并无新义，唯将地藏卒年说成是贞元十九年，与《化成寺记》异，当是笔误。《佛祖统纪》把地藏说成是成都静众寺金和尚无相禅师[①]，实属讹误。清代仪润所撰《百丈清规证义记》称地藏

[①]见《佛祖统纪》卷四十“肃宗”条。

“姓金，号乔觉”，亦无典可据。

《化成寺记》说，地藏将示灭，“寺中扣钟，无声坠地”，“堂椽三坏”。入灭之后，“趺坐函中，经三周星，开将入塔，颜亦如活时。舁动骨节，若撼金锁，经云‘菩萨钩锁，百骸鸣矣’”！又，建塔之时，“基塔之地，发光如火，其圆光欤”？这些时人的传说，已预示着九华山地藏菩萨信仰的开始。

地藏菩萨是大乘佛教中与观音菩萨、文殊菩萨、普贤菩萨并称的“四大菩萨”之一。地藏菩萨的名号在鸠摩罗什所译的佛经中已经出现，其后有几部有关地藏菩萨的佛教经典相继译出，而最具代表性的当属玄奘翻译的《大乘大集地藏十轮经》。该经中，世尊赞叹地藏菩萨说：“有菩萨摩诃萨，名曰地藏，已于无量无数大劫，五浊恶时无佛世界成熟有情。……是地藏菩萨摩诃萨，有无量无数不可思议殊胜功德之所庄严，一切世间声闻独觉所不能测。此大菩萨，是诸微妙功德伏藏，是诸解脱珍宝出处，是诸菩萨明净眼目，是趣涅槃商人导首。”并且说：“随所在处若诸有情种种希求忧苦逼切，有能至心称名、念诵、归敬、供养地藏菩萨摩诃萨者，一切皆得如法所求离诸忧苦，随其所应安置生天涅槃之道。”如遇饥渴所逼，缺医少药，爱乐别离，怨憎合会，众病所恼，兴诸斗诤，牢狱之灾，身心疲倦，诸根不具随有损坏，癫狂心乱鬼魅所著，贪、瞋、痴等皆悉炽盛，为火所焚，为水所溺，为风所飘，山岩树舍颠坠堕落，为诸毒蛇、毒虫所蜇，或被种种毒药所中，或为魔鬼、猛兽、恶人加害，或为追求种种世、出世间诸利乐事而生烦恼。如此种种不幸，种种忧苦，只要能“至心称名、念诵、归敬、供养地藏菩萨”，则皆得如愿化解。该经中甚至说：“善男子，假使有人于其弥勒及妙吉祥并观自在普贤之类而为上首殑伽沙等诸大菩萨摩诃萨所，于百劫中至心皈依、称名、念诵、礼拜、供养，求诸所愿。不如有人于一食顷至心皈依、称名、念诵、礼拜、供养地藏菩萨，求诸所愿速得满足。”把地藏菩萨抬到了其他几位菩萨之上，所以更能吸引信众。

当地僧俗根据地藏生前的事迹与死后的祥瑞，把他视为佛经中所说的地藏菩萨的化身，对其佛庙，群材缔构，众力保护，加以供奉。昔日的护法良吏，及施力僧、檀越等，具刻名于石。并且宣称：“施一金钱，报一重果。下为轮王，上登圣地。”如若后代“不能立绩以济众，又不能破除余财，崇胜因缘，啄腥膻，顾儿妇，生为人非，死为鬼责。”这样，九华山由此就逐渐发展成了地藏菩萨信仰的专门道场。

第五章
新罗在唐名僧圆测的唯识学

第一节　圆测生平事迹

圆测（613—696）是新罗出生的一位在唐高僧。有关圆测生平事迹的中国与韩国的文献有：《宋高僧传》卷四之“圆测传”、“窥基传”，大正藏第五十册；《六学僧传》卷二十三，“周圆测”，新纂卍续藏第七十七册；《大周西明寺故大德圆测法师佛舍利塔铭并序》，新纂卍续藏第八十八册；《三国遗事》卷一、二“孝昭王竹旨郎”条，大正藏第四十九册；《故翻经证义大德圆测和尚讳日文》，韩国成均馆大学1982年影印版《崔文昌侯全集》。其中《大周西明寺故大德圆测法师佛舍利塔铭并序》与《故翻经证义大德圆测和尚讳日文》最详细且最具参考价值。

宋宋复所撰《大周西明寺故大德圆测法师佛舍利塔铭并序》载：

法师讳文雅，字圆测，亲（新）罗国王之孙也。三岁出家，十五请业。初于常、辩二法师听论。天聪警越，虽数千万言，一历其耳，不忘于心。正观中，大（太）宗文皇帝度为僧，住京元法寺。乃览《毗昙》、《成实》、《俱舍》、《婆娑》等论，暨古今章疏，无不闲晓，名声蔼著。三藏法师奘公，自天竺将还，法师预梦婆罗门授果满怀，其所证应胜因夙会。及奘公一见，契合莫造，即命付《瑜伽》、《成唯识》等论，兼所翻大小乘经论，皎若生知。后被召为西明寺大德，撰《成唯识论疏》十卷、《解深蜜经疏》十卷、《仁王经疏》三卷、《金刚般若》、《观所缘论》、《般若心经》、《无量义经》等疏，羽翼秘典，耳目时人，所以赞佐奘公，使佛法东流，大兴无穷之教者也。法师性乐山水，往依终南山云际寺，又去寺三十余里，阒居一所，静志八年。西明寺僧徒，邀屈还寺，讲《成唯识论》。时有中天竺三藏地婆诃罗至京，奉敕简召大德五人，令与译《蜜严》等经，法师即居其首。后又召入东都，讲译《新华严经》，卷轴未终，迁化于佛授记寺，实万岁通天元年七月二十二日也。春秋八十有四。以其月二十五日，燔于龙门香山寺北谷，便立白塔。在京学徒西明寺主慈善法师，大荐福寺大德胜庄法师等，当时已患礼奉无依，遂于香山葬所分骸一节，盛以宝函石椁，别葬于终南山丰德寺东岭上法师尝昔往游之地。墓上起塔，塔基内安舍利四十九粒。今其路几不通矣，峭壁崭绝，茂林郁闭，险僻藏疾，人迹罕到，埋光藏德，徒有岁年，孰知归仰。由是同州龙兴寺仁王院广越法师，勤成志愿，以大宋政和五年四月八日，乃就丰德分供养，并诸佛舍利，又葬于兴教寺奘公塔之左，创起新塔，规范基公之塔，一体无异，并基公之塔，即旧而新之。金轮宝铎，层构双耸，矗如幻成，其下各环以广庑，神像崇邃，左右以袝奘公焉。俾至者，景慕起信，不知何时而已也。及于塔之前，创修献殿，六楹落成。庆赞之日，不暇求能成文者，丐余直序其事，系之以铭（铭文略）。

照此记述，圆测为新罗国的王孙，据所记其卒年（万岁通天元年，即696年，世寿八十四）推算，他生于新罗真平王三十五年（隋大业九年，613年）。三岁（615）出家，十五岁（贞观元年，627年）入唐请业。入唐后，他的事迹有以下几个方面。其一，从法常、僧辩听论。当时，法常（567—645）住长安普光寺，未久又兼任空观寺之上座，常讲《华严》、《成实》、《毗昙》、《摄论》、《十地》等经论，“弘导法化长镇不绝，前后预听者数千，东蕃西鄙难可胜述，及学成返国皆为法匠”①。新罗王子金慈藏即弃王位出家，来投法常，受菩萨大戒。圆测和慈藏也许曾同时在法常门下受法。僧辩（568—642）于隋大业（605—617）初年，

①见《续高僧传》卷十五《释法常》。

受召入大禅定道场，唐武德（618—626）初年盛弘《摄大乘论》，贞观年间（627—649）玄奘法师译经时，被征为证义，受敕住于弘福寺，仍讲学不辍。玄奘在贞观三年（629 年，或曰贞观元年）入竺前，也曾听常、辩二师讲《摄大乘论》，从这个角度说，圆测与玄奘乃是同门兄弟。圆测天资聪明，记忆力强，虽数千万言，亦过耳不忘。其二，贞观年间，由太宗皇帝敕度为僧，住于京都元（玄）法寺，广览《毗昙》、《成实》、《俱舍》、《婆娑》等论及诸章疏，皆得通晓，因而“名声蔼著”。其三，受学于玄奘三藏。玄奘自印度返国（贞观十七年，即 643 年启程，贞观十九年还抵长安）的时候，二人一见，“契合莫造”，藏师传与圆测《瑜伽》、《成唯识》等论，以及所译的大小乘经论。圆测对这些经论的义理很快就熟悉了，犹如生知。从这个角度说，圆测又是玄奘的弟子。其四，任西明寺大德，注疏诸多唯识学经论，羽翼秘典，耳目时人，以赞佐奘公，使佛法东流。其五，往依长安近郊之终南山云际寺，以于距寺三十余里之处，静居八年。值得一提的是，新罗慈藏律师曾在贞观十二年入唐之后，“于终南云际寺东悬崿之上，架室居焉。……往还三夏，常在此山”。圆测之入此山，或许与慈藏有关系。其六，由西明寺众弟子迎回西明寺，讲述《成唯识论》。其七，中印度地婆诃罗三藏至长安，在太原寺与广福寺翻译《蜜严》等经时，奉敕召五位大德参与译事，而圆测法师为其首座。对此，智升《续古今译经图记》（大正藏第五十五册）具体记述说：“沙门地婆诃罗，唐言日照，中印度人。洞明八藏，博晓四含，戒行清高，学业优赡，尤工咒术，兼洞五明。志在利生，来游此国。以天皇仪凤初（676 年）至天后垂拱末（688 年），于两京东西太原寺及西京弘福寺。译《方广大庄严经》一部、《大乘密严经》一部（三卷）、《大乘显识经》一部（二卷）、《证契大乘经》一部（二卷）、《大方广佛花严经续入法界品》（一卷）、《大乘离文字普光明藏经》（一卷）、《大乘遍照光明藏无字法门经》（一卷）、《大方广师子吼经》（一卷）、《大乘百福相经》（一卷）、《大乘百福庄严相经》（一卷）、《大乘四法经》一卷）、《菩萨修行四法经》（一卷）、《七俱胝佛大心准提陀罗尼经》（一卷）、《佛顶最胜陀罗尼经》（一卷）、《最胜佛顶陀罗尼净除业障经》（一卷）、《造塔功德经》（一卷）、《金刚般若波罗蜜经破取着不坏假名论》一部（二卷）、《大乘广五蕴论》（一卷），凡一十八部合三十四卷。沙门战陀、般若提婆译，沙门慧智证梵语，敕召名德十人助其法化，沙门道成、薄尘、嘉尚、圆测、灵辩、明恂、怀度等证义，沙门思玄、复礼等缀文笔受。天后亲敷睿藻，制序标首，光饰像教，传之不朽也。"《宋高僧传》卷二"日照传"说："释地婆诃罗，华言日照，中印度人也。洞明八藏，博晓五明，戒行高奇，学业勤悴，而咒术尤工。以天皇时来游此国仪凤四年（679）五月表请翻度所赍经夹，仍准玄奘例，于一大寺别院安置，并大德三五人同译。至天后垂拱末（688），于两京东西太原寺（西太原寺后改西崇福寺，东太原寺后改大福先寺）及西京广福寺，译《大乘显识经》、《大乘五蕴论》等凡一十八部。沙门战陀、般若提婆译语，沙门慧智证梵语，敕诸名德助其法化，沙门道成、薄尘、嘉尚、圆测、灵辩、明恂、怀度证义。沙门思玄、复礼缀文笔受。天后亲敷叡藻，制序冠首焉。"《宋高僧传》卷四"圆测传"说："高宗之末，天后之初，应义解之选，入译经馆，众皆推挹，及翻《大乘显识》等经，测充证义，与薄尘、灵辩、嘉尚，攸方其驾，所著《唯识疏钞》，详解经论，天下分行焉"。其八，之后于695年，于阗实叉难陀来到洛阳，奉召讲译《新华严经》，而于大遍空寺翻译《华严经》时，亦奉敕任证义，帮助译业。可惜，卷轴未终，示寂于佛授记寺，时值武后万岁通天元年（696）七月二十二日，春秋八十四。其月二十五日火葬于龙门香山寺北谷，起立白塔。关于圆测参与译《华严经》，崔致远《唐大荐福寺故寺主翻经大德法藏和尚传》（大正藏第五十册）说："暨女皇革命变唐为周，遣使往于阗国求索梵本，仍迎三藏实叉难陀（此言喜学）译在神都。作起乎证圣牂年（即695年），功成乎圣历猕岁（即699年）。计益九千偈，勒成八十卷（通旧翻合四万五千偈）。命藏笔受，复礼缀文，梵僧战陀、提婆二人译语，仍诏唐三藏义净、海东法将圆测、江陵禅师弘景，及诸大德神英、法宝而下审覆证义。"澄观撰《华严经疏》（大正藏第三十五册）卷三讲到《华严经》之四译的过程，其第三译"证圣元年（695），于阗三藏实叉难陀，此云喜学，于东都佛授记寺再译旧文，兼补诸阙，计益九千颂，通旧总四万五千颂，合成唐本八十卷。大德义净三藏、弘景禅师、圆测法师、神英法师、法宝法师、贤首法师等同译。复礼法师缀文"。

另外，智升《续古今译经图记》（大正藏五十五册）说："沙门菩提流志，本名达摩流支，唐言法希，天后改为菩提流志，唐云觉爱，南印度人，婆罗门种，姓迦叶氏。……天皇远闻雅誉，遣使往邀，未及使还，白云遽驾。暨天后御极，方赴帝京。以长寿二年（693）癸巳创达都邑，即以其年于佛授记寺译《宝雨经》一部（十卷）。中印度王使沙门梵摩同宣梵本。又于大周东寺及佛授记寺译《文殊师利所说不思议佛境界经》一部（二卷）、《实相般若波罗蜜经》（一卷）、《大乘金刚髻珠菩萨修行分》（一卷）、《大乘伽耶山顶经》（一卷）、《六字神咒经》（一卷）、《护命法门神咒经》（一卷）、《有德女所问大乘经》（一卷）、《般若波罗蜜多那经》（一卷）、《妙慧童女所问经》（一卷）、《不空罥索咒心经》（一卷）、《妙德婆罗门女问佛转何法轮经》（一卷）、《智猛长者问经》（一卷）、《佛入毗耶离除一切鬼病经》（一卷）、《那耶经》（一卷）、《大陀罗尼经》（一卷）、《文殊师利咒法藏经》（一卷）、《一字咒王经》（一卷）、《无迦略曳菩萨造广大摩尼秘密善住经》（一卷）、《释般若六字三句论》（一卷）。已上二十部合三十卷，沙门行感等同译，沙门战陀、婆罗门李无谄译语，沙门慧智证译语，沙门处一等笔受，沙门思玄等缀文，沙门圆测、神英等证义，司宾寺丞孙辟监译。”

又，法藏《大乘法界无差别论疏》（大正藏四十四册）卷三记：“有于阗国三藏法师提云般若，此云天慧，其人慧悟超伦，备穷三藏，在于本国，独步一人。后为观化上京，遂赍梵本百有余部，于垂拱年内届至神都。有敕慰喻，入内供养，安置魏国东寺，令共大德十人翻译经论。仍令先译《华严》。余以不敏，猥蒙征召，既预翻译，得观宝聚。遂翻得《华严不思议境界分》、《华严修慈分》、《大乘智炬陀罗尼经》、《诸佛集会陀罗尼经》，已上各一卷成。《造像功德经》二卷、《法界无差别论》一卷。沙门慧智等译语，沙门法华笔授，沙门复礼缀文，沙门圆测、慧端、弘景等证义。”

关于圆测的事迹，崔致远的《故翻经证义大德圆测和尚讳日文》说：

> 观夫晓日出乎嵎尼（尼疑夷之误），光融万像，春风生乎震位，气浃八埏，遂能破天下之冥，成地上之宝。然后，乌飞迅影，回轮昧谷之深。虎啸雄威，辙扇商郊之远。是知义因仁发，西自东明，尝譬人材，何殊物性。然而善逝之遗化也，竺乾现相，震朝传音，故且天域僧，来为唐祖者多矣，海乡人，去作汉师者鲜焉！而得旭日开心，浚风调力，乌山先照，寒土皆融。禀奇锋于外乡，悬朗鉴于中国者，惟我文雅大师其人也。
>
> 追惟大德，冯乡士族，燕国王孙，夙种善芽，行攀胜果，为鲽海之龙子，是鸡林之凤雏。繇是襁褓出家，早辞尘劳，梯航观国，远艘天庭，学宁限于七洲，语将通于六国，果能天言鼓舌而重谭华音，海会印心而优探梵义。若楚材归晋，如赵璞入秦，遂得行高十地之中，名达九天之上。文皇识宝，遽度以为僧。武后尊贤，实重之如佛。每遇西天开士，则征东海异人，俾就讨

论，因资演畅，是以译经则必居其首，撰疏则独断于心，栖幽则灵感荐臻，升座则法音随应。大矣哉！台无辍照，衢有余斟，既东流之妙义无穷，抑西学之迷群有托。垂拱中（则天），吾君慕法，累表请还，圣帝垂情，优诏显拒。故其来也，是避秦之贤胤，其去也，为辅汉之慈灵。自是我国释门，高山仰止，修业若四河归海，发言如万籁吟风。诸德会议曰：故文雅大师，功逾倏忽，而神迁异壤，骨瘗空山，但思鹏运扶摇，莫见鹤归华表。彼弟子分骸起塔，我同人杜口忘机，虽观无二之宗，虑缺在三之义，况芝兰设喻，久而弥芳，木李编诗，永以为好。既奉严师之训，盍修尊祖之仪，乃构忌辰，仰追慈佑。伏愿高游佛土，远护仁方，腾竺岭之大音，出龙宫之上本，使法生、法灭，共烛因缘。无我、无人，永隆功德。归墟纵涸，愿海常流。谨疏。

崔文中有几点值得注意：其一，说圆测是“冯乡士族，燕国王孙”，又“为鲽海之龙子，是鸡林之凤雏”。此说与宋复所撰《塔铭并序》不同，而崔文早于宋文。照崔致远的说法，圆测似是祖籍中国，为名门世家之后，其祖上后来移居新罗，仍居显位。其二，说他“学宁限于七洲，语将通于六国”，学识广博，华语梵音等皆通晓无碍。这种记述是有根据的。在他的《解深密经疏》、《般若心经赞》中可以看出，圆测不但精通梵文，而且对西域一带的语言，造诣颇深。正因为如此，他才能胜任译经道场的证义，才能与印度高僧自由讨论。其三，文中说：“垂拱中（则天），吾君慕法，累表请还，圣帝垂情，优诏显拒。”这是说，在武后垂拱年间（685—688），新罗神文王几次促请圆测归国，但都遭武后优诏显拒，所以圆测终生未还故国。

关于圆测有没有归国的问题，《三国遗事》卷二，“孝昭王竹旨郎”条中载：新罗孝昭王因嫌恶牟梁里人益宣为官贪婪、卑劣，乃“敕牟梁里人从官者，并合黜遣，更不接公署，不着黑衣。若为僧者，不合入钟鼓寺中。……时园测法师是海东高德，以牟梁里人故不授僧职”。李能和在其所撰《朝鲜佛教通史》（下篇）中便据此加以推测说：“或者测师学得奘公唯识之微旨后，暂返乡里，因其不遇，再入唐土，以终焉者欤。”忽滑谷快天也在《朝鲜禅教史》中说：“曾一度归国，再返唐土欤?”这仅仅是一种推测而已，且《三国遗事》中说的“园测”是否就是“圆测”，也不能不疑问。其四，文中说：“武后尊贤，实重之如佛。每遇西天开士，则征东海异人，俾就讨论，因资演畅，是以译经则必居其首，撰疏则独断于心，栖幽则灵感荐臻，升座则法音随应。”这说明，在武后时代，无论是在国际的佛学交流活动中，还是在译经、撰疏、升座说法等方面，圆测都被推尊到了至高无上的地位。

对于圆测其人，《宋高僧传》卷四“圆测传”的记述与《大周西明寺故大德圆测法师佛舍利塔铭并序》、《故翻经证义大德圆测和尚讳日文》有显著不同，其中谓：

> 释圆测者，未详氏族也。自幼明敏，慧解纵横。三藏奘师，为慈恩基师讲新翻《唯识论》，测赂守门者隐听，归则缉缀义章。将欲罢讲，测于西明寺，鸣钟召众，称讲《唯识》。基慊其有夺人之心，遂让测讲训。奘讲《瑜伽》，还同前盗听受之，而亦不后基也。

《宋高僧传》说不知圆测的身世，并且说，当玄奘为窥基讲新译《成唯识论》时，圆测贿赂守门人盗听，之后加以整理编辑，而在玄奘刚要讲完时，即于西明寺集众开讲《成唯识论》。当玄奘讲《瑜伽论》时，亦复盗听之后，先于窥基开讲《瑜伽论》。

《宋高僧传》卷四“窥基传”也记载说：

> 奘所译《唯识论》，（基）初与昉、尚、光四人同受润色、执笔、捡文、纂义。数朝之后，基求退焉，奘问之，对曰：夕梦金容，晨趋白马，虽得法门之糟粕，然失玄源之醇粹。某不愿立功于参糅，若意成一本，受责则有所归。奘遂许之，以理遣三贤，独委于基，此乃量材授任也。时随受撰录所闻，讲周疏毕，无何，西明寺测法师亦俊朗之器，于《唯识论》讲场得计于阍者，赂之以金，潜隐厥形，听寻联缀，亦疏通论旨，犹数座方毕，测于西明寺鸣椎集僧，称讲此论。基闻之惭居其后，不胜怅怏。奘勉之曰：测公虽造疏，未达因明。遂为讲陈那之论。基大善三支，纵横立破，述义命章，前无与比。又云，请奘师唯为己讲《瑜伽论》，还被测公同前盗听先讲。奘曰：五性宗法唯汝流通，他人则否。

《新修科分六学僧传》亦大略承袭《宋高僧传》的说法。其记云：

> 周圆测，幼明教，讲新翻《唯识论》，既得时誉，后讲新《瑜伽论》，尤

得其指。盖二论译毕，奘公为其弟子基师弘阐，使专其美，而测辄窥窃，以先发之，而破其情计。然能以法为乐如此。天后初，诏入译经馆，充证义员，出《大乘显识》等经。

对于圆测“盗听”之说，学者多以为不真实。汤用彤先生在其《隋唐佛教史稿》[①] 中明言：“赂金潜听事，稚气可笑。”并对《宋高僧传》之“圆测传”、“窥基传”的相关说法，逐一举证加以批破，甚有说服力。照汤先生的判断，“此种传说必因窥基、圆测二师立说不同，其徒乃互相攻击，基师之徒乃引《枢要》之言，而有此附会。”《枢要》即窥基的《成唯识论掌中枢要》（大正藏四十三册），其中详记《成唯识论》的编成过程。《成唯识论》是对世亲《唯识三十颂》的注释，总括护法等十家之言糅合而成。窥基述其编译过程说：“初功之际，十释别翻，昉、尚、光、基四人同受，润饰、执笔、捡文、纂义，既为令范，务各有司。数朝之后，基求退迹。大师固问，基殷请曰：自夕梦金容晨趋白马，英髦间出，灵智肩随，闻五分以心祈，揽八蕴而遐望，虽得法门之糟粕，然失玄源之淳粹。今东出策赉，并目击玄宗，幸复独秀万方，颖超千古，不立功于参糅，可谓失时者也。况群圣制作，各驰誉于五天，虽文具传于贝叶，而义不备于一本，情见各异，禀者无依。况时渐人浇，命促惠舛，讨支离而颇究，揽初旨而难宣。请错综群言，以为一本，揩定真谬，权衡盛则。久而遂许，故得此论行焉。大师理遣三贤，独授庸拙。”窥基的门徒正是由此而加以敷衍，编造出了圆测贿赂守门人窃听玄奘讲义的故事。

第二节　圆测现存著述及其唯识学特点

专弘唯识学的宗派称为唯识宗，又称法相宗、瑜伽宗、慈恩宗（因玄奘及其高足窥基法师常往大慈恩寺而得名）。在印度，有弥勒菩萨、无著、世亲、无性及护法、德慧、安慧等几大论师前后相继，弘扬唯识学。唐玄奘游学印度十七年，

---

①参看汤用彤《隋唐佛教史稿》第四章第三节，中华书局 1982 年版。

师事护法之门人戒贤，具禀本宗奥秘。回国后翻传本宗经论，弘宣法相唯识之玄旨，并糅译印度诸论师的相关著述，撰成《成唯识论》，在中国开创了唯识宗。

本宗以《华严经》、《解深密经》、《如来出现功德经》、《大乘阿毗达摩经》、《入楞伽经》、《厚严经》等六经及《瑜伽师地论》、《显扬圣教论》、《大乘庄严经论》、《集量论》、《摄大乘论》、《十地经论》、《分别瑜伽论》、《观所缘缘论》、《唯识二十论》、《辨中边论》、《大乘阿毗达摩杂集论》等十一论为所依，尤以《解深密经》及《成唯识论》为指归。其理论乃依五位百法，判别有为、无为之诸法，从而主张一切诸法唯识所现。主要内容有八识（第八阿赖耶识、第七末那识及眼、耳、鼻、舌、身、意六识）、三性三无性（依他起性、遍计所执性、圆成实性，以及此三性之无性）等。该宗思想体系庞大，论说具体而微，带有显著的印度佛教的特色，于因明学、心理学诸方面颇有贡献。唯识宗的修行次第，依《成唯识论》，分为资粮位、加行位、通达位、修习位究竟位等五个阶位。通过修学，到达转八识成四智（即转前五识为成所作智，转第六意识为妙观察智，转第七末那识为平等性智，转第八阿赖耶识为大圆镜智）的理想境界。

圆测主要研传唯识学，其思想与窥基一系有所不同。他著述颇多，赵明基博士所著《新罗佛教之理念与历史》中谓共有二十三部一〇八卷；金煐泰、禹贞相合著的《韩国佛教史》归纳为二十三部九十三卷；东国大学编的《韩国佛教撰述文献总录》则列为十九部八十三卷。综合各种相关文献，其著作计有《成唯识论疏》、《成唯识论别章》、《二十唯识论疏》、《瑜伽论疏》、《观所缘缘论疏》、《俱舍论释颂钞》、《解深密经疏》、《仁王经疏》、《金刚般若经疏》、《般若波罗蜜多心经赞》、《妙法莲花经疏》、《无量义经疏》、《观无量寿经疏》、《阿弥陀经疏》、《弥勒上生经略赞》、《广百论疏》、《百法论疏》、《大因明论疏》、《因明正理门论疏》、《六十二见章》等。从这些著作来看，他不但精通唯识，对般若、净土、因明等经论亦颇有研究。他唯识学方面的章疏，多用玄奘译本，说明这些著作是在玄奘归国后撰写的。但只可惜这些著作大部分已经散佚，现存者仅有《解深密经疏》、《仁王经疏》、《般若波罗蜜多心经赞》三部，此三部撰述皆收入《韩国佛教全书》第一册中，另有《成唯识论疏》辑佚本。现略述如下。

1.《解深密经疏》

《解深密经》共五卷，略称《深密经》，唐朝玄奘于贞观二十一年（647）译出，收于《大正藏》第十六册。圆测谓此经梵文广本有十万颂，今译是其略本，一千五百颂。在唐译以前，同本异译有刘宋求那跋陀罗的《相续解脱地波罗蜜了义经》一卷（即玄奘译本之第七品）与《相续解脱如来所作随顺处了义经》一卷（即玄奘译本之第八品），元魏菩提流支所译的《深密解脱经》五卷、开为十一品，南朝陈真谛译的《解节经》一卷（即玄奘译本之前二品）。此外还有西藏译本，及译自藏译的法译本。此经属中期大乘经典，是法相唯识宗所依的主要典籍之一。依玄奘译本，其内容分为八品。(1) 序品，叙述佛陀于圆满受用土现殊胜功德相，无量大菩萨众、大声闻众集会的情景。(2) 胜义谛相品，说胜义谛真如离言说分别，超过一切寻思，远离诸法一异相，而遍在一切法中平等一味。(3) 心意识相品，叙述诸识体相。说明诸识之生灭流转及相互关系。(4) 一切法相品，叙说一切诸法之遍计所执性、依他起性、圆成实性等三种性相。(5) 无自性相品，阐明一切诸法皆无自性，即依三种自性立相无性、生无性、胜义无性之三无性。论说佛陀之三时教法。(6) 分别瑜伽品，解说修瑜伽行中之止观行，阐明诸法唯识所现的道理。(7) 地波罗蜜多品，叙说菩萨十地及六波罗蜜多行。(8) 如来成所作事品，叙说如来法身相及其化身作业。此经是印度瑜伽行派根本经典之一，除序品外，其余七品均为《瑜伽师地论》卷七十五至卷七十八所引收，此外《摄大乘论》、《成唯识论》亦有引用，对后世影响甚大。本经之注疏较著名者有《解节经疏》（真谛）、《解深密经疏》十卷（圆测）、《解深密经疏》十一卷（令因）、《解深密经疏》三卷（元晓），然其中仅有圆测疏现存。另外，道伦的《瑜伽师地论记》卷二十上到卷二十一上，是对《瑜伽师地论》卷七十五到卷七十八引用的唐译《解深密经》正宗七品全文的注解，金陵刻经处有单行本，会入经文，改题《解深密经注》，五卷。

圆测的《解深密经疏》是对玄奘所译《解深密经》的注释书，是唐代对《解深密经》的诸家注释之中唯一现存的文献，共十卷，收于卍续藏第三十四、三十五册。本疏原为中文，曾由吐蕃僧人法成于晚唐时译为藏文，收录于丹珠藏中。后来中文本在流传中出现残缺，其中第九卷失品题之释，第十卷成无字之章。20世纪40年代末日本大谷大学稻叶正就教授从藏译本中译出缺文而复原中文本全貌，70年代初南京金陵刻经处据新罗道伦的《瑜伽师地论记》补成第十卷，80年代释观空法师亦据藏文本还原全部遗缺部分。

该疏卷首概述《解深密经》的要义，其后分为四门。第一教兴题目，先述《解深密经》是佛说三法轮之“第三了义大乘”，“是即如来教兴之意”，次对经题加以解释。第二辨经宗体，叙述本经的教体（能诠）及宗旨（所诠），论说五门出体。第三显所依为，说明本经所依及所为。其所依，二藏之中，菩萨藏摄；三藏教内，达摩藏收；十二部经中，论议经摄；三时教中，了义教收；四教之内，法相观行；五教门中，依观行门。其所为，即此教所被机，“于五种性，但为菩萨及不定性说”；“又解此经通为四性，唯除无性”；“或可此经通为五性”。第四依文正释，即依照经文一一加以解释，他据境、行、果把经文之正说分七品分为三段，即：“初有四品明所观境（胜义谛相品、心意识相品、一切法相品、无自性相品），次有二品辨能观行（分别瑜伽品、地波罗蜜多品），后有一品显所得果（如来成所住事品）。所以如是说三分者，夫观行者要籍胜境，依境起行，由行得果，是故世尊阿毗达摩大乘经中说十种殊胜，初二是境（所知依、所知相），次六是行（入所知、入因果、戒学、定学、修差别、慧学），后二是果（彼果断，彼果智），由是无着《摄大乘论》约三无等说十殊胜。慈氏菩萨说十七地，亦辨三种，初九是境……，次六是行……，后二是果……。此经说三无等以为三分，就所观境复分为二，初有二品明真俗境（胜义谛相品明其真谛，心意识相品明世俗谛），后二品明有无性境（谓初品明三性境，后品明三无性境），就二谛中本末次第先真后俗。”（卷二）

书中广引经论八十多种，其中引述玄奘所译诸论甚多，引述真谛译的论疏也不少，特别是真谛的《解节经记》，几乎随处引到，可见他的立场与窥基的唯识学说有所不同，带有新旧唯识学融会的倾向。圆测最初从学的法常和僧辩，都属于真谛摄论一系，因此在他的著作中，尽力保存了真谛的学说。在《解深密经疏》中，他又经常把真谛、玄奘与其他各家的观点并列引述，表现出兼容并包的立场。

关于此经四种异译的译名问题，圆测进行了具体的辨析，着重点在和会真谛译与玄奘译。他先就玄奘之译名解释说：“题云解深密经者，一部总名。……解谓解释，深即甚深，密即秘密。此经宗明境行及果三种无等，解释如是甚深之义，名解深密。经者梵音名素惮缆，此云经也。”（疏卷一）之后则对四种译名一一解说：“言名异者，四本不同，一相续解脱，二深密解脱，三者解节，四解深密。解深密者，若依梵音涅谟折那那地，言涅谟折那，此翻名解，那地解为深密，释其名义如前已说。言解节者，如真谛记，解即解释，节谓坚结，坚是坚固结缚，犹如木节及人骨节，并有坚固拘结缠缚，此经所明甚深密义，难可通达，难可解释，故非凡夫新行菩萨所能解了，故说此义名为坚结，此经能解故名解节。解节之义凡有五种，一深密义，如法身等，难可通达，名为义结，此经能释故名解节；二者无明习气惑凡夫二乘所不能破，故说此惑名为坚结，由缘真实能灭此惑，故说真实名为解节；三者智慧缘此真实亦说此智名为解节，从境得名也。四者此经文句名为解节，从所显得名；五者一切三乘教中所有微细难可了义，聚在此经分明解释，故说此经名为解节，若具分别如真谛记。所言相续解脱、深密解脱未见说处，准义释者，涅谟折那含有二义，一者解释义如上已说，二者解脱义，故二本经皆云解脱，言那地者含有三义，一者深密义，二者坚结义，如上已释，三者相续义，是故二经一名相续解脱，二名深密解脱，此上二释准真谛而可了知，言相续解脱者，谓所知障坚结相续难可解脱，今一部释甚深义便能解脱烦恼相续故名相续解脱经，即当真谛记中第二烦恼解节义，言深密解脱者，当第三智慧解节也。虽有此释据实即是译家谬也。”在这里，他不惜笔墨，对真谛的译名详加解说，由此明辨真谛译名的合理性及与玄奘译名之一致。而对“相续解脱”与“深密解脱”两种译名，则似持不赞成的态度。

圆测具备深厚的佛教功底和极高的佛学理论造诣，这从他的引证中可以看出。在《解深密经疏》中引用的经论一共有八十三种，又引用了二十一位学者和部派佛教的十三部派。在《仁王经疏》中引用七十种以上的经论、十四位以上的学者、三个部派。《般若心经赞》中也引用了二十九种经论和十名学者及两个部派。从他纵横自如地活用各种经论、学者、部派见解的事实不难看出他深厚而广博的佛学基础。①

2.《仁王经疏》

《仁王经》，全称《佛说仁王护国般若波罗蜜经》，简称《仁王般若经》、《仁王经》，收在《大正藏》第八册。现存两种译本：一为姚秦鸠摩罗什译《佛说仁王般若波罗蜜经》，二卷；一为唐不空译《仁王护国般若波罗蜜多经》，二卷。仁王指当时十六大国的国王。佛为诸国王说《般若波罗蜜多经》，使之受持讲说此经，各护其国，则灾难不起，国家安稳。古来以此经为护国三部经之一。内容是说护佛果、护菩萨十地行法门及守护国土的因缘。全经分为八品：（1）序品，叙说佛在王舍城耆阇崛山中，与大比丘众、尼众、大菩萨众、修七贤行众、诸梵天子等众，以及波斯匿王等十六大国王及其眷属来集的情景。（2）观空品，叙佛知

①参见韩国海印寺佛学院智严《圆测佛学思想的特点》。

十六大国王意欲问护国土因缘，而先为诸菩萨说护佛果及护菩萨十地行因缘，明蕴、处、界、六大、四谛、十二因缘皆空，以及十八空等义。（3）菩萨教化品，说菩萨护十地行因缘，应修行伏、信、顺、无生、寂灭五种法忍。（4）二谛品，叙说第一义谛与世谛。（5）护国品，述说守护国土因缘，若国土将扰乱时，诸王若持诵此《般若波罗蜜多经》，则可消灾解难。（6）散华品，说十六大国王闻说护国般若之法，散种种花以作供养，佛为诸王现五种不思议神变。（7）受持品，佛重说菩萨依信等忍，修不净忍等十三观门。又说讲诵此经，七难即灭，菩萨往护其国。（8）嘱累品，说佛以此经付嘱国王及四部弟子。本经注解，现存的释罗什译本者有隋吉藏《仁王经疏》六卷，隋智顗《仁王经要疏》五卷，唐圆测《仁王经疏》六卷，又敦煌本《疏》及《仁王般若实相论》残卷，宋代善月依智顗《疏》撰《神宝记》四卷。释唐译本的有唐代良贲《仁王经疏》七卷，同疏唐遇荣《法衡钞》六卷，宋净源《仁王经疏》四卷，明真贵《仁王经科疏》五卷。

圆测的《仁王经疏》是对鸠摩罗什译《佛说仁王护国般若波罗蜜经》的注释书，收在大正藏第三十三册。本书的内容分别为四门，一说经之意，及释题目；二辨所诠宗，能诠教体；三显教所依，所为有情；四翻译时代，依文正释。“依文正释”以下，是对本经八品的解释。

本书在“辨所诠宗能诠教体”一节中，叙述了真谛、玄奘安立无相法轮的不同：“三法轮中无相为宗，故《解深密经》作如是说：初为发趣声闻乘者说四谛轮（如四阿含经），次为发趣菩萨乘者说无相轮（诸般若等），后为发一切乘者说了义教。具如彼说。问：此无相轮，三性中遣何等，此三无性中，依何无性？解云：西方诸师，分成两释。一者清辨，其遣三性，以立为空，即说空理，以为无相，具如《掌珍》。二者护法，但遣所执，以为无相，如《深密》等。三无性中，清辨护法，皆依三种无自性，亦以为无相，由斯真谛、慈恩三藏各依一宗，真谛三藏，如其次第，具遣三性，立三无性。一遣分别性，立分别无相性。二遣依他，立依他无生性。三遣真实性，立真实无性性。于一真如，遣三性故，立三无性，具如《三无性论》。是故真谛大同清辨，而差别者，清辨菩萨立而无当，真谛师意存三无性，非安立谛。二慈恩三藏，但遣所执，不遣二性，情有理无，理有情无，二义别故。又三无性，如其次第，即说三性，为三无性。故《三十唯识》言：即依此三性，立彼三无性。具如《成唯识》、《深密经》等。是故清辨护法二菩萨，各依自宗，以释此经。”（《仁王经疏》卷一）意思是说，清辨强调三性空、无的本质：遍计所执不必说，自当遣除；而依他似有，实即非有；圆成妙有，亦是真空。护法则只遣除遍计所执，而重视依他之似有的方面和圆成之妙有的方面。二师虽有不同倾向，但皆以三种无自性而说无相。真谛之说“大同清辨”，玄奘之说与护法一致。圆测对清辨、护法以及真谛、玄奘学说的不同倾向，采取两存的态度，并且认为，两者是可以融通的，表现出和会唯识学与中观学的立场。

圆测常以唯识的三性、三无性疏释般若类经文，例如他在解释《仁王经》中的颂文“离达开士忉利王，现形六道千国土，无缘无相第三谛，无无无生无二照”时说：“言离达开士忉利王者，标名配位。离犯戒垢，达照一味真如，故名离达，即当三十三天王。言现形六道千国土者，辨土宽狭。言无缘等者，第三显土别行。释此经文，诸说不同。一本记云：上句明境净，下句明智净。言无缘者，依他假缘空无相，分别假相空。第三谛者，真实性空。解云：除遣三性，存三无性也。言无无者，是无分别性，以体无故。言无生者，依他性空。言无二照者，圆成实性空。然此照言，该通上二。慈恩三藏云：上句境净，下句智净。准同前释。言无缘者，生无自性。性体即依他，无自在天等为缘生故。言无相者，相无自性。性即所执相，以无自体为其性故。言第三谛者，胜义无自性性。真如为体，而无所执，真空相故。释能净智，准前应知。”（卷中、教化品）明显体现出他和会般若中观学与唯识学的意向。

3.《佛说般若波罗蜜多心经赞》

《般若波罗蜜多心经》，略称《般若心经》、《心经》，全一卷，玄奘译，知仁笔受，收在大正藏第八册。本经将内容庞大的《般若经》浓缩，成为表现“般若皆空”精神的精要经典。玄奘所译为通常流行本。全经二百六十字，阐述五蕴、三科、四谛、十二因缘等皆空的佛教义理，“色即是空，空即是色”一语，即是出自本经。本经宣说般若能度一切苦，得究竟涅槃，证得菩提果。由于经文短小精粹，便于持诵，在中国内地和西藏均甚流行。近代又被译为多种文字在世界各地流传。本经之异译本有《摩诃般若波罗蜜大明咒经》，旧传是姚秦鸠摩罗什所译。在玄奘之后续出的异译本，现存的有六种：1. 法月译《普遍智藏般若波罗蜜多心经》；2. 唐般若、利言译《般若波罗蜜多心经》；3. 唐智慧轮译《般若波罗蜜多心经》；4. 唐法成译《般若波罗蜜多心经》；5. 敦煌发现译本《唐梵翻对字音般若波罗蜜多心经》；6. 宋施护译《圣佛母般若波罗蜜多经》。其中玄奘译本、旧传罗什译本和敦煌本为“小本”，只有正文；其余为“广本”，有序、正、流通三分。还有藏、蒙、满文字译本，都与法月译本相近。现存此经梵本，有在尼泊尔发现的广本和日本保存的各种传写模刻的小本两类。1864 年，比尔据本经玄奘译本译成英文，1884 年，马克斯·穆勒共南条文雄校订本经大小两类梵本，1894 年，穆勒重将本经译成英文并编入《东方圣书》。本经之注疏本极多，相传有 200 余种，中国注疏 40 余种，较重要者有《般若波罗蜜多心经幽赞》二卷（唐窥基）、《般若波罗蜜多心经赞》一卷（新罗圆测）、《般若波罗蜜多心经略疏》一卷（唐法藏）、《般若波罗蜜多心经疏》一卷（唐慧净）、《般若波罗蜜多心经疏》一卷（宋智圆）等。日本有空海《心经秘键》二卷、最澄《心经释》一卷，真兴《心经略释》一卷、宗纯《心经注》一卷等。

《般若波罗蜜多心经赞》收在大正藏第三十三册，是对玄奘译《般若心经》的注释书。本书仍以四门总括一经内容。第一门是教起因缘，第二门是能诠教体及所诠宗旨，第三门是经题训释，第四门是经文解说。本书与《仁王经疏》一样，以唯识的三性、三无性解释经文，会通般若思想与唯识思想。例如在解释经中“色不异空，空不异色，色即是空，空即是色”四句时，他明确说：“今依三性，以释四句。于四句中，初之二句，标宗正说，后之二句，遣外疑情。”在诠释过程中，他并用清辨和护法的思想。

4.《成唯识论疏》辑佚本

《成唯识论》凡十卷。护法等造，唐代玄奘译，窥基笔受，又称《唯识论》、《净唯识论》，收于大正藏第三十一册，是法相唯识宗所依据的重要论书之一。世亲晚年造《唯识三十颂》，未及造释文而入寂，其后不久，有十大论师继起，对世亲颂文各造释论十卷，共计百卷，玄奘由印度回国时携回。在翻译该论时，玄奘采纳弟子窥基的主张，以护法之说为主，糅译十师之作，集成此书。

该论以阿赖耶识为世界万事万物之本源，论述诸法“唯识所变”，“实无外境，唯有内识”。全书分为相、性、位三部分：初释本论第一颂至第二十四颂，明唯识相；次释第二十五颂，明唯识性；后释第二十六颂至第三十颂，明唯识位。这三部分合起来解释，显示唯识义理明净极成，所以名为《成唯识论》。

该论之注疏，有唐窥基《成唯识论述记》二十卷（窥基另撰《成唯识论掌中枢要》四卷、《唯识别钞》十卷（现仅存四卷）、《唯识科简》二卷，以补《述记》所未详），圆测《成唯识论疏》十卷，普光《成唯识论钞》八卷，慧观《成唯识论疏》四卷，玄范《成唯识论疏》十卷，义寂《成唯识论未详决》三卷，此六种注疏合称六家。只可惜此六家注，除《述记》保存完好外，其他五种皆已散佚。后有玄奘门下新罗一系学人道证（圆测弟子）集此六家之说而折衷于圆测，著《成唯识论要集》十四卷，现亦已佚。后来太贤集窥基、圆测两家疏解及道证《要集》，著《成唯识论学记》（又称《古迹记》）八卷、《成唯识论抉择》一卷、《成唯识论广释本母颂》三卷（后二书已佚），调和窥基、圆测两家之说。还有慧沼《成唯识论了义灯》十三卷，智周《成唯识论演秘》十四卷。另有未详作者的《注成唯识论》残本（卷十七）一卷。此后，宋元罕见注家，明清注疏不绝。直至近代，有欧阳渐撰《唯识讲义》三卷。

日本注疏重要者有良算等所集《成唯识论同学钞》四十八卷、善念撰《成唯识论泉钞》三十卷、藏俊集《成唯识论本文钞》四十五卷、湛慧辑《成唯识论论疏集成编》四十五卷等。

圆测的《成唯识论疏》是最早对《成唯识论》所作的注释，不过《成唯识论疏》原本现已不存，唯有摘辑各唯识论著编成的“辑佚本”流传。高丽义天（1055—1101）编《新编诸宗教章总录》第三卷，载《成唯识论疏》为二十卷（上下各为十卷）或十卷，归在“海东有本见行录”中，可见至少到义天时为止，圆测的《成唯识论疏》还是存在的。此外，后来刊辑的日本《东域传灯目录（三）》中“住进法相宗章疏”、“法相宗章疏”等中，也记有《成唯识论疏》十卷，由此推知，该书当时已传至日本。此后即失传。《成唯识论疏》辑佚本是欧阳渐的支那内学院编集，北京佛学书局1938年刊行的。编者在“后记”中说：

> 唯识旧疏六家，测作最早，所存奘师口义，粲然可观。惜自慈恩说张，其书浸废，后人偶尔称引，鳞爪而已。兹编从唐宋著述委录遗文，循论编次。每段各注出处于末曰某书某卷；其文或转录自他书，则加注曰某书引；其文或重见于余处，则加注曰某书某卷文同，或某书某卷文略；有处述意而无文，则另注曰某书某卷叙本疏云云。至于疏文解释，或与基师及慧观相同，以著名同基同观备勘。如是所辑，虽不足原本什一，然一家精义后来据为门户之争者，大体粗具矣。编中注记出处署名，皆用略称，其式如次：
>
> 灯：　　慧昭，《成唯识论了义灯》
>
> 集：　　道证，《成唯识论要集》
>
> 记：　　太贤，《成唯识论学记》

文义：　　神昉，《成唯识论文义记》
秘：　　智周，《成唯识论演秘》
秘释：　　如理，《成唯识论演秘释》
忠安：　　忠安，《成唯识论记》
伦：　　道伦，《瑜伽师地论记》
明：　　善珠，《唯识义灯增明记》
肝心：　　善珠，《成唯识论肝心记》
明灯钞：　　善珠，《因明论疏明灯钞》
常：　　常腾，《唯识了义灯钞》
信：　　信叡，《唯识了义灯钞》
钞：　　善珠，《成唯识论文本钞》
同学钞：　　良算，《成唯识论同学钞》。

由上述“后记”可见，圆测的《成唯识论疏》辑佚本是《成唯识论》最早的注疏本，所存玄奘法师口义作为宝贵资料而备受瞩目。但只可惜自慈恩（窥基）之说出现后，《成唯识论疏》便被忽略。后人虽亦有引用，也仅为鳞爪而已。不过，随着后来众多唯识学者在其著述中的不断引用，圆测的融通新旧唯识学等观点也不断受到重视。

据“后记”，辑佚本中引用了十五种唯识论章疏，其作者都是当时具有代表性的唯识学大家。“如是所辑，虽不足原本什一，然一家精义后来据为门户之争者，大体粗具矣。”由此可见辑佚本的学术价值。[①]

第三节　圆测与新罗的唯识学

蒙文通先生曾在所撰《唯识新罗学》一文中提出：“奘公门下，车有两轮，

①学术界已经有学者开始注意研究《成唯识论疏》辑佚本，如张志强的《圆测唯识思想研究——以〈成唯识论疏〉与〈成唯识论〉参糅问题为中心》，《哲学门》2003 年第四卷，第二册；韩国高荣燮撰、张惠文译《文雅圆测〈成唯识论疏〉研究》，2006 年 9 月《玄奘国际学术研究讨论文集》。

相反相成，岂能偏废?”①此“两轮”即指圆测与窥基。他还认为，圆测等新罗学僧形成了一个新罗系唯识学的传承，这是值得注意的。的确，在圆测前后入唐学唯识的还有神昉、知仁、玄范、义寂、道伦（又作遁伦）、胜庄、神廓、无着、慧超、惠日等。

神昉，新罗僧人，据《开元释教录》、《贞元新定释教目录》、《大唐大慈恩寺三藏法师传》、《宋高僧传·靖迈传》等有关的文献资料记载，他初住长安法海寺，“谙解大小乘经论”。唐贞观十九年（645）玄奘始于弘福寺译经，应选证义，直至玄奘在玉华宫寺最后译出《大般若经》和《缘起经》时，常列位玄奘译场，或参与笔受，或担任缀文，为奘门“四上足”之一，世称大乘昉。著有《成唯识论要集》十卷、《十轮经疏》三卷、《十轮经抄》二卷等书，均已不传，现存有《十轮经序》三卷。

智仁，生平经历不详，据《开元释教录》、《贞元新定释教目录》记载，他曾数年间参与玄奘译场，玄奘译《因明入正理论》、《般若波罗蜜多心经》、《因明正理门论本》等经论时，智仁皆担任笔受。据《东域传灯录》、《法相宗章疏》、《注进法相宗章疏》、《新编诸宗教藏总录》等载，智仁撰有《十一面经疏》、《四分律六卷本抄记》、《佛地经论疏》、《显扬论疏》、《阿毗达摩杂集论疏》五种注疏。

胜庄生平事迹不详，据《宋高僧传》、《开元释教录》、《贞元新定释教目录》记载，他曾先后参加义净和菩提流志两个译场，多次充任翻经证义。另据宋复《圆测塔铭》载，圆测寂后，“燔于龙门香山寺北谷，便立白塔。在京学徒西明寺主慈善法师，大荐福寺大德胜庄法师等，当时已患礼奉无依，遂于香山葬所分骸一节，盛以宝函石椁，别葬于终南山丰德寺东岭上法师尝昔往游之地。墓上起塔，塔基内安舍利四十九粒”。由此分骸别葬一事，可见胜庄与圆测有特殊的亲近关系，故或谓圆测弟子。胜庄撰述见于《东域传灯目录》、《入唐新求圣教目录》、《注进法相宗章疏》、《新编诸宗教藏总录》等，今存《梵网经菩萨戒本述记》四卷，另有《杂集论疏》、《成唯识诀》、《正理门论述记》、《唯识论注枢要》、《金光明最胜王经疏》、《佛性论义》、《起信论问答》等，均已不传。

此外，还有义寂、神廓、玄范、道伦（遁伦）等，也是新罗入唐的唯识学僧。以上这些学僧入唐后未再返回新罗，入唐学唯识后又回到新罗的有道证。

---

①《蒙文通文集》卷一《古学甄微》，巴蜀书社1987年版，第401页。

道证入唐时间及在唐活动情况皆无考，据《三国史记·新罗本纪》、《朝鲜禅教考》记载，他在唐武后长寿元年（新罗孝昭王元年，692 年）从唐朝回到新罗。其著述据《东域传灯目录》、《注进法相宗章疏》、《新编诸宗教藏总录》等所记，有《成唯识论要集》、《辩中边论疏》、《因明正理门论疏》、《因明入正理论疏》《般若理趣分疏》、《大般若经笈目》、《圣教略述章》等，均佚。道证继承并坚定维护圆测的思想，他的嫡传弟子则是太贤（又称大贤）。关于太贤与圆测、道证的关系，14 世纪的日僧照远在其所撰《梵网经夏卷古迹记述迹抄》中提到："有云：玄奘三藏有三千徒，学通玄关七十余人，其随一有西明圆测，测之徒有道证法师，太贤也者，证之高第。"① 这是说，玄奘、圆测、道证、太贤是一脉相承的师资关系。太贤的生卒年不详。《三国遗事》卷四"贤瑜伽"条载："瑜珈祖大德大贤，住南山茸长寺，寺有慈氏石丈六，贤常旋绕，像亦随贤转面。贤惠辩精敏，决择了然。大抵相宗铨量，旨理幽深，难为剖拆，中国名士白居易尝穷之未能，乃曰：'唯识幽难破，因明擘不开。'是以学者难承禀者尚矣。贤独刊定邪谬，暂开幽奥，恢恢游刃，东国后进咸遵其训，中华学士往往得此为眼目。景德王天宝十二年癸巳，夏大旱，诏入内殿，讲《金光经》，以祈甘霔。一日斋次，展钵良久，而净水献迟，监吏诘之。供者曰：宫井枯涸，汲远，故迟尔。贤闻之曰：何不早云。及昼讲时，捧炉默然，斯须，井水涌出，高七丈许，与刹幢齐，阖宫惊骇，因名其井曰金光井。贤尝自号青丘沙门。"这里称太贤为海东"瑜伽祖"，并且说他惠辩精敏，决择了然，尤其对于法相唯识学和因明学的幽微深奥的旨趣，能够剖析自如，揭示真义，其疏释被海东后进奉为准绳，对中国学者也深有影响。其著述见于《新编诸宗教藏总录》、《东域传灯录》、《注进法相宗章疏》等，约有五十余部一百多卷，现仅存有《成唯识论学记》八卷、《起信论内义略探记》一卷、《菩萨戒本宗要》一卷以及《梵网经古迹记》二卷。

另外，还有一些新罗学僧虽然没有入唐，但仍然在法相唯识学的研究和宏传方面作出了成绩，其中著名者有顺璟、憬兴等。

《宋高僧传·唐新罗国顺璟传》载："释顺璟者，浪郡人也。本土之氏族，东夷之家系，故难详练。其重译学声教，盖出天然。况乎因明之学，奘师精研付受，

①参见陈景富著《中韩佛教关系一千年》，宗教文化出版社 1999 年版，第 223—224 页；何劲松《韩国佛教史》上卷，宗教文化出版社 1997 年版，第 273 页。

华僧尚未多达，璟之克通，非其宿殖之力，自何而至于是欤？传得奘师真唯识量，乃立决定相违不定量。于乾封年中因使臣入贡附至，于时奘师长往向及二年。其量云：真故极成色，定离眼识；自许初三摄，眼所不摄故；犹如眼根。良以三藏隐密周防，非大智不明。璟为宗云：不离于眼识，自许初三摄，眼所不摄故，犹如眼识也。如此善成他义。时大乘基览此作，便见璟所不知。虽然，终仰边僧识见如此，故叹之曰：新罗顺璟法师者，声振唐蕃，学包大小，业崇迦叶。……璟在本国稍多著述，亦有传来中原者。其所宗，法相大乘了义教也。见《华严经》中'始从发心便成佛已'，乃生谤毁不信。"这是说，顺璟尊信"法相大乘了义教"，而对于《华严经》关于"发心便成佛"之说，则持怀疑态度。即在法相唯识学，观点也与玄奘有所不同，明确批评玄奘的"真唯识量"，而立"决定相违不定量"。窥基对顺璟的观点虽然不赞成，但仍然佩服他作为"边僧"的卓越识见，称赞他"声振唐蕃，学包大小"，可见他在唯识学方面的成就与影响极大。顺憬在本国的一些著述，当时就流传到了中国。

顺璟著有《成唯识论料简》等，均佚。

关于憬兴，《三国遗事》卷五"憬兴遇圣"条记述说："神文王代，大德憬兴，姓水氏，熊川州人也。年十八出家，游刃三藏，望重一时。开耀元年，文武王将升遐，顾命于神文曰：憬兴法师可为国师，不忘朕命。神文即位，曲为国老，住三郎寺。"憬兴生活在新罗文武王（661—681）、神文王（681—692）时代，声望颇高，神文王即位后，遵文武王之遗命，封为国老。憬兴著述甚丰，多为唯识、因明学著述，见于《新编诸宗教藏总录》、《法相宗章疏》、《注进法相宗章疏》、《东域传灯录》等，但今存只有《无量寿经连义述文赞》、《三弥勒经疏》等一小部分。

第六章

新罗名僧元晓与中国佛教

第一节　元晓生平事迹

新罗统一三国之后，国力充实，文化也得到较大发展，唐朝文化源源不断地输入，融会于其社会之中。统一新罗文化中的最重要的一个方面，就是佛教文化。

三国统一之前，新罗佛教带有强烈的护国性质，服务于政治目的。统一后的新罗佛教，仍然带有护国色彩，但同时加强了宗教性和哲学思辨性。三国时期的佛教虽然有许多派别，但主要目的是祈祝国家强盛和个人免祸消灾，佛教中的哲学思想并未展开。统一新罗时期的佛教，则在理论思维方面得到了较大发展。

这个时期的佛教多彩多姿，有所谓五教九山之称（五教指涅槃、律、华严、法相、法性诸宗，九山见后述），出现了非常隆盛的局面，高僧不断涌现，其中最著名者有元晓、义湘等。

元晓（617—686），俗姓薛，幼名誓幢，是韩国佛教史上最著名的佛学家，即使与中国著名的佛学家们相比，也毫不逊色。新罗真平王三十九年（617），即隋大业十三年出生于新罗押梁郡（今韩国庆尚北道庆山郡慈仁县）佛地村。据宋《高僧传·黄龙寺元晓传》载，元晓“丱㲲”之年，惠然入法，随师禀业。游处无恒，勇击义围，雄横文阵，仡仡然桓桓然，进无前却。盖三学之淹通，彼土谓为万人之敌，精义入神为若此也”。这是说，元晓在童年时即出家入了佛门。出家后，他历访善知识，问学求道，刻苦钻研，坚持不懈，终至于贯通三学，精义入神。

据《三国遗事》记载，元晓曾住于灵鹫山西北的磻高寺，问道于鹫岳之朗智。其时，朗智住于灵鹫东峰。元晓与朗智过往甚密。朗智曾要求元晓著《初章观文》和《安身事心论》。元晓撰成此二文，在书后附了一首偈。偈曰：“西谷沙弥稽首礼，东岳上德高岩前。吹以细尘补鹫岳，飞以微滴投龙渊。”偈中“西谷沙弥”是元晓自称，元晓所住的磻高寺在灵鹫东峰之西。所谓“龙渊”，“山之东有大和江，乃为中国大和池龙植福所创，故云龙渊”①。

后来，元晓因“慕奘三藏慈恩之门”，决意入唐求法，与义湘法师结伴同行。途中，“行至本国海门唐州界，计求巨舰，将越沧波。倏于中途遭其苦雨，遂依道旁土龛间隐身，所以避飘湿焉。迨乎明旦相视，乃古坟骸骨旁也。天犹霡霂，地且泥涂，尺寸难前，逗留不进，又寄埏甓之中。夜之未央，俄有鬼物为怪。晓公叹曰：前之寓宿谓土龛而且安，此夜留宵托鬼乡而多祟。则知心生故种种法生，心灭故龛坟不二。又三界唯心，万法唯识，心外无法，胡用别求，我不入唐。却携裹返国……”②

《三国遗事》卷四“元晓不羁”条也记述了元晓的事迹，有些内容是据《高僧传》而述，但有一部分内容是《高僧传》中所没有的。

其中说道：元晓“游方始末，弘通茂迹，具载唐传与行状，不可具载。唯乡传所记有一二段异事。师尝一日风颠唱街云：‘谁许没柯斧，我斫支天柱。’人皆未喻。时太宗闻之曰：‘此师殆欲得贵妇产贤子之谓尔。国有大贤，利莫大焉。’时瑶石宫（今学院是也）有寡公主，敕宫吏觅晓引入。宫吏奉勅将求之，已自南山来过蚊川桥（沙川，俗云年川。又蚊川，又桥名榆桥也），遇之，佯堕水中湿衣袴。吏引师于宫褫衣晒晾，因留宿焉。公主果有娠，生薛聪。聪生而睿敏，博通经史，新罗十贤中一也。以方音通会华夷方俗物名，训解六经文学。至今海东业明经者，传受不绝。晓既失戒生聪，已后易俗服，自号小姓居士。偶得优人舞弄大瓠，其状瑰奇，因其形制为道具，以《华严经》‘一切无碍人，一道出生

①《三国遗事》卷五“朗智乘云”条。

②《宋高僧传·皇龙寺元晓传》。

死'，命名曰无碍，仍作歌流于世。尝持此，千村万落且歌且舞，化咏而归。使桑枢瓮牖玃猴之辈，皆识佛陀之号，咸作南无之称，晓之化大矣哉。其生缘之村名佛地。寺名初开。自称元晓者，盖初辉佛日之意尔，元晓亦是方言也，当时人皆以乡言称之。始且也，曾住芬皇寺，纂《华严疏》至第四十回向品，终乃绝笔"。这里记述了元晓在入唐未果，回到家乡后的两件事：一是元晓与瑶石宫寡公主结合而生新罗名贤薛聪，此后易俗服，自号小姓居士。这是元晓求道生涯中著名的事件。而元晓与瑶石公主所生的薛聪，是新罗时期著名的儒学家，为儒学在新罗的传播与普及作出了卓越的贡献，官至翰林，高丽显宗时赠弘儒侯，从祀文庙。二是作《无碍歌》，以优人之大瓠为道具，千村万落且歌且舞，宣传佛教，"使桑枢瓮牖玃猴之辈，皆识佛陀之号，咸作南无之称，晓之化大矣哉"。

元晓晚年住芬皇寺，专心于著述活动。他"纂《华严疏》至第四十回向品，终乃绝笔"。据《高仙死誓幢和尚塔碑》载，元晓于"垂拱二年三月三十日终于穴寺，春秋七十也"①。唐武则天垂拱二年是新罗神文王六年，即686年。

元晓一生著述甚丰，广及佛教经、论、律及各家各派的学说，后人誉之为"百部论主"。其著大部分流传到高丽中叶，但到了李朝，多已佚失，所剩无几。现存著述有二十一部二十二卷。排列如下：

1.《法华经宗要》一卷；2.《大慧度经宗要》一卷；3.《涅槃经宗要》一卷；4.《无量寿经宗要》一卷；5.《弥勒上生经宗要》一卷；6.《璎珞本业经疏》一卷；7.《华严经疏》一卷；8.《金刚三昧经论》一卷；9.《阿弥陀经疏》一卷；10.《菩萨戒本持犯要记》一卷；11.《菩萨戒本私记》上卷；12.《大乘起信论疏》二卷；13.《大乘起信论别记》一卷；14.《中边分别论疏》一卷；15.《判比量论跋文及断简》；16.《游心安乐道》一卷；17.《大乘六情忏悔法》一卷；18.《发心修行章》；19.《二障义》；20.《十门和诤论断片》；21.《晋译华严经疏序》。元晓的现存著述已皆收入《韩国佛教全书》第一卷。

①《庆州高仙寺誓幢和上塔碑铭》，推定为新罗惠恭王时（765—779）所立，见朝鲜总督府大正八年（1919）编印的《朝鲜金石总览》上册，第41—43页。

第二节　元晓的“和诤”思想与中国佛教

从元晓的现存著述中，我们不难看出其佛学思想的主要倾向和基本特征。最为重要的是，我们从元晓现存的任何一部著述中，很容易发现贯串其所有著述的一以贯之的哲学思想——和诤。元晓的和诤思想，既是世界观，又是方法论，同时也是佛法之开显，万法之所归。

元晓在《法华经宗要》中主张佛乘无乘；在《大慧度经宗要》中说实相无相；《大乘六情忏悔法》中辩一体无二；《涅槃经宗要》中论涅槃之心性体用一如；《弥勒上生经宗要》中强调法性一如；《无量寿经宗要》中解心性体平等；《金刚三昧经论》中主张一切众生同一本觉；《起信论疏》及《别记》中力主一心无心，真俗平等；《游心安乐道》中讲心性融通；《华严经疏》中提倡真俗圆融无碍。他的和诤思想是对中国佛教的继承和发展，同时成了韩国佛教乃至韩国文化的根本理念。

元晓作为佛学者，面对当时中韩佛教界“或言我是，言他不是，或说我然，说他不然”① 的宗派纷争局面，经过对各宗派的深入研究和探讨，继承中国和韩国传统中重“和”的理念，又正视“诤（争）”的方面，由此提出自己的主张。他在所著《涅槃经宗要》中论述说：“统众典之部分，归万流之一味；开佛意之至公，和百家之异诤；遂使扰扰众生，佥归无二之实性，梦梦长睡，并到大觉之极果。”这里有三个基本点，其一是统合众典“归万流之一味”。“一味”是指什么？是指佛教所说的“真如”，“真如”即是“空”，“喻如虚空，容受一切长短等色、屈申等业（《十门和诤论》）”。“空”的境界可以无所不包，包容一切事物、一切宗派、一切理论。这是在承认差异、矛盾和斗争前提下的包容，不是不分是非的调和，更没有设定一个至高无上的统合一切的主体或主体思想。这种观

①《庆州高仙寺誓幢和上塔碑铭》，推定为新罗惠恭王时（765—779）所立，见朝鲜总督府大正八年（1919）编印的《朝鲜金石总览》上册，第41—43页。

点可以称为虚空包容观。其二是“开佛意之至公，和百家之异诤”。“佛意之至公”是什么？元晓说，就是大乘佛教的“平等法性，同体大悲”（《十门和诤论》），大悲也就是大爱，既不是儒家的“爱有差等”，而是平等之爱，也不是墨家建立在“交相利”基础上的“兼相爱”，而是在佛与众生“同体”前提下的利他之爱。这可以称为平等大悲观。其三是使众生“归无二之实性”。“无二之实性”是什么？就是他在《起信论疏》中所说的“举命总摄六情，还归其本一心之源”的“一心”，“一心”即是“众生心”，他认为，人心从根源上说是相通的，是相同的。这可以称为一心同源观。

虚空包容观、平等大悲观、一心同源观，这“三观”可以说是元晓“和诤”的理论基石。“和诤”不是无原则的调和，其中体现着对“诤”的肯定，它承认各种思想理论的并存并行。“和诤”是站在一种极高的境界上超越一般所谓“和”与“诤”的思维方式。

元晓在《金刚三昧经论》（入实际品）中对“和诤”的思维方式有一段说明：“若诸意见诤论兴时，若同空执而说，则异有执，所同所异，弥兴其诤。又复两同彼二，则自内相诤，若异彼二，则与二相诤。是故，非同非异而说。非同者，如言而取，皆不许故；非异者，得意而言，无不许故。由非异故，不违彼情，由非同故，不违道理。于情于理，相望不违。”这是以佛教中的空、有之争为例，来论说“和诤”思想，其意思是说，当各种不同的意见发生争执时，假如你同意执“空”者的观点而加以辩说，则与执“有”者相异，这样，你无论是同意“空”观而异于“有”观，还是同意“有”观而异于“空”观，都会使争论愈演愈烈。另外，如果你对双方的观点都赞同，则双方的内争仍然不得解决；如果你对双方的观点都不赞同，则你又变成了第三方，而与前面的双方相争，问题仍得不到解决。因此，对于双方的“空”、“有”之争，应当站在“非同非异”的立场上加以评说。所谓“非同”，是说就双方执着言辞的方面来看，双方都是不对的，都有偏颇；所谓“非异”，是说就双方观点的实质来说，双方又都是有道理的。由于主张“非异”，所以不损伤双方的真实情意；又由于主张“非同”，所以与真理无违。这样于情于理，都是相应而不违的。由此可见，元晓的“和诤”，是既坚持原则、坚持真理，又对争执双方抱有深切的关爱与理解。读到元晓的这段话，使我们不由得想到庄子。

《庄子·齐物论》曾谈到争论是非的问题，他说：双方争论是非，“其或是也，其或非也邪？其俱是也，其俱非也邪？我与若不能相知也，则人固受其黮暗。吾谁使正之？使同乎若者正之，既与若同矣，恶能正之？使同乎我者正之，既同乎我矣，恶能正之？使异乎我与若者正之，既异乎我与若矣，恶能正之？使同乎我与若者正之，既同乎我与若矣，恶能正之？然则我与若与人，俱不能相知也，而待彼也邪”？这段话的意思是说，辩论不能区分是非，辩论双方不能说明谁是谁非，第三者也不能判断谁是谁非。这段话与上述元晓的那段话相比较，可以看出，元晓显然是吸取了庄子的逻辑思辨形式，但结论却与庄子有所不同。庄子由此得出无是非或“齐是非”的观点，元晓则由此主张承认是非而又要调和是非。

元晓的“和诤”思想，实际上是基于中国的传统思想。“和”的观念在中国传统思想中是备受重视的，早在春秋时代就十分强调“和”，《国语·郑语》记载，史伯讲“和实生物，同则不继”。把“和”与“同”相对照，说明各种不同的东西、不同的元素相互调和、相互补充，万物才能生生不息，如果只是单一的元素、单一的东西相加，排斥任何差异，那么自然界就不复存在了。史伯把这个显而易见的道理引申到政治上，主张君主也应当“去同取和”。儒家学派的创始人孔子进一步发挥了史伯的思想，《论语·子路》中提出：“君子和而不同，小人同而不和。”把“和而不同”的思想扩展到人与人之间的一般关系方面，变成了一个重要的伦理原则。这些都是把“和”与“同”相对而言。“和”还有一种含义，就是与“争（诤）”相对，由此而主张“和”，反对无休止的争论、斗争，孔子即主张“和为贵”，孟子接着孔子的思想讲，《孟子·公孙丑下》提出“天时不如地利，地利不如人和”的论断，把“人和”视为一个重要的军事原则和政治原则。荀子也同样强调“和”，把“和”的原理贯穿在自然界和人事中，《荀子·天论》中说：“万物各得其和以生，各得其养以成。”《荀子·王制》又说：“义以分则合，和则一，一则多力，多力则强，强则胜物。”《易·乾卦·彖传》有“保合太和，乃利贞”之说，《中庸》更以“中”、“和”为天下之“大本”、“达道”。如此等等，不胜枚举，儒家把“和”看得极重，是显而易见的。

不独儒家如此，道家也强调“和”。《老子》有“万物负阴而抱阳，冲气以为和。”《庄子·天道》说：“夫明白于天地之德者，此之谓大本大宗，与天和者也；所以均调天下，与人和者也。与人和者，谓之人乐；与天和者，谓之天乐。”不独儒、道如此，佛家也是如此。佛教的一个重要理论基石是人法皆为“因缘和合”，佛典中又有“和合性”、“和合僧”等说法。

韩国的传统思想，也十分重视“和”的观念，新罗时期的“和白”制度，就是建立在这种观念之上的。《隋书·新罗传》有：新罗王“共有大事，则聚群官，详议而完之”。《唐书·新罗传》载：新罗王“事必与众议，号和白，一人异则罢”。这里的“和白”，不仅是一种思想原则，而且已经付诸政治实践，形成了一种政治制度，由“和”的思想原则所建立的这种政治制度，在古代是相当民主的，这是中国古代政治制度中所没有的。

然而，儒、释、道等思想派别内部以及各派别之间，充满着不同见解的争论，这应该说是不争的事实。这是因为，自然界、人类社会以及人的内心世界，本来就充满着各种差异、矛盾和斗争，这种客观的差异、矛盾和斗争自然要反映到人们的头脑里来，因而人们的观念、思想、理论乃至行为，就不可避免的有“争”。因此，不可简单地从价值角度判断“和”好还是“争”好。“和”固然是我们的良好愿望，而“争”却常常不可避免。“和”和“争”是对立的两个方面，使两个方面实现辩证的统一、平衡，才是理想的境地。“和诤”的思维方式就是努力追求这样的平衡。

元晓佛学思想的形成，基本上是植根于中国佛教，他所处的时代，汉译佛典差不多都已传到韩国。他浩瀚的佛学著作，不管是“宗要”、“纲目”，还是“疏”、“别记”等，全都是依据中国传到韩国的汉译佛典。

元晓一直关注中国佛教的发展，对中国佛教抱着仰慕之情，因而才有赴唐求法之举，虽然未能达到入唐的目的，但并没有影响他对中国佛教的深入研究。对于中国佛教中的各家学说，他起初最信服的可能是唯识宗的理论，所以宋《高僧传》说他因“慕奘三藏慈恩之门”，决意入唐求法。入唐未果，回到鸡林（今韩国庆州）之后，开始对他所能接触到的汉译佛教经典不分大小乘、经律论，一一作疏，撰写宗要。在他的著作中，对中国佛教的研究成果进行了全面的综合和吸收，纳入到他的理论中去。例如他的《起信论疏》，就是这样。

《大乘起信论》在解释诸法生灭之相时说道：“以体不灭，心得相续，唯痴灭故，心相随灭，非心智灭。”元晓在“疏”中对此设问：“问：此识自相，为当一向染缘所起，为当亦有不从缘义？若是一向染缘所起，染法尽时自相应灭；如其自相不从染缘故不灭者，则自然有。又若使自相亦灭同断见者，是则自相不灭还同常见。”对这样一个看起来是两难的问题，元晓引别人的观点作答：“答：或有说者，黎耶心体是异熟法，但为业惑之所办生，是故业惑尽时，本识都尽，然于佛果，亦有福慧二行所感大圆镜智相应净识。……或有说者，自相心体，举体为彼无明所起，而是动静令起，非谓办无令有，……无明尽时动相随灭，心随始觉还归本源。或有说者，二师所说，皆有道理，皆依圣典之所说故。初师所说得《瑜伽》意，后师义者得《起信》意。……”这段话中的三个“或有说者”，显然不是指印度的论师，当指中国依于《瑜伽师地论》的法相唯识学派与依于《起信论》的如来藏缘起学说，以及调和二者的学说理论。

元晓的《起信论疏》，对于研究《起信论》的思想有着极为重要的参考价值，而元晓《起信论疏》的完成，离不开对中国佛学研究成果的吸收。别的不说，只就《起信论》的注释而言，在元晓《起信论疏》之前，已有隋净影慧远的《大乘起信论义疏》。从内容上看，元晓参考过慧远的“义疏”，应当是可以肯定的。(详见后述)

中国佛教是儒、释、道三教融合中的佛教，这种儒、释、道融合的特点，也为元晓所继承，明显体现在他的佛学著作中。元晓佛学的核心思想是“和净”。“和净”的理论，不仅是对佛教内部的各宗各派，而且也对儒、释、道三教，采取会通和超越的态度。

《三国遗事》卷四“元晓不羁条”记载的元晓“破戒”时所唱的“谁许没柯斧，我斫支天柱”，即源于儒家“五经”之首的《诗经》。《诗经·豳风·伐柯》篇载：“伐柯如何，匪斧不克，取妻如何，匪媒不得。”

《诗经》是把“斧”和“媒”联系到一起，比喻见周公之难，以说明媒介的重要作用。元晓正是借用和引申了《诗》中“斧”与“媒”的喻义，表达破戒的思想。

另外，元晓作为一个思想家，对道家这样一个重要的哲学思想不会熟视无睹。元晓不仅通晓《老子》，而且，在其著述中随处引用，发挥其思想来解决理论和实践中的问题。元晓《大慧度经宗要》文中有这样一段话：“夫波若为至道也，无道非道，无至不至，萧焉无所不寂，泰然无所不荡……是知实相无相故无所不相……实相般若玄之又玄之。贪染痴暗皆是慧明而五眼不能见其照，观照波若损之又损之也。”

波若亦叫般若，是知实相的智慧，在元晓看来，波若是至道，是“萧焉无所不寂，泰然无所不荡……玄之又玄之”。而要真正认识它，就必须“损之又损之”。这真是把《老子》中，用语、文体、思想以及认识方法整个吸收过来，说明佛教般若智。

他的《起信论别记》宗体文有这样一段话："佛道之为道也，萧焉空寂，湛而冲玄，玄之又玄之，岂出万象之表，寂之又寂之，犹在百家之谈。非像表也，五眼不能见其躯，在言里也，四辩不能谈其状。欲言大矣，入无内而莫遗，欲言微矣，苞无外而有余。将谓有耶，一如由之而空，将谓无耶，万物用之而生，不知何以言之，强为道。"

道是道家思想的核心概念。宗体文一开头即把佛道与《老子》所说的道联系到一起，完全采用《老子》论"道"的方式来论说佛道，表示佛教之道与道家之道并非两回事，而从根本上说是一致的。

元晓不仅非常重视《老子》，而且也非常重视《庄子》。他在《金刚三昧经论》（入实际品）中对"和诤"的思维方式的说明，即有取于《庄子》，已如上述。由上可知，元晓对中国儒学和道家思想的吸收和融会，更加丰富和发展了佛教大乘理论。从中形成和发展起来的和诤思想，为新罗佛教，乃至整个新罗文化注入了生机，为新罗文化的复兴和政治上统一三国打下了坚实的理论基础，为韩国文化的健康向前发展提供了思想保证。

第三节　《起信论》慧远疏、元晓疏、法藏疏的比较

《起信论》在中、韩、日佛教中影响巨大，历代对《起信论》的注释书多得无法统计，日本学者望月信亨在其《大乘起信论之研究》一书的"大乘起信论解题"中，列举出了近代以前的中、韩、日三国注释《起信论》的书一百七十六种，可供参考。这样众多的注疏之中，最著名的是隋净影寺慧远《大乘起信论义疏》、新罗元晓《起信论疏》和唐贤首法藏《大乘起信论义记》。这三部注疏时期较早，而且解义颇深，后人称之为"起信论三疏"。另外，元晓还撰有《起信论别记》，是读《大乘起信论》的笔记，自云"直依此《论》文，属当所述经本，略举纲领，为自而记耳，不敢望宣通世"。另有属名法藏撰的《大乘起信论义记别记》，但多疑其为伪作。关于慧远的《起信论义疏》，学界也有是否伪作之争，但从其内容来看，与慧远《大乘义章》是大体一致的，可以认为是慧远所作。

"元晓疏"晚于"慧远疏"，并且"元晓疏"参考了"慧远疏"，应当是没有疑问的。这里略举几例加以说明。

慧远"义疏"明确提出，马鸣菩萨是"依《楞伽经》造出《起信论》一卷"，并且多处引《楞伽经》经文。元晓"疏"同样广引《楞伽经》经文，印证了慧远的观点。

元晓对《起信论》段落的分析，很可能也参考了慧远的"义疏"，两人对《起信论》章节次第的解说，有许多相似之处，例如，慧远说："此《论》中有三段明义：第一致敬三宝；第二'论曰有法'以下，出其所造；第三后终二偈，总结回向。"元晓则说："文有三分：初三行偈，归敬述意；'论曰'以下，正立论体；最后一颂，总结回向。"

在解释《起信论》偈颂中的"法性真如海"之"法性"时，慧远说："言法性者，此之真有自体名法，恒沙佛法满足义故，非改名性，理体常故。《大智论》云：白石银性，黄石金性，水是湿性，火是热性，一切众生有涅槃性，故言法性。"元晓则说："言法性者，所谓涅槃，法之本性，故名法性。如《智度论》云：法名涅槃无戏论法，性名本分种，如黄石金性，白石银性，如是一切法中有涅槃性，故言法性。"两人引《大智度论》中的同一段话，来说明"法性"的含义。

慧远在解释《起信论》"有法能起摩诃衍信根"中的"法"时说："所言法者，自体名法。理不赖他，故言自体。"元晓则在解释《起信论》"所言法者，谓众生心"时说："'所言法者，谓众生心'者，自体名法，今大乘中，一切诸法皆无别体，唯用一心为其自体，故言'法者谓众生心'也。"显然元晓是吸收了慧远对"法"的解释，又把"法"与"众生心"联系起来。

慧远在解释《起信论》中"不觉而起，能见，能现，能取境界，起念相续，故说为意"时说："依理起迷是根本无明也，无明即心，非有心外异有无明也。'不觉而起'者，是业相也；言'能见'者，是转相也；言'能现'者，犹现相也；'能取境界'者，是智相也；'起念相续'者，是续识也。"元晓在解释《起信论》中这同一段话时则说："'不觉而起'者，所依心体，由无明熏，举体起动，即是业识也；言'能见'者，即彼心体转成能见，是为转识；言'能现'者，即彼心体复成能现，即是现识；'能取境界'者，是为智识；'起念相续'者，于所取境起诸粗念，是相续识。"元晓与慧远的解释颇为相似，慧远所说的

“业相”、“转相”、“现相”、“智相”、“续识”，与元晓所说的“业识”、“转识”、“现识”、“智识”、“相续识”，在《起信论》中是同义的。

从以上例证可以看出，元晓“疏”对慧远“义疏”是有所采纳的。当然，元晓“疏”无论在理论的全面和深刻程度上，还是在语言逻辑上，都明显胜过慧远“义疏”，而且在观点上也有不少与慧远“义疏”并不相同。例如，元晓在解释《起信论》中“业识、转识、现识、智识、相续识”这五识中的“现识”（现相）时说：“现相者，犹是上三相（指《起信论》此前所说无明业相、能见相、境界相三种相）中境界相。……”如：“四卷经（指四卷本《楞伽经》）云：‘大慧，略说有三种识，广说有八相。何等为三？为真识、现识及分别事识。譬如明镜持诸色像，现识处现亦复如是。’又此文中说‘现’义云：‘经一切时任运而起常在前故。’当知现识定在第八，其业识等与此作本，其相弥细，如何强将置七识中，其可乎！”其意是说，业识（业相）、转识（转相）、现识（现相）三者，位在第八识，不在第七识。这里值得注意的是最后几句：“当知现识定在第八”，“定在”一词，显然是针对不同观点而强调自己主张的正确性的用语；“其业识等与此作本”，此处不说“业识与转识”，而说“业识等”，把业识突出出来，也是有针对性的；“如何强将置七识中，其可乎”，这清楚地表明，他认为，有人将业识（业相）、现识、（现相）置于第七末那识位，是不可以的，是不正确的。而他所针对的人，正是慧远，因为慧远“义疏”明确地说：“业相现相是第七识。”所以元晓不惜笔墨，大段引述慧远也认为是《起信论》依据的《楞伽经》的经文，用“圣言量”论证慧远观点的错误和自己观点的正确。

不管元晓对慧远“义疏”的内容采纳也好，批评也好，都证明元晓“疏”是受到了慧远“义疏”的重大影响，是对中国佛教研究成果的继承和发展。

那么，“元晓疏”与“法藏疏”是怎样的关系呢？如果将《元晓疏》和《法藏疏》放在一起比较的话，其中语句、段落的相互雷同或类似之处十分明显。而元晓之疏早于法藏之疏，是可以肯定的。大觉国师义天所编撰的《圆宗文类》中收录了法藏写给新罗华严宗开创者义湘的一封书信——《贤首国师寄海东书》（具体内容见下章），这是法藏在新罗僧人胜诠归国之时委托他带给义湘的。信中说“一从分别二十余年”，这说明，此时距义湘归国已有二十多年了。史载，义湘于671年回国，这封信就应该是691年后才写的。信末附有法藏送给义湘的新著的目录，这些著作是法藏于义湘归国后完成的，其中就记有：“《起信论疏》两卷。”这里的《起信论疏》，当指法藏的《起信论义记》。法藏写这封信时，元晓已然过世。所以，理应是法藏在撰述《起信论义记》时，参阅了元晓的《起信论疏》。

二疏都大量引用大乘佛教诸经纶，对《起信论》的思想及语句进行体系化的注疏。其中对“一心开二门”的核心思想，本觉思想，清净如来藏等都作了全面的解释，对中国、朝鲜两国佛教史上的华严、天台、禅宗等流派都给予了深远之影响。从具体的内容来看，《法藏疏》大量吸收《元晓疏》之成果，许多段落甚至是原封不动地采用《元晓疏》的语句。下面我们就通过具体的例证来说明此点。

1. 关于“大乘”的解释。

《元晓疏》中云：“言大乘者，大是当法为名，广苞为义，乘是寄喻之称，运载之功。”

《法藏疏》云：“大者当体为目，包含为义。乘者就喻为称，运载为功。”

二者的解释在语句上类似，意义也是相同的。仅有的不同只是法藏改元晓所说“当法为名”为“当体为目”，此处“法”与“体”实为“法体”，“名”与“目”实为“名目”，实质上是同一的。

元晓随后引用《虚空藏经》、《对法论》和《显扬论》来解释其“大乘”之义。法藏虽然没有引用《虚空藏经》，却对元晓所引《对法论》“七大性”之处，作了原封不动的引用。

《元晓疏》云：“先依‘经’说，后依‘论’明。依‘经’说者，如《虚空藏经》言：大乘者，……。依‘论’明者，有七有三，三种大义，下文当说，言七种者，有二种七，一者如《对法论》云，由与七种大性相应，故名大乘。何等为七？一境大性，以菩萨道缘百千等无量诸经广大教法为境界故。二行大性，正行一切自利利他广大行故。三智大性，了知广大补特伽罗法无我故。四精进大性，于三大劫阿僧祇耶方便勤修无量难行行故。五方便善巧大性，不住生死及涅槃故。六证得大性，得如来诸力无畏不共佛法等无量无数大功德故。七业大性，穷生死际示现一切成菩提等，建立广大诸佛事故（此中前五是因，后二是果）。”

二者《显扬论》云：“大乘性者……瑜伽、地持皆同此说……”

而《法藏疏》云：“又大者就义，谓体相用三大莫过。乘者约用。谓即佛性三位成运。……”

又依《杂集论》，“由与七种大性相应，故名大乘。一境大性，以菩萨道缘百千等无量诸经广大教法为境界故。二行大性，正行一切自利利他广大行故。三智大性，了知广大补特伽罗法无我故。四精进大性，于三大劫阿僧祇耶方便勤修无量难行行故。五方便善巧大性，不住生死及涅槃故。六证得大性，得如来诸力无畏不共佛法等无量无数大功德故。七业大性，穷生死际示现一切成菩提等，建立广大诸佛事故。解云，前五约因，后二就果。瑜伽、显扬亦同此说……”

可以很明显地看出这两段文句的相似之处，唯一不同的是，元晓云“如对法论”，而法藏云“依杂集论”。

2. 关于“起信”的解释。

元晓在解释“起信”时云：“信以决定谓尔之辞，所谓信理实有，信修可得，信修得时有无穷德。”

还说：“如经偈云，信为道元功德母，增长一切诸善根，除灭一切诸疑惑，示现开发无上道。信能超出众魔界，示现无上解脱道。一切功德不坏种，出生无上菩提树。”

法藏则在疏中明确点出元晓所依论书：“依梁摄论亦有三种，一信实有，自性住佛性。二信可得，引出佛性故。三信无穷功德，至得果佛性。”

也说明元晓所依的经文即是《华严经》：“又《华严》云，信为道元功德母等……”

并且他还引用唯识论云：“唯识论中，信别有三：一信实有，谓于诸法实事理中深信忍故。二信有德，谓于三宝真净德中深信乐故。三信有能，谓于一切世出世善，深信有多力能得能成，起希望故。”

3. 解释“四相”的角度。

《起信论》中论述阿梨耶识的两种含义即觉与不觉之意时，谈到凡夫、二乘、初发意菩萨、法身菩萨、尽菩萨地之人由不觉向觉转化的过程中，对生、住、异、灭四相的逐步断灭。对此四相，二师所释的角度几乎是完全一致的。

《元晓疏》云：“约于四相以别四位，四位之中各有四义。一能觉人，二能觉相，三觉利益，四觉分齐。”

法藏则解释道：“约寄四相，以别四位，四位之中，各有四义。一能观人，二所观相，三观利益，四观分齐。”

其中除了将《元晓疏》中的“觉”字以“观”字代替以外，几乎字字相同。

4. 对“止观”的解释。

《起信论》在第四修行信心分中论及修行止观门时，有关于修止的方法。在此，元晓吸收天台止观学的观点作了解释：

“初中言‘住静处’者，是明缘具，具而言之，必具五缘：一者闲居静处，谓住山林。若住聚落，必有喧动故。二者持戒清净，谓离业障，若不净者，必须忏悔故。三者衣食具足，四者得善知识，五者息诸缘务。今略举初，故言静处。言端坐者，是明调身，言正意者，是显调心。云何调身，委悉而言，前安坐处，每令安稳，久久无妨。次当正脚，若半跏坐，以左脚置右髀上，牵来近身。令左脚指，与右髀齐。若欲全跏，即改上右脚必置左髀上，次左脚置右髀上，次解宽衣带，不坐时落，次当安手，以左手掌置右手上，累手相对，顿置左脚上，牵来近身，当心而安。次当正身，前当摇动其身，并诸支节，依七八反，如自按摩法，勿令手足差异，正身端直，令肩骨相对，勿曲无耸。次正头颈，令鼻与脐相对，不偏不邪，不仰不卑，平面正住，今总略说，故言端坐。”

而法藏在《义记》中，几乎一模一样地引用了这段解释：

“前中言‘住静处’者，是修止缘当也，具言之有五缘：一者闲居静处，谓住山林及诸闲静等处。若住聚落，必有喧动也。二者持戒清净，谓离业障，若不净者，必须忏悔。三者衣食具足，四者得善知识，五者息诸缘务。今略举初，故言静处。言端坐者，是调其身，言正意者，调其心。调身者，先安坐静处，每令安稳，久久无妨。次当正脚，或全跏或半跏，若全跏者，即以右脚置左髀上，牵来近身，令脚指与髀齐。次解缓衣带使周正，不令坐时脱落。次以左手置右掌上，累手相对，顿置脚上，牵来近身，当心而安。次当正身，先挺动其身，开诸支节，作七八反，如自按摩法，亦勿令手足差异，正身端直，令脊骨相对，勿曲无耸。次正头颈，令鼻与脐相对不偏不邪，不仰不卑，平面正住，次以舌约上腭，次闭眼不令全合。广如天台大禅师二卷止观中说也。今总略说，故言端坐也。”

从这个例证中又一次看出。二疏在字句上的雷同是多么明显。唯一不同之处在于法藏明点出这种方法的出处，是来自于天台智𫖮大师的。与《元晓疏》对比来看，法藏在“疏”中总是能添上元晓所未提的经论名称或思想来源。

综上所述。如果通读二疏。二疏的类似或相同举不胜举，时常可以辨出大段的话是雷同的，这不仅仅是指语句，更表明法藏对元晓思想在一定程度上的认同与接受。《法藏疏》与《元晓疏》在文句的雷同之外，有多处法藏是在基本同意元晓解释的基础上，再对《元晓疏》中的思想进行一种选择，或是补充说明，还有多处是适当加入自己的观点，从而进一步发展和完善《元晓疏》中言而未尽之思想，表现出同中的微妙差别。

但是，《法藏疏》与《元晓疏》还是有诸多相异点，其相异点最突出的有三个方面。

其一，《元晓疏》以“和诤”理论为前提，《法藏疏》则明确执持华严立场。例如，《起信论》的“因缘分”中说：“所谓如来在世，众生利根，能说之人，色心业胜，圆音一演，异类等解，则不须论。”元晓对其中的“圆音”，作了极为详细的分析与说明，他引述了三家的观点，并以其“和诤”的独特思维方式，表示此三家观点并非对立，只是略有差别，只是角度不同。其“疏”云：“此言圆音，即是一音，其义云何？昔来诸师说者不同。有师说云：诸佛唯是第一义身，永绝万像，无形无声，直随机现无量色声……。或有说者，就佛言之，实有色声，其音圆满，无所不遍，都无宫商之异，何有平上之殊，无异曲故名为一音，无不遍故说为圆音，但由是圆音作增上缘，随根差别现众多声……。或有说者，如来实有众多音声，一切众生所有言音，莫非如来法轮声摄，但此佛音无障无碍。一切即一，一即一切。一切即一，故名一音，一即一切，故名圆音。如《华严经》言，一切众生语言法，一言演说尽无余，悉欲解了净密音，菩萨因是初发心故。”“又此佛音不可思议，不但一音言即一切音，亦于诸法无不等遍，今且略举六双，显其等遍之相。……此义如《华严经》三种无碍中说。随一一声等此六双，而其音韵恒不杂乱。若音于此六双有所不遍，则音非圆，若由等遍失其音曲，则圆非音。然今不坏曲而等遍，不动遍而差韵，由是道理，方成圆音。此非心识思量所测，以是法身自在义故。”

法藏在疏中，则直截了当地采用华严之教来解释：

> 初如来一音说一切法，无不显了，故名圆音。《华严》云：如来于一语言中演说无边契经海。二如来同一切音，故云圆音。《华严》云：一切众生语言法，一言演说尽无余。以一切音即一音，故云一音，一音即一切音，故云圆音。一一语言遍穷众生界，而其音韵不杂乱。若音不遍则音非圆。若由等遍失其韵曲，则是圆非音。今不坏曲而等遍，不动遍而善韵，此是如来圆音，非是心识思量境界耳。

事实上，这里已经可以看出，在引用经典以及解释的角度上二者的不同。法藏之所以只说《华严》之说，是因为他认为只有这种解释才合理，而不必援引其他宗派的解释。明确以华严思想为殊胜。

其二，《元晓疏》注重和会唯识学，《法藏疏》则有意排除唯识理论。

元晓的疏尽管对大小乘、诸经论及各家各派学说明显采取融会的态度，但最显著的倾向是唯识和《起信》的和会。这可以找出许多例证，而且他的和会思想时常是以问答形式表现。下面试举一二例来说明。

《起信论》在论述到三种相应染和三种不相应染时，开始解释相应义与不相应义："言相应者，谓心念法异，依染净差别，而知相缘相同故。不相应义者，谓即心不觉，常无别异，不同知相缘相故。"

所谓"相应"，是指心与心法虽有不同，他们在染或净的程度上也有区别，但形成的能知之心与所缘之境是一致的。而"不相应"，是指无明动心，就是阿梨耶识本心不觉之相，还没有呈现心与心法的对待和差别，认识的能知方面与其对象之间，尚未形成统一相应的关系。

这与唯识宗所说，心与心法虽同所缘，却有不同行相，似相违背。对此，元晓以自问自答的方式来回答："问：《瑜伽论》说，诸心心法，同一所缘，不同一行相，一时俱有，一一而转。今此中说知相亦同，如是相违，云何和会？答：二义俱有，故不相违。何者？如我见是见性之行，其我爱者爱性之行。如是行别，名不同一行，而见、爱等皆作我解，依如是义名知相同，是故二说不相违也。"

他以"我"作为能知之心统摄见、爱等义，和会不同行相却同知相之说。

接着的问题是唯识宗认为阿赖耶识中，心王与心数相应，而《起信论》却说为不相应。同样，元晓再次自问自答："问：《瑜伽论》说，阿赖耶识，王数相应，缘二种境，即此论中现色不相应染，何故此中说不相应？答：此论之意，约烦恼数差别转义，说名相应，现识之中，无烦恼数，依是义故，名不相应。彼新论（指玄奘译的《瑜伽师地论》）意，约遍行数故说相应。由是道理亦不相违也。"

元晓认为，二说无违，只是角度不同。《起信论》是从有无烦恼染相的角度，有烦恼染相而说相应义，那么现识之中尚无烦恼染相生出，故名不相应。而玄奘的《瑜伽师地论》则是通过总体上来分析心王心法攀缘诸法之义而说相应，是指烦恼现行。所以二说并不矛盾。

另一个典型例子在熏习说中，《起信论》云："熏习义者，如世间衣服，实无于香，若人以香而熏习故，则有香气。此亦如是，真如净法，实无于染，但以无明而熏习故，则有染相。无明染法，实无净业，但以真如而熏习故，则有净用。”

所谓熏习之意，犹如世间的衣服，本来没有什么香气，如果人们以香不断熏之，就会留下香气。法的熏习也是如此，真如清净之法，本性是没有任何杂染的，只是由于无明熏习，则产生各种杂染的相状。无明杂染之法，本来没有清净的善业，只是由于真如不断内熏，则会产生清净的作用。

唯识宗的一个基本观点是，要具坚住性，可受熏性，无记性，与能熏共和合性此四性，才可受熏，所以，常法不受熏习，而《起信论》明言真如净法与无明染法互熏，这种矛盾该如何调和呢？

元晓还是自问自答道：“问：《摄大乘》说，要具四义，方得受熏，故言常法不能受熏。何故此中说熏真如？解云：熏习之义有其二种。彼论且约可思议熏，故说常法不受熏也。此论明其不可思议熏，故说无明熏真如，真如熏无明。显意不同，故不相违。”

他以区别可思议熏和不可思议熏两种熏习，来调和《起信论》与唯识宗在熏习说上的差别，与玄奘所传法相教学相和会。从中也能看出元晓当年志往唐求学玄奘的影子。同时，“可思议熏”与“不可思议熏”的说法，也是有经典依据的，即《楞伽经》中就有此说。

除此之外，元晓在科判中也采取了唯识教学。

《起信论》解释分中释心真如道：“心真如者，即是一法界大总相法门体。所谓心性不生不灭，一切诸法唯依妄念而有差别，若离心念，则无一切境界之相。”

根据元晓所分，第一句为略标，第二句为广释中之第一部分“显真如体”。这一部分再分有三：“一者当真实性以显真如，二者对分别性而明真如绝相，三者就依他性以显真如离言。”

在科判中导入唯识之三性说，这在其他注释者中是没有的，而为元晓之特色，由此也可窥见他一直在努力融会唯识与《起信》。

元晓意图论证《起信论》与唯识学的无矛盾性，以此实证和会一心的精神。其结果是，在一定程度上不必要地在《起信论》的注释中导入唯识教理。法藏所站的立场则是，将元晓导入的唯识教学细心地排除，试图论证《起信论》是以如来藏缘起为宗旨，而并非法相唯识宗所属，所以上述元晓会通唯识的内容，法藏都无采纳。

其三，对“根机”问题看法不同。《元晓疏》在开篇“标宗体”文中谈到马鸣作《起信论》的目的时说：“马鸣菩萨，无缘大悲，伤彼无明妄风动心海而易漂，愍此本觉真性，睡长梦而难悟，于是同体智力堪造此论，赞述如来深经奥义，欲使为学者暂开一轴，遍探三藏之旨，为道者永息万境，遂还一心之源。”

字句之间，充满的是一种平等立场上的关爱，而未专指为根劣之人而作。

但《法藏疏》中则不然：“爰有大士，厥号马鸣，慨此颓纲，悼斯沦溺，将欲启深经之妙旨，再曜昏衢，斥邪见之颠眸，令归正趣。使还源者可返本非遥。造广论于当时，遐益群品，即文多义邈，非浅识所窥。”

先言有广论，行文庞多，不为根劣者所悟解。又云：“又造斯论，可谓义丰文约，解行俱兼，中下之流，因兹悟入者矣。”

其中很明确地提出此论为“中下之流”而作。

进一步在解释本论时，我们也可以看出二师在根机问题上的差异。

《起信论》云：“众生根行不等，受解缘别，所谓如来在世，众生利根。能说之人色心业胜，圆音一演，异类等解，则不须论。”

元晓解释道：“虽是利根而不忍繁，此人唯依文约义丰之论，深解佛经所说之旨。”明点此论亦为“利根”者而作。

而法藏解云：“此文有二，初辩根劣，二如是此论下对此劣根，明教之兴。”在此句之前，尚与《元晓疏》字句不差的《法藏疏》，笔锋一转，称此论之对象为“劣根”。由此看来，这是法藏有意之改动，表明他在根机问题上坚决的区分态度。

从二师的思想来看，二人都持“众生皆有佛性”之观点，那为何在此又有“利根”、“劣根”之异呢？这一点或许要联系到二人对《起信论》的态度来谈。元晓是将《起信论》视为“诸论之祖宗，群诤之评主”的最高位。而法藏的五教十宗教判说中，《起信论》只是第三位大乘终教，第八真德不空宗之代表作。正是为此，他并不认为《起信论》是为利根之人所作。还有一点可以看出的是，元晓对根机利钝问题并不重视，只略略谈及，也正是他和诤、无差别思想的体现。法藏三番五次反复强调根机，这与其教判观是紧密联系的。为了创建华严宗，作为创始人的法藏，必须为《华严经》，为自己的宗派确立在整个佛教中的最高地位。只有《华严经》类经论才是为利根所作，而其他经论只是为钝根之人而作。这样也就能够理解法藏这种佛性皆有、根机不同的思想。

通过以上对《起信论》元晓疏与法藏疏的比较分析，可以清楚地看到，尽管法藏并未完全接受元晓的思想，但法藏受元晓的影响是非常巨大的，这是中国佛教传到韩国之后，韩国佛教又反过来促进中国佛教发展的一个最典型的事例。

第四节　元晓佛学在韩国、中国及日本的影响

元晓在新罗时期即已闻名，例如憬兴的《三弥勒经疏》、太贤的《梵网经古迹记》、遁伦的《瑜伽论记》等，皆称引“元晓师云”以为自己立论的根据。随着人们对佛教理解的深入，元晓在佛教中的地位也越来越显著，“丘龙大师”、“陈那后身”、“万人之敌”等称号随之而来。元晓灭寂百年后，在高仙寺立的《誓幢和上塔碑》（现存残部）中，就提到了元晓的代表作之一的《十门和诤论》。①

到了高丽时期，元晓思想的影响不断扩大，高丽肃宗六年（1101）八月，国王下诏书，追封元晓为和诤国师：

“诏曰：元晓、义湘，东方之圣人也。无碑记谥号，厥德不暴。朕甚悼之，其赠元晓大圣和静国师，义湘大圣圆教国师。有司即所住处，立石纪德，以垂无穷。”②

碑文中“静”字乃“诤”之误记。这样，在芬皇寺建有和诤国师碑。其时，众多寺院供奉元晓真影，甚至出现了叫海东宗的宗派，继承和发扬和诤思想。《三国史记》的作者，高丽时代的金富轼撰有《和诤国师影赞》，诗中道：

> 恢恢一道，落落其音，机闻自异，大小浅深。如三舟月，如万般风，至人大监，即异而同，瑜伽名相，方广圆融，自我观之，无往不通。百川共海，万象一天，广矣大矣，莫得名焉。③

对元晓思想有着深刻的理解和推崇备至者，首推高丽大觉国师义天。义天编《圆宗文类》残篇第二十二卷“和诤论”一节中说：“人心南北异，佛法古今同，不坏真明俗，还因色辩空，探幽唯罔象，失旨并童蒙，有着斯为诤，妄情自

---

①《庆州高仙寺誓幢和上塔碑铭》，推定为新罗惠恭王时（765—779）所立，见朝鲜总督府大正八年（1919）编印的《朝鲜金石总览》上册，第41—43页。

②李能和《朝鲜佛教通史》第238页；《高丽史》卷十一。

③《东文选》卷五十。

可通。”

义天在《祭芬皇寺晓圣文》中对元晓和诤思想给予了高度评价：“海东教主，元晓菩萨……唯我海东菩萨，融明性相，隐括古今，和百家异说之端，得一代至公之论……历览先哲之间，无出圣师之右。”

到了李朝，“崇儒排佛”的思潮兴盛，佛教走入低谷。就是这样的时期，也有人推崇和宣扬元晓思想。生活于李朝世宗时期的金时习（1435—1493）到了芬皇寺，读了和诤国师碑文后，写下了《无诤碑》一诗：

> 新罗异僧元旭氏，剔发行道新罗市，入唐学法返桑梓，混同缁白行闾里。街童巷妇得容易，指云谁家谁氏子，然而密行大无常。骑牛演法解宗旨，诸经疏抄盈中箱，后人见之争仰企，追封国师名无诤，勤彼贞泯颇称美。碣上金屑光磷磷，法画好辞亦可喜，我曹亦是善门徒，其于幻语商略矣。但我好古负手读，吁嗟不见西来土。①

元晓的佛学思想不仅在韩国有崇高的地位，而且，对中国的佛教思想界也产生了重要的影响。元晓的主要著述，如《十门和诤论》、《华严经疏》、《金刚三昧经论》、《大乘起信论疏》、《起信论别记》等等，都传到了中国，正在形成中的唐朝佛教诸宗派不同程度地受到了他的著述的影响。元晓的《大乘起信论疏》传到中国之后，历来受到很高的评价，被誉为“海东疏”。被称为“近代中国佛学复兴之父”的杨仁山居士，十分推崇《大乘起信论》，同时也极重视元晓疏，他把元晓的《起信论疏》与《起信论别记》整理合编在一起，叫作《大乘起信论疏记会本》，加以刊刻发行，广为传播（不过，杨仁山曾说，元晓与义湘可能是同一个人，这则是无根据的猜测）。

受元晓佛学思想影响最大者，要首推华严宗的实际创始人贤首法藏。法藏在元晓的《起信论疏》与《起信论别记》的影响下，撰写了《大乘起信论义记》，并在《义记》中大量引用了“海东疏”的内容。不仅如此，另外，法藏的《华严五教章》中的“断惑义”，是在元晓《二障义》的影响下写成的，而《华严五教章》中的空有论也受了元晓《十门和诤论》的影响，其教判理论则受到元晓《华严经疏》的影响。法藏《华严经探玄记》中有：“将释此经，略开十门：一明教

①韩国金相铉《历史中读到的元晓》高丽苑，1994 年，第 288 页。

起所由；二约藏部明所摄；三显立教差别；四简教所被机；五辨能诠教体；六明所诠宗趣；七具释经题目；八明部类传译；九辨文义分齐；十随文解释。……第三明立教差别者，略提十类：一叙古说，二辩是非，三述西域，四会相违，五明现传，六定权实，七显开合，八教前后，九就义分教，十以理开宗。初中，古来诸德立教多端，难以具显，略叙十家，以成龟镜。……唐朝海东新罗国元晓法师造此经疏，亦立四教：一三乘别教，谓如四谛教缘起经等；二三乘通教，谓如般若经深密经等；三一乘分教，如璎珞经及梵网等；四一乘满教，谓华严经普贤教。释此四别如彼疏中。”在这里，法藏视元晓为十家“古德”之一，对他的教判颇为重视。

澄观《大方广佛华严经述疏》中也特别说道：“唐初海东元晓法师，亦立四教。一三乘别教，如四谛缘起经等；二三乘通教，如般若深密经等；三一乘分教，如梵网经等；四一乘满教，如华严经等。然三乘共学，名三乘教。于中未明法空，名别相教。说诸法空，是为通教。不共二乘，名一乘教。于中未显普法，名随分教。具明普法，名圆满教。然此大同天台，但合别圆，加一乘分耳。自言且依乘门，略立四种，非谓此四遍摄一切。故无有失。”澄观还在《新译华严七处九会颂释章》中，回答“善财童子求法初位住何位求耶”的问题时说：“案新罗元晓法师《华严关脉义》云：初得见文殊者，明善财之信心始位，乃至最后不见者，明善财之智满位等。依此明知，住十信初位方求法也。”这体现出澄观视元晓之说为权威依据。

《宋高僧传》清凉寺澄观传说，澄观于“大历中，就瓦棺寺传《起信》、《涅槃》，又于淮南法藏，受海东《起信论疏》义”。这说明淮南法藏（澄观生卒年代为738—839，贤首法藏于712年过世，此处淮南法藏，当不是贤首大师法藏）曾研习过元晓的《起信论疏》，并又传授给华严宗清凉国师澄观。澄观的弟子圭峰宗密在其《起信论疏注》中，也多引元晓的《起信论疏》。

李通玄《新华严经论》也提到，“第七，唐朝海东新罗国元晓法师造此经疏亦立四教者，一三乘别教，谓如四谛教缘起经等；二三乘通教，谓如般若解深密经等；三一乘分教，如璎珞经及梵网经等；四一乘满教，谓如华严经普贤教。释此四别如彼疏中”。

此外，慧苑、慧沼、良贲、湛然等，也都受到元晓佛学思想的影响。唐代之后，宋代知礼等人的著作中也有受元晓思想影响的痕迹。永明延寿在《万善同归集》中引述了元晓的思想，在《宗镜录》中介绍了元晓入唐途中的悟道经历。

据载，义天把元晓著述赠予辽皇帝道宗，道宗在其《释摩河衍论通玄钞引文》中就引用了元晓的著述。① 还有，元晓的《十门和诤论》、《华严宗要》不仅在中国留下了深刻的影响，而且在中国翻成梵文传到了印度。高仙寺《誓幢和上塔碑》载："《华严宗要》者，……赞叹婆娑，翻成梵语，便附西人，此书言其三藏宝重之由也。"② 据13世纪流传于日本的《元晓疏抄》记载："元晓和尚《诤论》制作，陈那徒唐土来，取彼论归天竺国。"③

说到元晓佛学思想在中国的影响，还应当特别提到他的《金刚三昧经论》。《金刚三昧经》经名最早出现在梁代僧佑《出三藏记集》的新集安公凉土译经录第三中，录为《金刚三昧经》一卷。此后的诸经录中皆有记载，但都表明阙本。到了中唐《开元释教录》卷四北凉失译部中，载为《金刚三昧经》二卷或一卷。在同记录卷十二的大乘经单译现存录中，记载为"金刚三昧经二卷或一卷，北凉失译拾遗编入"。这说明直到中唐没有人见到过此经。这样，便引发了《金刚三昧经》之"真伪之辩"。

据宋《高僧传》卷四"唐新罗国黄龙寺元晓传"记载："时国王置百座仁王经大会，遍搜硕德，本州以名望举进之。诸德恶其为人，僭王不纳。居无何，王之夫人脑婴痈肿，医工绝验。王及王子臣属祷请山川灵祠，无所不至。有巫觋言曰，苟遣人往他国求药，是疾方瘳。王乃发使泛海入唐，募其医术。溟涨之中，忽见一翁由波涛跃出登舟。邀使人入海，睹宫殿严丽。见龙王，王名钤海。谓使者曰：汝国夫人是青帝第三女也。我宫中先有《金刚三昧经》，乃二觉圆通，示菩萨行也。今托仗夫人之病为增上缘，欲附此经出彼国流布尔。于是将三十来纸重沓散经付授使人。复曰：此经渡海中恐罹魔事。王令持刀裂使人腨肠而内于中，用蜡纸缠滕，以药傅之，其腨如故。龙王言：可令大安圣者铨次缀缝，请元晓法师造疏讲释之，夫人疾愈无疑，假使雪山阿伽陀药力亦不过是。龙王送出海面，遂登舟归国。时王闻而欢喜，乃先召大安圣者粘次焉。大安者，不测之人也。形服特异，恒在市廛，击铜钵唱言大安大安之声，故号之也。王命安，安云：但将

①《大觉国师文集》卷八。

②《庆州高仙寺誓幢和上塔碑铭》，推定为新罗惠恭王时（765—779）所立，见朝鲜总督府大正八年（1919）编印的《朝鲜金石总览》上册，第41—43页。

③《大日本佛教全书》卷九十二，第103页。

经来，不愿入王宫阈。安得经，排来成八品皆合佛意。安曰：速将付元晓讲，余人则否。晓受斯经，正在本生湘州也。谓使人曰：此经以本始二觉为宗。为我备角乘，将案几在两角之间，置其笔墨，始终于牛车，造疏成五卷。王请克日黄龙寺敷演。时有薄徒窃盗新疏。以事白王，延于三日，重录成三卷，号为略疏。洎乎王臣道俗云拥法堂，晓乃宣吐有仪，解纷可则，称扬弹指，声沸于空。晓复昌言曰：昔日采百椽时虽不予会，今朝横一栋处唯我独能。时诸名德，俯颜惭色，伏膺忏悔焉。初，晓示迹无恒，化人不定，或掷盘而救众，或噀水而扑焚，或数处现形，或六方告灭，亦盃渡志公之伦欤。其于解性览无不明矣。疏有广略二本，俱行本土，略本流入中华，后有翻经三藏改之为论焉。”

这里值得注意的是，根据《宋高僧传》的记载，元晓的原书名为《金刚三昧经疏》，该书传入中国之后，中国的“翻经三藏改之为‘论’”，可见当时中国佛教界对此书的重视程度。《金刚三昧经论》在中国广为传播，历代有不少学者依此作《金刚三昧经》的注释。元晓的《游心安乐道》等著述，时至今日仍在中国的一些书市和佛教寺院中流通。总之，元晓思想是中韩文化交流的结晶，它对中国佛教发展作出了重要的贡献。

中、韩、日三国佛教在历史上是相通的，韩国佛教常常起到中国佛教东传日本的桥梁作用，韩国是中、韩、日三国思想交流、文化交流的一条黄金通道。8世纪初，元晓的大部分著述已传到了日本。据统计，日本奈良时代在日本流传的元晓著述多达四十七种。审祥（？—742）的《经疏录》中就收录有三十二种。日本佛教史上著名的学者善珠（723—797）、愿晓（728—708）、常腾（740—815）、寿灵（757—791）、藏俊（1104—1140）、凝然（1240—1321）、良忠（1199—1287）、了慧（1203—1290）等的著述中皆可以发现受元晓思想影响的痕迹。据金相铉博士《元晓诸名号考》[①] 的考证，日本佛教著述中，仅对元晓的尊称名号就有多种，如丘龙大师、海东法师、元晓菩萨、元晓圣师、陈那菩萨后身等。称元晓为丘龙是把元晓比作飞龙化身，潜居青丘。时人称元晓为丘龙，法藏为香象。二人并称为龙象硕德。对此，8世纪中叶，新罗的见登和日本的智憬都有记载。

据《三国史记》卷四十六“薛聪传”载，元晓的玄孙薛仲业作为新罗使臣一

①金相铉《元晓诸名号考》，《历史学论丛·素轩南都泳博士古稀纪念》，民族文化社 1993 年版。

员，于惠恭王十五年（779）访问日本时，日本的上宰得知薛仲业为元晓玄孙，感慨万分，写下了赞颂元晓的诗文。

“世传日本真人赠新罗使薛判，诗序云：尝览元晓居士所著《金刚三昧论》，深恨不见其人，闻新罗国使薛郎，居士之抱孙，不见其祖而喜遇其孙，乃作诗赠云。”然其诗已失传。《续日本书记》中也记载有相同的内容。由此可以看出《金刚三昧经论》在日本的影响。

明慧（1173—1332）和凝然是日本镰仓时期华严宗的代表人物，凝然主要致力于教学的研究，明慧则热衷于宗教实践。明慧在京都创建了高山寺。他在该寺讲授元晓的《菩萨戒本持犯要记》，并依托著名画家成忍，创作了叫《华严缘起》（六卷）的画卷。该画卷的主人公是元晓、义湘和善妙，现作为日本的国宝收藏。凝然是日本佛教史上的大撰述家。据传其著作有一百二十五部一千二百余卷。在其编撰的《华严经论藏疏目录》中收录有元晓的著述二十七部四十六卷。凝然在其著述中引用了元晓的十多部著述。

到了近代，日本著名佛教思想家村上专精（1815—1929）专门从事佛教会通的理论和实践。他著有《佛教统一论》、《佛教唯心论》等著作。他在《佛教统一论》中试图会通佛教不同思想，在《佛教唯心论》中进一步提倡超越不同宗派的偏见，复兴和建立新的佛教。村上专精熟知元晓的思想，并特别推崇元晓的《大乘起信论疏》。在其著作中多次引用该疏的内容。村上的会通佛教思想，后来为宫本正尊所继承。宫本正尊不仅是一位佛教思想家，同时也是宗教实践家。他在日本掀起了佛教统一运动。

总之，元晓思想为东亚三国文化交流，特别是佛教文化的传播和发展作出了重要的贡献。①

①本节参看金勋著《元晓佛学思想研究》（日文版）第九章《元晓在东亚佛教史上的地位》，日本大阪经济法科大学出版部2002年5月版。

第七章

新罗名僧义湘入唐学华严

第一节　义湘入唐经过

元晓之外，当时新罗的著名僧人还有义湘。义湘（625—702）俗姓朴（一说姓金），新罗鸡林府（今庆尚北道庆州）人，生于贵族家庭，出家后住皇福寺，曾与元晓一起入唐，结果未能如愿。后来他又在唐龙朔元年（新罗文武王元年，661）入唐，往终南山至相寺从智俨学《华严》，与华严宗三祖贤首法藏同学。义湘在唐高宗咸亨二年（新罗文武王十一年，671）归国。他回国后奉旨于太伯山（今庆尚北道荣州）建浮石寺，演说华严宗教义，创立了海东华严宗。其著有《华严一乘法界图》、《华严经略疏》等。后来到高丽王朝时，肃宗谥之为“圆教大师”。

对于义湘入唐时间与经过，《宋高僧传》与《三国遗事》等文献中记述不一。《宋高僧传·唐新罗国义湘传》云：

> 释义湘，俗姓朴，鸡林府人也。生且英奇，长而出离，逍遥入道，性分天然。年临弱冠，闻唐土教宗鼎盛，与元晓法师同志西游。行至本国海门唐州界，计求巨舰，将越沧波，倏于中涂遭其苦雨。遂依道旁土龛间隐身，所以避飘湿焉。迨乎明旦相视，乃古坟骸骨旁也。天犹霢霂，地且泥涂，尺寸难前，逗留不进，又寄埏甓之中。夜之未央，俄有鬼物为怪。晓公叹曰：“前

之寓宿，谓土龛而且安；此夜留宵，托鬼乡而多崇。则知心生故种种法生，心灭故龛坟不二。又，三界唯心，万法唯识，心外无法，胡用别求？我不入唐。”却携囊返国。湘乃只影孤征，誓死无退，以总章二年附商船达登州岸，分卫到一信士家。见湘容色挺拔，留连门下既久，有少女丽服靓妆，名曰善妙，巧媚诲之，湘之心石不可转也。女调不见答，顿发道心，于前矢大愿言："生生世世归命和尚，习学大乘成就大事，弟子必为檀越供给资缘。"湘乃径趋长安终南山智俨三藏所，综习《华严经》，时康藏国师为同学也。所谓知微知章，有伦有要，德瓶云满，藏海嬉游，乃议回程传法开诱。复至文登旧檀越家，谢其数稔供施，便慕商船，逡巡解缆。其女善妙，预为湘办集法服并诸什器可盈箧笥，运临海岸，湘船已远。其女咒之曰："我本实心供养法师，愿是衣箧跳入前船。"言讫投箧于骇浪，有顷疾风吹之若鸿毛耳，遥望径跳入船矣。其女复誓之："我愿是身化为大龙，扶翼舳舻到国传法。"于是攘袂投身于海。将知愿力难屈，至诚感神，果然伸形，夭矫或跃，蜿蜒其舟底，宁达于彼岸。

照此处的记述，义湘是在二十岁时与元晓一起结伴西游，元晓未出国门即中途折回，义湘只影孤征，于总章二年（669）附商船到达登州，住到一信士家。信士家有少女善妙，见义湘容姿挺拔，遂生爱慕之心，且有所表示，“巧媚诲之”，义湘心如磐石，丝毫不为所动，善妙受到感动，由此顿发道心，誓愿生生世世归命义湘和尚。义湘乃从登州直趋长安终南山拜智俨为师，学习研究《华严经》，与法藏为同学。学德圆满，便打算回国传法，于是又经登州，答谢了昔日的檀越之后，即搭乘商船回国，善妙则化身大龙，一路护持。这里所说的善妙变龙的故事，当然带有传奇色彩，姑且存而不论。文中称义湘于总章二年到达登州，然后去终南山拜见智俨，此“总章二年”有误，因为智俨已于总章元年故去，义湘何得再见。另外，《宋高僧传》没有明确记述义湘返国的时间，这也需要参考其他的文献资料。

《三国遗事》卷四“义湘传教”条记载：“法师义湘，考曰韩信金氏，年二十九依京师皇福寺落发。未几西图观化，遂与元晓道出辽东，边戍逻之为谍者，囚闭者累旬，仅免而还（事在崔侯本传及晓师行状等）。永徽初，会唐使舡有西还者，寓载入中国。初止杨州，州将刘至仁请留衙内，供养丰赡。寻往终南山至相寺谒智俨。俨前夕梦一大树生海东，枝叶溥布，来荫神州，上有凤巢，登视之，有一摩尼宝珠，光明属远。觉而惊异，洒扫而待。湘乃至，殊礼迎际，从容谓曰：

吾昨者之梦，子来投我之兆。许为入室，《杂花》妙旨，剖析幽微，俨喜逢郢质，克发新致，可谓钩深索隐，蓝茜沮本色。既而本国丞相金钦纯（一作仁问）、良图等，往囚于唐，高宗将大举东征，钦纯等密遣湘诱而先之，以咸享元年庚午还国，闻事于朝。命神印大德明朗，假设密坛法禳之，国乃免。”这里说义湘有两次入唐之举，第一次是他二十九岁时与元晓结伴西行，中途因故未能实现愿望。第二次是在“永徽初”即650年，搭乘唐使者还国的官船到达扬州，不久从扬州赴终南山谒见智俨随智俨学习《华严》妙旨。学成之后，于咸亨（原文误为咸享）元年（670）回国。[①]

但《三国遗事》卷三“前后所将舍利”条所引《浮石本碑》则有不同的说法：

> 按此录《义湘传》云：永徽初，入唐谒智俨。然据《浮石本碑》，湘武德八年生，丱岁出家。永徽元年庚戌，与元晓同伴欲西入，至高丽有难而回。至龙朔元年辛酉入唐，就学于智俨。总章元年，俨迁化。咸亨二年，湘来还新罗。长安二年壬寅示灭，年七十八。

照此记述，义湘生于唐高祖武德八年（625），童年时即出家，唐高宗永徽元年（650）第一次与元晓结伴西行，中途遇阻而折回。唐高宗龙朔元年（661）第二次入唐顺利到达，乃到终南山就学于智俨。唐高宗咸亨二年（671）回到新罗，武周长安二年（702）示灭。

崔致远所撰《海东华严初祖忌辰愿文》中说：义湘“大德，高挺岳灵，深涵海量。童年慕道，壮志辞家。舍华胄之簪裾，标法门之冠冕。始以教分顿渐，义有浅深。每磋四邻之遐陬，未达一乘之奥典。乃言曰：‘就室之火为小见，照庭之日为大智。是以务学不如务求师，古之遗训，岂可孔匏徒系，魏瓠虚捐。’自追小鲁之踪，遂决入秦之计。时也，濊戎貊寇，烽举柝惊。言指道涂，动多榛梗。然而既切为山之志，独怀背水之心，不惮艰危，远涉虎狼之国，能逃灾害，岂凭羊鹿之车。直泛重溟，高登彼岸，于龙朔二载（662）诣终南山至相寺，以俨和尚为严师，以藏和尚为益友。受业则若翻瓴水，传宗则如走坂丸。有滞必通，无幽

①其中所言“钦纯等密遣”之事，殊不可信，可参考何劲松《韩国佛教史》上册，第191—193页；陈景富《中韩佛教一千年》，第157页。

不测。则悟百千偈，敌三十夫，执柯而既伐柯，学海而终能至海。十年精练，万里流传，播鸡林之远俗，显敷妙义，遍谕群迷，披聩以法雷，开蒙以智月。遂得慈航，广济化人，而永谢爱河，法轪长驱，救物而皆离毁室”①。

以上四种文献，崔文与《浮石本碑》早出，而且两者所记基本一致，应该是比较可靠的。依照此两种文献的记载，义湘生于625年，650年第一次入唐遇阻，661年第二次入唐成功，662年上终南山拜智俨和尚为师学习《华严》，十年之后的671年学成回国，创海东华严宗。《宋僧传》所谓“总章二年”，疑为“龙朔二年”之误。

第二节　义湘回国后的传教创宗活动

对于义湘回国后的活动，《宋高僧传》说：“湘入国之后遍历山川，于驹丽、百济风马牛不相及地，曰：‘此中地灵山秀，真转法轮之所。’无何，权宗异部聚徒可半千众矣。湘默作是念：‘大华严教非福善之地不可兴焉。’时善妙龙恒随作护，潜知此念，乃现大神变于虚空中，化成巨石，纵广一里，盖于伽蓝之顶，作将堕不堕之状。群僧惊骇，罔知攸趣，四面奔散。湘遂入寺中，敷阐斯经。冬阳夏阴，不召自至者多矣。国王钦重，以田庄奴仆施之。湘言于王曰：‘我法平等，高下共均，贵贱同揆，《涅槃经》八不净财，何庄田之有，何奴仆之为？贫道以法界为家，以盂耕待稔。法身慧命藉此而生矣。’湘讲树开花，谈丛结果。登堂睹奥者，则智通、表训、梵体、道身等数人。皆啄巨鷇飞出迦留罗鸟焉。湘贵如说行，讲宣之外精勤修炼，庄严刹海，靡惮暄凉。又常行义净洗秽法，不用巾帨，立期干燥而止。持三法衣瓶钵之余，曾无他物。凡弟子请益，不敢造次，伺其怡寂而后启发。湘乃随疑解滞，必无滓核。自是已来，云游不定，称可我心，卓锡而居。学侣蜂屯，或执笔书绅，怀铅札叶，抄如结集，录似载言。如是义门随弟子为目，如云‘道身章’是也；或以处为名，如云‘锥穴问答’等，数章疏皆明华严性海毗卢遮那无边契经义例也。湘终于本国，塔亦存焉。号海东华严初祖也。”这里主要从四个方面记述了“海东华严初祖”回国后的活动情况。其一是

①《崔文昌侯全集》，成均馆大学校出版部1982年版，第237页。

说，义湘回国之后，走遍了新罗的山山水水，考察选择传法之地，在原高句丽、百济“风马牛不相及地”，有一处寺院，那里地灵山秀，是最佳的转法轮之所。于是设法驱散了那里的“权宗异部”徒众，建立起宏传华严学的道场，四方参学者日益增多。这里没有说明义湘在何时何地何寺传法。《三国遗事》“义湘传教”条说：“仪凤元年（676）湘归太白山，奉朝旨创浮石寺，敷敞大乘，灵感颇着。”这可以看作是对《宋高僧传》的补充。其二是说，文武王对义湘十分敬重，要赐给他庄田奴仆，义湘谢绝，表现出“以法界为家”的高尚境界。另据《三国遗事》卷二记载，文武王统一新罗后，曾想大兴土木，重修庆州京城，义湘谏阻说：“政教明，则虽草丘画地而为界，民不敢逾，可以却灾进福。政教苟不明，则虽有长城，灾害未消。”文武王听从了他的劝告，中止修城，此事传为美谈。可见他与文武王的关系非同一般。其三是说，他对弟子循循善诱，答疑解惑，无滞不通，精妙透彻，因此培养出了多名杰出的人才，成为在新罗传播华严学的得力法将。义湘又云游四方，讲经说法，颇有影响，随其就学者不计其数，受教者如孔门弟子把孔子的教诲写在绅带上要牢牢记住一样，随身携带书写用具，随时记下义湘的法语，并且整理成《华严经》的章疏，以广为流传。其四是说，义湘不仅重视理论的研究和宣传，并且身体力行，精勤修炼，不畏寒暑，始终如一，很有成就。

随着义湘名声的显赫与威望的确立，在他的积极倡导下，新罗逐渐建立起了“十刹传教”的体制，此十刹在广泛传播华严学方面发挥了重要的作用。

崔致远《东大荐福寺故寺主翻经大德法藏和尚传》载：“海表觉母，想（即“湘”——引者注）为始祖。然初至，止若东家丘。及法信遐传，得群迷遍晓，斯实暗烛龙之眼顿放光明，织火鼠之毛益彰奇特。诱令一国学遍十山，《杂华》盛耀蟠桃。”① 意思是说，义湘虽为海东华严始祖，但回到新罗之初，人们并不了解他的才学，正如孔子未出名时，西邻住家不识其才志，只称其为“东家丘”一样。当义湘的传教活动展开之后，人们才认识到他讲经说法之殊胜，非常人可比。到这个时候，他便着手建立十山，作为在全国振兴华严学的基地。十山之名，据《法藏和尚传》中夹注说：“海东华严，大学之所，有十山焉。中岳公山美理寺，南岳智异山华严寺，北岳浮石寺，康州（今陕州）伽耶山海印寺、普光寺，熊州（今公州）迦耶峡普愿寺，鸡龙山岫寺（《括地志》所云鸡蓝山是），朔州（今春

①《崔文昌侯全集》，第274—275页。

川）华山寺，良州（今梁山）金井山梵语寺，毗瑟山玉泉寺，全州母山国神寺。更有汉州（今广州）负儿山（三角山）青潭寺。此十余所。”

《三国遗事》卷三“义湘传教”也记述说：“湘乃令十刹传教，太伯山浮石寺，原州毗摩罗伽耶之海印，毗瑟之玉泉，金井之梵鱼，南岳华严寺等是也。”

这里只列举了浮石寺、海印寺、玉泉寺、梵鱼寺、华严寺五寺，其中的“梵鱼寺”，应当就是《法藏和尚传》中的“梵语寺”。

另外，义湘回国之后，还建立了洛山寺，以为观音菩萨的道场。《三国遗事》卷三“洛山二大圣”条载：“昔义湘法师，始自唐来还，闻大悲真身住此海边崛内，故因名洛山。盖西域宝陀洛伽山，此云小白华，乃白衣大士真身住处，故借此名之。斋戒七日，浮座具晨水上，龙天八部侍从引入崛内参礼，空中出水精念珠一贯给之，湘领受而退。东海龙亦献如意宝珠一颗，师捧出，更斋七日，乃见真容。谓曰：‘于座上山顶双竹涌生，当其地作殿宜矣。’师闻之，出崛，果有竹从地涌出，乃作金堂塑像而安之，圆容丽质，俨若天生，其竹还没，方知正是真身住也，因名其寺曰洛山。师以所受二珠镇安于圣殿而去。”宝陀洛伽山在印度南海岸，据传是观世音菩萨所居之圣灵之地。新译《华严经》第六十八卷“入法界品”中说，此山“名补怛洛迦（即宝陀洛伽），彼有菩萨，名观自在”。山中“众宝所成极清净，华果树林皆遍满，泉流池沼悉具足”，正是善财童子参访观世音菩萨的所在。义湘也许是由《华严经》中的相关记载受到启发，回到新罗后便到海边斋戒。斋戒的第七日，有龙天八部引领他到传闻中大悲观音所住的“海边崛内”参礼，此时有水晶念珠一贯从空中出，赐给义湘，东海龙王也献给义湘如意宝珠一颗，义湘捧出。之后义湘再斋戒，斋戒到第七日，便见到了观音菩萨的真容。观音菩萨教示他在山顶生有双竹之地建寺，于是义湘依言在那里作金堂塑像，建立了洛山寺，洛山之名，乃仿“宝陀洛伽山”之意。洛山寺在江原道襄阳郡的海滨，若果真是义湘创建的韩国最早的观音寺院，则比浙江普陀山作为观音道场还要早一百多年。

第三节　法藏与义湘的通信

义湘回到新罗后，仍与法藏有书信来往。新罗僧胜诠回国时，法藏托其带书信及《华严经探玄记》、《一乘教分记》、《起信论义记》、《十二门论疏》等给义湘。信中说："唐西京崇福寺僧法藏，致书于海东新罗大华严法师侍者：一从分别，二十余年，倾望之诚，岂离心首。加以烟云万里，海陆千重，限此一生不复再面，抱恨怀恋，夫何可言。盖由宿世同因，今生同业，得于此报，俱沐大经。特蒙先师授兹奥典，仰承上人归乡之后，开阐《华严》，宣扬法界无碍缘起，重重帝网，新新佛国，利益弘广，喜跃增深。是知如来灭后，光辉佛日，再转法轮，令法久住者，其惟法师矣。法藏进趣无成，周旋寡沉，仰念兹典，愧荷先师，随分受持，不能舍离，希凭此业，用结来因。但以和尚章疏义丰文简，致令后人多难趣入，是以具录和尚微言妙旨，勒成《义记》，谨因胜诠法师抄写还乡，传之彼土，请上人详捡臧否，幸示箴诲。伏愿当当来世，舍身受身，同于卢舍那会，听受如此无尽妙法，修行如此无尽普贤愿行。傥余恶业，一朝颠坠，伏希上人不遗宿昔，在诸趣中，示以正道。人信之次，时访存没。不具。法藏和南。正月二十八日。"[①] 这封信的末尾又说："《华严探玄记》二十卷，两卷未成。《一乘教分记》三卷，《玄义章》等杂义一卷，别翻《华严经》中梵语一卷，《起信疏》两卷，《十二门论疏》一卷，新翻《法界无差别论疏》一卷。已上并因胜诠法师抄写将归。今月二十三日，新罗僧孝忠师遗金九分，云是上人所寄，虽不得书，顶荷无尽。今附西国君持澡罐一口，用表微诚，幸请捡。谨宣。"[②] 这封信充分表明，法藏与义湘结下了深厚的友谊，义湘回国后，两人互相思念，义湘曾托孝忠赠金，法藏则通过此信，表达对义湘的敬重与思念之情。另外，值得注意的是，法藏的著述是在刚完成不久即由胜诠带给了义湘，这对促进新罗华严学的发展有非常重要的意义。

崔致远《东大荐福寺故寺主翻经大德法藏和尚传》记述此事说："初藏与海东义想（即义湘——引者注）法师同学。其后藏印师说，演述义科，寄示于想，仍寓书曰：'夙世同因，今生同业，得于此报，俱沐大经。特蒙先师授兹奥典，希傍此业用结来因。但以和上章疏，义丰文简，致令后人多难趣入。是以具录微言妙旨，勒成《义记》，传之彼土，幸示箴诲。'想乃自阅藏文，如耳聆俨训，掩室探讨，涉旬方出。召门弟子可器泻者四英（真定、相圆、亮元、表训），俾分讲《探玄》，人各五卷，告之曰：'博我者藏公，起予者尔辈。因榻出榻（《续藏经》

①见义天《圆宗文类》第二十二卷《贤首国师寄海东书》，《韩国佛教全书》第四册，第635页。
②见义天《圆宗文类》第二十二卷《贤首国师寄海东书》，《韩国佛教全书》第四册，第636页。

第五十册该处为“因梢出梢”），执柯伐柯，各宜勉旃，无自欺也。’”崔致远概要引述了法藏致义湘书的内容之后说到，义湘得到法藏的疏记等文稿后，即认真阅读，如亲耳聆听智俨恩师的训导，于是独自掩室探讨，十数日方出，遂召弟子中的真定、相圆、亮元、表训“四英”，让他们分讲《华严经探玄记》，每人五卷，并且勉励他们努力研习，做出成绩。

《三国遗事》卷三“义湘传教”也引述了法藏致义湘的书信，文中说：“仪凤元年，湘归太伯山，奉朝旨创浮石寺，敷敞大乘，灵感颇著。终南门人贤首撰《搜玄疏》，送副本于湘处，并奉书勤恳曰：‘西京崇福寺僧法藏，致书于海东新罗华严法师侍者。一从分别二十余年，倾望之诚，岂离心首。加以烟云万里，海陆千重，恨此一身不复再面，抱怀恋恋，夫何可言。故由夙世同因，今生同业，得于此报，俱沐大经。特蒙先师授兹粤典，仰承上人归乡之后，开演《华严》，宣扬法界无碍缘起，重重帝网，新新佛国，利益弘广，喜跃增深。是知如来灭后，光辉佛日，再转法轮，令法久住者，其唯法师矣。藏进趣无成，周旋寡况，仰念兹典，愧荷先师。随分受持，不能舍离，希凭此业，用结来因。但以和尚章疏，义丰文简，致令后人多难趣入，是以录和尚微言妙旨，勒成《义记》。近因胜诠法师抄写，还乡传之彼土，请上人详检臧否，幸示箴诲。伏愿当当来世，舍身受身，相与同于卢舍那，听受如此无尽妙法，修行如此无量普贤愿行。傥余恶业，一朝颠坠，伏希上人不遗宿昔，在诸趣中，示以正道。人信之次，时访存没。不具（文载大文类）。’”

《三国遗事》卷四“胜诠髑髅”条也记述说：“释胜诠，未详其所自也。常附舶指中国，诣贤首国师讲下，领受玄言。研微积虑，惠鉴超颖，探赜索隐，妙尽隅奥。思欲赴感有缘，当还国里。始贤首与义湘同学，俱禀俨和尚慈训。首就于师说，演述义科，因诠法师还乡寄示湘，仍寓书，云云。别幅云：‘《探玄记》二十卷，两卷未成，《教分记》三卷，《玄义章》等杂义一卷，《华严》梵语一卷，《起信疏》两卷，《十二门疏》一卷，《法界无差别论疏》一卷，并因胜诠法师抄写还乡。顷新罗僧孝忠遗金九分，云是上人所寄。虽不得书，顶荷无尽。今附西国军，特澡灌一口，用表微诚，幸愿捡领。谨宣。’师既还，寄信于义湘，湘乃目阅藏文，如耳聆俨训。探讨数旬，而授门弟子，广演斯文。语在《湘传》。”《三国遗事》中的有关记述，与《贤首国师寄海东书》及崔致远《法藏和尚传》中的内容是大体一致的。

第四节　义湘的华严学

华严宗又称贤首宗、法界宗、圆明具德宗，为我国主要的大乘佛教宗派之一。本宗所依经典主要是《大方广佛华严经》，故名华严宗。该宗以唐代杜顺禅师（557—640，即法顺）为初祖。杜顺作《五教止观》、《华严法界观门》等，阐扬华严教学。智俨师事杜顺，撰有《华严经搜玄记》、《华严孔目章》、《华严五十要问答》等，说“十玄”、“六相”等之奥旨，奠定了华严宗成立的基础。法藏师事智俨，继承杜顺、智俨的学说，并加以发挥、发展，集华严学之大成，为本宗的实际创立人。法藏之后，澄观注解新译大经，卷帙数百，世称华严疏主。其下之宗密，曾习禅学，开所谓华严禅，此为教禅一致之始。

该宗以毗卢遮那为开法教主，又依次立普贤、文殊、马鸣、龙树、世亲、杜顺、智俨、法藏、澄观、宗密为十祖。杜顺以下为中国华严五祖，又有加马鸣、龙树成七祖之说。

华严宗以五教十宗判释如来一代教法。五教即小乘教、大乘始教、终教、顿教、圆教。十宗即我法俱有宗、法有我无宗、法无去来宗、现通假实宗、俗妄真实宗、诸法但名宗、一切皆空宗、真德不空宗、相想俱绝宗、圆明具德宗。前六宗属小乘教，七至十依序是大乘始教、终教、顿教、圆教，第十圆明具德宗即华严圆教，其教旨甚深玄妙，为诸宗之冠。

该宗体系庞大，内容宏富，其要在说法界缘起。明宇宙万象相即相入，自他相待，圆融无碍。为阐明此一宗趣，乃立四法界、十玄门、六相圆融等法门。四法界即事法界、理法界、理事无碍法界、事事无碍法界。十玄门，智俨所立，法藏又加修订发挥。即：同时具足相应门，广狭自在无碍门，一多相容不同门，诸法相即自在门，秘密隐显俱成门，微细相容安立门，因陀罗网境界门，托事显法生解门，十世隔法异成门，主伴圆明具德门。如《华严经》所说：“华严世界所有尘，一一尘中见法界。”此十玄门即如是，随取一门，具足十门。十十互具则成百门，百百互具成千门，千千互具成万门。百千万门，重重无尽，此即法界缘起之本来相状。六相圆融，六相即总相、别相、同相、异相、成相、坏相，一切诸法无不具足此六相。六相之中，总、同、成三相，是无差别门；别、异、坏三相，是差别门。此差别与无差别二义六相，相即相入，圆融无碍。

义湘即将此宗传入新罗，为海东华严宗之开创者。至高丽时代，大觉国师义天，携其国之华严章疏来宋，投于华严座主净源门下研学此宗教义，归国后大力阐扬，为复兴华严学做出了杰出的贡献。

义湘著述不多，《三国遗事》卷三“义湘传教”说，义湘“著《法界图》书印并略疏，括尽一乘枢要，千载龟镜，竞所珍佩，余无撰述，尝鼎味一脔足矣。图成总章元年戊辰，是年俨亦归寂，如孔氏之绝笔于获麟矣”。他的现存著述，也仅有《华严一乘法界图》，收于《韩国佛教全书》第二册。

义湘的理论，主要是阐发和宣传华严宗的理事说，使华严宗在新罗时期产生了相当广泛的影响。他的《华严一乘法界图》，是以三十句七言诗组成棋盘状的图形，咏诵《华严经》和《十地经论》的圆教要旨，并附有解说。其解说的开头即说明作诗的目的：“夫大圣善教无方，应机随病非一，迷者守迹不知失体，勤而归宗末日（“末日”二字疑有误），故依理据教，略制盘诗，冀以执名之徒，还归无名真源。”接着解释读盘诗的方法：“读诗之法，宜从中‘法’为始，繁回屈曲，乃至‘佛’为终，随印道读（五十四角二百一十字）。”

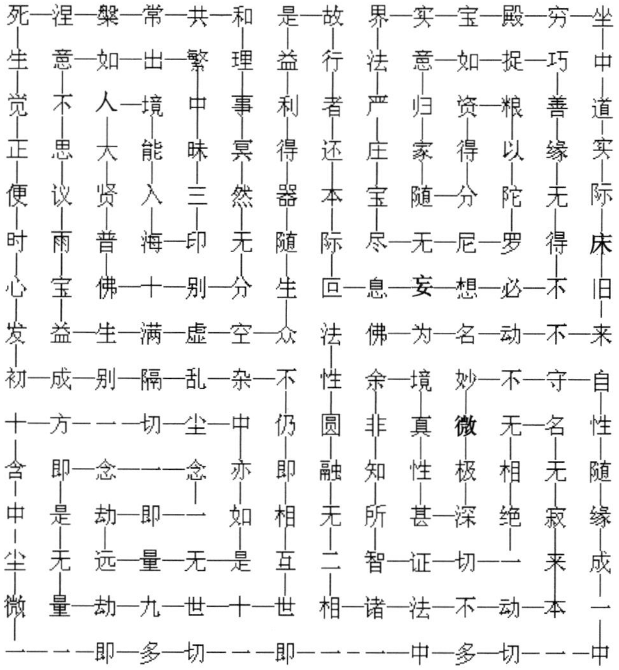

盘诗若按诗句的先后顺序排列，即是：“法性圆融无二相，诸法不动本来寂，无名无相绝一切，证智所知非余境。真性甚深极微妙，不守自性随缘成。一中一切多中一，一即一切多即一。一微尘中含十方，一切尘中亦如是。无量远劫即一念，一念即是无量劫，九世十世互相即，仍不杂乱隔别成。初发心时便正觉，生死涅槃常共和。理事冥然无分别，十佛普贤大人境。能入海印三昧中，繁出如意不思议，雨宝益生满虚空，众生随器得利益。是故行者还本际，叵息妄想必不得，无缘善巧捉如意，归家随分得资粮，以陀罗尼无尽宝，庄严法界实宝殿，穷坐中道实际床，旧来不动名为佛。”

他首先从六相关系的角度解释《法界图》中的图印，他说：“今且约印像以明六相，示一乘三乘主伴相成，现法分齐。所谓六相者，总相、别相、同相、异相、成相、坏相。——所谓总相者义当圆教，别相者义当三乘教。如总相、别相、成相、坏相等，不即不离，不一不异，常在中道。一乘三乘亦复如是，主伴相资，不即不离，不一不异，虽利益众生而唯在中道，主伴相成，显法如是。一乘别教，三乘别教，准义可解。”

由此六相义，他对《华严经》的结构和思想加以归纳说：“问：六相者为显何义？答：显缘起无分别理故。以此六相义故，当知虽一部经七处八会及品类不同，而唯在地品。所以者何？是根本摄法尽故。地品中虽十地不同，而唯在初地。何以故？不起一地，普摄一切诸地功德故。一地中虽多分不同，而唯在一念。何以故？三世九世即一念故，一切即一故，如一念、多念亦如是，一即一切，一念即多念等，反前即是。”这是说，《华严》一部经的重点在其“十地品”，“十地品”的重点在初地，而初地的根本思想在“一念”。一念即多念，一即一切，一切即一。他又进一步说：“以此理故，陀罗尼法，主伴相成，随举一法，尽摄一切。若约会说，会会中尽摄一切；若约品说，品品尽摄一切。乃至若约文说，文文句句尽摄一切。何以故？若无此，彼不成故，陀罗尼法法如是故。”这是说，所谓重点，是相对而言，其实一地、一品、一字一句皆包摄所有地、所有品、所有文字、所有内容。

接着，他对七言三十句诗的文意进行解释。他说：“此中大分有三：初十八句约自利行，次四句利他行，次八句辨修行者方便及得利益。”其七言诗的前十八句是：“法性圆融无二相，诸法不动本来寂，无名无相绝一切，证智所知非余境。真性甚深极微妙，不守自性随缘成。一中一切多中一，一即一切多即一。一微尘中含十方，一切尘中亦如是。无量远劫即一念，一念即是无量劫，九世十世互相即，仍不杂乱隔别成。初发心时便正觉，生死涅槃常共和。理事冥然无分别，十佛普贤大人境。”这十八句，前四句“现示证分”，后十四句“显缘起分”。

紧接其后，显示利他行的四句是：“能入海印三昧中，繁出如意不思议，雨宝益生满虚空，众生随器得利益。”义湘对此解释说：“‘印’者约喻得名。何者？是大海极深，明净彻底，天帝共阿修罗斗争时，一切兵众，一切兵具，于中显现，了了分明，如印显文字，故名‘海印’。能入三昧亦复如是，穷证法性，无有源底，以究竟清净，湛然明白，三种世间于中显现，名曰海印。‘繁’者炽盛义故，‘出’者涌出无尽故，‘如意’从喻得名，如意宝王无心而雨宝益生，随缘无穷，释迦如来善巧方便亦复如是，一音所畅，应众生界，灭恶生善，利益众生，随何用处，无不如意，故名如意。”

最后辨修行者方便及得利益的八句是：“是故行者还本际，叵息妄想必不得，无缘善巧捉如意，归家随分得资粮，以陀罗尼无尽宝，庄严法界实宝殿，穷坐中道实际床，旧来不动名为佛。”义湘解释说：“此中有二：一明修行方便，二辨得利益。”“方便者，约智语。何以故？进趣不住，名曰方便，不回心者，不名方便故。亦可约圣者意说，何以故？以善方便接引众生故，如五乘说人法因果解理事教义等一切诸法，准例如是。”“二明得益，谓陀罗尼者，总持故，如下数十钱法中说。”“若欲观缘起实相陀罗尼法者，先应觉数十钱法。所谓一钱乃至十钱，所以说十者，欲显无量故。……一一钱中，具足十门，如本末两钱中具足十门，余八钱中，准例可解。”这样，义湘通过《华严一乘法界图》及其解说，高度概括并发挥了华严宗的思想，对促进华严教学的发展起了重要的作用。

第五节　义湘的弟子

义湘回国后首先建立了浮石寺作为华严学的道场，四方参学者日益增多，后来他又游历四方，随处讲经说法，受法者不计其数。在这样的过程中，他培养出了一批优秀的弟子，在新罗华严学的研究和教学方面做出了卓越的贡献。《宋高僧传·义湘传》说：“湘讲树开花，谈丛结果。登堂睹奥者，则智通、表训、梵体、道身等数人，皆啄巨縠飞出迦留罗鸟焉。”《三国遗事》卷三“义湘传教”条则说：“世传湘乃金山宝盖之幻有也，徒弟悟真、智通、表训、真定、真藏、道融、良圆、相源、能仁、义寂等十大德为领首，皆亚圣也，各有传。真尝处下柯山鹘岩寺，每夜伸臂点浮石室灯。通著《锥洞记》，盖承亲训，故辞多诣妙。训曾住佛国寺。常往来天宫。”这里说，相传义湘是金山宝盖佛的化身，其门下有悟真、智通、表训、真定、真藏、道融、良圆、相源、能仁、义寂“十大德”，皆是“亚圣”。其中悟真曾住鹘岩寺弘法。智通撰有《锥洞记》，又称《大华严经要义问答》，即《宋高僧传》所谓《锥穴问答》[1]，该著作是将随时记录的义湘的训示整理成册，即《宋僧传》所谓“执笔书绅，怀铅札叶，抄如结集，录似载言”之作，故语多妙旨。《三国遗事》卷五“朗智乘云”条载，智通七岁出家，曾投灵鹫山朗智为弟子，“后诣义湘之室，升堂睹奥，颇资玄化，寔为《锥洞记》主也。”表训曾住佛国寺，常往来于天宫。据《新编诸宗教藏总录》载，道身撰有《大华严经一乘问答》二卷，即《宋高僧传》所云“随弟子为目”之“《道身章》”。另外，《三国遗事》卷五“真定师孝善双美”条记载了真定的事迹，说他以孝名世，平生喜佛。后来：“闻人说义湘法师在太伯山说法利人，即有向慕之志，告于母曰：毕孝之后，当投于湘法师，落发学道矣。母曰：佛法难遇，人生大速，乃曰毕孝，不亦晚乎。曷若趁予不死，以闻道闻，慎勿因循，速斯可矣。”于是真定启程，“三日达于太伯山，投湘公剃染为弟子，名曰真定。居三年，母之讣音至，定跏趺入定，七日乃起。说者曰：追伤哀毁之至，殆不能堪，故以定水涤之尔。或曰：以定观察母之所生处也。或曰：斯乃如实理荐冥福也。既出定以后，事告于湘，湘率门徒归于小伯山之锥洞，结草为庐，会徒三千，约九十日，讲《华严》大典。门人智通随讲，撮其枢要成两卷，名《锥洞记》，流通于世。讲毕，其母现于梦曰：我已生天矣”。

崔致远《法藏和尚传》中说，义湘弟子中有“四英”，夹注谓：四英即真定、相圆、亮元、表训。这里的“亮元、相圆”应该就是《遗事》所说“十大德”中的“良圆、相源”。

此外，把法藏的书信和著述带给义湘的胜诠，有学者认为是义湘的弟子，但文献中并无明确的记载。《三国遗事》“胜诠髑髅”条说：“释胜诠，未详其所自

[1]见义天《新编诸宗教藏总录》。

也。”只知道他曾搭乘船舶到中国，在贤首国师法藏门下学习《华严》玄旨，“研微积虑，惠鉴超颖，探赜索隐，妙尽隅奥。”回国时受法藏之托，给义湘带去法藏的书信和法藏的新著。此后，“诠乃于尚州领内开宁郡境开创精庐，以石髑髅为官属，开讲《华严》。新罗沙门可归，颇聪明识道理，有传灯之续，乃撰《心源章》，其略云：胜诠法师领石徒众，论议讲演，今葛顷寺也。其髑髅八十余枚，至今为纲司所传，颇有灵异。其他事迹具载碑文，如大觉国师实录中”。胜诠在尚州领内的开宁郡境开创精舍，即后来的葛顷（或谓“项”）寺，在那里以石髑髅为徒众，开讲《华严》，其传灯弟子可归在所撰《心源章》中记述了此事。

胜诠之后，有梵修入唐学《华严》，《遗事》“胜诠髑髅”在记述了胜诠的事迹之后即说：“厥后有僧梵修。远适彼国。求得新译后分华严经观师义疏，言还流演。时当贞元己卯，斯亦求法洪扬之流乎。”梵修入唐之后，得到了般若与华严四祖澄观刚刚译出不久的“后分《华严经》”，即“四十《华严》”，以及澄观的《新译华严经后分经疏》，于唐德宗贞元十五年（799）携带归国，敷演流传。华严三祖贤首法藏的学说，在其过世后不久，即被其弟子慧苑修正，改法藏的“五教”为“四教”，改“十玄”为“十德相”等。澄观则奋起反对慧苑的“异说”，维护并阐扬法藏的思想，同时又把华严学与天台学、禅宗思想结合起来，开辟出华严学发展的一个新方向。梵修回到新罗后所传扬的，应该就是具有澄观特色的华严学。

第八章

唐五代禅宗与新罗禅门

禅宗是中国佛教的一大宗派，始于菩提达摩，确立于六祖慧能。中晚唐之后成为中国佛教的主流。

禅是梵文音译，汉译为静虑，一般称为禅定或禅修。佛教传入中国后，禅修的理论学说也随之在中国流传开来，到南北朝时期，即已有多种禅经译为汉文，对禅学的研究也逐渐开展起来。刘宋时有印度僧人菩提达摩渡海东来，到达广州，于梁普通年间（520—526）赴洛阳弘扬禅法。但因其禅法不为时人重视，乃入嵩山少林寺面壁九年，修禅习定，并且倡导“二入四行”的禅修原则，以《楞伽经》教授弟子慧可、道育等。慧可从学六年后居舒州皖公山（今安徽潜山东北），传法于僧璨。僧璨受法后住舒州司空山（今安徽太湖北），传法于道信。道信先至吉州（今江西吉安），后住湖北黄梅双峰山，并传法于弘忍。其另一弟子法融在金陵（今江苏南京）牛头山传牛头禅。弘忍得法后即至双峰山东冯茂山（一作冯墓山）另建道场，名东山寺，故其禅学被称为“东山法门”。弘忍门下有神秀、慧能二大弟子，分立北宗渐门与南宗顿门。神秀主张“拂尘看净”的渐修，住荆州玉泉寺弘禅，门人云集，开北宗渐门禅法。晚年入京，为三帝国师，弟子有嵩山普寂、终南山义福。慧能主张佛性本有，顿悟成佛，从弘忍得法后南归，隐居十五年，继至曹溪住宝林寺（今广东韶关南华寺）。后应请在韶州大梵寺说摩诃般若波罗蜜法，并传授无相戒，开南宗顿门禅法，门徒甚众，奉慧能为六祖，有《六祖坛经》传世。慧能与神秀时称“南能北秀”。北宗数传后即趋衰微，南宗传承益广，成为禅宗正统。禅宗从初祖达摩到五祖弘忍，皆以《楞伽经》相传，故传禅者有“楞伽师”之称。但四祖道信除依《楞伽经》外，亦尝劝道俗依《文殊说般若经》行一行三昧。五祖弘忍则在《楞伽经》之外，又讲《金刚经》，慧能即由听闻《金刚经》而得顿悟。慧能之后，《六祖坛经》成为禅宗所依持的代表作，所以慧能是禅宗的实际创立者。

慧能著名的弟子有南岳怀让、青原行思、荷泽神会、南阳慧忠、永嘉玄觉。南岳门下数传而演为沩仰、临济两宗；青原门下数传而形成曹洞、云门、法眼三宗。此即谓之“五家”禅。其中临济、曹洞两家流传时间最长。临济宗在宋代又分为黄龙、杨岐两派，与原“五家”合称“五家七宗”。这五家七宗的思想，并无太大的区别，只是门庭设施有所不同，接引学人的方法各有一定的特点，因而形成各自不同的宗风。

中国禅宗的创立，是中国佛教史上的一次里程碑式的重大改革，使中国佛教发展到了顶峰，对中国哲学、文学、艺术等传统文化的发展都具有深刻的影响。中国禅宗很快传播到了韩国，形成了禅门九山等禅宗派别。也有韩国僧人来华习禅弘法，终老于中国，对中国禅的发展做出了重要的贡献，无相就是具有代表性的一位。

第一节　新罗王子无相来唐求法弘禅

崔致远所撰的《智证和尚碑铭并序》中说到，新罗入唐学禅的名僧，分为“西化”和“东归”两类。“西化”指入唐后未再返回新罗，终生在唐弘禅；“东归”则指西学后回归新罗，在新罗弘法传禅。崔致远列举了几位“西化”的代表性人物，第一位即是“静众无相”。

据《历代法宝记》卷一与《宋高僧传》“唐成都净众寺无相传（智诜禅师）”所记，无相俗姓金，新罗国圣德王（702—736）第三子。于郡南寺落发登戒。开元十六年（728）泛东溟入唐，到达长安，受到玄宗皇帝召见，编籍禅定寺，寻师访道，周游涉历，乃到四川资州德纯寺，礼唐和尚处寂。初始，和尚称疾不见。无相便燃一指为灯，供养唐和尚。至诚所感，唐和尚知其非常人，便留左右二年，与号曰“无相”。处寂密付袈裟信衣，并且说：“此衣是达摩祖师传衣，则天赐与诜和上，诜和上与吾，吾今付嘱汝。”① 无相得付法及信衣，遂居谷山石岩下，“草衣节食。食尽喰土”②。武则天曾召其入宫，“后来入城市，昼在冢间，夜坐树下，真行杜多之行也。人渐见重，为构精舍于乱墓前”③。后章仇大夫请他开讲禅法，居住在净众寺，化导众生，如此经过了二十余年，人称“金和尚”。“安史之乱”时，唐明皇遇难入蜀，曾迎无相入内殿，供养礼敬。由是遂劝檀越造净众、大慈、菩提、宁国等寺，以及外邑兰若、钟、塔等不可悉数。宝应元年（762）五月十五日，使工人熏璇将信衣及余衣一十七事，密送与无住禅师，并传达其付嘱谓：“善自保爱，未是出山时，更待三五年，闻太平即出。”④ 遥付嘱讫。至五月十九日夜半子时，奄然坐化。享年七十九。⑤ 至开成（836—840）中，李商隐作《梓州四证堂碑》，记无相为“神足传芳”的东蜀“四证”之一证。

无相师处寂，处寂师智诜。资州德纯寺智诜禅师，俗姓周。汝南人，随祖父迁官而至蜀。年十岁常好释教，年十三辞亲入道场。起初跟随玄奘法师学经论，后来听说禅宗五祖弘忍大师传禅，法门甚盛，便辞别玄奘法师，舍经论，至凭茂山投奔忍大师，成为弘忍门下与慧能、神秀等并列的十大弟子之一。后归资州德纯寺，化导众生。造《虚融观》三卷，《缘起》一卷，《般若心疏》一卷。万岁通天二年（696）七月，武则天敕天冠郎中张昌期到德纯寺请智诜师，智诜应请而赴西京。后因疾进奏表，还归德纯寺。他在德纯寺弘法度生首尾三十余年，长安二年（702）六月，付袈裟于处寂，并付嘱说：“此衣是达摩祖师所传袈裟，则天赐吾，吾今付汝，善自保爱。”至其年七月六日夜，奄然坐化。时年九十四。⑥

处寂禅师是绵州浮城县人，俗姓唐，其家世代好儒，常习《诗》、《礼》，有分义孝行。他十岁时父亲去世，乃投智诜和尚。曾随诜师一起赴京，一路殷勤奉事，后还归资州德纯寺，化道众生二十余年。开元二十年（732）四月，密遣家

①《历代法宝记》卷一。

②《历代法宝记》卷一。

③《宋高僧传》卷十九《无相传》。

④《历代法宝记》卷一。

⑤《宋高僧传》谓：“至德元年建五月十九日无疾示灭，春秋七十七。后号东海大师塔焉。乾元三年资州刺史韩汯撰碑。”

⑥《历代法宝记》卷一。

人王锽唤海东无相禅师，付嘱法及信袈裟云：“此衣是达摩祖师衣，则天赐诜和上，和上与吾，吾转付汝。善自保爱。觅好山住去。”其年五月二十七日夜半子时，奄然坐化。时年六十八。[①]

这样看来，无相传承的法脉是五祖弘忍—智诜—处寂—无相。无相所传的禅法很有特色，据《历代法宝记》卷一载，金和上每年十二月和正月，与四众百千万人受缘，严设道场，高座说法。先教引声念佛，尽一气念，绝声停念讫云：“无忆、无念、莫妄。无忆是戒，无念是定，莫妄是惠。此三句语即是总持门。”又云：“念不起犹如镜面能照万像，念起犹如镜背即不能照见。”又云：“须分明知起知灭，此不间断，即是见佛。譬如二人同行俱至他国，其父将书教诲，一人得书寻读已毕，顺其父教不行非法，一人得书寻读已毕，不依教示炽行诸恶。一切众生依无念者，是孝顺之子，着文字者，是不孝之子。”又云：“譬如有人醉酒而卧，其母来唤，欲令还家，其子为醉迷乱，恶骂其母。一切众生无明酒醉，不信自身见性成佛。又《起信论》云心真如门、心生灭门，无念即是真如门，有念即生灭门。”又云：“绫本来是丝，无有文字，巧儿织成，乃有文字，后折却还是本然丝。丝喻佛性，文字喻妄相。”又云：“我此三句语，是达摩祖师本传教法。”不言是诜和上、唐和上所说。每常座下教戒真言：“我达摩祖师所传，此三句语是总持门。念不起是戒门，念不起是定门，念不起惠门。无念即是戒定惠具足。过去未来现在恒沙诸佛皆从此门入，若更有别门。无有是处。”

无相以“无忆、无念、莫妄”之“三句语”配戒定慧三学，并以此为“总持门”即学佛的总纲领，这与六祖慧能的思想相当接近。《六祖大师法宝坛经》中有：“我此法门，从一般若生八万四千智慧。何以故？为世人有八万四千尘劳。若无尘劳，智慧常现，不离自性。悟此法者，即是无念、无忆、无着，不起诳妄。用自真如性，以智慧观照，于一切法不取不舍，即是见性成佛道。”这里的“无念、无忆、无着，不起狂妄”，与无相之三句语何其相似。《六祖大师法宝坛经》中又有：“我此法门，从上以来，先立无念为宗，无相为体，无住为本。”而更加反复强调的是“无念为宗”。无相虽说三句，亦重点强调“无念”，所以他又说：“念不起是戒门，念不起是定门，念不起惠门。无念即是戒定惠具足。”三句实是一句。另外，无相不立文字、见性成佛的主张，显然也是和慧能门下的南宗禅相

①《历代法宝记》卷一。

通的。

在无相的多名弟子中，最为突出的当属保唐无住。据《历代法宝记》（卷一）记载，无住是凤翔郿县（今作眉县）人，俗姓李，法号无住。曾入仕途，后舍弃官职，寻师访道。初随白衣居士陈楚璋学顿教法。后闻大原府有自在和尚，是六祖弟子，亦说顿教法，遂往礼拜自在和上，自在和尚便与削发披衣，受具足戒。后游学五台山清凉寺、西京安国寺、崇圣寺、北灵州贺兰山等地。乾元二年（759）正月，到成都府净众寺谒见金和上，和上见之，非常欢喜，安置在钟楼下院，当夜随众受缘。不久，遵师嘱入天苍山修学。无相临终前遣人送法衣及覆肨裙衫坐具共有一十七事与无住，并传付嘱云："此是则天皇后与诜和上，诜和上与唐和上，唐和上与吾，吾传与无住禅师。此衣久远已来保爱，莫遣人知。""此衣嫡嫡相传付授，努力努力。""未出山时，更待三五年间，自有贵人迎汝即出。"后居保唐寺而终。

无住的禅学思想，据《历代法宝记》所述："钌南成都府大历保唐寺无住和上，每为学道四众百千万人，及一人无有时节，有疑任问，处座说法，直至见性。以直心为道场，以发行为道场，以深心为道场，以无染为道场，以不取为道场，以不舍为道场。以无为为方便，以广大为方便，以平等为方便。以离相为火，以解脱为香，以无罣碍为忏悔。以无念为戒，以无为无所得为定，以不二为惠。不以严设为道场。和上云：'一切众生本来清净，本来圆满，添亦不得，减亦不得。为顺一念漏心，三界受种种身。假名善知识指本性，即成佛道。着相即沈轮。为众生有念。假说无念。有念若无，无念不自。灭三界心，不居寂地，不住事相，不无功用，但离虚妄。名为解脱。'又云：'有心即是波浪，无心即是外道，顺生死即是众生垢依，寂灭即是涅槃。不顺生死，不依寂灭，不入三昧，不住坐禅，无生无行，心无得失，影体俱非，性相不立。'"无住的禅学，有与无相共同的地方，也有自己特殊的发挥，总体上看，也是接近慧能的南宗禅。

另外，宗密的《圆觉经大疏抄》中提到，马祖道一在师事南岳怀让之前，曾学于无相禅师。而《景德传灯录》卷六则说：道一"幼岁依资州唐和尚落发，受具于渝州圆律师。唐开元中，习禅定于衡岳传法院，遇让和尚"。由此可见，马祖道一与处寂、无相亦有师资关系，而道一的弟子西堂智藏、百丈怀海、南泉普愿、麻谷宝彻、章敬怀晖、盐官齐安等，在新罗禅门中有重要的影响。

第二节　法朗、慎行入唐与新罗禅宗曦阳山派的创立

韩国新罗时期的禅宗，宗派林立，素有“禅门九山”之称。而其开宗立派的禅师们大多都曾来唐求法习禅，归国后宏化一方，声名渐著，遂蔚成一大宗派。此禅门九山有曦阳山派、迦智山派、实相山派、桐里山派、圣住山派、凤林山派、师子山派、阇崛山派、须弥山派。此外也还有一些重要的禅门派别，本章将一并论述。

禅宗在统一新罗的初期就由法朗带到了新罗，那是达摩禅南北分派以前第四祖道信所行的禅。真德王时代，法朗入唐学禅，师事中国禅宗四祖道信，并得其心要，归国后他又传给神行（或云慎行、信行）。神行后来也曾入唐，师事普寂（中国禅宗北宗之祖神秀的高弟，大照禅师）的门人志空，回新罗后传北宗禅，三传而形成新罗禅宗曦阳山一派，这是禅门九山之一。曦阳山派的创始人智诜（道宪，824—882），九岁从浮石山寺梵体学华严，十七岁从琼仪律师受具足戒。曾入唐从慧隐禅师受禅道，后住曦阳山风严寺，创立曦阳山派；据崔致远的《碑铭》记述，其传法系统为道信—法朗—神行（慎行、信行）—慧隐—智诜。另据《闻庆凤岩寺静真大师圆悟塔碑》，道宪还继承了南岳怀让的南宗禅法脉，并且传法于杨孚，杨孚传竞让。竞让又入唐受学于青原法裔，回国后再开曦阳山派（事见本章第十一节）。

最早记述中国禅宗与新罗禅门各派关系的文献，当属崔致远撰的《智证和尚碑铭并序》，其中说道：“洎长庆初，有僧道义西泛，睹西堂之奥，智光侔智藏而还，始语玄契者，缚猿心护奔北之短，矜鷃翼诮图南之高，既醉于诵言，竞嗤为魔语。是用韬光庑下，敛迹壶中，罢思东海东，终遁北山北。岂大《易》之无闷，《中庸》之不悔者邪！然秀冬岭，芳定林，蚁慕者弥山，鹰化者幽谷，道不可废，时然后行。

“及兴德大王纂戎，宣康太子监抚，去邪医国，乐善肥家。有洪陟大师，去西堂证心，来南岳休足。鹫冕陈顺风之请，龙楼庆开雾之期，显示密传，朝凡暮圣，变非蔚也，兴且勃焉。试较其宗趣，则修乎修没修，证乎证没证，其静也山立，其动也谷应，无为之益，不争而胜。于是乎东人方寸地灵矣，能以静利利海外，

不言其所利，大矣哉！尔后觞骞河，筌融道，无念尔祖，实繁有徒，或剑化延津，或珠还合浦，为巨擘者，可屈指焉。西化则静众无相、常山慧觉，益州金，镇州金者是也；东归则前所叙北山义、南岳陟，而降太安彻、国师慧目育（无可考）、智力门（智力，寺名）、双溪昭（慧昭）、新兴彦（仲彦、忠彦）、涌岩体（觉体）、珠丘休（玄昱觉休）、双峰云（觉云）、孤山日（品日），两朝国师圣住染（无染），为菩提宗（惠云，无染嗣），德之厚为父众生，道之尊为师主者，古所谓逃名名我随，避声声我追者。故得皆化被恒沙，迹传丰石，有令兄弟，宜尔子孙。俾定林标秀于鸡林，慧水安流于鲽水矣。别有不户不牖而见大道，不山不海而得上宝，恬然息意，澹乎忘味，彼岸也不行而至，此土也不严而治，七贤孰取譬，十住难定位者，贤溪山智证大师其人也。

“始大成也，发蒙于梵体大德，禀具于琼仪律师，终上达也，探玄于慧隐严君，受默于扬孚令子，法胤唐四祖为五世父，东渐于海，溯游数之，双峰子法朗，孙慎行，曾孙遵范，玄孙慧隐，末孙大师也。朗大师从大医之大证。按杜中书正伦纂铭叙云：‘远方奇士，异域高人，无惮险道，来至珍所。’则掬宝归止，非师而谁？第知者不言，复藏于密，能探秘藏，惟行大师。然时不利兮，道未亨也，乃浮于海，闻于天。肃宗皇帝躬贻天什曰：‘龙儿渡海不凭筏，凤子冲虚无认月。’师以‘山鸟’、‘海龙’二句为对，有深旨哉！东还三传至大师，毕万之后，于斯验矣。

“其世缘则王都人，金姓子，号道宪，字智诜。父赞环，母伊氏。长庆甲辰岁现于世，中和壬寅历归于寂，宴坐也四十三夏，归全也五十九年。其具体则身仞余，面尺所，仪状魁岸，语言雄亮，真所谓威而不猛者。始孕洎灭，奇踪秘说，神出鬼没，笔不可纪。今撮其感应耸人耳者六异，操履惊人心者六是，而分表之。……

“至冬杪既望之二日，趺坐晤言之际，洎然无常。呜呼！星回上天，月落大海，终风吼谷，则声咽虎溪，积雪摧松，则色侔鹤树。物感斯极，人悲可量，信而假殡于贤溪，期而迁窆于曦野。太傅王驰医问疾，降**駷**营斋，不暇无偏无颇，能谐有始有终，特教菩萨戒弟子建功乡令金立言，慰勉诸孤。赐谥智证，塔号寂照，仍许勒石，俾录状闻。

“门人性蠲、敏休、杨孚、继徽等，咸得凤尾者，敛陈迹以献。至乙巳岁，有国民媒儒道，嫁帝乡，而名挂轮中，职攀柱下者，曰崔致远，捧汉后龙缄，赍淮王鹄币，虽惭凤举，颇类鹤归。上命信臣清慎陶竹杨，授门人状，锡手教曰：‘缕褐东师，始悲西化；绣衣西使，深喜东还。不朽之为，有缘而至，无吝外孙之作，将酬大师之德。' 臣也虽东箭非才，而南冠多幸，方思运斧，遽值号弓。况复国重佛书，家藏僧史，法碣相望，禅碑最多，遍览色丝，试探锦颂，则见无去无来之说，竞抱斗量；不生不灭之谈，动论车载。曾无鲁史新意，不用周公旧章。是知石不能言，益验道之云远，惟懊师之去早，臣归来迟，'叆叇'字谁告前因，逍遥义不闻真诀。每忧伤手，莫悟申拳。叹时则露往霜来，遽凋愁鬓；谈道则天高地厚，仅腐顽毫。将谐汗漫之游，始述崆峒之美。有门人爽英，来趣受辛，金口是资，石心弥固，忍逾刮骨，求甚刻身，影伴八冬，言资三复，抑六异六是之属辞无愧，贾勇有余者，实乃大师内荡六魔，外除六蔽，行苞六度，坐证六通故也。事譬采花，文难消藁，遂同榛楛勿剪，有惭糠秕在前，迹追兰殿之游，谁不仰月池佳对；偈效柏梁之作，庶几腾日域高谭。其词曰：

麟圣依仁乃据德，鹿仙知白能守黑。二教从称天下式，螺髻真人难确力。十万里外镜西域，一千年后烛东国。鸡林地在鳌山侧，儒仙自古多奇特。可怜羲仲不旷职，更迎佛日辨空色。教门从此分阶墄，言路因之理沟洫。身依兔窟心难息，足蹑羊岐眼还惑。法海安流真叵测，心传眼诐苞真极。得之得类罔象得，默之默异寒蝉默。北山义与南岳陟，垂鹄翅与展鹏翼。海外时来道难抑，远派禅河无拥塞。蓬托麻中能自直，珠探衣内体傍贠。湛若贤溪善知识，十二因缘非虚饰。何用攀緪兼拊杙，何用砥笔及含墨。彼既远学来匍匐，我能静坐降魔贼。莫抱意树设栽埴，莫苞情田枉稼穑，莫抱恒沙论万亿，莫抱闲云定南北。德馨四远闻薝葡，慧化一方安社稷。面奉天花飘缕祴，心凭水月呈禅栻。霍副往锦谁八棘，腐儒玄杖惭擿埴。迹耀宝幢名可勒，才输锦颂文难织。嚣腹欲饫禅悦食，来向山中看篆刻。"①

此碑铭中谈到了新罗禅门多位有代表性的人物，是研究新罗佛教特别是新罗禅宗的极其重要的历史文献，所以在这里作了长篇引述，后文中还将不断涉及该碑铭的内容。

首先，碑铭的主人智证和尚智诜，他是曦阳山派的开创者。而上溯其法系，源头至于中国禅宗四祖道信（580—651）。当时有"远方奇士，异域高人"，新罗

①见《崔文昌侯全集》，第168—199页。《唐文拾遗》卷四十四亦有载，名《大唐新罗国故凤岩山寺教谥智证大师寂照之塔碑铭并序》，内容基本相同。

僧法朗，西行入唐求法，从大医禅师道信学禅，得法后“掬宝”归国，传法于慎行。慎行感到在新罗传禅“时不利，道未亨”，机缘未熟，于是也浮海入唐，研习禅学，受到唐肃宗的厚遇。肃宗皇帝自作“天什”诗贻慎行，其中有“龙儿渡海不凭筏，凤子冲虚无认月”之句，赞扬法朗、慎行等新罗入唐求法的高僧。慎行以“山不择鸟，鸟能择山；海不择龙，龙能择海”为对，以山海比大唐，龙鸟喻海外赴唐求法的学子。慎行东还后传法给遵范，遵范传慧隐，慧隐传智证大师智诜。

慎行或称神行，《全唐文》载唐元和（806—820）时新罗卫尉卿金献贞撰写的《海东故神行禅师之碑（并序）》，记述了神行的事迹。碑文谓：“夫法之体也，非名非相，则盲聋智者莫能观其趣；心之性也，若存若亡，则童蒙理者焉可测其源。故有学无学，才尝香钵之饭；二乘三乘，宁得药树之果。言禅那者，即末还本之妙门，因心阶道之元路，归之者销沙劫之罪，念之者获尘刹之德。况乎经年累代，积行成功，深之又深，其极致欤！粤若位登五七，声亘三千，绍佛种，傅法灯，即我神行禅师受其记焉。

禅师俗姓金氏，东京御里人也。级千常勤之子，先师安宏之兄曾孙。积善熏心，曩因感性。年方壮室，趣于非家，奉事运精律师。五缀一网，苦练二年。更闻法朗禅师在胡踞山，传智慧灯，则诣其所，顿受奥旨。未经七日，试问之曲直微言，冥应以即心无心。和上叹曰：‘善哉！心灯之法，尽在于汝矣。’勤求三岁，禅伯登真。恸哭粉身，恋慕那极。遂以知生风烛，解灭水泡，远涉大阳，专求佛慧。乘危碧浪，不动安心之念；对险沧州，逾策护戒之情。誓愿坚固，承佛神威，孤帆直指，得到彼岸。时属凶荒，盗贼乱边，敕诸州府，切令捉搦。吏人遇而诘之，禅师怡然而对曰：‘贫道生缘海东，因求法而至耳。’吏不得自放，捡系其身，廿有四旬矣。于是同侣俟其无人时，说桎梏而息焉，佥语之曰：‘汝盍如此耶?’答言：‘吁，我于往昔造罪业，故今见罹苦。’甘心受之，竟不脱休。斯则忍辱纳污之迹，和光匿耀之事也。事解，遂就于志空和上。和上即大照禅师之入室。朝夕钻仰，已过三年，始开灵府，授以玄珠。不坏微尘，便撮大千经卷；非舒方寸，遍游百亿佛刹。常游泳于性海之深源，恒翱翔乎真空之幽际。洎于和上欲灭度时，灌顶授记曰：‘往钦哉。汝今归本，晓悟迷津。激扬觉海，（阙）已归寂。’应时豁尔，得未曾有。挑慧灯于虚室，凝定水于禅河。故远近见闻，尊重瞻仰，不可殚载矣。然后还到鸡林，倡导群蒙。为道根者，诲以看心一言；为熟器者，示以方便多门。通一代之秘典，传三昧之明灯。实可谓佛日再杲自□谷，法云更起率扶桑。设欲括三达，罩十方，书其迹，写其功，庸讵能记一分之德耳。所冀道身地久，慧命天长。于戏！能感已尽，所应方移。此则导师隐显，理必然故。生平七十有六，大历十四年十月廿一日，终于南岳断俗之寺。”①

按照此碑的记载，神行俗姓金，壮年出家，先奉事运精律师二年，后到胡踞山投身法朗禅师门下，“顿受奥旨”，受到法朗嘉许。三年之后，辞别朗师，孤帆渡海，到达唐土。当时正值凶岁，有盗贼乱边，州府缉盗，误捕神行，竟被无端羁押二十四旬。解脱之后，遂就志空和尚学禅。志空是大照禅师普寂的入室弟子，而普寂则是北宗禅的开祖神秀的继承人。普寂师事神秀六年，“神秀奇之，尽以其道授焉。久视中，则天召神秀至东都论道，因荐寂，乃度为僧。及秀之卒，天下好释氏者咸师事之。中宗闻秀高年，特下制令普寂代本师统其法众。——（开元）二十七年，终于上都兴唐寺，年八十九。时都城士庶谒者皆制弟子之服，有制赐谥曰大慧禅师”②。可见神秀之后，普寂即成为北宗禅的代表人物。神行就学于普寂入室弟子志空，“朝夕钻仰，已过三年，始开灵府，授以玄珠”。志空临终前灌顶授记，印可他已经还源归本，勉励他“晓悟迷津。激扬觉海”此后神行回到新罗，倡导群蒙，“为道根者，诲以看心一言；为熟器者，示以方便多门。通一代之秘典，传三昧之明灯”。

这样看来，神行是先在新罗国内跟随中国禅宗四祖道信的弟子法朗学禅，随后又入唐土就学于神秀的再传弟子志空，他所传承的中国禅，其内容应该是道信禅学与神秀北宗禅相结合的。神行于唐代宗大历十四年（779）十月廿一日，终于南岳断俗寺，世寿七十六岁。其门下弟子，本碑没有提及，但如果神行即是崔致远《智证碑铭》中的慎行，则其嫡传弟子当为遵范，遵范传慧隐，慧隐传智诜。遵范、慧隐生平经历不详，我们再回到崔致远的《智证和尚碑铭》，来看智证和尚智诜的事迹。“其世缘则王都人，金姓子，号道宪，字智诜。父赞环，母伊氏。长庆甲辰岁现于世，中和壬寅历归于寂，宴坐也四十三夏，归全也五十九年。”就是说，智诜生于唐穆宗长庆四年（824），寂于唐僖宗中和二年（882），世寿五十九，僧腊四十三。他的求道经历是：“始大成也，发蒙于梵体大德，禀具于琼仪律师；终上达也，探玄于慧隐严君，受默于扬孚令子。”他一生没有出过国

①《全唐文》卷七百一十八。

②事见《宋高僧传》卷十《唐京师兴唐寺普寂传》。

门，但却“不户不牖而见大道，不山不海而得上宝”，在禅学方面有极高的造诣。景文王（861—874 在位）即位后，“心融鼎教（三教），面谒轮工（善转法轮之工，指道宪）”，乃遣使谓智诜：可在畿内选择佳所，作为住持传教之地。智诜以“修身化人，舍静奚趣”为由，加以婉拒。唐懿宗咸通五年（864）冬，端仪长翁主（景文王之姊）“为称当来佛是归，敬谓下生，厚资上供，以邑司（翁主所封之地）所领贤溪山安乐寺，富有泉石之美，请为猿鹤主人”。智诜应请而住持此山寺。此后，“有居乾惠地者曰沈忠，闻大师刃余定慧，鉴透乾坤，志确昙兰（汉灵帝时详昙与汉明帝时法兰），术精安廪（安指道安，廪未详）”，乃将“曦阳山腹，凤岩龙谷”之地施与智证大师构建禅宫。唐僖宗中和元年（881），新罗宪康王遣使标定疆域，并赐榜为凤岩寺。此处“山屏四列，则鸑（紫凤）翅掀云；水带百围，则虬（无角龙）腰偃石”，实为弘法传禅之胜景，新罗禅门曦阳山派便由此而兴。智诜弟子有“性蠲、敏休、杨孚、继徽等，咸得凤尾者”。

第三节　西堂智藏与新罗禅门迦智山派、实相山派、桐里山派的创立

西堂智藏禅师（735—814）是马祖道一门下洪州宗的传人，俗姓廖，虔州人，八岁从师，二十五岁受具足戒。有相者睹其仪表，谓之曰：“骨气非凡，当为法王之辅佐也。”于是投马祖道一禅师门下参禅求道，得禅师付授衲袈裟，担任西堂和尚，人称西堂智藏。他与百丈怀海同为道一禅师入室弟子，皆承印记。寂后唐宪宗谥大宣教禅师，唐穆宗再谥大觉禅师。西堂智藏与新罗禅门因缘深厚，迦智山派、实相山派、桐里山派的开祖皆从其学，可谓三派宗师。

迦智山派的创始人是道义，俗姓王，北汉郡人，法号明寂。宣德王五年（784）入唐至台山，在广州宝坛寺受具足戒，接着到曹溪拜祖师堂。后来到江西洪州开元寺师事马祖道一的弟子西堂智藏，决疑释滞，改名道义。此后又曾投百丈怀海门下参学。宪德王十三年（821）回新罗。道义主张“无念无修”，他在“五教之外，别传心印法”①。但是，“时人惟尚经教与习观存神之法，未臻无为任

①高丽僧天頙撰《禅门宝藏录》卷中。

运之宗，以为虚诞，不之崇重”①。于是道义隐居山林，付法廉居禅师，“传祖心辟师教”，廉居又传法体澄。体澄俗姓金，熊津人，出家后从廉居参禅，苦修一心，得受法印。837 年入唐，游历名山大川，谒见许多高僧大德。840 年回国后住迦智山寺，遂成迦智山一派。

首先，迦智山派的第一代祖道义，即渡海入唐，学于西堂智藏。崔致远《智证碑》中有：“洎长庆初，有僧道义西泛，睹西堂之奥，智光侔智藏而还。始语玄契者，缚猿心护奔北之短，矜鷃翼诮图南之高，既醉于诵言，竟嗤为魔语。是用韬光庑下，敛迹壶中，罢思东海东，终遁北山北。岂大《易》之无闷，《中庸》之不悔者邪！然秀冬岭，芳定林，蚁慕者弥山，鹰化者幽谷，道不可废，时然后行。”这是说，新罗道义来唐随西堂智藏学禅，登堂入室，尽得其奥，于唐穆宗长庆（821—824）初回到新罗。但当时的新罗佛教界，对中国的禅宗特别是南宗禅还没有太多的了解与领悟，一般人只知读经，对道义所传的禅抱着讥笑的态度，甚至竟“嗤为魔语”。因此，道义不得不暂时韬光养晦，以待机缘成熟后方行其道。

对于道义的这段经历，《新罗国武州迦智山宝林寺谥普照禅师灵塔碑铭》有更明白的表述：“初道仪（即道义）大师者，受心印于西堂，后归我国，说其禅理。时人雅尚经教，与习观存神之法，未臻其无为任运之宗，以为虚诞，不之崇重，有若达摩不遇梁武也。由是知时未集，隐于山林，付法于廉居禅师。”②

道义的禅学思想，高丽僧天頙撰《禅门宝藏录》卷中有所引述，说他主张：“无念无修，理性信解修证耳；祖宗示法，佛众生不可得，道性直现耳。故五教以外，别传祖师心印法耳。所以现佛形象者，为对难解祖师正理之机，借现方便身耳。纵多年传读佛经，以此欲证心印法，终劫难得耳。”③

对于道义的生平经历，《祖堂集》卷十七“陈田寺元寂”有较为具体的记载，其中说：“雪岳（江原道）陈田寺元寂禅师嗣西堂，在溟州（江陵），师讳道义，俗姓王氏，北汉郡人。——因瑞出家，法号‘明寂’。以建中五年岁次甲子，随使韩粲，号金让恭，过海入唐，直往台山，而感文殊。空闻圣钟之响，山见神鸟之翔。遂届广府宝坛寺，始受具戒。后到曹溪，欲礼祖师之堂，门扇忽然自开，瞻

①《祖堂集》卷十七。

②《唐文拾遗》卷六十八。

③《海东七代录》，《续藏经》第一辑，第二编，第十八套，第五册，第 499 页。转引自忽滑谷快天著、朱谦之译《韩国禅教史》，中国社会科学出版社 1995 年版，第 77 页。

礼三遍而出，门闭如故。次诣江西洪州开元寺，就于西堂智藏大师处，顶谒为师，决疑释滞。大师犹若摭石间之美玉，拾蚌中之真珠，谓曰：‘诚可以传法，非斯人而谁?’改名道义，于是头陀而诣百丈山怀海和尚处，一似西堂。和尚曰：‘江西禅脉，总属东国之僧欤?’余如碑文。”

照此记述，道义是在唐德宗“建中五年岁次甲子”过海来唐，然而德宗年号并无“建中五年”，德宗甲子年当是兴元元年，即784年，也就是新罗宣德王五年。他到达唐土之后直往五台山参拜文殊菩萨，又到广府宝坛寺受具足戒，随后到曹溪瞻礼祖师堂。接着就到洪州开元寺拜西堂智藏为师，智藏视之如石间美玉，蚌中珍珠，认为他很有培养前途，堪当重任，因而对他十分器重。之后道义又去拜谒百丈怀海，百丈认其为“江西禅脉”真正的后继者。他在马祖门下的西堂智藏及百丈怀海处习洪州南顿禅旨三十七年，于长庆初（821）归国传法，付法廉居，廉居传体澄，体澄开新罗禅宗迦智山派。

关于体澄的事迹，《新罗国武州迦智山宝林寺谥普照禅师灵塔碑铭》有载，其中说：体澄禅师俗姓金，熊津人。家承令望，门袭仁风，“孝义旌表于乡里，礼乐冠盖于轩裳者也”。但禅师“从襁褓之年，宛有出尘之趣；登龆龀之岁，永怀舍俗之缘。二亲知其富贵难留，财色莫系，许其出家游学，策杖寻师”。先投花山劝法师座下受法，抠衣请益，夙夜精勤，触目无遗，历耳必记。常以冶粗鄙，练僧仪，积仁顺而烦恼蠲除，习虚静而神通妙用，超然出众，卓尔不群。在唐文宗大和元年（827），至加良峡山普愿寺受具戒。后往雪山亿圣寺投廉居禅师门下，“净修一心，求出三界，以命非命，以躯非躯”。廉居禅师察其志气非偶，素概殊常，便付玄珠，授法印。

唐文宗开成二年（837），体澄与同学真育、虚会等结伴，路出沧波，西入华夏。参访善知识，历三五州，而“知其法界嗜欲共同，性相无异”，一路听闻，皆不外祖师所说，无以为加。遂兴止足之意，乃于开成五年春二月，随平卢使归旧国化故乡。“于是檀越倾心，释教继踵，百川之朝鳌壑，群领之宗鹫山，未足为喻也。”唐宣宗大中十三年（859），体澄移住武州黄壑兰若，龙集于析木之津，当时在位的宪安大王（857—861）“聆风仰道，劳于梦魂，愿辟禅扉，请入京毂。夏六月，教遣长沙县副守金彦卿赍药迎之。所以处云岩之安，兼属结戒之月，托净名之病，陈六祖之辞。冬十月，教又遣道俗使云岩郡僧正连训法师、奉宸冯瑄等，宣谕纶旨，请移居迦智山寺。遂飞金锡，迁入山门，其山则元表大德之旧居也。表德以法力施于有政，是以乾元二年，特教植长生标柱，至今存焉”。唐宣宗大中十四年（860）仲春，副守金彦卿夙陈弟子之礼，尝为入室之宾，乃减清俸，出私财，市铁二千五百斤，铸卢舍那佛一躯，以庄严禅师所居梵宇。又“教下望水里南等宅，共出金一百六十分，租二千斛，助充装饰功德，寺隶宣教省”。唐懿宗咸通二年（861），以十方施资，广其禅宇。从此体澄禅师在此开堂说法近二十年。唐僖宗广明元年（880）三月十三日，体澄禅师入寂。享龄七十有七，僧腊五十二。寂时“弟子英惠、清奂等八百余人，义深考妣，情感乾坤，追慕攀号，声动溪谷。以其月十四日，葬于王山松台，垒塔安厝”。“达摩为唐第一祖，我国则以仪（义）大师为第一祖，居禅师为第二祖，我师（体澄）为第三祖矣。中和三年春三月十五日，门人义车等纂集行状，远诣王居，请建碑铭，用光佛道。圣上慕真空之理，闵严师之心，教所司定谥曰普照，塔号彰圣，寺额宝林，褒其禅宗，礼也。”（中和四年岁次甲辰季秋九月戊午朔旬有九日丙子建。）① 自体澄禅师起，迦智山派兴旺起来。

其二，实相山派的创始人是洪陟，别名南汉祖师，宪德王时入唐求法，与道义同受法于西堂智藏。归国后传马祖禅法，其宗趣为“修乎修没修，证乎证没证。其静也山立，其动也谷应，无为之益，不争而胜”。他得到兴德王和宣康太子的皈依，敕住实相寺，由此开创了实相山派。洪陟的嗣法弟子是透彻国师（816—892），他是实相山第二祖，得到景文王和宪康王的皈依，使本宗宗风大振。

实相山派的开山洪陟（《景德传灯录》、《祖堂集》等皆作“洪直”），亦是西学于智藏禅师。崔致远《智证碑》谓：“及兴德大王纂戎，宣康太子监抚，去邪医国，乐善肥家。有洪陟大师，去西堂证心，来南岳休足。**鹭**冕（指侯伯显贵）陈顺风之请，龙楼（指王者）庆开雾之期，显示密传，朝凡暮圣，变非蔚也，兴且勃焉。试较其宗趣，则修乎修没修，证乎证没证，其静也山立，其动也谷应，无为之益，不争而胜。于是乎东人方寸地灵矣，能以静利利海外，不言其所利，大矣哉！”据此，洪陟是在新罗兴德王（826—835）即位后不久入唐师事西堂，受西堂之禅法而“证心”后回国住持南岳，得到王侯贵族的支持与皈依。他以“修乎修没修，证乎证没证，其静也山立，其动也谷应，无为之益，不争而胜”为宗趣实施教化，中国南宗禅“以心传心，见性成佛”的禅旨不胫而走，勃然而

①《唐文拾遗》卷六十八。

兴，启迪着东国人的心灵。

《祖堂集》卷十七“东国实相”载：“东国实相和尚嗣西堂，师讳洪直。谥号证觉大师，‘凝寂’之塔。”洪陟于兴德王三年（828）创建智异山实相寺，大振宗风，门下多达千余人，此即实相山派。

其三，桐里山派的创始人慧彻（785—861），即崔致远《智证碑》中所谓“太安彻”者。又称惠哲、慧哲，庆州人，字体空。他曾在浮石寺学华严，二十二岁受大戒。宪德王六年（814）来唐，师事龚公山之西堂智藏，学“无说之说，无法之法”。受印可后，至西州浮沙寺阅藏经三年。神武王元年（839）归国，于全罗南道谷城郡桐里山开堂说法，得到文圣王的赞扬和支持，从而开创了桐里山派。其法系有允多（864—945）、道诜（821—898）、庆甫（868—948）等名僧。景文王元年（861）示寂，世寿七十七。谥号“寂忍禅师”，世称“东国桐里和尚”。《祖堂集》卷十七、《景德传灯录》卷九有录，不过都极简略。幸有“入唐谢恩兼宿卫判官翰林郎”崔贺所撰《谷城大安寺寂忍禅师照轮清净塔碑》传世[①]，可见其生平事迹之梗概。据此碑所记，惠哲（慧彻）俗姓朴，字体空，出身书香门第，十五岁出家，在当年义湘开创的浮石山寺听受《华严》，颇有心得，乃“编文织意，积成卷轴。决曩代之膏肓，祛群学之蒙昧。同辈谓曰：昨为切磋之友，今作诱进之师，真释门之颜子也”。二十二岁受大戒，此后修心洁行，既律且禅，为缁流之表率。唐宪宗元和九年（814），西行入唐，步无他往，直诣龚公山智藏大师处请益，希冀学成归国后，能使“无说之说、无法之法流于海表”。西堂智藏对他十分赏识，认为他志向坚定，悟性颇高，“一识如旧，密传心印”。但就在慧彻拜智藏为师后不久的当年，智藏示寂，慧彻遂开始历访名山灵境，“天南地北，形影相随”。曾到“西州浮沙寺，披寻大藏经，日夕专精，晷刻无废，不枕不席，至于三年。文无奥而未穷，理无隐而不达。或默思章句，历历在心焉”。慧彻以禀受“不立文字，教外别传”（“无说之说，无法之法”）的南宗禅旨的禅师身份，而如此辛苦的披寻藏经，并穷其奥理，甚至熟记其文言章句，实在是并不多见，这也许反映了韩国禅宗的一个特点。到高丽时期，普照国师智讷创成统一的禅宗曹溪宗，他撰《真心直说》等文，主张读经学教，教禅结合，直说禅理，发明真心。他的思想是与新罗禅门九山中慧彻等禅师重视经教的思想一脉相承的。

---

①见《朝鲜金石总览》上册，第116—120页。

慧彻于唐文宗开成四年（839）返回故国，新罗国王与群臣欢喜迎接，谓“能仁妙旨，达摩圆宗，尽在此矣。譬诸夫子自卫返鲁也”。乃在武州（今全罗南道）谷城郡桐里山大（太、泰）安寺创办传禅道场，从此之后，“渐顿闻集于四禅之室，贤愚景附于八定之门”，蔚成新罗禅门桐里山派。禅师颇得文圣王敬重，曾“遣使问理国之要，禅师上封事若干条，皆时政之急务，王甚嘉焉。其裨益朝廷，王侯致礼，亦不可胜言也”。唐懿宗咸通二年（景文王元年，861）入寂，世寿七十七，谥号寂忍禅师，塔名照轮清净。

慧彻嗣法弟子有如禅师。据《唐高丽大安寺广慈禅师碑铭》：“法祖□西堂传于彻，彻传于先师如，如传于吾师，即西堂曾孙也。”① 这里的“吾师”，即指碑主广慈禅师胤多（允多）。这样看来，桐里山派的法系是智藏—慧彻—如禅师—广慈禅师。广慈禅师胤多，字法性，京师人。其祖考等，皆族盛簪缀，以传孝义。其妣朴氏，受性温和，为人真洁，自幼勤修佛事。师生于咸通五年（864）四月五日，年方八岁，即皈依佛门，志投禅教。先是云游四海，跋涉于辽东，辗转数年后至桐里山参觐，从如禅师受西堂禅法，为西堂之曾孙。广慈禅师久居僧寺，洞达禅源，“慕义投仁”、“参禅学道”而入其门者“云趋雾聚”。后晋出帝开运二年（945）入寂，世寿八十二，僧腊六十六。

慧彻法嗣除如禅师外，还有道诜国师。道诜（827—898）新罗灵岩（今全罗南道）人，俗姓金。据高丽崔维清所撰《光阳玉龙寺先觉国师证圣慧灯塔碑》②的记载，他十五岁剃度出家，至月游山华严寺学经，二十岁入桐里山从慧彻参学西堂禅法，二十三岁受具足戒。后周游诸方，适至全罗南道曦阳白鸡山玉龙寺，爱其地幽胜，便止住此处，坐禅忘言三十五年，因此世称其为玉龙子。道诜还曾习阴阳五行之术，善于风水图谶之说，颇得当时王室贵族之信受，高丽开祖王建至为推尊。孝恭王二年示寂，寿七十二，谥号“了空禅师”，塔号“证圣慧灯”。高丽王朝时，显宗封他为“大禅师”，肃宗封他为“王师”、仁宗则追封他“先觉国师”，毅宗则命刻石为记，褒其事迹。事见《高丽史》卷二、《东国通鉴》卷十三、《朝鲜金石总览》上等。

---

①《唐文拾遗》卷七十。

②见《朝鲜金石总览》上册，第560—562页。

第四节　沧州神鉴与新罗慧昭

崔致远在《智证碑》中列举新罗僧西学东归之著名者有“双溪昭”，此即是新罗智异山双溪寺的慧昭。慧昭曾入唐求法，随马祖道一的弟子沧州神鉴学道习禅，回国后弘宣中国禅，颇有影响。

神鉴其人，《宋高僧传》有“唐唐州云秀山神鉴传”，据此可知，释神鉴，俗姓韩，浔阳人，稚岁淳静而不杂群童，其父归心释氏。神鉴志愿出家，乃潜投东林寺贞素律师下修学，后讲通《大涅槃经》义。又南格豫章参大寂禅师，继而住居怀安西北山，讲经说法，开人天眼目。会昌四年（844）入灭。其他经历不详。

关于慧昭，崔致远所撰《真鉴和尚碑铭并序》[①] 记载了他的生平事迹。据此碑铭，慧昭（照）禅师俗姓崔氏，其先祖是汉族，冠盖山东，后因隋师征辽，多没骊貊，崔氏一族也因此背井离乡，不得已而成为“遐甿”（留居远方的平民百姓）。及至唐朝，囊括四郡，崔氏家族便成为全州金马人。其父名昌元，在家有出家之行。其母顾氏，尝昼假寐，梦一梵僧谓愿为其子，未几有娠，而生慧昭禅师。慧昭生性清静，深植佛缘。自幼年至成年，“志切反哺，跬步不忘。而家无斗储，又无尺壤可盗天时者，口腹之养，惟力是视”。慧昭乃以贩鱼为业，赡养父母，使父母“能丰啜菽之资，允叶采兰之荣”，尽其欢而不违其志。双亲过世后，为心求“希微之旨”，遂于唐贞元廿年（804），以岁贡使船夫的身份，寓足西泛，多能鄙事，视险如夷，挥楫慈航，超截苦海。及达彼岸，乃告国使曰：“人各有志，请从此辞。”遂行至沧州，谒神鉴大师。投体方半，大师怡然曰：“戏别匪遥，喜再相遇。”便令剃染，顿受印契。神鉴门徒谓之“东方圣人”。因昭禅师形貌黯然，故人称之为黑头陀。元和五年（810），受具于嵩山少林寺琉璃坛，之后复归横海（沧州），此时其禅学造诣已不亚于其师，所谓“闻一知十，茜绛蓝青。”在慧昭来唐二十年前，即有乡僧道义，先访道于华夏，两人邂逅相遇，西南得朋，心生欢喜，便结伴同游，四远参寻，证佛知见。义公先归故国，昭师即入终南山，

①见《崔文昌侯全集》，第123—140页。《唐文拾遗》卷四十四亦载有《有唐新罗国故知异山双溪寺教谥真鉴禅师碑铭并序》。

“登万仞之峰，饵松实而止观，寂寂者三年。后出紫阁，当四达之道，织芒屩而广施，憧憧者又三年。于是苦行既已修，他方亦已游，虽曰观空，岂能忘本”。乃于大和四年（830）返归故国。兴德大王（826—835）飞凤笔迎劳曰：“道义禅师向已归止，上人继至，为二菩萨，昔闻黑衣之杰，今见缕褐之英，弥天慈威，举国欣赖，寡人行当以东鸡林之境，成吉祥之宅也。”昭师先憩锡于尚州（庆尚北道）露岳长柏寺（今南长寺），“医门多病，来者如云。方丈虽宽，物情自隘”。遂移至康州（今晋州）知异山，于花开谷故三法和尚兰若遗基，纂修堂宇，俨若化城。开成三年（838），愍哀大王骤登宝位，“深托玄慈，降玺书，馈斋费，而别求见愿。禅师曰：‘在勤修善政，何用愿为。’使复于王，王闻之愧悟”。闵哀王以禅师色空双泯，定慧俱圆，乃降使赐号为慧昭，昭字避圣祖庙讳易之也，贯籍于大皇龙寺。并欲征诣京邑，星使往复者交辔于路，而昭师岳立不移其志。栖幽数年，“请益者稻麻成列，殆无锥地”。遂历访奇境，得南岭（今全南河东郡）之麓，爽屺居最，此处“却倚霞岑，俯压云涧，清眼界者，隔江远岳；爽耳根者，迸石飞湍。至如春溪花，夏径松，秋壑月，冬峤雪，四时变态，万象交光，百籁和吟，千岩竞秀”。酷似晋慧远所居之庐山东林寺，移归海表。乃于此架竹引流，环阶四注，经始禅庐，用“玉泉”为榜。又以慧昭禅师乃曹溪之玄孙，故建六祖慧能影堂，彩饰粉墉，广资诱经。

大中四年（850）正月慧昭坐灭，报年七十有七，积夏四十一。

宪康大王（875—885）恢弘至化，钦仰真宗，追谥真鉴禅师、大空灵塔，仍许篆刻，以永终誉。及定康王（886—887）继位，以邻岳招提有“玉泉”之号（即今之晋州玉泉寺），为名所累，众耳致惑，乃锡题此寺为“双溪”。

第五节　麻谷宝彻与无染之圣住山派

麻谷宝彻唐代僧。籍贯、俗姓及生卒年均不详。出家后参谒马祖道一，并嗣其法。后住持蒲州（山西）麻谷山（又称麻浴山）举扬禅风。有麻谷振锡、麻谷手巾、风性常住等著名公案流传于禅林。其嗣法弟子有寿州遂禅师与新罗无染禅师等。

圣住山派的开祖无染（800—888），俗姓金，是武烈王八代孙。他十二岁到雪山五色寺出家，师事法性禅师；后又从浮石寺释澄学华严。821 年随王子金昕入唐，到大兴城南山至相寺听讲《华严经》，后游洛阳佛光寺，问道于马祖弟子如满。又随蒲州麻谷山宝彻（也是马祖弟子）参禅，并得传心印。845 年回国后住圣住寺，弘传禅法，问学者不计其数，由此形成圣住山派。

无染禅师即崔致远《智证碑》中的“圣住染”。崔致远又奉教撰有《无染和尚碑铭并序》，其开首谓：

帝唐揃乱以武功（灭黄巢），易元以文德之年（888）畅月（仲冬月）月缺之七日，日蘸咸池，时海东两朝国师禅和尚盥浴已，趺坐示灭（新罗真圣王二年十一月七日）。国中人如丧左右目，矧门下诸弟子乎！呜呼！应东身者八十九春，服西戒者六十五夏，去世三日，倚绳座俨然，面如生。门人询乂等，号奉遗体，假殡禅室中。上闻之震悼，使驶吊以书，赙以谷，所以资净供而瞻玄福。

越二年，攻石封层冢，声闻玉京，菩萨戒弟子武州都督苏判镒、执事侍郎宽柔、贝江都护咸雄、全州别驾英雄，皆王孙也，维城辅君德，险道赖师恩，何必出家，然后入室。遂与门人昭玄大德释通贤、四天王寺上座释慎符议曰：‘师云亡，君为恸，奈何吾侪忍灰心木舌，缺缘饰在三（君、师、父三）之义乎？’乃黑白相应，请赠谥暨铭塔。教曰：‘可。’旋命王孙夏官正卿禹珪，召桂苑行人侍御史崔致远至蓬莱宫，因得并琪树，上瑶墀，跽俟命珠箔外。上曰：‘故圣住大师，真一佛出世，昔文考康王咸师事，福国家为日久。余始克缵承，愿继先志，而天不慭遗，益用悼厥心。余以有大行者授大名，故追谥曰大朗慧，塔曰白月葆光。乃尝西宦，丝染锦归，顾文考选国子命学之，康王视国士礼待之，若宜铭国师以报之。’谢曰：‘主臣殿下恕粟饶浮秕，桂饱馀馨，俾报德以文，固多天幸。第大师于有为浇世，演无为秘宗，小臣以有限么才，纪无限景行，弱辕载重，短绠汲深，其或石有异言，龟无善顾，决叵使山辉川媚，反羸得林惭涧愧，请笔路斯避。’上曰：‘好让也，盖吾国风，善则善已，然苟不能是，恶用黄金榜为，尔勉之。’遽出书一编，大如椽者，俾中涓授受，乃门人弟子所献状也。复惟之，西学也，彼此俱为之，而为师者何人，为役者何人，岂心学者高，口学者劳耶？故古之君子慎所学，抑心学者立德，口学者立言。则彼德也，或凭言而可称；是言也，或倚德而不朽。可称则心能远示乎来者，不朽则口亦无惭乎昔人，为可为于可为之时，复焉敢胶让乎篆刻。始绎如椽状，则见大师西游东返之岁年，禀戒悟禅之因缘，公卿守宰之归仰，像殿影堂之开创，故翰林郎金立之所撰《圣住寺碑》，叙之详矣；为佛为孙之德化，为君为师之声价，镇俗降魔之威力，鹏显鹤归之动息，赠太傅献康大王亲制《深妙寺碑》，录之备矣。顾腐儒之今作也，止宜标我师就般涅槃之期，与吾君崇窣睹波之号而已。口将手议役，将自适其适，这有上足苾刍来趣䆉白，语及斯意，则曰：立之碑，立之久矣，尚阙数十年遗美。太傅王神笔所记，盖显示殊遇云尔。吾子口嚼古贤书，面饮今君命，耳饫国师行，目醉门生状，宜广记而备言之，殆贻厥可畏，俾原始要终，脱西笑者或袖之，脱西人笑则幸甚。吾敢求益，子无惮烦。狂奴态余率尔应曰：'仆编苫者，师买菜乎？'遂绊猿心，强摇兔翰，忆得《西汉书·留侯传》尻云：良所与上从容言天下事甚众，非天下所以存亡故不著。则大师时顺间事迹，荦荦者星繁，非所以警后学亦不书，自许窥一斑于班史然。

据此碑铭及序，无染禅师"挺生君子国，特立梵王家"，俗姓金氏，于圆觉祖师为十世孙，以武烈大王为八代祖。大父周川，品真骨，位韩粲。父范清族，降真骨一等，曰得难（新罗爵有五品，一曰圣骨，二曰真骨，三曰得难，四曰王族，五曰金骨）。晚节追踪赵文业。母华氏，魂交睹修臂天垂授莲花，因有娠，几逾时，申梦胡道人，自称法藏，授十护充胎教，过期而诞大师。阿孩时行坐必合掌趺对，至与群儿戏，画墁聚沙，必模样像塔，而不忍一日离膝下。九岁始读书，目所览，口必诵，人称"海东神童"。十二岁投雪山五色石寺出家，师事法性禅师数年，探索无孑遗。法性禅师叹曰："迅足骎骎，后发前至，吾于子验之矣。吾怯矣，无余勇可贾于子矣，如子者宜西也。"不久，辞别法性禅师，往浮石山随释澄大德研习《华严》，大德亦曰："敌三十夫，蓝茜沮本色，顾坳杯之譬，曰东面而望，不见西墙，彼岸不遥，何必怀土。"劝其西行求法。无染师乃出山并海，伺西泛之缘。

会有新罗国使入唐，于是托足而西。然而行至大洋之中，突遭狂怒风涛，船毁不能前行。后无染师与心友道亮，跨只板，恣业风，通星半月余，飘至剑山岛崎岖岸头，鱼腹中幸得脱身，龙颔下庶几挽手。洎唐穆宗长庆元年（821），乃搭乘朝正使王子昕之官船，自唐恩浦滴（南阳郡）到达之罘山麓，然后西行至大兴城南山至相寺，遇一说《华严》的老者，提示他说："远欲取诸物，孰与认而（汝）佛。"师于言下大悟，自是置翰墨，游历佛光寺，问道如满。如满禅师佩江西印，为香山白尚书乐天空门之友，然而在与无染师应答酬对中，自觉难为其师，于是便说："吾阅人多矣，罕有如是新罗子。他日中国失禅，将问之东夷耶?"无染又辞别如满，去谒麻谷宝彻和尚，勤劳服侍，从不挑拣，人所难，己必易，众僧目之曰"禅门庾黔娄异行"。宝彻禅师嘉其苦节，有一日告之曰："昔吾师马和尚诀我曰：'春花繁，秋实寡，攀道树者所悲咤。今授若印，异日徒中有奇功可封者封之，无使刓。'复云：'东流之说，盖出钩谶，则彼日出处善男子，根殆熟矣。若得东人可目语者畎道之，俾惠水丕冒于海隅，为德非浅。'师言在耳，吾善若徕，今印焉，俾冠禅侯于东土，往钦哉！则我当年作江西大儿，后世为海东大父，其无惭先师矣乎！"无染师谨记宝彻禅师的教诲。然而不久，宝彻禅师化去，无染师乃浪游各地，"飘飘然势不可遏，志不可夺。于是渡汾水，登崞山，迹之古必寻，僧之真必诣。凡所止舍，远人烟火，要在安其危，甘其苦，役四体为奴虏，奉一心为君主。就是中，颛以视笃癃、恤孤独为己任。至祁寒酷暑，且烦渴，或皲瘃侵，曾无倦容。耳名者不觉遥礼，嚣作东方大菩萨，其三十余年行事也其如是"。

然而到会昌五年（845），唐武宗破佛（会昌法难），拆毁佛像，焚烧经典，废除僧尼，没收寺院庄田，据说当时还俗僧尼有二十六万之多，拆毁寺院达四千六百余所，几使国中无出家人，连当时在唐的外国僧人也被迫还俗或回国。无染禅师就是在这样的背景下回归故国的。他回到新罗之后，国人相庆曰："连城璧复还，天实为之，地有幸也。"自此时起，"请益者所至稻麻矣"。这时王子昕悬车为山中宰相（致仕后隐于山林之中），将祖父临海公金仁问受封之所的熊州（今公州）内一寺施与无染。无染师答曰："有缘则住。"遂于大中初（847）就寺而居，并加以整饬。"俄而道大行，寺大成，繇是四远问津辈，视千里犹跬步，其丽不亿，实繁有徒。大师犹钟待扣，而镜忘罢，至者靡不以慧照导其目，法喜娱其腹，诱憧憧之躅，变蚩蚩之俗。"文圣王（839—856）闻知其功德道誉，认为其行法莫非裨益王化，大加赞赏，教令优劳，并且因于无染师"有缘则住"四字之语，乃易寺榜为"圣住"，编录于大兴轮寺。宪安王（857—860）未嗣位时，即行弟子礼，"贽以茗馞，使无虚月"。至使"东国士流，（以）不识大师之门为一世羞"。及其嗣立，立即赐书乞言。大师答曰："周礼对鲁公之语，有旨哉，著在《礼经》，请铭座侧。"景文王（861—874）即位后，钦重如先朝志，而且日益加厚，"最所施为，必驰问然后举"。又于咸通十二年（871）秋，飞鹄头书以传召，延请无染入京，冕服拜为师，君夫人、世子及大弟相国、群公子、公孙环仰如一。

王以刘勰《文心雕龙》中“滞有守无，徒锐偏解，欲诣真源，其般若之绝境”之语为问：“则境之绝者，或可闻乎？”大师对曰：“境既绝矣，理无矣，斯印也，默行尔。”继又命徒中铮铮者，随问旋答，剖滞祛烦，拨云见日。于是景文王大喜，懊悔见师太晚，表示从此皈依南宗。卿相亦竞相延迓，与谋不暇，士庶趋承，欲去不能。“自是国人皆认衣珠，邻客罢窥庑玉焉。”无染苦于宫中之拘束，即执意离去。王知其不可强留，乃降芝检，请无染移住距离京师不远的尚州深妙寺，以为禅那别馆。无染推辞而不得获准，不得已往居之。一日必葺，俨若化城。乾符三年（875），宪康王（875—885）即位，也劝请无染入京，其谕旨曰：“孤幼遭闵凶，未能知政。致君奉佛，普济海人，与独善其身，不同言也。幸大师无远适，所居唯所择。”师对曰：“古之师则六籍存，今之辅则三卿在。老山僧何为者，坐蝗蠹桂玉哉。就有三言，庸可留献，曰‘能官人’。”翌日，便挈山装鸟逝，回归圣住山。宪康王遣使传书，求问益国之策，师以“三畏比三皈，五常均五戒”为对，并且说：“能践王道，是符佛心。”及定康王（886—887）莅阼，“两朝宠遇，帅而行之”，“嗣位九旬，驰讯十返”。

“大师少读儒家书，余味在唇吻，故酬对多韵语。门弟子名可名者，廑二千人，索居而称坐道场者，曰僧亮、曰普慎、曰询乂、曰僧光。诸孙诜诜，厥众济实，可谓马祖毓龙子，东海掩西河焉。”

崔致远评论说：“昔武烈大王为乙粲时，为屠獩貊乞师计，将真德女君命，陛觐昭陵皇帝（唐太宗）面陈愿奉正朔，易服章。天子嘉许，庭赐华装，授位特进。——一自兹吾土一变至于鲁。八世之后，大师西学而东化，加一变至于道，则莫之与京，舍我谓谁？伟矣哉！先祖平二敌国（高句丽、百济），俾人变外饰；大师降六魔贼，俾人修内德。故得千乘主两朝拜起，四方民万里奔趋，动必颐使之，静无腹非者，庸讵非应半千而显大千者欤！”①

《祖堂集》卷十七亦有无染传，文载：“嵩严山圣住寺故两朝国师嗣麻谷，法号无染，庆州人也。俗姓金氏，以武烈大王为八代之祖，大父名周川，品在真骨，位在韩粲，高、曾皆为相为将。父名范清，族品降于真骨一等，乡谈得难。母华氏，梦感修臂天人，垂授藕花，因此有娠。又时梦中胡道人，授十戒为胎教，过

①见《崔文昌侯全集》，第 89—122 页；《唐文拾遗》卷四十四《有唐新罗国故两朝国师教谥大朗慧和尚白月葆光之塔碑铭并序》；《朝鲜金石总览》上册，第 72—82 页《蓝浦圣住寺朗慧和尚白月葆光塔碑》。

其月而诞焉。以十二岁，落染于雪岳。五色石寺有法性禅师，尝扣楞伽门于其中夏，大师事师数年。

“长庆之初入唐，到佛爽寺问道如满，印可于江西之印，而应对有惭色曰：‘吾阅人多矣，罕有如是东国人，他日中国失禅之时，将问之东夷焉。’又到麻谷宝彻和尚处，服勤执役，无看所择，人所难者，必能易之。众人目曰：‘禅门之中，异德高行。’彻公曰：‘我师马和尚诀我曰：若得东人可目击者，畎渠道中，俾慧水丕冒于海隅，为德非浅。师言在耳，吾喜汝来，今印焉。俾冠禅俟于东土，往钦哉。’已得心珠于麻谷。

“会昌六年，回归本国。大中元年，始就居于嵩岩山圣住寺，僧徒千众，名震十方。于是大师吐珠于嵩严寺，内授印于祖师根中。繇是两朝圣主，天冠倾于地边；一国臣寮，头面礼于足下。

“大师禅定之余暇，应求之机缘。有人问曰：‘无舌土中无师无弟，何故从西天二十八代，至于唐代六祖，传灯相照，至今不绝耶?’答曰：‘皆是世上流布，故不是正传。’问曰：‘一祖师中具二土耶?’答曰：‘然也。是故仰山云：两口一无舌，即是吾宗旨。’问曰：‘一祖师中，见二土如何?’答曰：‘正传禅根，不求法故。’师亦不饷，是为无舌土也。应实求法之人，用假名言之说，是名有舌土矣。然则文孝康王，以为事师，然后定康大王即位，皆承前规奉迎，然而年当九十，不能上阙。国师以文德元年畅月二十七日示灭，谥号大朗慧大师白月葆光之塔。”

此与崔致远《无染和尚碑铭》多有共通的记述，然其中关于“无舌土”的问答，则不见于崔文。关于无染的《无舌土论》，《禅门宝藏录》卷上引其文云：“问：‘有舌无舌，其意云何?’答：‘仰山云：有舌土者即是佛土，是故应机门：无舌土者即是禅，是故正传门。’问：‘如何是应机门?’答：‘知识扬眉动目而示法，此皆为应机门，故有舌，况语言也。’问：‘如何是无舌土?’答：‘禅根人是。此中无师无第也。’问：‘若然者，何故古人云师资相传耶?’答：‘章敬云：喻如虚空，以无相为相，以无为为用，禅传者亦然，以无传为传，故传而不传也。’问：‘无舌土中不见能化所化者，与教门如来证心中亦不见能化所化，云何别耶?’答：‘教门之至极，如来证心，名曰海印定。三种世间海印现而永无解，是则有三种世间迹也。今祖代法者，等闲道人心里，永不生净、秽两草，故不荒三种世间，草亦无出入迹，所以不同也。净则真如、解脱等法，秽则生死、烦恼等法也。所以古人云：行者心源如深水，净秽两草永不生。又、佛土者，前服定、慧之服，入燃灯穴内，今放却定、慧之衣，立玄地，故有踪迹。祖土者，本来无脱不脱，不着一条线，故与佛土大别也。’”①

在这里，无染禅师以禅门为无舌土，而以教门为有舌土。并且认为，教门主张读经看教，诉诸语言文字，“是应机门”。即如“知识扬眉动目而示法”，运用肢体语言，亦属应机门；禅门则不立文字，“以无相为相，以无为为用”。传禅则“以无传为传，故传而不传”，“是正传门”。教门主张如来证心，清净解脱，但犹不离三种世间、生死烦恼之迹；禅宗则主张“净秽两草永不生”，“本来无脱无不脱，不着一条线”。由此看来，无染禅师是严格区别禅门和教门的，并且明确地把禅门置于教门之上。

第六节　章敬怀晖与新罗禅门凤林山派

凤林山派的创始人圆鉴玄昱（787—868），即崔致远《智证碑》中所云“珠丘休（玄昱觉休）”，俗姓金，出身贵族，二十二岁受具足戒，后入唐求法，师事马祖法系的章敬怀晖。837 年归国后住南岳实相寺，备受闵哀、神武、文圣、宪安四王之礼遇，几代王对他“并执师资之敬，不微臣伏之仪。每入王官，必命敷座诵法”。他八十二岁入寂，其弟子审希（855—923）自幼好佛事；后师事玄昱，传以心灯。孝恭王时，审希建凤林寺，成凤林山派。

章敬怀晖俗姓谢，泉州人，自幼博览群书，后改服缁褐，于贞元初（785）师事马祖道一禅师，道一“传佛语心法，始自达摩，至于惠能之化，行于南服，流于天下”。并谓：“大抵以五蕴九识十八界皆空，犹镜之明也，虽万象毕呈，而旋旋光性无累；心之虚也，虽三际不住，而觉观湛然。得于此者，即凡成圣。不然，一尘瞥起，六入胶固，循环回复于生死之中，风涛火轮，迷忘不息。”② 怀晖谨记道一师之教诲，修学“志在《楞伽》，行在曹溪。得圆明清净之本，去妄想

①《续藏经》第一辑，第二编，第十八套，第五册，第 495 页。转引自《朝鲜禅教史》，第 86 页。

②《唐故章敬寺百岩大师碑铭（并序）》，《全唐文》卷五〇一。

因缘之习。百八句义，照其身心。心离文字，化无方所”①。于是抵清凉，下幽都，登徂徕，入太行。所至之邦，蒙被法味，后止于太行百岩寺，故门人以“百岩”称之。唐宪宗元和三年（808），他应诏至京师，入住章敬寺，颇受宪宗敬重，每年召入麟德殿讲论佛法禅理。元和十年（815）十二月二十一日，恬然示灭（《传灯录》作元和十三年示灭），谥大觉禅师，世寿六十，僧腊三十五。据说他著有《法师资传》一编，自鸡足山大伽叶而下，至六祖能、秀，论次详实。有学人求问心要，则谓：“心本清净而无境者也，非遗境以会心，非去垢以取净，神妙独立，不与物俱，能悟斯者，不为习气生死幻蕴之所累也。”②

怀晖禅师曾开堂说法，讲论禅理，谓：“至理亡言，时人不悉。强习他事，以为功能。不知自性元非尘境，是个微妙大解脱门。所有鉴觉，不染不碍，如是光明，未曾休废。曩劫至今，固无变易。犹如日轮，远近斯照，虽及众色，不与一切和合，灵烛妙明，非假锻炼。为不了故，取于物象。但如捏目，妄起空华，徒自疲劳，枉经劫数。若能返照，无第二人。举措施为，不亏实相。”③

章敬门下弟子众多，其中即有新罗玄昱。关于玄昱的事迹，据《祖堂集》卷十七“东国慧目山”的记载：

> 东国慧目山和尚嗣章敬，师讳玄昱，俗姓金氏，东溟冠族。父讳廉均，官至兵部侍郎。妣朴氏，能孕之际，梦得殊常，以贞元三年（787）五月五日诞生。才有童心，便知佛事，每汲水以供鱼，常聚沙而为塔。年至壮齿，志愿出家。既持浮海之囊，遂落掩泥之发。元和三年（808）遂受具戒，长庆四年（824）入于大唐。至太原府，历居二寺，颇志已成。随本国王子金义宗奉诏东归。以开成二年（837）九月十二日达于本国，武州会津南岳实相安之。敏哀大王（838—839）、神武大王（839）、文圣大王（839—857）、宪安大王（857—861），并执师资之敬，不征臣伏之仪。每入王官，必命敷座诵法。自开成末（840），结苑于慧目山陲。景文大王命居高达寺，奇香妙药，闻阙必供。暑葛寒裘，待时而授。九年（《唐新罗真镜大师塔铭》作“咸通九年”，868）秋解夏之始，忽告门人曰：“我今岁内法缘当尽，你等宜

①《唐故章敬寺百岩大师碑铭（并序）》，《全唐文》卷五〇一。
②《唐故章敬寺百岩大师碑铭（并序）》，《全唐文》卷五〇一。
③《景德传灯录》卷七。

设无遮大会，以报百岩传授之恩，终吾志也。”十一月十四日中夜，忽尔山谷震动，鸟兽悲鸣，寺钟击而不响三日。十五日未曙，遽命侍者撞无常钟，胁席而终，享年八十二，僧腊六十耳。

此中所述，有一明显的矛盾处，那就是，既说玄昱于长庆四年入唐，又谓其入唐后师事章敬。则玄昱入唐时，章敬已过世九年，何得相与为师资。然而据诸文献，玄昱师事章敬应该是事实，那么长庆四年入唐之说必有误，当是在元和十年章敬入寂之前才有可能，若是在章敬元和三年应诏移住京师之前，则最合乎逻辑。

玄昱弟子有审希。据崔仁滂撰《有唐新罗国故国师谥真镜大师宝月凌空之塔碑铭并序》记载：

审希俗姓金，其先祖是任那王族，因“草拔圣枝，每苦邻兵”，乃投于新罗。其远祖辅佐王室，立有功业。其父“道高庄老，志慕松乔”，闲居无贵仕。其母朴氏，因瑞有娠，大中九年（855）十二月十日生审希师。审希九岁即往惠目山谒圆鉴大师玄昱。咸通九年（868），玄昱大师寝疾，乃召希师，付嘱云：“此法本自西天，东来中国，一花启发，六叶敷荣，历代相承，不令断绝。我曩游中土，曾事百岩，百岩承嗣于江西，继明于南岳，南岳则曹溪之家子，是嵩岭之玄孙，虽信衣不传，而心印相授。远嗣如来之教，长开迦叶之宗。汝传以心灯，吾付为法信。”遂寂然无语，长入涅槃。审希十九岁受具足戒，既而巡游跋涉，访名山寻绝境，遍谒玄关，历参硕彦。其时有人劝其西学，希师回答说，自达摩付法，慧可传心，禅宗之旨已然分明，何由西去。何况自己已师从慧目禅师，何必再乘桴渡海。于是未西行入唐。他于文德初岁（888）至乾宁末年（898），先宴坐于松溪，学人雨聚，暂栖于雪岳，禅客风驰。真圣女王曾飞札征赴王庭，希师附表固辞，“可谓天外鹤声早达于鸡林之畔，人中龙德难邀于象阙之旁”。因避烟尘，欻离云水，驻足溟州（江原道江陵郡），托山寺以栖心。不久听说金海（庆尚南道）西有福林，乃出山欲归南界，及乎达于进礼（庆尚南道昌原郡），进礼城诸军事金律熙慕道情深，闻风志切，便于境外迎其入城，葺精庐以安之，谘问法要，犹如儿之逢父，病之遇医，颇有收益。之后，孝恭王（897—912）特遣政法大德如奂迥降纶言，遥祈法力，厚加施赐。国主皈依，时人敬仰。希师以此寺水石探奇，烟霞选胜，𩦺游西岫，枭唳旧墟，实乃禅修胜地，于是修葺茅舍，重开禅宇，改号“凤林”。在此之前，知金海府进礼城诸军事明义将军金仁匡，鲤庭禀训，龙阙驰诚，归仰禅门，助修宝所。景明王（917—923）“欲资安远之风，期致禹汤之运，闻大师时尊天下，独步海隅，久栖北岳之阴，请授东山之法”。乃遣兴轮寺上座释彦琳、中事省内养金文式，卑辞厚礼，至切嘉招。希师遂于后梁贞明四年（918）出门届于辇下，景明王“延入蕊宫，敬邀兰殿，特表师资之礼，恭申钻仰之仪。大师高拂毳衣，直升绳榻，说理国安民之术，敷归僧依法之方”。此日随大师上殿者有上足景质禅师等门徒八十人。次日，又赐尊号曰“法膺大师”。其后大师复归旧居，重启芳筵，谕诸学人，传授法要。后梁龙德三年（923）四月二十四日，告众曰：“‘诸法皆空，万缘俱寂’，言其寄世宛若行云。汝等勤以住持，慎无悲哭。”右胁而卧，示灭于凤林禅堂，俗年七十，僧腊五十。景明王赠谥“真镜大师”，塔名“宝月凌空”之塔。希师有“传法弟子景质禅师等五百余人，皆传心印，各保髻珠，俱栖宝塔之旁，共守禅林之间”①。

第七节　南泉普愿与新罗禅门师子山派

师子山派的开祖是道允及其弟子折中。道允（798—868）出身贵族家庭，十八岁舍俗为僧，在鬼神寺学《华严》。825年入唐，师事马祖门下的南泉普愿，847年归国，得到景文王的归奉尊崇。其弟子折中（825—900），七岁出家，十五岁诣浮石山听《华严》妙旨，十九岁受具足戒，恰逢道允刚从唐朝归国，特往参礼，从此师事道允，得其法嗣。后住师子山（江原道原州郡）兴宁禅寺，成师子山派。

道允之师南泉普愿（748—834），俗姓王，郑州新郑（今河南新郑县）人。九岁出家，投密县（今属河南省）大隗山大慧禅师受业。他刻苦勤勉，不惮辛劳，令大慧法师刮目相看。大历十二年（777），年届三十岁，诣嵩山会善寺嵩律师处，受具足戒，研习律学。后游历讲肆，研究《楞伽经》、《华严经》、《中论》、《百论》等经典，“领玄机于疏论之外，当其锋者皆旗靡辙乱”②。后投江西洪州开

①《昌原凤林寺真镜大师宝月凌空塔碑》，《朝鲜金石总览》上册，第97—105页。
②《宋高僧传·唐池州南泉院普愿传》。

元寺大寂禅师马祖道一门下学习禅法。贞元十一年（795）挂锡池阳南泉山，填谷伐木，构建禅宇。自耕自食，农禅并举，“足不下南泉三十年矣”①。

太和初年（827），宣城（今安徽宣州市）廉使陆亘、原池阳太守“皆知其抗迹尘外，为四方法眼”②，与护军彭城刘公同迎请下山，北面申礼。此后不到一年，至其门下求法问道的人竟达数百人之多。太和八年（834）末示寂，春秋八十七，僧腊五十八。宋《高僧传》收录了他的传记，《景德传灯录》、《碧岩录》、《从容录》、《无门关》、《五灯会元》、《葛藤录》等各种禅宗典籍，都分别收录了他的传记和语录。

南泉普愿门下弟子众多，其中有新罗僧道允、道均。《景德传灯录》卷十列举南泉普愿禅师法嗣十七人，其中无道允之名，而有“新罗国道均禅师”，但说其“无机缘语句，不录”。拟或道允与道均为同一个人。

《祖堂集》卷十七有双峰道允传，据此传所记，双峰和尚道允（798—868），俗姓朴，汉州鸺岩人。累世豪族，祖考仕宦，郡谱有详细的记载。其母高氏，夜梦异光荧煌满室，觉而有孕。怀胎十有六月，于新罗元圣王十四年（唐贞元十四年，798）生允师。“竹马之年，摘花供佛；羊车之岁，累塔娱情，玄关之趣昭然，真境之机卓尔。”十八岁舍俗为僧，至鬼神寺听讲《华严》。但不久即感到不满足，心想：“圆顿之筌蹄，岂如心印之妙用乎？”于是被毳挈瓶，栖云枕水。“洎长庆五年（当为宝历元年，825），投入朝使，告其宿志，许以同行。既登彼岸，获觐于南泉普愿大师。伸师资之礼，目击道存。大师叹曰：‘吾宗法印，归东国矣。’以会昌七祀（当为唐大中元年，847）夏初之月，‘旋届青丘，便居枫岳。求投者风驰雾集，慕来者星逝波奔。于是景文大王闻名归奉，恩渥日崇。’”

唐咸通九年（868）四月十八日，忽诀门人曰：“生也有涯，吾须远迈。汝等安栖云谷，永耀法灯。”语毕，怡然迁化，报年七十一，僧腊四十四。景文王“宠褒法侣，恩霈禅林，仍赐谥彻鉴禅师、澄昭之塔矣”。

道允寂后，其弟子折中嗣其法。折中事迹见于崔彦㧑撰写的《越州兴宁寺澄晓大师宝印塔铭》③。据此塔铭，折中是鸺岩人，其先祖因宦牟城，便成为那里的

①《宋高僧传·唐池州南泉院普愿传》。

②《宋高僧传·唐池州南泉院普愿传》。

③见《朝鲜金石总览》上册，第157—162页。

郡族。其父先幢，“艺高弓马，名振华夷，孝慈载于史官，功业藏于王府，作郡城龟镜，为闾里栋梁”。折中生于唐宝历二年（826）四月七日，七岁因慕出家而辞别双亲，到五冠山寺谒珍传法师，得授“息心之旨”。乃居慈室，落采。十五岁诣浮石寺，听讲《华严》，“寻方广之真诠，究十玄之妙义”。十九岁，于白城郡长谷寺受具足戒。之后“精护浮囊，远寻绝境”，闻知“枫岳潭寺有道允和尚，久游华夏，才返故乡，特诣禅扉，自投五体。和尚曰：‘灵山别汝，记得几生邂逅相逢，来何暮矣。’”自此师事道允，“服膺不离左右，得嗣东山之法”。又曾拜谒慈忍禅师，与禅师机锋问答之后，禅师谓：“名下无虚事，折中不奈何，阅人知几个，如汝者无多。”于是，折中“十六年久驱禅门，深探理窟，遂践亡言之境，终归得意之场”。又“杖锡荷瓶，寻参知识”。中和二年（882），前国统大法师威公闻折中居无定所，便奏请住持谷山寺。但不久即因“近于京辇，不惬雅怀”而生离意。适有师子山兴宁寺释云大禅师遣人盛情迎请，便携禅众往以居之。自此，“远方来者，朝三暮四，雨骤风驰，桃李无言，稻麻成列”。宪康王“遽飞凤笔，征赴龙庭”。定康王“屡遣王人，远申钻仰”。真圣女王亦“遥祈法力”。由此而形成新罗禅门师子山派。大顺二年（891），师子山遭兵火之前，折中避地于尚州之南，暂栖鸟岭。后住芬岭郡之桐林，又居银江禅院。乾宁七年（光化二年，900）三月示寂，报年七十五，积夏五十六。孝恭王赠谥曰“澄晓大师”，塔名“宝印之塔”。

第八节　盐官齐安与新罗禅门阇崛山派

阇崛山派创始人梵日（810—887），十五岁出家，二十岁到京师受具足戒。后与兴德王（826—835年）之子金义琮一起入唐，在马祖弟子盐官齐（济）安门下参禅得悟。会昌法难时隐遁商山，独居禅定，拾坠果充饥，掬流泉止渴。后到韶州（广东韶关）拜六祖慧能祖师塔。847年归国，以江陵五台山崛山寺为传禅之地，形成阇崛山派。

梵日之师杭州盐官海昌院齐安国师，俗姓李，本唐室帝系之英，先人播越，故生于海门郡（地在今江苏南通附近）。自幼出家，依本郡云琮禅师学禅，“虽勤劳谦默，和光同尘，而萤月殊晖，鸡鹤异态”[①]。落发受具足戒后，乃诣南岳智严律师处，“外检律仪，内照实相”[②]。后闻南康龚公山大寂禅师马祖道一随化度人，慈缘幽感，便裹足振锡而投之。大寂欣其有奇相，深为器重，相与论持不倦。“乃令入室，密示正法。”[③]

元和末（720），齐安年逾七十，而游越之萧山法乐寺，见其垣屋倾坏，不克宴坐。当时海昌有法昕法师，缁林翘楚，于放生池废墟地建构禅居，谦而不自有，乃延请安师住持。自此“四海参学者麛至焉。道化之盛，翕然推伏”[④]。宣宗皇帝继位前曾隐曜缁行，赴齐安之法会。安师预先“悬知”，便特做安排，殊礼接待，宣宗欢喜，供养丰厚。会昌二年（842）十二月二十二日，泊然宴坐，俄尔示灭。宣宗皇帝敕谥大师曰“悟空”，且以御诗追悼。

齐安有新罗弟子梵日（又称品日），即崔致远《智证碑》所说“孤山日”。

关于梵日的事迹，《祖堂集》卷十七“通晓”记述说，通晓大师嗣盐官，法讳梵日，鸠林冠族金氏。祖讳述元，官至溟州都督。其母支氏，累叶豪门，世称妇范。及其怀娠之际，梦征捧日之祥。梵日生于元和五年（810），十五岁出家，二十岁到京师，受具足戒，“净行圆备，精勤更励，为缁流之龟镜，作法侣之楷模”。

太和年（827—835）中，私发誓愿，往游中华，遂投入朝王子金公义琮，披露所怀。金公善其志，便许以同行。假其舟楫，达于唐国。既谐宿愿，乃巡游各地，遍访善知识。接着即去参谒盐官济安大师，问答之间，悟性殊高，安师谓之“实是东方菩萨”。梵日问曰：“如何即成佛？”大师答曰：“道不用修，但莫污染。莫作佛见菩萨见，平常心是道。”梵日言下大悟，殷勤服侍六年之后，遂至药山拜谒惟俨禅师，与惟俨和尚旋问旋答，药山问：“近离什么处？”师对曰：“近离江西。”药山问：“作什么来？”师对曰：“寻和尚来。”药山问：“此间无路，阇梨作摩生寻？”师对曰：“和尚更进一步即得，学人亦不见和尚。”和尚惊叹：“大奇大奇，外来青风冻杀人。”惟俨本是青原法系石头希迁的弟子，又曾师事马祖道一，故得六祖门下南岳、青原两大法系之禅法。

---

①《宋高僧传·唐杭州盐官海昌院齐安传》。

②《宋高僧传·唐杭州盐官海昌院齐安传》。

③《景德传灯录》卷七。

④《宋高僧传·齐安传》。

梵日本想恣游四方，远投帝里。然而适值会昌法难，沙汰僧流，毁坼佛宇。日师东奔西走，窜身无所，遂隐身商山，独居禅定，拾坠果以充斋，掬流泉而止渴。形容枯槁，气力疲羸，未敢出行。过了半年多，才拖着疲惫的身躯“强谋前行”。诣韶州曹溪，礼祖师塔。于是思归故里，弘宣佛法。在会昌六年（846）八月，还涉鲸浪，返于鹤林。暨大中五年（851）正月，于白达山宴坐时，应溟州都督金公之请，移住崛山寺。从此一坐林中，四十余载，列松为行道之廊，平石作安禅之座。

景文大王于咸通十二年（871）三月、宪康大王于广明元年（880）、定康大王于光启三年（887），并皆特传御礼，遥申钦仰，拟封国师。各差中使，欲迎赴京师，然而大师坚辞不就。忽于文德二年（当为龙纪元年，889）四月末，召门人曰：“吾将他往，今须永诀。汝等莫以世情浅意，乱动悲伤，但自修心，不坠宗旨也。”五月一日示灭于崛山寺上房。春秋八十，僧夏六十，谥号通晓大师，塔名延徽之塔。

梵日的阇崛山派禅学，忠实继承了盐官齐安的禅学思想。他在师从齐安禅师期间，曾问安师曰：“如何即成佛？”安师答曰：“道不用修，但莫污染。莫作佛见、菩萨见，平常心是道。”梵日言下大悟。待他在崛山授徒说法时，有僧问：“如何是纳僧所务？”梵日答曰：“莫踏佛阶级，切忌随他悟。”这显然是从齐安禅师承接过来的南宗禅的思想。

另外，《三国遗事》卷三“洛山二大圣”条，记有梵日的异迹，其中说：“崛山祖师梵日，太和年中入唐，到明州开国寺，有一沙弥截左耳在众僧之末，与师言曰：‘吾亦乡人也，家在溟州界翼岭县德耆坊。师他日若还本国，须成吾舍。’既而遍游丛席，得法于盐官。以会昌七年丁卯（当为大中元年，847）还国。先创崛山寺而传教。大中十二年戊寅（858）二月十五日，夜梦昔所见沙弥到窗下，曰：‘昔在明州开国寺，与师有约。既蒙见诺，何其晚也。’祖师惊觉，押数十人到翼岭境，寻访其居。有一女居洛山下村，问其名，曰德耆。女有一子年才八岁，常出游于村南石桥边，告其母曰：‘吾所与游者有金色童子。’母以告于师，师惊喜，与其子寻所游桥下，水中有一石佛。舁出之，截左耳类前所见沙弥，即正趣菩萨之像也。乃作简子卜其营构之地，洛山上方吉，乃作殿三间安其像。”

此处的记述有几点值得注意：其一，梵日太和中入唐后在参谒盐官齐安前，曾到过明州开国寺，此事《祖堂集》未载。其二，所记其回国时间（847）与《祖堂集》（846）稍异。其三，有关与正趣菩萨结缘之异事，上承前述义湘的观音信仰。据《华严经》（入法界品），善财童子曾参访五十三位善知识，第二十七参是观音菩萨，第二十八参即正趣菩萨。前有义湘在洛山建观音菩萨道场，后有梵日在洛山开正趣菩萨殿宇，这也许反映出梵日与韩国观音信仰的流行也大有关系。

梵日弟子中著名者有朗空大师行寂和朗圆大师开清。行寂行事见于《新罗国故两朝国师教谥朗空大师白月栖云之塔碑铭》，其中说道："闻夫真境希夷，元津杳渺。澄如沧海，邈若太虚，智舟何以达其涯，慧驾莫能寻其际。况复去圣逾远，滞凡既深，靡制心猿，难调意马。由是徇虚弃实者，俱怀逐块之情；执有迷空者，尽起趋炎之想。若非哲人出世，开士乘时，高演真宗，广宣善诱，何以爰析重元之礼，得归众妙之门。潜认髻珠，密传心印，达斯道者，岂异人乎？大师是也！"

大师法讳行寂，俗姓崔氏，其先周朝之尚父遐苗，齐国之丁公远裔。其后使乎兔郡，遂留寓鸡林，定居京万河南。行寂生于太和六年（832）十二月三十日，削染披缁之后，苦求游学，欲寻学海，历选名山。先到伽耶海印寺谒宗师，精探经论，统《华严》之妙义，玩贝叶之真文。后于大中九年（855），到福泉寺官坛受具足戒。既而杖策挈瓶，下山寻路，径诣崛山，拜谒通晓大师，"自投五体，虔启衷怀"，于是得以升堂入室，从此服膺数载，勤苦多方。咸通十一年（870），随入朝使金公紧萦乘船渡海，达于唐土，随后赶赴上都长安，敕住左街宝堂寺孔雀王院。大师所喜神居驻足，胜境栖心。未几，恭逢降诞之辰，敕征入内，懿宗皇帝问大师曰："远涉沧溟，有何求事？"大师对曰："贫道幸获观风上国，问道中华。今日叨沐鸿恩，得窥盛事。所求遍游灵迹，追寻赤水之珠；还耀吾乡，更作青邱之印。"天子厚加宠赍，对其表示嘉许。此后上五台山，投花严寺，求感于文殊大圣。渐次南行，于乾符二年（875），至成都府，巡谒到静众精舍，礼无相大师影堂；投石霜庆诸和尚，殷勤礼足，曲尽虔诚；俄而追游衡岳，参知识之禅居；远至曹溪，礼祖师之宝塔。傍东山之遐秀，采六叶之遗芳，四远参寻，无方不到。中和五年（885），回归故国，再赴崛山，重谒通晓大师梵日。其后曾携瓶钵外出云游，或锡飞于五岳之初，暂栖天柱；或杯渡于三河之后，方住水精。文德二年（当为龙纪元年，889）四月中，崛山大师寝疾，于是回归故山，精勤侍疾，至于归化，"付嘱传心者，惟在大师一人而已"。此后初憩锡于朔州之建子岩，才修茅舍，始启山门，来者如云，朝三暮四。又于乾宁初（894）移住王城，薰工葡於焚香之寺。光化末（898）旋归野郡。孝恭大王（897—912）登位后，

“钦重禅宗，以大师独步海东，孤标天下，特遣僧正法贤等聊飞凤笔，征赴皇居”。天佑三年（906）秋九月十六日，孝恭王“引登秘殿，孤坐禅床之上，预净宸襟，整其冕服，待以国师之礼，虔申钻仰之情”。时“有亲从上殿者四人（疑为十人之误——引者注），曰行谦、邃安、信宗、让规、让景，行超十哲，名盖二禅”。第二年夏末，离开京师，略游海峤，至金海府，应苏公忠子知府及第律熙领军之请，住居名寺。神德大王（912—917）即位后，复召入京。后梁贞明元年（915）春，大师遽携禅众，来至帝乡，入住南山实际寺。时有女弟子明瑶夫人，仰止高山，尊崇佛礼，以石南山寺请为收领，永以住持。此寺“远连四岳，高压南溟，溪涧争流，酷似金与之谷；岩峦斗峻，凝如紫盖之峰，诚招隐之幽居，亦栖禅之佳境者也”。大师甚惬雅怀，于当年秋七月，移居此寺，以为终焉之所。次年春二月示寂，报龄八十五，僧腊六十一。赠谥曰“朗空大师”，塔名“白月栖云之塔”。弟子信宗禅师、周解禅师、林偘禅师等五百来人，共保一心，皆居上足，常勤守护，永切追攀。①

《新罗国石南山故国师碑铭后记》对朗空大师行寂的法嗣又有所补充，其中谓：“国师碑之与录可记而未记者，曰龙潭式照、乾圣让景、燕口惠希、宥襟允正、请龙善现、灵长元甫、石南迥闲、嵩山可定、太子本定。右九师者，国师存日，羽翼在卵，未翥青云际；国师没后，角足成体，始游碧海之中。师之在时，法席（阙一字）牛毛之数；师之入灭，禅座财钟乳之多，人谓之评曰：‘九乳若钟，养九方之佛子；一面如镜，正一国之君臣。’古所谓翼众铣铣，兹焉在焉。”②由此可见行寂弟子之众多，法系之兴盛。

朗圆大师开清的经历见于《高丽国溟州普贤山地藏禅院故国师朗圆大师悟真之塔碑铭》，据此塔铭，开清俗姓金氏，辰韩鸡林人。其先为东溟冠族，本国宗枝。其祖守贞，兰省为郎，柏台作吏。其父虽宦游康郡，但早谐避地之心。开清生于大中八年（854）四月十五日，才有童心，静无儿戏。“八岁而初为鼓箧，十年而暗效横经甘罗。入仕之年，学穷儒典；子晋升仙之岁，才冠孔门。”后来削发出家，寻师于华严山寺，从学于正行法师。“大中末年（860，疑有误——引者注），受具足戒于康州严川寺官坛。”后投通晓大师梵日门下。大师曰：“来何暮

①《奉化太子寺朗空大师白月栖云塔铭》，《朝鲜金石总览》上册，第181—186页；《全唐文》卷一千。

②《新罗国石南山故国师碑铭后记》，《朝鲜金石总览》上册，第186—189页；《全唐文》卷九二二。

矣，待汝多时。”因见趋庭，便令入室。文德二年夏，梵日大师归寂，开清和尚悲痛之余，敬修宝塔，树立丰碑，而且常守松门，几遭草寇。时有当门慕法弟子闵规阏，餐钦风志，慕道情深，乃舍普贤山寺，请以住持。开清住居此寺之后，又高修殿塔，迥启门墙，自此“来者如云，纳之似海。深喜吉祥之地，慧月当轩；共依功德之林，慈云覆室”。

本国景哀大王（924—926）闻大师德高天下，名重海东，于是曾遣使持诏，迎清师入京，“请扶王道之危，仍表国师之礼”。后唐“同光八年（同光无八年，疑为天成五年，930——注）秋九月二十四日，示灭于普贤山寺法堂，俗年九十有六，僧腊七十有二”。高丽王朝高祖赐谥曰朗圆大师，塔名悟真之塔。

上足弟子有神镜、聪静、越皛、奂言、惠如、明然、弘琳禅师等，“俱栖慧菀，共守禅扃”①。

第九节　仰山慧寂与新罗瑞云顺之

新罗禅门中影响较大的还有瑞云寺的顺之禅师。《祖堂集》卷二“瑞云寺 ”记载，五冠山瑞云寺和尚顺之，俗姓朴，浿江（大同江）人。祖考并家业雄豪，世为边将，忠勤之誉，遗庆在乡。其母昭氏，柔范母仪，芬芳闾里。顺之自幼精勤好学，有凌云之志，“剖义谈玄，如同照镜”。年登弱冠，投五冠山剃发，又到俗离山受具足戒。大中十二年（858），随入朝使渡海入唐，登岸之后迳到仰山慧寂和尚处，虔诚礼足，愿为弟子，和尚宽尔笑曰：“来何迟？缘何晚？既有所志，任汝住留。”自此顺之禅师不离慧寂和尚左右，谘禀玄宗，如同孔子门下的颜回，释尊座前的迦叶。同门禅侣，皆增叹服。回国之后，于乾符（874—888）初入居松岳郡女檀越元昌王后及其子威武大王所施之五冠山龙严寺（后改瑞云寺），终老于此，享年六十五，谥号了悟禅师、真原之塔。

顺之之师仰山慧寂，俗姓叶，韶州怀化（或谓须昌、湞昌）人。十七岁依南华寺通禅师落发。未登具即游方，初谒吉州耽源山应真禅师，“已悟玄旨”。后参

①《江陵地藏禅院朗圆大师悟真塔碑》，《朝鲜金石总览》上册，第140—144页；《唐文拾遗》卷七十。

沩山灵佑禅师，“遂升堂奥”[1]。不久往江陵受戒，深探律藏，又参访岩头全，之后回到沩山，执侍灵佑前后十五年，“凡有语句，学众无不弭伏。暨受沩山密印，领众住王莽山，化缘未契，迁止仰山（江西宜春），学徒臻萃”[2]，世称仰山慧寂。慧寂始自仰山，后迁江西观音院，“接机利物，为禅宗标准”[3]。后梁贞明二年(916)[4] 复迁韶州东平山，同年示寂，世寿七十七。[5] 谥号“智通禅师”。塔号妙光。后迁塔于仰山。

> 慧寂上承沩山灵佑，灵佑是百丈怀海弟子，怀海是南岳怀让的法嗣。沩山灵佑与仰山慧寂的法系称沩仰宗，是南宗禅五家七宗之一。慧寂的禅法很有特色，《宋高僧传》“唐袁州仰山慧寂传”谓，慧寂“凡于商榷，多示其相。时韦胄就寂请伽陀（偈颂），乃将纸画规圆相，圆围下注云：思而知之落第二头。云：不思而知落第三首。乃封呈达。自尔有若干势以示学人，谓之仰山门风也。海众抠衣得道者不可胜计。往往有神异之者。倏来忽去，人皆不测。后敕追谥大师曰智通，塔号妙光矣。今传《仰山法示成图相》行于代也”。《景德传灯录》卷十一“灵佑法嗣”中也说：“韦宙就沩山请一伽陀，沩山曰：觌面相呈犹是钝汉，岂况形于纸笔。乃就师请，师于纸上画一圆相，注云：思而知之落第二头，不思而知落第三首。”有僧问慧寂：“如何是祖师意？”寂师：“以手于空作圆相，相中书佛字。僧无语。”“有僧潜来身边立，师开目，于地上作一圆相，相中书水字，顾视其僧，僧无语。”此种以“圆相”传禅的方法，可以说是慧寂的一大发明。新罗顺之正是继承了其师仰山慧寂的这一法门，并进一步加以阐扬与发挥。

《祖堂集》（卷二十，“瑞云寺”）中说，顺之“有时表相现法，示徒证理迟疾”。其“表相现法”的方式有“四对八相”、“二对四相”、“四对五相”。

此中四对八相：

> ○此相者，所依涅槃相，亦名理佛性相，与群生众圣，皆依此相。相虽

---

①《景德传灯录》卷十一。

②《景德传灯录》卷十一。

③《景德传灯录》卷十一。

④据《释氏稽古略》卷三。

⑤有文献谓唐中和三年（883，《祖庭事苑》卷七）或大顺二年（891，《佛祖统纪》卷四十二）示寂。

不异，迷悟不同。故有凡夫有圣，谓识此相者名为圣人，迷此相者名为凡流。……若有人将此月轮相来问，相中心着牛字对也。

，此相者，牛食忍草相，亦名见性成佛相。何以故？经云：“雪山有草，名为忍辱。牛若食者，则出醍醐。”又云：“众生若能听受，咨启大涅槃，则见佛性故。”当知草喻妙法，牛喻顿机，醍醐喻佛。如是则牛若食草，则出醍醐。人若解法，则成正觉。故云牛食忍草相，亦名见性成佛相也。

，此相者，三乘求空相。何以故？三乘人间说真空，有心趣向，未证入真空，故表围相下画三牛也。若将此相来问，以渐次见性成佛相对之。

，此相者，露地白牛相，谓露地者佛地，亦名第一义空。白牛者谘法身之妙慧也，是故表一牛入圆相也。问：“何故月轮相下着三兽，又月轮相中心着牛字对之耶？”答：“月轮相下三兽，是表三乘。月轮相中心一牛，是表一乘，是故举权乘来，现实入证对之。”问：“向前已说，月轮相中心着牛，是牛食忍草相。何故又言月轮相中心着牛者露地白牛相也。两处皆是同相同牛，何故说文不同耶？”答：“说文虽别，相及牛则不异。”问：“若也不异，何故两处各现同相同牛耶？”答：“虽相及牛则不异，见性迟疾不同，故两处各现同相同牛。”问：“若论见性迟疾各别者，食忍草牛与露地白牛谁迟谁疾耶？”答：“食忍草牛，则明花严会中顿见实性之牛，故疾；露地白牛，则明法华会中，会三归一牛故，是故说文虽则不同，证理不异。故举同相同牛，明理智不异，不言来处全同也。”

，此相者，契果修因相。何以故？初发心住，虽成正觉，而不碍众行。慧等佛地，行不过位，故表此相也。古人云，“履践如来所行之迹”，则此相也。若有人将此相来问，又作月轮相中心着卍字对之。

，此相者，因圆果满相也。问：“何故月轮相上头着牛字来，月轮相中心着卐字对之？”答：“月轮相上头着牛者，契果修因相。日［月］轮相中心着卍字者，因圆果满相。举因来现果对之。”

，此相者，求空精行相，谓门前草庵菩萨求空故。经云：“三僧只修菩萨行，难忍能忍，难行能行。”求心不歇，故表此相也。若有人将此相来问，月轮相中心着王字对之。

，此相者，渐证实际相。何以故？若有菩萨经劫修行，坏四魔贼，始得无漏真智，证入佛地，更无余习所怛，似圣王降伏群贼，国界安宁，更无

怨贼所怛。故表此相也。

此下两对四相，遣虚指实。

，此相者，想解遣教相。谓：若有人依佛所说一乘普法，善能讨寻，善能解脱，实不错谬，而不了自己理智，全依他人所说。故表此相也。若有人将此相来问，则袪上头牛字对之。

，此相者，识本还源相。经云：“回神住空窟，降伏难调伏。”解脱魔所缚，超然露地坐，识阴般涅槃者，即此相也。问：“何故袪上头牛字，不袪圆相中心人字耶?”答：“圆相中心人字者，表理智；上头牛字音，喻人想解。”若有人虽依教分析三藏教典，而未显自己理智者，尽是想解。想解不生，则理智现前。故袪上头牛字，不袪圆相中心人字，是故经云：“但除其病，而不除法。”问：“何故不许凡人依教学法耶?”答：“若是智者依教，何用识心？凡人依教无益。”问：“诸佛所说三藏经典，有所用不?”答：“不是不许，依教悟入，依教想解，只是虚妄。是故佛告阿难，虽复忆持，十方如来十二部经，清净妙理如恒河沙，只益戏论，当知依教想解无益。”问：“何故教:”云：“闻佛教者，尽成圣果”？又云：“一毫之善，发迹驻佛”？答：“约上根人，依教便悟。直现理智，决定明了。若约下根，依教不悟，想解无益。此下根人，依教动［熏］种。待后世者，谁言无益？闻佛教者，尽成圣果。一毫之善，发迹驻佛。何况广学经论，及讲说者?’”

，此相者，迷头认影相。何以故？若有人不了自己佛及净土，情知他方佛净土，一心专求往生净土。见佛闻法，故勤修善行。念佛名号，及净土名相。故表此相也。志公笑云：“不解即心即佛，真似骑驴觅驴者。”即此相也。若有人将此相来问，则袪圆相下牛字对之。

，此相者，背影认头相。问：“何故袪下头牛字，不袪圆相中心人字耶?”答：“众生未发真智，未达真空，故专求他方净土及佛，往生净土，见佛闻法。众生若回光发智，达得真空，自己佛及净土，一时齐现。不求心外净土佛，故不袪圆相中心人字，袪下牛字也。”问：“如何是自己佛及自己净土?”答：“众生若发真智，达得真空，即真智是佛，空是净土。若能如是体会，何处更求他方净土及佛也？是故经云：将闻持佛佛，何不自闻闻?”

又此下四对五相：

·，此相者，举函索盖相，亦名半月待圆相。若有人将此相来问，更添半月对之。此则问者举函索盖，答者将盖着函，函盖相称故，已现圆月相也。圆相则表诸佛体也。

（，此相者，把玉觅契相。若有人将此相来问，圆月中心着某对之。此则问者把玉觅契，故答者识珠便下手。

△⃝，此相者，钓入索续相。若有人将此相来问，某字边添着人字对之。此则问者钓入索续，故答续成宝器也。

佛⃝，此相者，已成宝器相。若有人将此相来问，又作圆月相中心着土字对之。

㊏，此相者，玄印旨相，迥然超前现众相。更不属教意所摄。……

顺之有“三遍成佛”说，一是证理成佛，二是行满成佛，三是示显成佛。所谓证理成佛，即“知识言下，回光返照，自己心原，本无一物，便是成佛。不从万行渐渐而证，故云证理成佛”。

所谓行满成佛，即“虽已穷其真理，而顺普贤行愿，历位广修菩萨之道，所行周备，悲智圆满。故云行满成佛也”。“此行满成佛所证之理，不异于前证理成佛之理。理虽不异，行因至果，故云行满成佛也。”

所谓示显成佛，即“如前证理行满，自行成佛已毕，今为众生，示显成佛，八相成道矣”。

顺之说法又有三篇，即第一《顿证实际篇》，第二《回渐证实际篇》，第三《渐证实际篇》。

宏传仰山禅风的新罗僧除顺之之外还有大通禅师。大通俗姓朴，字太融，通化府仲停里人。青少年时即聪睿过人，“遍通诸子百家，洞□□□□□□□千经万论。后窥内典，益悟群□”。“遂投簪落发，解褐披缁”，会昌乙丑年（645）春投大德圣鳞，进具戒僧，修心戒律。又抵枳山，习定三月。后依广宗大师，总理寺务。大中丙子岁（856）随贺正使入唐，遍历宗林，乃至仰山，师事澄虚大师，受其印可。之后又巡礼名山，历参禅伯。于咸通七年（866）回国。回国后广宗大师遣人邀请，殊礼相待。继而，受亦曾有入唐经历的慈忍禅师之邀，住持月光寺。景文王（861—874）曾两次遣使赏金下诏慰劳。中和三年（883）十月示寂，报年六十有八，僧腊三十九。追谥“圆朗禅师”，塔号“大宝禅光”。[①]

第十节　曹洞宗东传与新罗禅门须弥山派

新罗朝末期，庆猷、迥微、丽严、利严等相继来唐，得洞山嫡嗣云居道膺之心要，归国之后大力弘布。又有庆甫，入唐后受法于洞山法嗣疏山匡仁，回国后亦传曹洞家风。他们把中国禅宗曹洞禅传到海东。其中，利严（870—936）法师于896年入唐求法，受法云居道膺，服勤六载，潜受法印，又曾遍访知识，四远参寻。归国后不久，逢高丽王朝建立，高丽太祖把他请入宫中，待以师资之礼。后来他在开京（开城）西北海州之阳择灵山构精舍而居，此即须弥山广照寺。由此学徒会聚，开须弥山派曹洞禅。禅门九山至须弥山派而全部形成，九山又综称为曹溪宗，到高丽时代盛行起来。

云居道膺（853—902），唐代曹洞宗僧。俗姓王，河北玉田人，幼年于范阳（今河北涿县）延寿寺出家，诵习经法。二十五岁时受具足戒。道膺不满足于日常的读经听法，于是四处行脚，来到翠微山参学问道，“三载宴居”[②]。一天，有僧自豫章来，盛称洞山良价法席之盛，道膺听后，即赴洞山参禅，契悟其宗旨，遂嗣其法。初止三峰庵，其化未广；后住云居山，四众臻萃，人称“云居道膺”。曾上堂说法曰：“一法是你本心，万法是你本性。”“一法诸法宗，万法一法通。唯心与唯性，不说异兼同。”上堂又谓：“汝等诸人，直饶学得佛边事，早是错用心。不见古人讲得天花落，石点头，亦不干自己事。自余是甚么闲拟，将有限身心向无限中用，如将方木逗圆孔，多少淆讹。若无恁么事，饶你攒花簇锦，亦无用处，未离情识在。一切事须向这里及尽，若有一毫去不尽，即被尘累。岂况更多！差之毫牦，过犯山岳。不见古人道，学处不玄，尽是流俗，闺合中物，舍不得俱为渗漏。直须向这里及取、及去、及来，并尽一切事，始得无过。如人头头上了，物物上通，只唤作了事人，终不吃作尊贵。将知尊贵一路自别。不见道，从门入者非宝，捧上不成龙，知么?”天复二年（902）示寂。敕谥弘觉禅师。塔

①事见《忠州月光寺圆朗禅师大宝禅光塔碑》，《朝鲜金石总览》上册，第83—86页。

②《宋高僧传·唐洪州云居山道膺传》。

曰圆寂。[1] 道膺门下有新罗弟子庆猷、迥微、丽严、利严、云住、慧禅等人，后两人生平经历于史无载。前四人被称为“海东四无畏大士”。其中利严，即海东禅门九山须弥山派的开创者。

利严的事迹载于《有唐高丽国海州须弥山广照寺故教谥真澈禅师宝月乘空之塔碑铭》，此《碑铭》开首谓：

“昔者肉身菩萨惠可禅师，每闻老生谈天竺吾师夫子达摩大师，乃总持之林苑，不二之川泽也。于是远赍祖法□□□梁，而又游化魏朝，往寻嵩岳，非人不授。始遇大宏，因物表心，付衣为信，犹亦优昙一现。洎于五叶相承，其道弥尊，不令断绝，格于天鉴，玄学咸宗，殊见所生，信衣斯止。是故曹溪为祖，法水长流，波□□□滔天浩浩，犹鲁公之政，先奉文王、康叔之风，以尊周室。则知当仁秀出者唯二，曰让、曰思，实繁有徒，蕃衍无极。承其让者大寂，嗣其思者石头，石头传于药山，药山传于云岩，云岩传于洞山，洞山传于云居，云居传于大师（利严）。传法继明，焕乎本藉。”此是说利严所传承的法脉。

《碑铭》记载，利严俗姓金氏，其先鸡林人。考其国史，实星汉之苗裔。远祖因世道凌夷，新罗多难，流落熊川。其父金章，深爱云泉，因寓城之野。利严生而相表多奇，年十二往伽耶岬寺，投德良法师，恳露所怀，求为师事。自此半年之内，三藏备探。德良法师谓曰：“儒室之颜生，释门之欢喜。是知后生可畏，于子验之者矣。”光启二年（886），受具足戒于本寺道坚律师。

其后情深问道，志在观风，结瓶下山，飞锡沿海。乾宁三年（896），遇入浙使崔艺熙大夫方将西泛，遂搭乘其船，得抵鄞江。适闻云居道膺大师乃禅门之法胤，即不远千里，直诣玄关。大师谓曰：“曾别匪遥，再逢何早？”师对云：“未曾亲侍，宁道复来？”大师默而许之，潜惬玄契。服勤六载，寒苦弥坚。大师谓曰：“道不远人，人能宏道，东山之旨，不在他人，法之中兴，唯我与汝。吾道东矣，念兹在兹。”乃潜受法王之印。由是岭南河北，巡礼佛迹；湖外江西，遍参知识。北游恒岱，无处不游；南抵衡庐，无山不抵。如此四远参寻之后，便于天佑八年（后梁太祖乾化元年，新罗孝恭王十四年，911）逦迤东征，回归故里。适有金海府（庆尚南道）知军府事苏公律熙，“选胜光山，仍修堂宇，倾诚愿海，请住烟霞。桃李无言，稻麻成列，一栖真境，四换周星”。然而，新罗末世，社会

---

[1]见《五灯会元·云居道膺》。

动乱，“大师虽心爱禅林，遁世无闷，而地连贼窟，图身莫安”。于是在天佑十二年（后梁末帝乾化三年，915），途出沙火，得至遵岑永同郡南，灵觉山北，寻谋驻足，“缁素闻风归心者众矣”。

高丽太祖闻大师道高天下，声盖海东，乃召请至京，迎入舍那内院，待以师资之礼，恭披钻仰之仪。太祖问曰：“弟子恭对慈颜，直申素恳。今则国仇稍扰，邻敌交侵，犹似楚汉相持，雄雌未决，至于三纪，常备二凶，虽切好生，渐深相杀，寡人曾蒙佛诫，暗发慈心，恐遗玩寇之愆，仍致危身之祸。大师不辞万里，来化三韩，救爇昆岗，昌言有待。”严师对曰：“夫道在心不在事，法由己不由人。且帝王与匹夫，所修各异，虽行军旅，且慜黎元。何则？王者以四海为家，万民为子，不杀无辜之辈，焉论有罪之徒。所以诸善奉行，是为宏济。”

后唐长兴三年（932），下教于开京西北海州之阳，选择灵峰，为构精舍，寺名“广照”，请以居之，此即须弥山广照寺。自此“学流盈室，禅客满堂”。“其众如麻，其门如市。”

后唐清泰三年（936）八月十七中夜，顺化于当寺法堂，俗年六十有七，僧腊四十有八。追谥真澈大师，塔名宝月乘空之塔。其传业弟子有处光、道忍、贞能、庆崇，并升上足，皆保传心。又有门徒元照上人亲奉玉音。[①]

利严传曹洞家法，开须弥山派，成为新罗末期高丽初期的禅门九山之一。

庆猷，俗姓张氏。其先祖是南阳冠族，大汉宗枝，后来东渡鲸波，定居玄兔郡。庆猷咸通十二年（871）四月十一日生，十五岁出家，光启四年（888），受具于近度寺灵宗律师。此后西渡来唐，学于道膺和尚，和尚“潜付慈灯，密传法要”。并且说：“吾道衰矣，庆猷一人，起予者商，于是乎在。”回国后受到新罗国王的礼敬，更得高丽太祖的信奉。太祖闻大师窥惠日，听玄风，踏浪垂杯，问道中华，钦承愈切，屡祈警诫，以王师之礼待之。因此，猷师道誉颇高，“来者如云，纳之似海。稻麻有列，犹如长者之园；桃李成蹊，亦若他人之市”[②]。贞明七年（921）三月示灭于日月寺法堂，俗年五十有一，僧腊三十有三。赐谥曰法镜，塔名普照慧光。

①见《唐文拾遗》卷六十九。又见《海州广照寺真澈大师宝月乘空塔碑》。《朝鲜金石总览》上册，第125—130页。

②《有晋高丽国踊岩山五龙寺故王师教谥法镜大师普照慧光之塔碑铭并序》，《唐文拾遗》卷七十；《长湍五龙寺法镜大师普照慧光塔铭》，《朝鲜金石总览》上册，第162—169页。

迥微，俗姓崔氏，其先祖是博陵（今中国河北蠡县）冠盖，雄府栋梁，后奉使鸡林，遂寓迹海东，今为武州人。迥微生于咸通五年（864）四月十日。十五岁出家，到宝林寺谒体澄禅师，许以入室。勤苦增劳，不离左右。中和二年（882），受具戒于华严寺官坛。大顺二年（891）春首，随入朝使托足而西，到达唐土，拜道膺为师，由是睹奥幽，探玄理，其学出类拔萃。

迥微于天佑二年（905）回国，住平津无为岬寺。后曾应新罗王之命随驾军旅，班师之际特请同归，供给之资，出于内库。贞明三年（917）迁化，俗年五十有四，僧腊三十有五。高丽定宗（946—949）对微师早披瞻仰，即位之后遂召迥微门下弟子闲俊、化白等，选择胜美之地，造祠建塔，迁葬于所建之冢。并且下诏曰："式旌禅德，宜赐嘉名。"赐谥为先觉大师，塔名为遍光灵塔。赐其寺额敕号太安。①

丽严俗姓金氏，远祖出于华胄，其先鸡林，蕃衍于王城，其后随军西征，定居蓝浦。其父思义，母朴氏。丽严九岁出家，往无量寿寺投住宗法师。初读《华严》，"半年诵百千偈，一日敌三十夫"。广明元年（880），始具大戒，然而渐对教宗，"觉非真实，倾心玄境"，遂投嵩严山广宗大师，为入室弟子。光启三年（887）冬，大师寂灭，便至灵觉山中，虔谒广宗之师兄深光和尚。师事殷勤，服膺数岁，然后西渡来唐，礼见云居大师，得"传大觉之心，佩云居之印"。临别时道膺赠言："飞鸣在彼，且莫因循，所冀敷演真宗，以光吾道，保持法要，知在汝曹。"

丽严于天佑六年（909）七月还国。先抵月岳，但因其地多虞，"难谋宴坐"，未几即投小伯山以栖霞。当时有知基州诸军事上国康公萱，宝树钦风，禅林慕道，归依禅德，倍感玄风，便将丽严师之功德奏闻高丽太祖。太祖"闻大师道冠中华，名高两地，遽飞凤笔，征赴龙墀"。中间曾回到小伯山，重修遗址，但不久太祖又特令贵使，虔请入朝。以小伯山离京太远，便舍菩提寺，请丽严住持。其寺山川胜美，从善之徒，不呼而集。有传业弟子融阐、昕政等五百余人。

同光七年（当为天成四年，929）十一月二十八日示疾，次年二月十七日示

①事见《高丽先觉大师碑》，《唐文拾遗》卷七十；《康津无为寺先觉大师遍光塔碑》，《朝鲜金石总览》上册，第169—174页。

寂于法堂，春秋六十有九，僧腊五十。谥曰大镜大师，塔名元机之塔。①

匡仁弟子庆甫，俗姓金，字光宗，鸠林人。其母于咸通九年（868）夜梦青琉璃珠入怀，因而有娠，“如来出世之月二十日诞生大师”。幼年出家，至夫仁山寺落采。不久，诣白鸡山谒道乘和尚，请为弟子，“修菩萨道，入如来家，睹奥之眼曾开，知几之心既悟，以为非智无以护其法，非戒无以防其违”。十八岁受具足戒于月游山华严寺，此后“游有泛览，学无常师。历谒圣住无染大师，崛山梵日大师”。景福元年（892）春搭商船入唐，“云心访道，浪迹寻师，乃诣疏山谒匡仁和尚”。匡仁誉之为“鲽海龙子”，许其登堂入室。“方资目击，既得心传。”匡仁大喜曰：“其有东流之说，西学之求者，则可与言道者鲜矣，东人可目语者唯子。”于是“执手传灯，因心授印”。此后庆甫游历名山，“僧之真者必诣，境之绝者必搜”。乃往谒江西老善和尚，与和尚“捷对无羁，扬言无碍”。天佑十八年（921）返国，抵达全州。当时的州尊都统甄萱大傅，申弟子礼，并请住州之离地南福禅院。不久又移住出国前从道乘和尚学法的白鸡山玉龙寺。清泰三年（936），高丽太祖“企望清风，遥瞻白月，遽飞芝检，征赴玉京。及其目睹凤来仪，耳聆龙变化，虽是归僧之礼，方同奉佛之仪”。惠宗“奉以遗风，继之先志，注精心而亹亹祈法力”。定宗亦曾召请入京问道。高丽定宗三年（后汉乾祐元年，948）示灭于玉龙上院，世寿八十，僧腊六十二。追谥“洞真大师”，塔号“宝云”。②

第十一节　石霜庆诸禅法在海东的传承

石霜庆诸是青原行思的四世法嗣。青原门下有药山惟俨，药山门下有道吾宗智（圆智），石霜庆诸即道吾宗智的弟子。

庆诸俗姓陈，庐陵新淦（今江西清江）人，十三岁落发，二十三岁受具足

①事见《高丽国弥智山菩提寺故教谥大镜大师元机之塔碑铭并序》，《唐文拾遗》卷六十九；《砥平菩提寺大镜大师玄机塔碑》，《朝鲜金石总览》上册，第130—134页。

②事见《光阳玉龙寺洞真大师宝云塔碑》，《朝鲜金石总览》上册，第189—193页。

戒，曾学毗尼，又曾投沩山灵佑座下。“后避世，混俗于长沙浏阳陶家坊。朝游夕处，人莫能识”①。后来师事道吾，道吾寂后，乃在石霜山开法接众，学侣云集，常多达五百余人。

据《景德传灯录》卷十六记载，庆诸法嗣四十一人，其中有新罗钦忠禅师、行寂禅师、朗禅师和清虚禅师，然而都“无机缘语句”，故无录。唯有行寂禅师的事迹见诸碑铭，但他是阇崛山派开山梵日之门人，前已有详述。不过，庆诸有几位弟子，门下有新罗法嗣，较有影响者是九峰道虔门下的玄晖、云盖志元门下的忠湛，及道缘门下的竞让。

玄晖行迹见于《忠州净土寺法镜大师慈灯塔碑》②，此中记载，玄晖俗姓李，其先为“周朝闿德柱史，逃荣苦县”。其远祖在唐远征辽左时从军，遂定居鸡林，为全州南原人。其父德顺，尤明《老》、《易》，雅好琴、诗。高尚其事，素无宦情。玄晖生于乾符六年（879），自幼出家，寻山陟岭东去，投灵觉山寺，谒深光（心光）大师，深光是无染法嗣，所以玄晖“亦为麻谷之孙”。乾宁五年（898）受具于伽耶山寺。后与同侣十余人南行至武州，教化群黎。天佑三年（906），渡海入唐，“路出东阳，经过彭泽，遂至九峰山下虔谒道乾（道虔）大师”。道乾心生欢喜，允其“升堂睹奥，入室参禅。才留一旬，密付心要，受兹玄契，如泻德瓶”。此后又独提瓶锡，四远参寻，“境之幽兮往游，山之秀兮留驻”。历访天台、岭外、湖南、幽燕、邛蜀，抵达四明，得知本国“祈山雾收，瀚海波息，皆销外难，再致中兴”，乃于同光二年（924）归国，“国人相庆，欢响动天”。高丽太祖“特遣使臣，奉迎郊外，宠荣之盛，冠绝当时。翌日，延入九重，降于三等，虔心钻仰，待以国师”，并请玄晖住持净土寺以便亲近问道。“当州闻风而悦，诣者百千。”“四方来者，皆满茅堂，森若稻麻。”“朝廷士流”，因“忙于王事，不践门阈，以为大羞。若乃虔谒禅关，仰承一眄，每闻晓诲，如洗朝饥”。净土寺乃成为享誉全国的一大禅林。玄晖说法，以“观法无本，观心不生，惟最上乘，止于中道”为其宗要。天福六年（941）十一月示寂，俗年六十三，僧腊四十一。谥曰“法镜大师”，塔名“慈灯之塔”。有弟子阔行等传其法。

忠湛俗姓金，其先鸡林冠族，兔郡宗枝。咸通十年（869）八月一日生。“生有

①《景德传灯录》卷十五。

②《朝鲜金石总览》上册，第149—156页。

殊相，弱无戏言”，“性灵超众，神悟绝伦，槐市横经，杏园命笔”。少年失怙，乃投其父生前空门之友长纯禅师出家为僧，“寻令升堂睹奥，入室钩深”。龙纪元年（889），受具戒于武州灵神寺。既而习其相部，精究毗尼。不久之后，西渡入唐，达于彼岸，径登云盖禅宇，虔礼石霜庆诸法嗣志元圆净（《塔铭》误为“净圆”）大师，得其法印。复至河东，参紫岳禅门。“故能初窥圣典，久栖禹穴之旁；始览灵踪，方到燕台之畔。”乃于天佑十年（913）后不久返国。高丽太祖奉迎内殿，恭披弟子之仪；一一书绅，结以王师之礼。后又召请入京，“别饰玉堂，令升绳榻”，竭诚问道。自此“高敞禅扃”，“学人如雾”，“不受大师之诲者，处处精舍，其徒摈之”。天福五年（940）七月十八日坐灭。俗年七十有二。门下弟子五百余人。[①]

竞让是石霜庆诸“嫡嗣”道缘的弟子，据《闻庆凤岩寺静真大师圆悟塔碑》[②]记载，竞让俗姓王，公州人。其祖淑长，父亮吉，“并戴仁履义”，“州里称长者之名，远近闻贤哉之誉”，“况自高曾之世，咸推郡邑之豪”。其母金氏，妇道有规，敬恭僧佛。竞让幼时即“坐必加趺，行须合掌，聚沙画墁，模像塔以依稀，采叶摘花，拟供具而陈列”。少年出家入道，投于本州岛南穴院如解禅师，受度剃发。乾宁四年（897），于鸡龙山普愿精舍受戒。后谒西穴院扬孚禅师，禅师“豁青眼以邀迎，推赤心而接待”。竞让“服膺不怠，就养惟勤”。光化三年（900），渡海入唐，乃诣谷山谒“石霜之嫡嗣”道缘和尚。竞让问曰：“石霜宗旨的意如何?”道缘对云：“代代不曾承。”竞让“言下大悟，遂得默达玄机，密传秘印”。之后潜心研学，成为“标领袖于禅门，占筌镛于法苑”的“铮铮者”。竞让“心澄止水，迹寄断云，异境灵山必尽览游之兴，江南河北，靡辞跋涉之劳”。乃于梁龙德四年（后唐同光二年，924），跳出谷山，路指幽代，巡礼五台圣迹，届于观音寺憩歇。复又西经云盖，南历洞山，于同年七月返国。此时正值罗末乱世，让师乃“庇影山中，韬光庑下”。然而“烟霞之洞，渐成桃李之溪”，无法潜藏下去，便于天成二年（927）迁徙至西穴故师扬孚修建并住持过的康州伯严寺，由是“访道者云蒸雾涌，请益者接踵联肩，化遍海隅，声振日域”。新罗景哀王遣使寓书，称颂他“早逾溟渤，远届曹溪，传心中之秘印，探颔下之明珠，继燃慧

①见《高丽国原州灵凤山兴法寺忠湛大师塔铭》，《全唐文》卷一千；《原州兴法寺真空大师塔碑》，《朝鲜金石总览》上册，第143—149页。

②《朝鲜金石总览》上册，第196—207页。

炬之光，广导迷津之路。禅河以之汩汩，法山于是峨峨。冀令鸡岭之玄风，播在鸠林之远地，则岂一邦之依赖，实千载之遭逢”。并上别号曰“奉宗大师”。清泰二年（935），迁移到曦阳山凤岩寺，“营构禅室，诱引学徒”。第二年，王建荡平内乱，建立起统一的高丽王朝，采取“重僧归佛”的政策，“遵梁帝之遗风，模五天而像饰。爰崇辟四门，而英贤是召。于是道人辐凑，禅侣云臻，争论上德之宗，高赞太平之业”。在王建崇佛政策的感召下，竞让“不待鹄版，便出虎溪”，主动到京城去见太祖。“太祖见而异之，危坐耸敬，因问传法所自，莫不应对如流。”太祖即与竞让商讨写经弘法大事，自此之后，太祖“一心敬仰，四事倾勤，或辟紫宸而恳请邀延，或诣绀宇而亲加问讯”。太祖去世后，惠宗、定宗、光宗前后相继，皆归仰竞让。定宗曾召请入京，征询理国之方略，并赠新制磨衲袈裟一领，新写义熙本《华严经》八帙。光宗亦迎入王京，安置于护国帝释院，又“高辟天闱，别张净室”，亲迎竞让入内，“咨诹于政道”，又请说法，听“言忘言之言，说无说之说”。遂表示“皈依之恳”，待以师资之礼。后移住舍那禅院，“送磨衲袈裟一领，兼营斋设，无不精勤”。光宗视竞让为“化身菩萨”，特加尊号为“证空大师”。广顺三年（953）秋，竞让还归故山。显德三年（956）秋八月十九日坐灭。享龄七十九，历夏六十。谥曰“静真大师”，塔号“圆悟之塔”。

竞让住持的曦阳山凤岩寺，在遭贼火焚烧之前，本是智诜（道宪）传法的本山，而前述崔致远《智证碑》中有谓：道宪“始大成也，发蒙于梵体大德，禀具于琼仪律师；终上达也，探玄于慧隐严君，受默于扬孚令子，法胤唐四祖为五世父，东渐于海，溯游数之，双峰子法朗，孙慎行，曾孙遵范，玄孙慧隐，末孙大师也”。这正如本章第二节所述，道宪总体上是承继了法朗所传的四祖禅和慎行所传的北宗禅，而开新罗禅门曦阳山派。然而值得注意的是，道宪还曾“受默于扬孚令子”。《静真塔碑》则说：“曹溪传南岳让（怀让），让传江西一（道一），一传沧州鉴（神鉴），鉴犹东顾，传于海东。谁其继者？即南岳（智异山）双溪慧明（昭）禅师焉。明（昭）复传贤溪王师道宪，宪传康州伯严杨孚禅师，孚即我大师严师也。”照此说法，道宪还承继了南岳怀让法系的南宗禅，道宪传杨孚，杨孚传竞让。而竞让又入唐，学于青原法系石霜庆诸的弟子道缘。这样，竞让即是综合了慧能门下南岳、青原两大法脉的南宗禅法，而开曦阳山派。如果这些记述都是事实，那么曦阳山派则是梅开二度，一是道宪，以北宗禅为主，兼弘四祖道信和南宗禅法；二是竞让，以弘传南岳和青原两大法系的南宗禅为主。

第十二节　投子大同与海东璨幽

投子大同受法于翠微无学，无学承丹霞天然，天然承石头希迁，希迁是青原行思的单传弟子。投子大同则为青原的五世法孙，璨幽入唐，学于投子大同。

据《骊州高达寺元宗大师惠真塔碑》① 所记，璨幽字道光，俗姓金，鸡林河南人。孙孙著族，代代名家。生于咸通十年（869）四月四日，十三岁落发出家，师从尚州公山三郎寺融谛禅师，继而在融谛指引下，往投慧目山审希禅师，在慧目山“允叶服膺，增修学道之心，倍励习禅之志。未几，精穷妙理，高悟玄机”。二十二岁受具于杨州三角山庄义寺。景福元年（892）春，乘商船西渡入唐，遂往舒州桐城县寂住山谒投子大同禅师，大同见璨幽“莲目殊姿，玉毫异相”，乃曰：“其有东流之说西学之求者，则可以与言道者，唯子矣。”璨幽于是潜心研学，“悟微言于舌底，认真佛于身中”。尔后又“旁求胜友，历谒高师。或索隐于天台，或探玄于江左，入真如之性海，得摩尼之宝珠”。贞明七年（921）秋归国，在华学法长达三十年。回国后径诣凤林归觐真镜大师审希，应审希之劝住三郎寺。三年之后，又“远携藜杖，径诣玉京，遂入觐太祖”。太祖请其入住广州天王寺。后移居慧目山，于是“四远问津者视千里犹跬步，如云来者，似海纳之。莫不犇驰善道以憧憧，出入玄门而济济”。此时，太祖“方当际会，欲表因缘，送霞衲衣并座具”。惠宗、定宗亦殊礼相待。光宗即位后，“信向心深，钦承志至，遂奉师号为证真大师”。璨幽道誉日盛，“众学有稻麻之列，朋来成桃李之蹊”。光宗又遣使征赴京城，安置于舍那院，并幸舍那院叙弟子之礼，“瞻依更切，钻仰弥深”。又于重光殿开法筵，奉为国师，献踏衲袈裟、磨衲袄并座具、银瓶、银香炉、金扣瓷钵、水精念珠等。再于天德殿高敞法筵，升座说法。

有僧问：“如何是向上一路?”大师曰：“不从千圣得。”又问：“既不从千圣得，从上相传从何而有?”大师曰：“只为不从千圣得，所以从上相传。”又问：“与么即二祖不望西天，达摩不到唐土。”大师曰：“虽不从千圣得，达摩不虚过来。”

后来璨幽辞归松门，光宗乃制《讲德诗》寄献。其诗曰：“慧日高悬曜海乡，

---

①《朝鲜金石总览》上册，第207—213页。

真身寂寂现和光，贝中演法开迷路，钵里生莲入定场。一唱成音收雾净，二门离相出尘凉，玄关远隔山川外，恨不奔波谒上房。”并送乌裎、芳荈、丹黴、名香，“用表信心，遥祈法力”。显德五年（958）秋八月五日，大师将化，乃集众于庭，遗训曰：“万法皆空，吾将往矣。一心为本，汝等勉旃。心生法生，心灭法灭。仁心即佛，宁有种乎。如来正戒，其护之勖之哉！”言毕入房，俨然趺坐示灭。世寿九十，僧腊六十九。追谥“元宗大师”，塔号“惠真”。光宗还以“皇帝陛下”诏书的形式规定，高达院等三处寺院，“只留不动。门下弟子相续住持，代代不绝，以此为炬”。璨幽门下道俗弟子有昕弘、同光、幸近、传印、金镜、训善、俊解、胜演、义光、全状等五百余人。

第十三节　永明延寿与法眼宗东传

法眼宗是我国禅宗五家七宗之一，法眼文益（885—958）开创，源出南宗青原行思之法脉。文益俗姓鲁，余杭人，参学于漳州罗汉院桂琛禅师，由桂琛“若论佛法，一切现成”一语而得悟。其后历住崇寿院、报恩禅院、清凉大道场，盛倡禅道，繁兴一时，吴越王钱弘俶亦归依之。他主张“明事不二，贵在圆融”，“不着他求，尽由心造”。文益圆寂后，南唐中主李璟给以“大法眼禅师”的称号，后世因称此宗为法眼宗。其嗣法弟子六十三人，以天台德韶（891—972）居首。德韶亦受吴越忠懿王之归崇，大振禅法，法嗣四十九人，以永明延寿居上。

延寿（904—975），余杭人，俗姓王，二十八岁出家后曾往天台山习定行忏，之后往谒德韶禅师，尽受玄旨，初住明州的雪窦山，宋建隆元年（960）应吴越王之请，住杭州灵隐山的新寺，第二年又应请移住永明寺大道场，四方参学者众多。撰有《宗镜录》百卷、《心赋注》四卷、《唯心诀》一卷及《万善同归集》等书，阐扬文益的“尽由心造”之旨，力主禅教一致的观点。由于永明延寿，法眼宗东传到了高丽。

据《景德传灯录》卷二十六“延寿”传载，延寿“居永明道场十五载，度弟子一千七百人，开宝七年入天台山，度戒约万余人。常与七众受菩萨戒，夜施鬼神食，朝放诸生类不可称算。六时散华，行道余力念《法华经》一万三千部。著《宗镜录》一百卷。诗偈赋咏凡千万言，播于海外。高丽国王览师言教，遣使赍书，叙弟子之礼，奉金线织成袈裟、紫水精数珠、金澡罐等。彼国僧三十六人亲承印记，前后归本国，各化一方”。

另外，高丽僧智宗，曾入华求法，师事永明延寿，得其心要，回国后传法眼宗。智宗，字神则，俗姓李，全州人。其父名行顺，抱义戴仁，履谦居寡。其母金氏，颇有美誉。他八岁出家，投寓居舍那寺的印度僧弘梵三藏落发，弘梵三藏回印度后，转奉广化寺景哲和尚。开宝（运）三年（946），禀具于灵通寺之官坛。广顺三年（953），造曦阳山超禅师所，正值一侍者僧洒扫法堂，洒水有不周之处，超问曰：“有个处水不着，你作么生?”僧无对。智宗乃代答曰：“更不要洒，一任扫地。”超公“乍聆善应，深识道存”，遂作成偈颂，传唱褒扬，智宗“美价由是顿高，宾筵以之咸服”。显德六年（959）夏，西渡入华，到达吴越国，先谒永明寺延寿禅师。延寿问曰：“为法来耶，为事来耶?”智宗云：“为法来。”问：“法无有二而遍沙界，何劳过海来到这里?”答：“既遍沙界，何妨过来。”寿公佳其所对，于是“豁开青眼，优待黄头，便解髻珠，即传心印”。师事永明延寿二年之后，至国清寺膜拜净光大师义寂，义寂授《大定慧论》等天台教籍，智宗努力研习，“是彝是训，如切如磋”。宋开宝元年（968），僧统知内道场功德事赞宁、天台县宰任埴等，闻说智宗“精研慧刃，足可屠龙，敏发玄机，宜堪中鹄。高山仰止，异口同音”。乃请于大教院讲《大定慧论》并《法华经》。智宗“率意而从，当仁不让”。“矢在弦而旋法，刀引镜以且成。”“对三根而贾勇，论六慧以抗棱。足使如堵而观，折床而听。”开宝三年（970）东渡返国。高丽光宗“视以罗什如秦，摩腾入汉，益厚优贤之意，弥敦奖善之仁”。初署“大师”号，延请居于金光禅院，末年加“重大师”号，施磨衲袈裟。自此以后，“众所具瞻，滋多兼济。虽玄玄之趣，桃李无言；而悱悱之流，稻麻成列”。景宗践祚，除“三重大师”，赐水精念珠。到成宗朝，迁住积石寺，号为“慧月”。淳化中（990—994）又迎请智宗入宫说法。穆宗继承先志，亦缔胜缘，累加“光天遍照至觉智满圆默禅师”，赠绣方袍，并以佛恩寺、护国外帝释院等为其住持之所。显宗崇授“大禅师”，请住广明寺，进法称曰“寂然”。此后又相继亲拜为“王师”，献金银线织成罽锦法衣、器具、茗馞等名目繁多的礼品，三年后又加号曰“普化”。天禧二年（1018），移住原州贤溪山居顿寺，同年示化，世寿八十九，僧腊七十二。显宗追赠“国师”，谥曰“圆空”，塔名“胜妙之塔”。智宗受到高丽五代国王的崇遇，可见其地位之重要。①

①事见《原州居顿寺圆空国师胜妙塔碑》，《朝鲜金石总览》上册，第253—259页。

第九章

义天入宋求法与高丽教宗的振兴

中国的宋元时期，在时间上大体与韩国的高丽时期相当。韩国的高丽时期，儒、佛二教都受到王室的支持，佛寺尤其得到王权的庇护，寺院经济非常发达。首都开京的兴王寺，其建筑房屋竟达二千八百间之多。并且，高丽王朝又依照科举制度，制定了僧科制度，教宗与禅宗二科考试合格者，就取得“大选”法阶，其后逐渐晋升为大德、大师、重大师、三重大师。禅宗有禅师、大禅师，教宗有首座、僧统，与官阶大体相同。僧人的最高名誉是王师、国师，相当于王的顾问。由此，僧官的选用与高丽王权密切地联结在一起了。

高丽自太祖王建起即崇奉佛教，大兴佛寺。王建曾对内奉卿崔凝说：“昔新罗造九层塔，遂成一统之业。今于开京建七层塔，西京（平壤）建九层塔，冀借玄功，除群丑合三韩为一家。”① 后来他果然统一了朝鲜半岛，便更相信这是佛力佑护的结果，因而大建寺院，礼敬名僧，每年举行八关会等佛教仪式。在太祖王建的治国纲领《高丽十训要》中，第一条即是崇佛的内容：“其一曰：我国家大业，必资诸佛护卫之力，故创禅教寺院，差遣住持焚修，使各治其业。后世奸臣执政，徇僧请谒，各业寺社，争相换夺，切宜禁之。”其第六条又具体规定了事佛的仪规：“朕所至愿，在于燃灯、八关，燃灯所以事佛，八关所以事天灵及五岳名山大川龙神也。后世奸臣，建白加减者，切宜禁止。吾亦当初誓心，会日，不犯国忌，君臣同乐，宜当敬依行之。”

①《东国宝鉴》卷一二。

太祖之后，历代君王都遵从着太祖的遗训，相信高丽大业“必资诸佛护卫之力”①，继续尊崇佛教，因而高丽佛教成为韩国佛教史上的鼎盛时期，中国佛教各宗派，无论教宗还是禅宗，在朝鲜半岛都相当活跃。在高丽教宗中，地位重要者要首推大觉国师义天。

第一节　义天入宋前后经历

义天（1055—1101）俗姓王，名煦，字义天，高丽太祖四世孙，文宗王第四子。因其名犯宋哲宗讳，故以字行。其母仁睿太后李氏，因瑞得子，至和二年（1055）九月二十八日于宫中生义天。义天“少超悟，读书属辞精敏若宿习。兄弟皆有贤德而师（义天）杰然出锋颖”。文宗王尝谓诸子曰：“孰能为僧作福田利益乎？”义天起而答曰：“臣有出世志，惟上所使。”上曰：“善。”乃于治平二年（1065）五月十四日，征景德国师于内殿，为义天剃发，之后，义天随师出居灵通寺，十月，就佛日寺戒坛受具足戒，时年十一岁。成人之后，“尝梦人传澄观法师书，自是，慧解日进。至年甫壮，益自勤苦，早夜矻矻，务博览强记，而无常师，道之所存，则从而学之。自贤首教观及顿渐、大小乘经律论章疏无不探索。又余力外学，见闻渊博，自仲尼、老聃之书，子史集录百家之说，亦尝玩其菁华，而寻其根底，故议论纵横驰骋，衮衮无津涯，虽老师宿德，皆自以为不及。”② 这说明他在入宋求法之前，即已广览佛典，精心探究，而且对儒家、道家之书，中国经史子集、百家之说，都有深入的了解。正因为如此，文宗王褒之为佑世僧统。

他“尝有志如宋问道”，适闻“晋水净源法师，以慧行为学者师”，乃“托舶贾致书以修礼，源公知师非常人，即复书相招”。义天“由是欲往滋甚”。高丽宣宗王二年（1085，宋元丰八年），义天入内诚请入宋求法，群臣皆以为不可。义天对宣宗及群臣说：“圣贤忘躯慕道，如玄奘往西域，义想（湘）入中国。苟安而不务求师，非所以出家本意。”其言恳切，继之以泣。宣宗甚为感激，意欲许

①《高丽史》卷二。

②《大觉国师外集》（以下简称《外集》）卷十二，《灵通寺碑》。

之，但群臣仍是激烈反对，只好作罢。到第二年（1086）四月八日夜，义天给宣宗及太后留书一封，率弟子寿分（介）微服至贞州，乘商船出发。宣宗闻之大为吃惊，速差遣官僚与其弟子乐真、慧宣、道邻等随行。

其《请入大宋求法表》有云："伏遇主上承祧以立，为世而来，宿敦菩萨之因，现感皇王之位，体佛在之正化，阐佛后之遗风，聪明文思，光被率土，慈悲喜舍，利洽黎元。三尊仗以住持，兆民赖之庆乐。匪唯修文偃虎（武），克宣人主之威，抑亦传教利生，聿布法王之令。但以道流寂尔，讲肆阒然，遂使真趣屈于异端，玄言隐于浮伪，玩文味义，空恋于古贤，负笈横经，罕逢于善匠。若不问津于中国，固难抉膜于东方。窃惟圆光振锡已还，义想（湘）浮杯以降，清风绝后，高迹无追。臣是敢视险若夷，发愤忘食，虚襟致想，引领俟时，于去年八月，得大宋两浙华严阇梨净源法师书一道。其书云：因风而来，口授心传，则针芥虽远，悦高下之相投；笙磬同音，穆宫商而切响。斯言三复，臣意一同，睎巨利以未忘，认强缘而得遇。望南巡之法驾，鲠恋虽深；顾西迈之客帆云游斯切。黾俛难裁于进退，徘徊几念于因缘。揣志失图，抚躯无措。伏望主上，愍臣为法，恕臣冒刑，轻万死于涉长波，委一身于到彼岸。赖之以我王圣德，荷之以我佛冥加，炳慧焰于西传，辗法轮于东返。道光重映于千古，慈风益扇于三韩。大教卷而复舒，幽旨沦而更现。则虽暂违于忠孝，冀有补于邦家。"①

七月六日到达宋都开封，住启圣寺。宋哲宗在垂拱殿迎见，礼遇备至。义天请遍参名德，于是诏华严法师有诚相与游处，义天以弟子之礼谒有诚，彼此问答贤首天台判教同异及两宗幽妙之义，曲尽其说。后到相国寺，参谒禅宗青原系圆照禅师宗本，圆照为其升堂说法，继而说偈云："谁人万里洪波上，为法忘躯效善财，想得阎浮应罕有，优昙花向火中开。"又到兴国寺，谒见西天三藏天吉祥，详询西天之事。一个月后，上章奏请往杭州华严座主净源讲下受业。诏从之，并差主客员外郎杨杰伴行。途经金山时，谒见了佛印禅师了元。他到达杭州后，即投大中祥符寺，以净源为师，钻研华严学。此后净源入主南山慧因院，开讲武周时译《华严经》，义天也随师住到慧因院。其间，他还特请上天竺寺慈辩大师从谏讲授天台宗经论，又请灵芝寺元照律师传授戒法。

宋元祐元年（1086），高丽宣宗王上表宋廷，述其母后之意，请求遣义天还

---

①《大觉国师文集》（以下简称《文集》）卷五。

国。不久，义天应诏赴京，临行前从谏赠手炉、如意，并著诗一首送别。义天与净源同舟前往京城，一路讲学不辍。义天抵京后，宋哲宗又在垂拱殿接见。留数日，重返杭州慧因院，听受净源传道。传道完毕，净源正坐焚香云："愿僧统归，广作佛事，传一灯使百千灯相续而无穷。"于是授经书炉拂，以为付法之信[①]。义天辞别源公之后，行至天台山，登定光佛陇，拜谒智者大师塔，并在塔前宣誓，还国之后，弘传天台教观。又自天台到明州，往育王广利寺，谒见大觉禅师怀琏。五月二十日，义天随高丽朝贺回使放洋返国。他在宋游学十四个月（宋元祐元年闰二月），"所至名山胜景，诸有圣迹，无不瞻礼，所遇高僧五十余人，亦皆咨问法要"。[②]"师之往求法，非止遍参历问，记在灵府，其所求来经书，大半本朝所未尝行者。临行，主客谓诸禅讲诸公曰：自古圣贤越海求法者多矣，岂如僧统一来，上国所有天台、贤首、南山、慈恩、曹溪、西天梵学一时传了。真弘法大菩萨之行者。此真实义谛，非溢美之言也。昔孔子自卫返鲁，然后乐正、雅颂各得其所；国师自宋返国，然后诸宗之教各得其正。况天台一宗，虽或滥觞于谛观、智宗辈，而此土未立其宗，学者久绝。——师以命世大任之才，其于诸宗之学，靡不刳心。而其自许以为己任者，在于贤首、天台两宗者，当其时节因缘故。"[③]

义天回国后，高丽王臣无不感动。皇帝所赠金绘、国王太后寄送财宝以巨万计，全部施诸道场。他入住都城的兴王寺，"宣演教理，尽妙穷神，学者海会，得未曾有"。后又住持洪圆寺等寺，洪圆寺修建了"九祖堂"，"前世为祖谱不一，今以马鸣、龙树、天亲、佛陀、光统、帝心、云华、贤首、清凉为九祖，师所定也"。仁睿王后和宣宗去世后，一度退居海印寺，"溪山自适，浩然有终焉之志"。献宗再征不能致。肃宗即位后，数次遣近臣斋书迎请，"备礼厚辞，义不可拒，乃赴都复居兴王寺，教学如初"。之后又"住持国清寺，初讲天台教"。"依文而显理，穷理而尽心。止观圆明，语默自在。拔尽信书之守，破恶取空之执，一时学者瞻望圣涯，拾旧而自来，几一千人。盛矣哉！世之议台宗者，谓师百世不迁之宗，渠不信哉。"[④] 肃宗六年（1101）秋八月，遘疾，冬十月五日示灭，享年四十七，僧腊三十六。寂后册封为"国师"，定谥"大觉"。编著有《新编诸宗教藏总

①《大觉国师外集》（以下简称《外集》）卷十二，《灵通寺碑》。

②《大觉国师外集》（以下简称《外集》）卷十二，《灵通寺碑》。

③《外集》卷十三《仙凤寺碑》。

④《外集》卷十二《灵通寺碑》。

录》、《圆宗文类》、《释苑辞林》等。其门人集所撰诗文为《大觉国师文集》二十卷，今皆收入《韩国佛教全书》第四册。

第二节　义天的“圆融”佛学观

义天从天台宗“一念三千”的理论出发，主张心为万事万物的本原，“此心其体清静，其用自在，其相平等，不分而分，虽说三义，圣凡一体，依正不二，迷之则烦恼生死，悟之则菩提涅槃，推之于心则为心也，推之于物则为物也。故得世出世间一切诸法，皆同一性，无有差别”①。义天的这些思想，并不仅仅是依据天台教义，而是把天台、华严和禅宗思想整合在一起了。

他的佛学思想以“圆融”为突出特点，继承了中韩两国的传统思想，特别是发挥了新罗元晓的“和诤”理论。义天对元晓极为赞佩，他在《祭芬皇寺晓圣文》中说：“我海东菩萨（指元晓），融明性相，隐括古今，和百家异诤之端，得一代至公之论，而况神通不测，妙用难思，尘虽同而不污其真，光虽和而不渝其体，令名所以振华梵，慈化所以被幽冥。”他认为，元晓的佛学以“和诤”的理论包罗了佛教诸多宗派及其思想，在中国、印度和韩国都有着重要的影响。他继承了元晓“和百家异诤”的主张，并进行了多方面的发挥。

首先，义天对佛教各种宗派、大乘小乘，均取融通的立场。他说：“清凉有言：‘性之与相，若天之日月，易之乾坤，学兼两辙，方曰通人。’是知不学《俱舍》，不知小乘之说；不学唯识，宁见始教之宗；不学《起信》，岂明终顿之理；不学《华严》，难入圆融之门。良以浅不至深，深必该浅，理数之然也。故经偈云：‘无力饮池河，讵能吞大海；不习二乘法，何能学大乘。’斯言可信也。二乘尚习，况大乘乎？”② 在这里，他提出“圆融”的思想，主张大乘小乘、性宗相宗都应兼学，特别提到唯识学、《起信论》与华严学之互学互补，与元晓的思想息息相通。由此，他批评说：“近世学佛者，自谓顿悟，蔑视权小，及谈性相，往往

①《文集》卷三。
②《文集》卷一。

取笑于人者，皆由不能兼学之过也。”[①] 他认为，那些不知兼学大小乘诸宗派的学人，自以为是顿悟，实则未悟佛理，因无知而常闹出笑话。在义天看来，印度佛学本是圆融之学，印度论师马鸣、龙树与无着、世亲，虽立论有异，而宗趣无别，“马鸣龙树光前世，无着世亲继后尘，逐末虽云宗有异，归元无奈道还均”[②]。所以林存撰《仙凤寺碑文》说：义天“以命世大任之才，其于诸宗之学，靡不刳心。而其自许以为己任者，在于贤首、天台两宗者，当其时节因缘故”。这是说，义天博通各宗各派，而他之所以着力弘扬华严、天台，是基于当时的实际情况，而非偏执某宗某派。

其次，义天着力在教、禅二宗的会通。教宗包括天台、华严等宗，与禅宗本无划然之界限。唐代圭峰宗密、永明延寿等名僧，都主张教禅一致。但自宋代以后，教禅出现分离的趋向，寺院有教院、禅院之别，学佛者也多各守其宗。中国禅宗在六祖慧能之后，南宗禅独盛，分为五家七宗，多主张“不立文字，教外别传，以心传心，见性成佛”，对于佛教经典不加重视，对禅宗理论也很少直接正面阐发。这些都造成了教、禅的相互沟通的障碍。义天极不赞成这种教禅分隔的倾向，他认为教宗和禅宗的旨趣是一致的，其《寄玄居士诗》云：“海印森罗处，尘尘大道场，我方传教急，君且坐禅忙，得意应双美，随情即两伤，圆融何取舍，法界是吾乡。”[③] 明确表示，应以“圆融”的态度看待教、禅两宗，不可取此而舍彼。他十分赞赏圭峰宗密禅教一致的主张，而批评那些或禅或教偏执一边的人，他说：“夫法无言像，非离言像，离言像则倒惑，执言像则迷真。但以世寡全才，人难具美，故使学教之者，多弃内而外求，习禅之人，好忘缘而内照，并为偏执，俱滞二边，其犹争兔角之短长，斗空花之浓淡。若乃公心彼此，独步古今，定慧两全，自他兼利，观空而万行腾沸，涉有而一道湛然，语默不失玄微，动静不离法界者，唯我圭峰祖师一人而已矣。”[④] 这是说，佛法既超越言像而又不在言像之外，离言像而求法，则陷于颠倒迷惑之见；拘泥于言像而学佛，则不悟真如实际。由此他既反对学教者“弃内而外求”，也反对习禅者“忘缘而内照”，认为应如圭峰宗密那样“公心彼此”，“定慧两全”，才是正确的态度。因此他有诗句云：“欲

①《文集》卷一。
②《文集》卷十九。
③《文集》卷十九。
④《文集》卷三。

图法眼长无缺，慎勿轻言教外传”[1]。他对禅宗中的“教外别传”之说极不赞成。

在义天之后不久，韩国禅宗曹溪宗的开创者普照国师知讷（1158—1210）则从禅宗的立场主张禅教一致，他认为，教是世尊口授，禅是世尊心禅，世尊之心口当无异，因而教禅同出一源，相辅相成。他撰《真心直说》等文，广引经论，直说佛法禅理，而反对拘守“不立文字，教外别传”之论。这样，由于义天和知讷等人的提倡，高丽时期的佛学呈现教禅双修的气象，不像中国宋代那样偏颇。

另外，义天之圆融思想，不止限于对佛教内部，还包括儒家、道家。他在《讲圆觉经发辞》中说：《圆觉经》“罄法相宗之源流”、“畅法性宗之本末”、“兼般若宗之玄致”、“说调伏藏之规模”。同时“分三重于法界，《华严》之旨现焉；开二门于一心，《起信》之义著矣。事兼二教，畅孔李之玄枢；禅会两宗，明秀能之秘旨。”[2] 在他看来，《圆觉经》不仅概括了佛教中教宗各派与禅宗各派（包括神秀禅和慧能禅）的思想精神，而且“事兼二教，畅孔李之玄枢”，也体现了儒家和道家的观点。他还认为，在佛法五乘之中，包括了儒、道两家的思想。在《与内侍文冠书》中，他说：“予固不敏，而知学之难。所以顷岁，重道轻生，问津中国者，志在于何？在乎效圣人之用心也。圣人用心，则广大悉备，有人乘焉，有天乘焉，有声闻乘焉，有缘觉乘焉，有菩萨乘焉。此之五乘，是学佛者之所宜尽心之大槩也。十善五戒，人乘也；四禅八定，天乘也；四圣谛法，声闻乘也；十二因缘，缘觉乘也；六度万行，菩萨乘也。以言乎人乘，与周孔之道同归；以言乎天乘，共老庄之学一致。先民所谓修儒道之教，可以不失人天之报。古今贤达，皆以为知言也。其或后之三乘，出世之法，岂与夫域内之教同日而言哉。盖曲士不可以语道者，束其教也；夏虫之于冬冰，井蛙之于大海，局于自见，类可知也。由是观之，五乘之设，其得大端，学佛者之用心，穷未来际，在乎此也。”[3] 这里虽然明显表示出他以佛教之出世法为最高的思想，但仍然肯定儒、道等“人乘”、“天乘”之教，并且以之为佛法的组成部分。事实上，义天十分推重儒家学问，认为“士儒志学之际，颇有一人志在求掌考试之事以勤学问乎？所谓拔策决科，必在乎学圣人之道，佐圣人之世，驱民于仁寿之域，终致太平，此其

①《文集》卷十七。
②《文集》卷三。
③《文集》卷十三。

大概也。儒既如此，释不然乎?”[1] 这是说，儒佛之道都是使天下太平，使民众幸福之道。义天十分推尊孝道，认为这也是儒佛共通的至道。他在《讲兰盆经发辞》中说：“大慈无不爱，大孝无不亲，爱我之爱不爱彼之所爱，非大慈也；亲今之亲不亲昔之所亲，非大孝也。然以五刑之属三千，而罪莫大于不孝；六度之归八万，而福莫大于行孝。故得释门遍于五时，儒典通乎六籍，包罗大小，统贯尊卑，虽设教有殊，而崇孝无别。故我本师大觉世尊，初成正觉，为宿世根熟大菩萨众，于第二七日，转华严大教根本法轮，便说《梵网》菩萨大戒云：孝顺父母师僧三宝，孝顺至道之法，孝名为戒。乃至广说十重四十八轻者，此是称性大戒，孝之极也。”[2] 在他的文集中可以发现，他对儒家、道家的思想和语言，时常信手拈来，混入自己的论述中。例如上引其赞元晓“尘虽同而不污其真，光虽和而不渝其体”之文，则有采于《老子》“和其光，同其尘”之语。在这方面，他继承了中韩传统中儒释道融合的思想，不仅而又未失佛教的立场。义天之圆融儒释道三教及圆融佛教大小二乘、禅教两宗的思想，不仅是他佛学思想的突出特点，也是他在中韩佛教发展史上的一个重要贡献，至今仍具有现实价值。

另外，他还提倡出世与入世的统一。

近代以来，中国、韩国、日本的佛教，多主张佛教的人间性，倡导出世精神与入世事业的结合。而大觉国师义天在九百多年前即持有此种理念。他说：“圣凡一体，依正不二，……故得世出世间一切诸法，皆同一性，无有差别。”[3] 这是基于大乘佛教的基本精神，而说出世间法不离世间法，不可以离开世间法去追求出世间法。由此，他又引述唐朝著名居士裴休的主张说：“自昔外卫之人，揄扬教道，弘护法门者，无出李唐裴公相国，彼与圭峰为世外素交也。相国实是大权菩萨，而尝叹云：生灵之所以往来者，六道也，鬼神沉幽愁之苦，鸟兽怀獝狘之悲，修罗方嗔，诸天正乐，可以整心虑趣菩提，唯人道为能耳。人而不为，吾未如之何也。”[4] 这是说，欲证菩提，唯依人道，做佛应从做人起。裴公之论人道，颇为中国人间佛教的提倡者所乐道，而义天早已与裴公的思想相感通。另外，义天儒佛会通的主张，也体现了他的人道精神和入世思想。

---

①《文集》卷十三。

②《文集》卷三。

③《文集》卷四。

④《文集》卷五。

义天不仅理论上主张出世入世的统一，而且付诸实践实行。《灵通寺碑》载："师既为一国尊亲，有大政事，必款密咨决，故所与上论列国家事甚多，而有阴德于人民。"① 这表明义天不止是一般的关怀现实社会，而是可以直接参与国家大事的决策。他看到国家和社会的问题，也会主动提出意见。例如，他曾给肃宗王上疏论铸钱之法，陈述中国历代钱币政策的得失，提出改革币制的主张。他说："臣尝潜心三藏之外，行有余力，则涉猎经史，以观古人之贤不肖。"并且又说："出位谋政，在儒者所不许。然臣念君亲之重，身何敢吝。"② 表示为国为民，不记个人前途安危。另外，义天入宋求法，虽为佛事，但他一路上主动与地方政府及宋廷取得联系，以得到有力的支持和帮助。宋廷也对他优遇有加，皇帝在宫廷亲自迎见，派出大员一路陪伴，又多有慰问、赐赠，义天俨然是高丽来的贵宾和友好使者。这也是义天入世理念的实际体现。义天出世与入世相统一的思想和行动，对于中韩佛教的发展具有现实意义。

第三节　义天与中韩华严学的复兴（附：均如、坦文、决凝、乐真、澄俨、宗璘、教雄）

大觉国师义天为中韩佛教文化交流做出了卓越的贡献，在中韩文化交流史上留下了光辉的一页。其贡献之一，是促成了中韩华严学的复兴。

如前所述，在唐代，新罗义湘入唐求法，研学华严，归国后开创了海东华严宗。华严学经过义湘及其弟子们的弘扬，在新罗时期相当盛行。到高丽时代，在义天之前，又有均如、坦文、决凝等加以敷演。

均如事迹见赫连挺撰《大华严首坐圆通两重大师均如传并序》③，据该传，均如（917—973）俗姓边，黄州人。十五岁出家，受业于复兴寺识贤和尚，不久又投灵通寺义顺门下学华严。"自尔之后，深蘏枓教海，险掞义天，于时匮粮七日，不食者十度许，曾无一念而生厌退以怠于学也。"后因"久居练若，系恋庭闱"，遂

①《外集》卷十二《灵通寺碑》。

②《文集》卷十二。

③《韩国佛教全书》第四册。

归觐亲颜，与比自己年长三岁的姐姐秀明“讲普贤、观音两知识法门，《神众》、《千手》二经文，三寸所宣，一字无失”。又“念讽华严六地义，约五百问答。秀明偷听顿悟。”在新罗末期，伽耶山海印寺有两位华严宗匠，一位是观惠，是后百济王甄萱的福田；另一位是希朗，是高丽太祖的福田。两位宗匠的门徒互相对立，势如水火。观惠的法门称为南岳（智异山）派，希朗的法门称为北岳（浮石寺）派。均如本是北岳法孙，但他慨叹两宗的矛盾，欲融多歧为一辙，于是和仁裕首座共同倡导归一的宗旨，统合了新罗末期以来的南岳、北岳两派。均如是高丽时期佛教华严宗的代表性人物，他继承并发挥了中韩两国华严宗师的思想，既极力主张“性相融合”，又提倡“圣俗无碍”，对高丽佛教特别是对高丽华严学的发展做出了重要的贡献。

他对于华严教中前人疏抄等，“以为源流则别，踳驳颇多。文之烦者，撮要而删之，意之微者，详究而现之，皆引佛经、菩萨论以为证，则一代圣教，斟酌尽矣。”后来，“国家大启选席于王轮寺，濯取空门及第，则以吾师（均如）义路为正，余旁焉。凡有才名之辈，何莫由斯途也。大者，位取王师、国师；少者，阶至大师、大德。至于揭独身拔独迹，不可胜数矣”。

均如一生著述有近百卷，其中大部分是对智俨、法藏及义湘等华严学大师的著作的注疏。他以弘法利人为己任，“若有诸家文书，未易消详者，必为之著记释故，有《搜玄方轨记》十卷、《孔目章记》八卷、《五十要问答记》四卷、《探玄记释》二十八卷、《教分记释》七卷、《旨归章记》二卷、《三宝章记》二卷、《法界图记》二卷、《十句章记》一卷、《入法界品抄记》一卷，并行于代。”今存《一乘法界图圆通记》、《十句章圆通记》、《释华严旨归章圆通抄》、《华严经三宝章圆通记》、《释华严教分记圆通抄》等数种十八卷，均收在《高丽大藏经》及《韩国佛教全书》中。

据说均如颇有神通，能够施咒疗疾，说法禳怪。广顺三年（953），“宋朝使至，将封大成大王”。但是“愁霖不止，礼命阻行”。“光宗闻之，愁坐辍寝”。均如应国王之请，说法祈晴，“象步安详，升师子座，圆音一演，雷电潜藏，须臾之间，云卷风恬，天明日出。是时，万乘珍敬，礼加九拜。”“寻封师为大德，兼俗眷十有余人，人赐田二十五顷，藏获各五人。”他还用本民族的语言，“依普贤十种愿王，著歌一十一章。其序云：夫词脑者，世人戏乐之具；愿王者，菩萨修行之枢。故得涉浅归深，从近至远，不凭世道，无引劣根之由；非寄陋言，莫现普因之路。今托易知之近事，还会难思之远宗，依二五大愿之文，课十一荒歌之句，惭极于众人之眼，冀符于诸佛之心。虽意失言乖，不合圣贤之妙趣，而传文作句，愿生凡俗之善根。”

坦文（900—975），字大悟，俗姓高氏，广州市（京畿道）高烽人，唐乾宁七年（光化二年，900）生。他五岁时即“情敦出俗，心在离尘，愿托迹于缁门，即寄心于金界。”遂落发辞亲，修心学佛。谒拜北汉山庄义寺信岩，学习华严，十五岁在本寺受具足戒。“由是，声九皋，应千里”，因而得到高丽太祖的赏识。太祖制曰：“既幼年之表异，号‘圣沙弥’；宜今日之标奇，称‘别和尚’。”龙德元年（921），置海会选缁徒，又制曰：“庄义别和尚，何必更为居士，方做名僧。”于是“擢为问者”。问者，是在论议法义的会上，专门针对论题进行质问或诘难的僧职。据说太祖时刘王后有娠，请坦文祈祷安产，果然有灵验，因而得到太祖的嘉奖。此后住九龙山寺开讲《华严经》，声名大振。第二代惠宗王即位后，又在天成殿设法筵，请坦文为主讲。第三代定宗王时在九龙山寺设置谭筵，以坦文为法主。第四代光宗王创归法寺，以坦文为住持，又赐予弘道三重大师的称号，并且亲到内道场拜坦文为王师，又拜为国师。坦文晚年，以老病辞还故山，光宗王率百官为之送行。到达伽耶山寺时，僧徒拜迎如佛，教禅一千余人迎奉入寺。宋开宝八年（975）示寂，俗年七十六，僧腊六十一。其弟子有灵撰、一光、明会、芮林、伦庆、彦玄、弘廉、玄悟、灵远、玄光、真幸等。①

决凝，字慧日，俗姓金，溟州人。宋乾德二年（964）生，十二岁投龙兴寺广宏出家得度，继之于福兴寺官坛受具足戒，后住义湘创建的浮石寺，决凝即义湘之法裔。靖宗封为王师，文宗拜为国师。晚年于故乡建寺，文宗王赐额曰“华严安国寺”。决凝印写大藏经一部，安奉安国寺内。后还住浮石寺，在浮石寺示灭，报年九十，僧腊七十八。门人有广证、证海、秀兰、作贤、元昶、观玉、看成、海元、联胤等一千四百三十八人。②

在义天之前，海东华严学代有传人，但并不兴盛。义天入宋求法之前，即对华严教观已有相当深入的研究，他读过净源有关华严学的著述，心生敬意，他到达宋都后，在《乞就杭州源阇梨处学法表》中说：“向者于故国偶得两浙净源讲

①见《海美普愿寺法印国师宝乘塔碑》，《朝鲜金石总览》上册，第223—233页。
②其事迹见《顺兴浮石寺圆融国师碑》，《朝鲜金石总览》上册，第267—272页。

主开释贤首祖教文字，披而有感，阅以忘寝，乃坚慕义之心，遥叙为资之礼”。所以入宋后即拜净源为师。净源，字伯长，俗姓杨，出家后寻师访友，钻研华严教学，“尽得华严奥旨，四方宿学推为义龙”①。但是，当时中国有关《华严经》的疏抄散佚殆尽，因此华严学的研究衰微不振。义天见到净源，即以他从高丽带来的华严典籍质疑探讨，使华严疏抄逸而复得，为中国华严学的复兴提供了可贵的文献资料。《佛祖统纪》卷十四载：义天“至慧因，持《华严》疏抄咨决所疑，阅岁而毕。于是华严一宗文义逸而复得。……及施金书《华严》三译于慧因，建阁藏之”。《佛祖历代通载》卷十九有：“高丽僧统义天，航海问道，（谒净源）申弟子礼。初华严一宗疏抄久矣散坠，因义天持至咨决，逸而复得。左丞蒲宗孟抚杭，愍其苦志，奏以慧因易禅为教，命公（指净源）主之。义天还国，以金书《华严》三译本一百八十卷以遗师，为主上祝寿。师乃建大阁以奉安之，时称师为中兴教主。以此寺奉金书经故，俗称高丽寺。”此外，《释氏稽古略》卷四、《补续高僧传》卷二，均有类似的记述。由此可见，净源之被誉为华严宗中兴教主，与义天是分不开的。义天持来华严疏抄，回国后又送金书《华严》三译给净源，不仅推动了中国华严学研究的深入，也增强了净源的影响力，从慧因寺易禅为教，由净源主持及慧因寺俗称高丽寺，均可明显地看出义天的作用与影响。

另外，义天不同于一般的求法学僧，他入宋前在高丽已是名声显赫，入宋后也颇得时人尊重。如礼部尚书翰林学士苏轼曾赋诗一首送给陪伴义天的主客员外郎杨杰，诗中有“三韩王子西求法，凿齿弥天两勍敌”之句②，把义天比为东晋名僧弥天释道安，而把杨杰比为与道安交厚的东晋名士四海习凿齿。杨杰有一首赠义天的长诗，其中有：“尝闻奘三藏，问津法王子，大教传瑜伽，唱道慈恩寺；又闻浮石老，鸡林称大士，唐土学华严，旋归振纲纪。性相互有得，未能尽善美，孰若佑世师，五宗穷妙理。”“我愧陪弥天，才辩非凿齿，留赠明月珠，光透玉壶里，四海同一家，何此亦何彼。”③ 意思是说，唐朝玄奘法师西天取经，传瑜伽相宗而归；新罗义相法师入唐求法，传华严性宗而去。二者虽各有所得，但未能尽善尽美、圆通性相，都比不上佑世僧统义天，遍参善知识，通达华严、天台、唯

①《补续高僧传》卷一《晋水法师传》。

②《外集》卷十一。

③《外集》卷十一。

识、律、禅五宗，无不得其妙旨。杨杰自称愧陪义天，因为义天可比东晋名僧道安，而自己却比不上名士习凿齿。从苏轼、杨杰的诗句中，不难看出义天在人们心目中的地位。义天历访诸宗大德，不是简单的求问宗义，因为他“非是始学，欲以己所得与诸师相试故来耳”①。净源与义天也是互有促进，“非特僧统资源公而道益进，源公名所以益高，以僧统扬之也”②。义天称颂净源“德冠古今，学穷微奥”③，净源则把他与义天的师资关系比为慧思与智者大师的关系④，在送义天归国时赠诗云：“离国心忙海上尘，归时身遇浙江春，休言求法多贤哲，自古王宫只一人。”⑤ 可见其对义天之器重。

义天回国时，带回“花严大不思议论等诸宗教藏三千余卷”⑥，“其所求来经书，大半本朝（指高丽）所未尝行者”⑦，这对高丽佛教的发展具有重要意义。义天回国后任兴王寺住持，讲演华严“周于十遍”。又整理编纂华严类之重要著述，分部别类，集为《圆宗文类》二十二卷，他以弘传华严为己任，常自称“兴王寺住持传贤首教观佑世僧统”、“海东传华严大教沙门”，努力推动高丽华严学的复兴。

义天的弟子乐真、澄俨，及其再传弟子宗璘、教雄等皆在弘传华严学方面有突出表现。乐真事迹见《陕川般若寺元景王师碑》⑧。乐真，字子正，俗姓申，利川郡人。自幼出家，曾学于景德国师烂圆，清宁二年（1056）受具足戒，咸雍四年（1068）赴大选场，受大德，“自是不离景德之门”。景德迁化之后，乃以大觉国师义天为师，“大觉与之言，未尝不欣然听纳”，颇得义天赏识。肃王在藩邸时，曾设百日讲道场，请乐真为讲主，“道俗听众有数百人，由是声名益振”。义天入宋求法时，乐真与慧宣、道邻等随行。他受到慧因院晋水法师的好评，主客员外郎杨杰也称赞他说：“子正所学深远，可以为人师。”丙寅岁（1086）仲夏二十九日自大宋还。后大觉国师传以炉拂，并对他说：“昔晋水法师以炉拂传我，我

①《外集》卷十二《灵通寺碑》。

②《外集》卷十二《灵通寺碑》。

③《文集》卷十一。

④《外集》卷二。

⑤《外集》卷十。

⑥《文集》卷八。

⑦《外集》卷十三《仙凤寺碑》。

⑧《朝鲜金石总览》上册，第316—322页。

以传之于子。宜勉之，发扬吾道。”肃宗王即位后制加首座，后又制加僧统，睿宗王时成为王师，赐法归寺为真师燕息之所，又以法水寺为其香火之所。睿宗王十四年（1119）入灭，俗寿七十，法夏六十二。追谥“元景”。

澄俨是肃宗王第四子，寿昌三年（1097）诣京南兴王寺投大觉国师义天，时年八岁。第二年于明庆殿落发，又于佛日寺受具足戒，“自是，服膺学问，通《华严》大旨”。乾统二年（1102），肃宗命住重光寺，之后封为僧统，赐号“福世”。睿宗王时先后住洪圆、开泰、归信等寺。天庆八年（1118），特诏住兴王寺，后因疾辞兴王寺，移住崇善寺，又复住归信寺。仁宗王嗣位后，诏加“五教都僧统”。仁宗四年（1126），退居归信寺。在此之前，澄俨虽历住名蓝，但以宗亲之故，特留京师，所谓历住诸寺，只是遥领而已。及至此时，外戚专权，欲危王室，澄俨见微知著，乃“超然有遁世之志，抗章乞退”，遂隐于归信寺。后来果然有祸乱发生，宗室名臣相踵遭到斥逐，唯独俨师“泰然不及于难，时人以此服其先知”。仁宗平乱之后，遣中使召澄俨还京，居兴王寺十余年，仁宗以王叔之尊待之，礼遇弥渥。大宋绍兴十一年（1141）四月二十一日入灭，享年五十二。册封国师，谥“圆明”。①

宗璘，字重之，俗姓王，带方人。十三岁出家，辛酉年（1141）十二月，就佛日寺受戒，是年十五岁。仁宗曾于内道场请宗璘讲论，听之不倦。毅宗元年（1147），下批为首座，历住归法、国泰、浮石等寺，蔚为宗匠。后升为僧统，皇统七年（1147）迎入大内，毅宗王令其为大弟削发，礼仪之盛，古所未有。庚寅年（1171），明宗王践祚，加“佐世”之号。第二年仲秋，召至内殿，赐满绣袈裟一领。明宗王九年（1179），六月二十九日示灭，春秋五十三，僧腊三十九。追封国师，谥“玄悟”。②

教雄，字守雌，俗姓康，鸡林属郡章山人。十二岁投归法寺戒明大师祝发，其年受具足戒。成年就大觉国师义天法嗣理琦僧统之门，抠衣请业，“凡学者莫敢与争能”。崇宁二年（1103）中僧选，后与无碍智国师同游大伯山，“遂以尽一性之宗，穷万相之理，而名益著”。经无碍国师举荐，得到仁宗的厚遇，“而当时学士大夫，亦莫敢不敬重，实华严一宗匠也”。天德五年（1153）四月八日卒于兴

①见《开城兴王寺圆明国师墓志》，《朝鲜金石总览》上册，第342—344页。

②见《龙仁瑞峰寺玄悟国师碑》，《朝鲜金石总览》上册，第404—408页。

王寺乐寂斋。春秋七十五，僧腊六十三。门下弟子有三百余人。[①]

第四节　义天与海东天台宗的创立（附：谛观、义通、教雄、义璇）

天台宗是中国大乘佛教主要宗派之一。实际创始人是陈隋之际的智𫖮（531—597），因其常住浙江天台山，故名天台宗。天台宗以《法华经》为主要教义根据，又依《法华经》以判一代时教，故又称法华宗。智𫖮著有《法华玄义》、《摩诃止观》、《法华文句》，被奉为天台三大部。又撰有《金光明经玄义》、《金光明经文句》、《观音玄义》、《观音义疏》、《观无量寿佛经疏》，被称为天台五小部。

该宗的传承，有天台九祖之说，九祖即龙树菩萨、北齐慧文、南岳慧思、天台智𫖮、章安灌顶、法华智威、天宫慧威、左溪玄朗、荆溪湛然。但是，创立天台宗的宗祖实际上是智者大师，湛然被称为本宗中兴之祖。

湛然弟子有道邃、行满、元皓、道暹、明旷等，道邃再传宗颖、良谞。不久，因会昌法难及唐末五代之战乱，天台之典籍章疏大多散佚，天台宗渐趋衰微。后有高丽僧谛观应吴越国忠懿王之请，携大批天台典籍入华，投螺溪义寂门下，又有高丽僧义通入华，师事义寂，弘扬天台教观，才挽回天台宗的颓势。由于对智𫖮《金光明玄义》广本的真伪问题产生“唯心论”与“实相论”的对立看法，义通之后逐渐分裂为两派，结果酿成北宋初年长达四十多年的“山家、山外”之论战。主张实相论的山家派以义通的弟子四明知礼、慈云遵式为代表，倡导“妄心观”；主张唯心论的山外派以义寂的另一弟子慈光志因，下传孤山智圆等为代表，倡导“真心观”。两派之中，山家派的法系较为兴隆，在后世被视为天台宗的正统。该宗至元代，教势不振。至明代，幽溪、传灯、真觉等盛弘山家正宗。至蕅益智旭，吸纳唯识、净土、律、禅之旨，以资发挥天台宗教观，又主张儒、释道三教一致。

天台宗的教义主要有“三谛圆融”、“一心三观”、“一念三千”、“六即”说等。

---

①见《开城洪圆寺教雄墓志》，《朝鲜金石总览》上册，第366—368页。

三谛圆融，三谛即空谛、假谛、中谛，或称真谛、俗谛、中谛，三谛一一皆相即，空不离假、中，假不离空、中，中不离空、假，三谛圆融无碍，此即诸法实相。

一心三观，即在一念观心中，空、假、中三谛具足。此三观法，随观一法，莫不具三。如观空时，假、中皆空，观假、观中时亦然。

三观为能观心，三谛为所观境，三谛三观名别体同，能观所观二而非二。正如湛然在《止观大意》中所说："三谛三观三非三，三一一三无所寄，谛观名别体复同，是故能所二非二。"

一念三千，是说在当下的一念心中，具足三千世间的诸法性相。正如《摩诃止观》第五卷上所说："夫一心具十法界，一法界又具十法界，百法界。一界具三十种世间，百法界即具三千种世间。此三千在一念心，若无心而已，介尔有心，即具三千。"亦如《法华玄义》第二卷上所说："游心法界者，观根尘相对，一念心起，于十界中，必属一界。若属一界，即具百界千如，于一念中悉皆备足，此心幻师于一日夜，常造种种众生，种种五阴，种种国土。"《法华经·方便品》说诸法性相有十个方面，称"十如"或"十如是"，即如是相、如是性、如是体、如是力、如是作、如是因、如是缘、如是果、如是报、如是本末究竟等。此与百界相乘，即成一千种法，故谓"百界千如"。而此"千如"又与众生、五阴、国土之"三种世间"相配，即成三千大千世界。

"六即"之说，是基于"一切众生皆有佛性"，"有佛无佛，性相常住"之实理，而说自凡夫至佛之六种阶位或六种境界，是为理即、名字即、观行即、相似即、分证即、究竟即等六种。

天台宗在修持上，以实修止观为最紧要。止观又有三种：渐次止观，不定止观，圆顿止观。

天台宗之教判为"五时八教"说。"五时"是就释迦说诸经的时间次第而论，分为华严、阿含、方等、般若、法华涅槃五时。"八教"又分化仪四教和化法四教 。化法四教是就教法的内容说，分为三藏教、通教、别教、圆教。此为化益众生之法门，故名化法四教。化仪四教是就教化的方式而言，分为顿、渐、秘密、不定四种。

海东新罗时期，即有玄光、缘光、法融及其弟子理应、纯英等前后入华学天台教观。唐五代来华学天台的新罗僧俗颇多，所以不少地方有新罗法华院。宋朝开国前后，高丽僧谛观、义通来华，从螺溪义寂研习天台教学。又有高丽僧智宗入华求法，先随永明延寿学禅，后亦投义寂门下。

螺溪义寂（919—987）是宋代高僧，中国天台宗第十五祖，浙江永嘉人，字常照，俗姓胡。世称净光大师、螺溪义寂、螺溪尊者。后梁贞明五年（919）生，十二岁出家于温州开元寺，师授《法华经》，期月而彻。十九岁受具足戒，后往会稽学南山钞，深达持犯。既通律义，乃造天台山，从清竦大师研学止观。在义寂之前，智者教迹，远则安史兵残，近则会昌焚毁，零编断简，本折枝摧，传者无凭。师每痛念，力网罗之，先于金华古藏仅得净名一疏。后来，吴越忠懿王钱弘俶因览《永嘉集》，见其中有"同除四住，此处为齐，若伏无明，三藏即劣"之语，不明其意，问于清凉文益禅师法嗣天台德韶国师，韶云："此是教义，可问天台寂师。"吴越王即召义寂出金门，建讲以问前义。寂师曰："此出智者《妙玄》（《妙法莲华经玄义》）。自唐末丧乱，（天台）教籍散毁，故此诸文多在海外。"吴越王在他的劝请下，"遣使十人，往日本国求取教典[①]"。取回教典之后，义寂潜心研习，"由是博闻多识。微寂，此宗学者几握半珠为家宝欤。遂于佛陇道场国清寺相继讲训"[②]。吴越王为义寂"建寺螺溪，扁曰定慧，赐号净光法师"[③]。"及兴螺溪道场，四方学侣雾拥云屯。"[④] 太平兴国五年（980），义寂自山中出居州治寺。雍熙元年（984），永安县请师于光明寺为众授戒。雍熙四年（987），临海缙云永康东阳诸邑请其施戒。同年十一月圆寂，享年六十九。法腊五十。传法弟子百余人，有义通、谛观、澄彧、宝翔等。义寂平素常讲《法华经》并《玄义》、《光明》、《净名》、《梵网》等经，《止观》、《金錍》等论，《法界》、《还源》等观，《禅源诠》、《永嘉集》等集。撰有《止观义例》、《法华十钞》等。[⑤]

谛观生卒年不详。当时，中国由于唐末五代之乱，天台教籍大多散失，吴越王钱弘俶欲复兴天台教法，就遣人到高丽求天台教籍，谛观于是奉高丽光宗王之命，于北宋太祖建隆年间（960—962），携天台论疏诸部来中国，至天台山螺溪

①《佛祖统纪》卷八。
②《宋高僧传》卷七。
③《佛祖统纪》卷八。
④《宋高僧传》卷七。
⑤见《宋高僧传》卷七《宋天台山螺溪传教院义寂传》；《佛祖统纪》卷八、卷十。

传教院，他参谒螺溪义寂，一见心服，遂拜义寂为师，兴天台宗，留住螺溪十年后入寂。其事迹见于《佛祖统纪》卷十之“谛观法师传”。此“传”说，法师谛观，高丽国人。如前所述，吴越王因览《永嘉集》“同除四住”等语以问韶国师，韶国师荐其问天台义寂。义寂在吴越王建讲问义之际，乃谓唐末教籍流散海外，今不复存。“于是吴越王（在“遣使十人，往日本国求取教典”的同时）遣使致书，以五十种宝往高丽求之。其国令谛观来奉教乘，而《智论疏》、《仁王疏》、《华严骨目》、《五百门》等，禁不令传。且戒观师：于中国求师问难，若不能答，则夺教文以回。”谛观入宋之后，闻螺溪义寂善讲授，即前往参谒，“一见心服，遂礼为师。”在螺溪期间，谛观撰有《天台四教仪》，然而藏之于箧，秘不示人。及至谛观留螺溪十年，一日坐亡，后人才发现此书。“由是盛传诸方，大为初学发蒙之助”。

谛观在《天台四教仪》开头即说：“陈隋国师天台智者大师，以五时八教判释东流一代圣教，罄无不尽。言五时者，一华严时，二鹿苑时（说四阿含），三方等时（说《维摩》、《思益》、《楞伽》、《楞严》、《三昧》、《金光明》、《胜曼》等经），四般若时（说《摩诃般若》、《光赞般若》、《金刚般若》、《大品般若》等诸般若经），五法华涅槃时，是为五时，亦名五味。言八教者，顿、渐、秘密、不定、藏、通、别、圆，是名八教。顿等四教是化仪，如世药方。藏等四教名化法，如辨药味。如是等义，散在广文，今依大本，略录纲要。初辨五时、五味及化仪四教，然后出藏、通、别、圆。”在《天台四教仪》文末，谛观又说：“谨案台教广本，抄录五时八教，略知如此。若要委明之者，请看《法华玄义》十卷，委判十方三世诸佛说法仪式，犹如明镜，及《净名玄义》中四卷，全判教相。自从此下，略明诸家判教仪式耳。”

由此可见，他的《四教仪》是依据天台智者大师著作的“大本”或“广本”，特别是依据《法华玄义》、《净名玄义》等著作加以整理，而简明易懂地阐述了天台宗“五时八教”说的基本思想，以为天台教学的入门书，这对广泛弘扬天台思想具有重要的意义。

《韩国佛教全书》第四册所收《天台四教仪》后有跋文，内容如下：“录主观师传云：尝撰《天台四教仪》，十年乃毕，藏于箧中。薪尽之期，趺坐而逝，厥后神光从箧中出，开视之，唯有一卷《四教仪》，罄无他物。斯乃言言句句，皆符佛意，无非感应道交然耳。故十方诸佛，应机所说渐顿权实之教法，三乘之人，随根所修浅深迟速之行门，及一佛乘最上禅观，囊括始终，钟在此书，如执明镜，万像斯现。学佛之徒争相温习者，职由是也。但旧本字大卷重，未便于斋持，人皆病之。今有门人大禅师宏之，倩人改书，锓梓流行，欲资来学故，兹跋云。延佑元年甲寅孟秋初吉，牧庵老人题。"《全书》注谓：此跋文在元延祐元年（1314）刊《永嘉从义集解》中《天台四教仪》之末。

明万历年九年（1581）刊刻此书时，沙门智觉撰有《四教仪缘起》，其中说：谛观"能探索大本，录出《四教仪》之文成二卷。其上卷明一家判教立义，下卷明南北诸师宗途异计。后至孤山圆法师校勘刊板，但行今上卷之文者，盖由辞句简要，义旨易明，学者诚资之可了其一化大纲，岂曰小补之哉。下卷则破斥南北古师，文义浩漫，故得以缓之。"然而，《佛祖统纪》（卷十）有谓：《四教仪》"即荆溪八教大意，观师略加修治，易以今名。没前人之功，深所不可。"

义通，字惟远，高丽国人，族姓尹，后唐明宗天成二年（927）生。幼从龟山院释宗为师，受具之后学《华严》、《起信》，为国宗仰。后晋天福（942—944）时来游中国（或谓在后汉后周之际来中国），先至天台云居韶国师所居，忽有契悟，后谒螺溪，闻一心三观之旨。乃叹曰："圆顿之学毕兹辙矣。"遂留受业。"久之，具体之声，浃闻四远。"后欲东归，假道四明，将登海舶。郡守太师钱惟治（忠懿王钱弘俶之子）闻师之来，加礼延屈，咨问心要。复请为菩萨戒师，亲行授受之礼。"道俗趋敬，同仰师模"。在钱公固留之下，他放弃了回国的打算。宋太祖开宝元年（968），漕使顾承徽屡亲师诲，乃舍宅为寺，请义通居之。初名传教院，太平兴国四年（979）六年十二月，弟子延德诣京师奏乞寺额，七年四月，宋太宗赐额为"宝云"。义通"敷扬教观几二十年，升堂受业者不可胜纪。"端拱元年（988）十月二十一日，右胁而化，"门人奉葬于阿育王寺之西北隅（育王寺未为禅寺时，其寺僧人尝请宝云诸师屡建讲席。宝云既终，因葬骨于此地）寿六十二。治平元年（英宗，1064），主南湖法孙宗正，累为方坟石塔，作记以识之。（后七十七年）宣和七年（徽宗，1125），主育王昌月堂，以地芜塔坏，与宝云威师，徙骨于乌石山。——其后主者智谦，重刊石塔记于乌石庵中（见《振祖集石塔记》）。"《石塔记》谓，义通著述"逸而不传"。宗晓石芝则说："然考诸四明章记，则尝秉笔为《观经疏记》、《光明玄赞释》矣。盖四明（知礼）秉承其义，用之于记钞诸文，非为无传。《赞释》一部尚存，但不广行耳。"其弟子中著名者，有法智（知礼）、慈云等。后世尊宝云义通为天台宗第十六祖，知礼为第十七祖中兴之祖。知礼之中兴天台，实亦有赖于义通的撰述。[①]

义寂另有高丽弟子智宗，入华后先从永明延寿学禅两年，后投义寂门下，参学天台教说九年，回国后禅教并传，大得高丽五代国王的恩宠。其事迹已如前章所述。

义天越海求法，用心于华严学的同时，又致力于天台宗义。据《仙凤寺大觉国师碑》载：义天在宣宗即位后，屡请入宋求法，但遭到群臣的反对。有一天，尚在蕃邸的肃宗与义天同谒仁睿太后，“偶语及之曰：天台三观最上真乘，此土宗门未立，甚可惜也。臣窃有志，为太后深垂随喜，肃宗亦愿为外护”[②]。这是说，仁睿太后支持义天赴宋求取“天台三观最上真乘”，以便回国后开创天台宗，肃宗也愿意帮助义天实现自己的愿望。他在宋朝曾随从谏学习天台教观，回国前在智者大师塔下发愿说：“尝闻大师以五时八教判释东流一代圣言，罄无不尽，而后世学佛者，何莫由斯也。故吾祖花严疏主云：贤首五教，大同天台。窃念本国，昔有人师，厥名谛观，讲演大师教观，流通海外，传习或坠，今也即无。某发愤忘身，寻师问道，今已钱塘慈辩大师讲下承禀教观，粗知大略，他日还乡，尽命弘扬，以报大师为物设教劬劳之德。此其誓也。”[③] 这说明他已作好了回国开创天台宗的准备。

义天回国后，即着手创宗的工作，“募可与弘道者德麟、翼宗、景兰、连妙，各率其徒，齿于弟子”[④]。他大力吸收当时高丽诸宗名僧特别是禅门九山的缁秀，以为肇立台宗的人才。不久，遵仁睿太后遗愿修建的国清寺落成，义天奉诏住持，升座振海潮音，演天台一宗妙义，本宗学者及诸宗硕德“无虑数千人，闻风竞会”[⑤]，由此可见其盛况。

义天所创的天台宗，是与华严教学密切联系在一起的。其师净源即兼通华严与天台，自谓：“吾首于《华严》，老注《法华》，二经为佛教之表里，终始之绝唱，吾得而毕之，岂非夙志之幸乎。”[⑥] 他认为《华严经》与《法华经》“为佛教

---

①《佛祖统纪》卷八《十六祖宝云尊者义通》。

②《外集》卷十三。

③《文集》卷十四《大宋天台塔下亲参发愿疏》。

④《外集》卷十二《仙凤寺碑》。

⑤《外集》卷十二《仙凤寺碑》。

⑥《外集》卷三《净源书五》。

之表里，终始之绝唱”，二经旨趣相辅相成，相得益彰。义天继承了净源的思想，所以他在智者大师塔下发愿时特别说道：“吾祖华严疏主云：贤首五教，大同天台。”这说明弘扬天台宗义与弘传华严教观是一致的。

天台教观从中国传到海东，并不是始于义天。如前所述，新罗玄光即曾入唐从南岳慧思学天台，证得法华三昧而传入新罗。之后又有新罗僧相继入唐学台教。晁说之《仁王般若疏序》曰：“陈隋间，天台智者远禀龙树，立一大教，九传而至荆溪。荆溪之世，有新罗来学者，曰法融、理应、纯英。故此教播于海外诸国，与中原并盛矣。唐室丧乱，典籍荡灭，虽此教为不可亡者，亦难乎其存也。”① 这是说，天台宗是由荆溪湛然而传到新罗的。月窗居士金大铉所著《禅学入门》的跋中说：“我东新罗中叶，高僧法融、理应、纯英联锡游唐，俱得天台下三世左豁东阳大师之妙法，以华以香供养我槿域（朝鲜的异名）。”义天自己则说：“天台一枝明夷于代，昔者元晓称美于前，谛观法师传扬于后。”② 此外，还有种种说法，证明中国的天台宗早已传到海东。但是，在义天之前，天台宗在海东的传播是时断时续的，并且影响不那么大，义天使天台宗得以复兴，在高丽时期达到鼎盛。

另外还有一个值得注意的问题，即义天在回国前在智者塔前发愿时只提到谛观曾传天台，谛观之后，则天台无传。而在《新创国清寺启讲辞》中则说：“缅唯海东佛法七百余载，虽诸宗竞演，众教互陈，而天台一枝，明夷于代。昔者元晓菩萨称美于前，谛观法师传扬于后，争奈机缘未熟，光阐无由。”③ 这是说，元晓是在海东敷演天台教的第一人，而谛观只是继元晓之后传扬天台教说而已。义天此时如此推尊元晓，体现出他创立天台宗的一个重要思想，即不仅仅是为了填补当时高丽诸宗竞演，独缺天台的空白，更是要通过新创的天台宗而统合诸宗，包括统合禅宗。他继承元晓的“和诤”思想，作为这种统合的理论基础。所以他说：“理由教现，道藉人弘，逮俗薄而时浇，乃人离而道丧，师既各封其所宗习，资亦互执其见闻。……唯我海东菩萨，融明性相，隐括古今，和百家异诤之端，得一代至公之论。”④ 这是他创立天台宗的一个重要意义和特点。

---

①见《佛祖统纪》卷五十。
②《大觉国师文集》卷三。
③《文集》卷三。
④《文集》卷十六《祭芬皇寺晓圣文》。

义天之后，传承天台教观的高丽僧还有教雄、义璇（旋）等人。教雄，字应物，俗姓朴，镐京人。九岁投长庆寺释赞禅师落发，大安五年（1089）于佛日寺受戒。他“自少精敏，学祖心印禅法。比壮，通念晓析，丛林中无不推美”。释赞禅师入寂后，教雄又诣双峰寺拜翼宗禅师为师。当此之时，“大觉国师肇立台宗，募集达摩九山门高行释流，方且弘扬教观，开一佛乘最上法门。”翼宗乐闻其教，遂就学于义天，教雄也随其师投于义天门下，研学天台教，并且自以为得其所哉。“于是学智者大师五时八教、三谛、三观之旨，固已不离其传，名声大振”。乾统九（元）年（1101），国家始开天台宗之大选，使大觉国师主盟，教雄即赴选场，得上上品，举为大德。五年后授予“国师”，诏为国清寺复讲，于是“发明经论，传法学徒，数年于兹，天台宗旨爵而复发，窒而复通”。后来教雄因事被贬到洪州白岩寺。寺在山谷间，虎豹之害往往有之，然而教雄恬然自若，住居七年有余，“行益修、德益进，非但发挥宗旨，旁探《华严》、《瑜伽》性相言诠，以至儒、墨、老庄、医卜阴阳之说，无不穷其源而涉其流”。有一天，他往游伽耶寺，于古藏中发现《瑜伽论》百卷，“俯仰叹息，负而还归，读之尤谨”。天庆五年（1115），圆明国师闻知其事，以为其“德行可以范仪于当世”，便向睿宗王举荐，睿宗于是授教雄三重大师，转住华藏寺。当年大旱，睿宗王在长龄殿设法会以祈雨，命教雄与嗣宣大禅师为主伴，“演扬莲花六比，权实之源，涣然冰释，未始有畛域”。睿宗心生欢喜，赐贴袈裟各一领，藏经道场赐紫。己亥岁（1119），转住三乘寺，第二年授禅师号，又赐官诰一道及纳掩脊一领。仁宗王即位后，赐紫绣贴袈裟一领，转住月峰寺，又转外帝释院。乙卯岁（1125），转住国清寺，授大禅师号，赐满绣袈裟一领，并官诰一道。庚申岁（1130），京师遭遇旱灾，诏教雄至日月寺主讲《妙法莲花经》以祈雨，有验。皇统二年（1142）七月十六日端坐而化，世寿六十七。①

义璇（旋）事迹见于《开城妙莲寺重兴碑》②。碑文记载，忠烈王与齐国大长公主尊信佛法，又以为“入佛之道，《法华经》最邃。畅经之义，天台疏悉备”。于是“卜胜地立精舍，翻经以求其道，讲疏以研其义，将以祝厘于（元朝）天子，邀福于宗佑”。此精舍即开城之妙莲寺，于至元二十年（1283）秋动工兴建，

①事见《开城国清寺妙应大禅师墓志》，《朝鲜金石总览》上册，第558—560页。

②《朝鲜金石总览》上册，第609—610页。

第二年夏落成。开山者是狮子庵老宿洪恕实惟，后来圆慧国师主盟结社，洪恕则为之副。三传而至无畏国师，“学者益臻”。无畏之前有禧、因二师，无畏之后有琏、泓、滔、如、吉诸师住持该寺，历来得到忠烈王、忠宣王的厚遇。后来该寺年久失修，乃有“顺庵璇公，圆惠之嫡嗣，无畏之犹子。（元）天子赐号‘三藏’，命住燕都之大延圣寺。后至元丙子（1336），降香东归。从容言于忠肃王曰：‘妙莲之为寺，忠烈、忠宣之祇园也，其真容故在。殿下葺而新之，奉先之孝孰此为大。’”大王闻而有感，遂命重修。竣工之后，璇公“金书佛殿额，揭之檐间”。故人谓妙莲寺乃“忠宣弘忠烈之愿，而忠肃修之；无畏袭圆惠之迹，而璇公起之”。

《韩国禅教史》也谈到义璇的事迹，谓忠宣王在城外创大报恩寺，到忠肃王再祚之后，“本国天台师住持莹源寺重大匡慈君特赐定慧圆通知见无碍三藏法师义璇主其寺，曰福国佑世静明普照玄悟大禅师。义璇，号顺庵，赵仁规第三子也。仁规字去尘，平壤人，称贞肃公，忠烈王代之名臣，笃信佛，创清溪佛寺，金书大乘妙典，印大藏经，造佛作殿，不胜记。义璇出家入中国，被元帝宠眷，住天源延圣寺，又兼本国莹源寺住持。——至元四年（1338）戊寅，奉顺宗皇帝之命而来，为忠肃王所重，居辇毂之下十五年，大振教纲”[①]。

第五节　义天与高丽唯识学的传习（附：鼎贤、海麟、韶显、惠永、海圆）

在义天之前，高丽唯识学的传人有鼎贤、海麟、韶显等，其中以韶显为最著名。鼎贤事迹载于《竹山七长寺慧照国师塔碑》[②]。据载，鼎贤俗姓李，幼年投光教寺忠会大师落发，十三岁从漆长寺（七长寺）融哲学瑜伽。后就灵通寺戒坛受具足戒。曾赴五教大选，“名振讲场，誉铮谈会”。穆宗王赐大师号，德宗时封为僧统，敕住法泉寺，后移居玄化寺，又开创三角山沙岘寺馆，弘化一方。文宗王时甚得厚遇，曾奉命讲《金鼓经》，受赐紫绣僧伽梨，先拜为王师，后礼为国师。

①《朝鲜金石总览》上册，第210页。
②《朝鲜金石总览》上册，第273—278页。

甲午年（1054）十一月十五日，鼎贤于漆长寺趺坐示灭，享年八十三，僧腊七十四。赠谥曰慧照国师。

海麟，字巨龙，俗姓元，幼名水梦，原州人。雍熙元年（984）生。先从学于法皋寺宽雄大师，后又随雄大师赴京，至海安寺俊光方丈处落发，统和十七年（999）首夏之月，在龙兴寺之官坛受具足戒。二十一岁时赴王轮寺大选，“谈经而言近意深，命侣而问同答异”，乃署大德。显宗王时赐“明了顿悟”之号，又于镐京重兴寺为夏讲，“谈倾法泽”。太平年中（1021—1031）加“重大师”，赐号“戒正高妙应觉”，住持水多寺十年，后敕移住海安寺。德宗时特授三重大师，靖宗时擢授僧统。及文宗莅位，召海麟于琳宫讲唯心妙义，受赐磨衲僧伽梨一领，从学者甚众。当时海麟门下有侍中李子渊，许其第五子随海麟落发，他就是金山寺住持三重大师韶显。重熙二十三年（1054），敕住玄化寺，先拜为王师，后封为国师。咸雍三年（1067），退居法泉寺，同年十月二十三日趺坐示化，报年八十七，僧腊七十二。赠谥曰智光。其门下受教继业者有一百四十多人，随职加阶者七十多人，慕德归化者一千一百余人。①

韶显，字范围，俗姓李，庆源郡人，太平纪历十七年（1038）生。十一岁从海安寺海麟落发，初学《金光明经》、《唯识论》，“夙殖闻熏，日新悬解”，麟公以为“贤哲之才”。第二年到福兴寺官坛受具足戒。海麟移住玄化寺，韶显亦随往，“高栖绛帐，亲受金言”。清宁七年（1061）赴王轮寺大选场，一捷为大德。咸雍五年（1069）加重大师。第二年五月，文宗王在延德宫亲见韶显，并许第六王子投韶显门下而出家，这第六王子就是后来俗离山法住寺住持导生僧统。同年十月，文宗幸玄化寺，斋佛僧以庆之，并赐磨衲袈裟阴脊。自咸雍七年（1071）初，住海安寺十年。太康五年（1079）秋，为祝愿大宋回使利涉大洋，文宗王命有司于内殿大张法席，请韶显充任说主，并赐“普利”之号。宣宗即位年（1084），批署为僧统，命住玄化寺，时韶显四十七岁。大安初（1085），手校《唯识》。后又于金山寺之南创成一院，额号“广教”。院内置雕经版，院中又造金堂一所。自太康九年（1083）直到韶显示寂之前，他搜访慈恩所撰《法华玄赞》、《唯识述记》等章疏三十二部，共计三百五十三卷，考证其本，募工开板，刊印流通，以广法施。韶显“于传法之外，雅好仁义之术，博览经史，至于诗篇

①事见《原州法泉寺智光国师玄妙塔碑》，《朝鲜金石总览》上册，第283—291页。

笔札，靡不精究，为人叹咏者往往有焉”。韶显心乐上生，逐月画慈氏尊像，每岁集徒侣礼忏归依及明设斋施。自太康元年（1075）至寿昌二年（1096），首尾凡二十有二稔。太康末年（1084），宣宗闻其事，特赐诸般彩画并御书一通，随喜韶显功德，又施纳净财于中外本宗诸寺，设每年两度法会，画释迦如来及奘、基二师、海东六师像，各安其寺，“欲令义学者睹像生敬，自敬生信，自信得慧，有以劝焉”。寿昌二年（1096）十二月十八日寂于玄化寺奉天院。俗寿五十九，夏腊四十八。追封王师，谥曰慧德，塔号真应。门下弟子有导生僧统等一千余人。大觉国师义天听到韶显去世的消息，“方尽哀而致祭，其文略云：‘方期没齿交臂弘真，今也即亡，吾谁与亲！’”①

就在韶显盛弘唯识学的时候，义天也开始注意下功夫研究唯识学。他在所撰《刊定成唯识论单科序》中说：“皇觉彝训，东渐久矣，源乎周，派乎汉，汪洋于魏晋，瀚漫于隋唐。以其或定慧之不同，遂致经律论之有异也。——后听《唯识论》于玄化寺佑翔大师，又就余杭慧因寺源公讲下禀受大经，东京显圣寺琳法师门谘决斯论。厥后以传灯为己任，因住兴王寺，演《杂华》周于十遍。而退隐于伽耶山海印寺，爱林泉之乐，萌著述之心。泛览百家，将利其器，以谓《起信》、《唯识》二论，是性相两宗之枢要，学人之所宜尽心者矣。然《起信论》亦尝粗习，但于唯识未尽其功，而恐溺彼繁辞，迷其要义，于是寻研本记，斟酌旧科，刊而定之，勒为三卷。傥同志者，持科玩论，先熟正文，后治疏钞，则唯识之旨，庶几乎易见矣 。”由此可知，义天在入宋之前，就曾从玄化寺佑翔大师学过《唯识学》。他在宋期间，遍游名山胜迹，寻师访友，“所遇高僧五十余人，亦皆咨问法要”，其中应当也包括唯识学方面的高僧大德。所以《凤仙寺碑》中说“僧统一来，上国所有天台、贤首、南山、慈恩、曹溪、西天梵学一时传了”。然而，与义天对华严学、天台学的研究相比，他对唯识学的研究毕竟仍显不足。可能是受到了韶显等人宏传唯识的启发，义天也开始用功于唯识学方面，并注意整理唯识学的典籍。

值得注意的是，在《刊定成唯识论单科序》中，还透露了一个信息，就是对于义天用功于整理和研究唯识学典籍，有人表示出不赞成的态度。其理由是，“贤首五教中，判唯识瑜伽为大乘始教，而云固非究竟玄妙之说。”义天既“克荷于

①见《金沟金山寺慧德王师真应塔碑》，《朝鲜金石总览》上册，第296—303页。

华严"，又何必再"横攻"唯识呢？而义天则认为，唯识学与华严学是一致的，"故慈恩疏引例六经，而以《华严》冠之最初，又云：'经为根本，随法相以宣扬；论是末宗，禀佛言而成立。'西明疏中，释归命偈满分之言曰：'满则如来，分则金刚藏解脱月'者，可谓深见经论之本末也。"意思是说，《华严》等经是本，《成唯识论》等论是末，本末相依，阐发佛教的同一旨趣。这里的"本末"之说，并无褒贬的意味。义天又认为，"《起信》、《唯识》二论，是性相两宗之枢要"。"而况清凉有言：'性之与相，若天之日月，易之乾坤，学兼两辙，方曰通人。'是知不学《俱舍》，不知小乘之说；不学唯识，宁见始教之宗；不学《起信》，岂明终顿之理；不学《华严》，难入圆融之门。良以浅不至深，深必该浅，理数之然也。"不难看出，义天虽然是以贤首法藏的教判理论为依据而分别各种宗派，但他并不强调各种教说的优劣，而是强调其相互联系、相辅相成的方面，并且特别指出："浅不至深，深必该浅，理数之然也。"这正体现了义天"圆融"诸宗的思想特色，也是他用功于唯识学的出发点。义天之后，高丽唯识学传演不断，特别是到忠烈王时代，唯识学盛极一时，当时元朝的唯识学已几近衰灭，于是出现了高丽唯识学僧入元回传唯识的境况，其中著名的入元僧有惠永、海圆。

惠永，俗姓康，闻庆郡人，生于戊子岁（1228）。十一岁投首座冲渊堂下，在南白月寺剃发，十七岁中王轮寺选佛场，初住兴德寺。高丽高宗四十六年（1259）批授三重大师，后曾任选佛场座主，又加首座、僧统。历住俗离寺、佛国寺、通度寺、重兴寺，后命留京辇凡十九年，后移住瑜伽寺。庚寅岁（1290），领写经僧众一百员到元大都献金字《法华经》，拜见世祖皇帝，世祖命寓居庆寿寺，"厉众严肃，无不敬服"。一日，万安寺堂头以种种幢盖庄严到场，请惠永讲《仁王经》，"师升座演说，快若悬河，四众景仰，如见佛日。"又以金泥写大藏经受到世祖皇帝嘉奖，赐遗甚厚，并遣使陪伴其返归本国。

惠永回国后仍住瑜伽寺。壬辰岁（1292），忠烈王迎入京师，册封为国尊，法号普慈。国王率群臣行纳五拜之礼，又加五教都僧统，命住桐华寺。第二年，请惠永驻锡成道寺主法。至元三十一年（1294）五月二十四日，振身端坐，举扬《华严经》十地品，泊然而逝。享年六十七，法腊五十六。赠谥弘真，塔号真应。国学大司成金晅所撰《碑铭》有谓："众生差别，妄见生灭，觉雄出现，随机演说。权实顿渐，同轨殊辙。慈恩奥旨，尤难析理。慈氏传之，无著得髓，奘、基宣布，洎于东土。哲人相总，称为八祖，师其嫡嗣，不愧于古。”① 这是说，惠永是唯识学的嫡嗣传人。但观其所习所讲，并不限于唯识经论，其佛学有与大觉国师义天相通之处。

海圆，俗姓赵，咸悦郡人。生而端庄，天姿慈祥，举止异凡。年甫一纪，投金山寺释宏大师落发，“学其法，日有所进，侪辈莫敢望”。甲午（1294）春登选佛科，住佛住寺。大德乙巳（1305），元朝安西王闻海圆“戒行甚高”，请于成宗，成宗遣使招海圆入元，海圆应命入觐。后从安西王住朔方，“北俗不事耕种，以畜牧为生，食肉饮汁而衣其皮。公（海圆）居其间，再寒暑，宁忍饥，绝不茹荤，持戒律益勤”。因此更受安西王敬重。丁未（1307）冬，奉武宗皇帝之旨，率徒弟食公廪，武宗春秋时巡，则令扈驾。皇庆元年（1312），武宗皇帝肇兴的大崇恩福元寺落成，“高丽瑜伽教师圆公领其徒人居之”。自其年冬，开堂讲法。“恩遇益丰，道誉益著”。天历初（1328），文宗皇帝赐楮币二万五千，可见其受宠有加。高丽国王因之大加尊礼，疏请遥住百济金山寺，并赐号曰慧鉴圆明遍照无碍国一大师，封重大匡佑世君，“荣耀宗门，冠于一时”。海圆“处心宽和，行己威重，人之见者，莫不爱敬。于其所谓唯识之论，已通大意，不与人喋喋争辩，人亦不敢难。性且好客，无贵贱邪正，待之如一，宾轩常满。谈空说有，亹亹忘倦。入不偿赀，香积或不继，而囊钵萧然。”住锡福元寺二十九年，至元庚辰（1340）二月十八日，示寂于该寺无亏之堂，享年七十九。②

第六节 义天的编藏事业

义天收集诸宗教藏，入宋之前即已开始，回国之后仍然继续，其收集范围除高丽外，广及宋、辽、日本诸国，经二十年岁月，收得诸宗疏抄四千余卷，其中大部分是在入宋求法过程中得到的。他“请置教藏司于兴王寺，召名流刊正谬

①见《高丽国大瑜伽桐华寺住持五教都僧统普慈国尊赠谥弘真碑铭》，引自李能和《朝鲜佛教通史》下编，第177—178页，蓝吉富主编《大藏经补编》第31册，华宇出版社1985年版，第597—598页。

②见《大崇恩福元寺高丽第一代师圆空碑》，《大藏经补编》第31上册，第596页。

缺”，编成《新编诸宗教藏总录》三卷，又依此《总录》刊刻诸宗疏抄，“不几稔间，文籍大备，学者忻赖。”①

义天在十几岁时就有感于教藏章疏的不完备，而立志编藏。他十九岁时作《代世子集教藏发愿疏》，即以世子（后来的顺宗王）的名义提出：佛教由印度传入中国，“方汉庭肇，迎其白马，自腾、兰之后，奘、净已还，或梵客东游，华僧西迈，星言雪践，线去丝来，重译真诠，丕宣名教，厥功大矣，其利博哉。既而正法下衰，机缘渐钝，四依间出，制疏以发扬，三藏挺生，伸钞以辅翼，遣文蕃衍，举世奉行，实可谓一代之能事毕矣。——顾兹桑木之区，素仰竺乾之化，虽经论而具矣，然疏钞以阙如，欲以于古于今，大辽、大宋，凡有百家之科教，集为一藏以流通，俾夫佛日增光，邪网解纽，重兴像法，普利国家，共沙界之群生，播金刚之善种，佥学普贤之道，长游卢舍之乡”②。在这里，他基于当时高丽“虽经论而具矣，然疏钞以阙如”的现实状况，计划收集散在各地包括宋、辽的佛教各宗各派的古今章疏，集为一藏，刊行流通。

他在1090年所撰《新编诸宗教藏总录序》中说：“昔汉明梦感之后，叶书继至，翻译流通者无代无之，爰及贞观，经论大备，由是西圣之教，霈然莫御也。自聂道真道安，至于明全宣律师，各著目录，谓之晋录魏录等。然于同本异出，旧目新名，多惑其文，真伪相乱，或一经为两本，或支品为别翻，四十余家纷然久矣。开元中，始有大法师，厥号智升，刊落讹谬，删简重复，总成一书，曰《开元释教录》。凡二十卷，最为精要，议者以为经法之谱无出升之佑矣。住持遗教，功莫大焉。予尝窃谓，经论虽备，而章疏或废，则流衍无由矣。辄效升公护法之志，搜访教迹以为己任，孜孜不舍，仅二十载于兹矣。今以所得新旧制撰诸宗义章，不敢私秘，叙而出之。后有所获，亦欲随而录之。脱或将来编次函帙，与三藏正文垂之无穷，则吾愿毕矣。时后高丽十三叶在宥八年，岁次庚午八月初八日，海东传华严大教沙门义天叙。”③ 此中有三点说明：第一，其“总录”是继中国历代所著经录之后的新作；第二，该“总录”的特点是收录诸宗章疏，以补过去“经论虽备而章疏或废”的缺陷；第三，依“总录”刊行的章疏，可与三藏

①《外集》卷十二《灵通寺碑》。

②《文集》卷十四。

③《韩国佛教全书》第四册，《大觉国师文集》卷一。

正文相互参照印证以“垂之无穷”。应该说，这三个方面也正是义天新编诸宗教藏的意义和贡献所在。其《新编诸宗教藏总录》今存，见《韩国佛教全书》第四册。

在金富轼所撰《灵通寺碑》中，还谈到义天编纂《圆宗文类》和《释苑词林》等方面的情况，他说：义天“尝以群言汗漫，撮其精要，类别部分，名曰《圆宗文类》。又欲会古今文章有补于教，以为《释苑词林》，而未及参定，至后乃成故，去取失当。门人集所著诗文，残篇断稿，存者无几，紬次为二十卷，此皆率尔落笔，非将以贻后也。故于生前有以其文写而刻之者，取其板焚之。当时北辽天佑帝闻其名，送大藏及诸宗疏钞六千九百余卷，其文书药物金帛，至不可胜计。”[①]

《圆宗文类》是华严学方面的文论辑要。据义天的《新集圆宗文类序》所述，由于华严学“至理幽微，群言汗漫，问答之际，援引颇难。况近世吾宗好异之辈，弃本逐末，臆说纷然，遂令祖师玄旨，雍而难通者十七八焉。精于教观者，岂不为之大息矣”。因此，在国王的支持下，“乃集义学，俾议纂修，略彼广文，为兹要览，以类鸠集，离为二十二卷。施于新学，可以着功。苟或因要略以通疏钞，以得经旨，因经旨以证理性，则孰为广乎，孰为略乎，在吾灵觉耳。”编成之后，国王赐名曰《圆宗文类》[②]。《圆宗文类》今仅存一、十四、二十二卷，卷一见于李能和《朝鲜佛教通史》，卷十四、二十二收在《全书》第四册中。《释苑词林》二百五十卷中，今仅存一九一至一九五之五卷，连同《大觉国师文集》和《外集》的残简，亦具载于《全书》第四册。

①《外集》卷十三。

②见《大觉国师文集》卷一，《全书》第四册。

第十章

高丽知讷对中国禅的继承与发展

第一节　李资玄、坦然的禅学

高丽前期，教宗盛于禅宗，其中华严、天台两教最盛，但禅宗也有名僧出现。如僧人智宗，曾入中国求法学禅，回国后弘传法眼宗（其事迹已如前述）。智宗之外，还有李资玄在民间传禅。

李资玄（1061—1125），字真精，号希夷子。学无师承，独脱无依。元丰六年（1083）登进士第，元祐四年（1089）以大乐署丞而弃官逃世，居江原道春州郡清平山文殊院。“其学盖无所不窥，然深究佛理而偏爱禅寂。”自称尝读《雪峰语录》，至“尽乾坤是个眼，汝向甚处蹲坐?”于此言下，豁然自悟。从此以后，“于佛祖言教，更无疑滞”。又曾谓门人曰：“吾穷读大藏，遍阅群书，而《首楞严经》乃符印心宗，发明要路，而禅学人未有读之者，良可叹也。”于是令门下弟子阅习之，而“学者浸盛”。资玄曾遍游海东名山，寻访古圣贤遗迹，后遇慧照国师鼎贤，常“往来咨问禅理”。睿宗王曾遣内臣赐茶香金缯，并请赴阙，资玄竟不奉诏。政和七年（1117），睿宗亲制手书诗一首，再度恳切邀请，于是谒王于南京，敕暂住三角山清凉寺，“上乃往返咨问禅理，公于是述进心要一篇，既而固请还山”。宣和三年（1121），奉王命开《楞严》讲会，诸方学者来集听受。

仁宗即位后，特遣近臣曲加存问，并赐茶香衣物。宣和七年（1125）四月二十一日示寂，享年六十五，住山凡三十七年。赐谥曰真乐公。门人有坦然等高僧①。

坦然（？—1158）俗姓孙，十三岁即通六经大义，十五岁补明经生，曾为肃宗王之子睿宗王之师。十九岁入京北安寂寺落发，依广明寺慧照（鼎贤）国师而得心要，又与慧照国师同学于希夷子。肃宗王时中大选，命住中原义林寺。睿宗王践祚后特授三重大师，住禅岩寺，后又加授禅师。仁宗王加为大禅师，移住广明寺，"每国大事，上必以御笔咨问"。"尝以所作《四威仪颂》并《上堂语句》附商舶寄大宋四明阿育王山广利寺禅师介谌印可，谌乃复书极加赞美。"对此，《续指月录》卷一"高丽坦然国师"传说，坦然"少嗣王位，钦向宗乘。因海商方景仁抵四明，录无示谌语归，师阅之契悟，即弃位圆颅，作书以《语要》及《四威仪偈》令景仁寄呈谌，谌答曰：'佛祖出兴于世，无一法与人，实使其自信、自悟、自证、自到，具大知见。'如所见而说，如所说而行。山河大地，草木丛林，相与证明，其来久矣（育王谌嗣）"。

又有道膺、膺寿、行密、戒环、慈仰等大禅伯，致书通好，约为道友。之后，又封为王师。毅宗王即位后，礼待弥厚。不久，乞归老于断俗寺。坦然"虽退处山林，祝圣之诚日益弥笃，上心眷顾亦不少衰"，"以其天性好善，诲人不倦，故玄学之徒，云臻辐凑，所至不减数百人。其升堂入室、传心得髓、为时宗匠者，亦多矣。遂以大振宗风，光扬祖道。重兴东国之禅门，师有实力焉。"戊寅年（1158）六月十五日端坐示化，世寿九十多岁。谥曰大鉴。②

第二节　知讷的生平

高丽中期，禅宗特别是曹溪宗大盛，几成吞并教宗之势，其最优秀的代表人物是普照国师知（智）讷。知讷（1157—1210）俗姓郑，自号牧牛子，京西洞州

①事见《真乐公重修清平山文殊院记》，《朝鲜金石总览》上册，第325—327页。知讷的著述均收入《韩国佛教全书》第四册。

②事见《丹城断俗寺大鉴国师塔碑》，《朝鲜金石总览》上册，第562—565页。

（黄海道瑞兴郡）人。“生而多病，医治不效，乃祷佛誓以出家，疾寻愈。”八岁投曹溪云孙宗晖禅师祝发，受具足戒，“学无常师，唯道之从”。二十五岁举僧选得中，不久南游，住锡昌平（全罗南道罗州郡）清源寺，一日读《六祖坛经》，读到“真如自性起念，六根虽见闻知觉，不染万象，而真性常自在”处，惊喜而起，绕佛殿颂思之，“意自得也”。从此“心厌名利，每欲栖遁林壑，艰恬以求其道”。大定二十五年（1185），寓居下柯山（庆北醴泉郡）普门寺，研读大藏经，看到李通玄的《华严论》，潜心钻研，搜抉索隐，悟入圆顿观门。后来，应旧友得才的邀请，移住公山居祖寺（永川郡银海寺东北安兴寺），习定均慧，数年不息，并与法友共组“定慧结社”，发布《劝修定慧结社文》，因而声名始扬。承安三年（1198），知讷又与禅侣同入智异山，隐栖于上无住庵，“屏黜外缘，专精内观，磨淬发锐，沿寻穷源”。有一天得到《大慧语录》，读至“禅不在静处，亦不在闹处，不在日用应缘处，不在思量分别处。然第一不得舍静处、闹处、日用应缘处、思量分别处参”时，“忽然眼开，方知皆是屋里事，自然物不碍膺，当下安乐耳。由是慧解增，众所宗仰”。承安五年（1200），移居江南松广山（全南顺天郡）吉祥寺，“领徒作法，十有一年，一依佛律。四方缁白，闻风辐凑蔚为盛集。至有舍名爵捐妻毁形命侣而偕来者，王公士庶投名入（定慧）社亦数百人。师以道自任，不以人之誉非动其心。性且慈忍，善接后流，虽或悖谬迕意，犹能悯念摄护若慈母之于骄子然。”知讷常劝人颂持《金刚经》，又常讲《六祖坛经》，同时辅以《华严论》和《大慧语录》，由此而开“惺寂等持门”、“圆顿信解门”、“径捷门”之三门接引学人，修行信入者甚众，“禅学之盛，近古莫比”。另有亿宝山之白云精舍、积翠庵，瑞石山之圭峰兰若、祖月庵，皆知讷所创，为往来修禅之所。熙宗王素重知讷，即位后敕改松广山为曹溪山，吉祥寺为修禅社，并亲书题榜。继而又赐满绣袈裟，以褒扬其功德。以此为据点，知讷开创了曹溪宗。大安二年（1210）三月二十七日知讷升座说法如常，因执杖据床不动，泊然而逝。阅世五十三，受腊三十六。寂后谥“佛日普照国师”，塔曰甘露。他的著作有《法集别行录节要并入私记》、《劝修定慧结社文》、《真心直说》、《牧牛子修心诀》、《诫初心学人文》、《看话决疑论》、《圆顿成佛论》等多种。[①]

①其事迹见《顺天松广寺普照国师甘露塔碑》，《朝鲜金石总览》下册，第949—953页；《曹溪山修禅社佛日普照国师碑铭》，《东文选》卷一一七，第402—405页。

第三节 知讷对中国禅的传承创新

知讷的禅学思想，突出以“真心”为核心概念。他认为：“真心本体，超出因果，通贯古今，不立圣凡，无诸对待，如太虚空，遍一切处。妙体凝寂，绝诸戏论，不生不灭，非有非无，不动不摇，湛然常住。”又说：“一切山河大地，草木丛林，万象森罗，染净诸法，皆从中出。”[①] 总而言之，真心无始无终，独一无二，超越一切具体事物，而为一切世界生成之根源。

他的《真心直说》共分为十五节，对真心进行了系统的论述。第一真心正信，论说皈依佛教，为善去恶，必以“信”为前导。但禅家祖门之信与教门之信有所不同，祖门正信“不信一切有为因果，只要信自己本来是佛”。就是说，强调要有自信，而不是只相信他力。第二真心异名，认为此真心发明于《楞严经》中，但“一法千名，应缘立号，备在众经。”《菩萨戒》呼为心地，《般若经》唤作菩提、涅槃，《华严经》立为法界，《金刚经》号为如来，《金光明》号曰如如，《净名经》号曰法身，《起信论》名曰真如，《涅槃经》呼为佛性，《圆觉经》名为总持，《胜曼经》号曰如来藏，等等，实际上都是指此真心。禅宗与教宗有所不同，“祖师门下，杜绝名言，一名不立，何更多名”。但是，禅家“应感随机，其名亦众。”例如妙心、正眼、自己、主人翁、无底钵、没弦琴、无尽灯、吹毛剑、无为国、牟尼珠、无钥锁，乃至泥牛、木马、心源、心印、心镜、心月、心珠等，都是真心的异名。第三真心妙体，论说真心本体超出因果，通贯古今，不立凡圣，无诸对待，如大虚空，遍一切处，妙体凝寂，湛然常住，“一切山河大地，草木丛林，万象森罗，染净诸法，皆从中出”。第四真心妙用，论说人之一切动用施为，东行西住，乃至吃饭穿衣，左顾右盼，无非真心妙用现前。第五真心体用一异，论说真心体用非一非异。第六真心在迷，论说真心凡圣同一，本来平等，但凡夫被妄心所覆，所以真心不得现前。第七真心息妄，略举以无心治妄心的十种功夫。第八真心四仪，论说要息妄心证真心，不必只拘于坐习，行住坐卧

①《真心直说》。

四威仪无不通。第九真心所在，论说真心妙体遍一切处，真心妙用随感随现。第十真心出死，论说生死本无，只因众生颠倒，才妄认生死为有。十一真心正助，论说修习真心，要以无心息妄为正，修行诸善为助。十二真心功德，论说功德不从外来，本自具足，所以无心功夫大于有心而为的各种功德。十三真心验功，论说修习真心如同牧牛一样，先要牵引强制，渐次成熟之后，才能无拘无碍。十四真心无知，论说真心即是平常心，无知而知，平怀圆照，不生憎爱。十五真心所往，论说真心修习成熟时，便可超脱生死轮回，包容山河大地，天上人间，所向自由。

在他看来，真心就是佛心，就是圣凡同具的“平等心”。它是人人具足的“天真自性”，是个个圆成的“涅槃妙体”。所以真心“不假他求，从来自备”①。这样，他就使佛教走出宫廷贵族的小圈子，更广泛地传播到了民众之中。

他又强调，所谓的“天真自性”，不是去认识对象性存在的分别知，而是要觉悟自己的本性。据此，他在《真心直说》之后所撰的《修心诀》中，进一步提出“反照”理论，“反照自心本来是佛。”“一念回光，见自本性，而此性地，元无烦恼，无漏智性，本自具足，即与诸佛，分毫不殊。”“明众生之我与诸佛无分毫差异，此谓一念回光或一念回机反照。”② 他提出自心即佛，众生与诸佛本质上无差别，全在一念之回机反照，宣扬成佛面前人人平等的理论，就更能吸引广大民众，从而扩大佛教的影响。

知讷对真心说进行如此系统的论述，带有鲜明的创新性。中国禅宗，特别是慧能之后的中国禅宗，继承和发展了传统佛教中的如来藏思想，大力阐发心性问题，主张“直指人心，见性成佛”。慧能的《坛经》反复讲净心、本心、自性、本性，把佛性问题明确地引向人性问题，认为人的本性就是佛性，主张“从于自心，顿现真如本性”，不必外求佛性。慧能是否提到真心这一概念，是有疑问的。敦煌本原文多次出现“真心”，但校订者都校之为“直心”。可是，《坛经》诸本中慧能的说法偈颂有：“若能自有真，离假即心真；自心不离假，无真何处真。”“若能心中自见真，有真即是成佛因；自不求真外觅佛，去觅总是大痴人。”在这里，真心一词已经是呼之欲出了。可见，知讷的真心说是承袭和发展了六祖慧能

①《真心直说》。

②《牧牛子修心诀》。

的思想。慧能之后，五家七宗的禅学大师们偶尔也提及真心，但都没有作为重要概念加以论述。宗密在《禅源诸诠集都序》里说心有四种，即肉团心、缘虑心、集起心及坚实心。“坚实心亦云真实心，此是真心也。然第八识无别自体，但是真心，以不觉故，与诸妄想有和合不和合义。和合义者，能含染净，目为藏识；不和合义者，体常不变，目为真如，都是如来藏。”知讷真心说的确立，可能也受到圭峰宗密思想的启发。

知讷以真心为众生、万物的本体，同时又十分重视“无心”。在他看来，无心不是对真心的否定，也不是与真心等同。他在《真心直说》中说，所谓无心，“非无心体名无心也，但心中无物，名曰无心”。“但于心无事，于事无心，自然虚而灵，寂而妙。”也就是说，无心是“无妄心”，“无妄心”才会有真心妙用。因此，修禅学道在于“做无心功夫”。这样，他对真心和无心就作出了明确的界定：真心是本体，无心是“功夫”、方法。他综合和发挥诸师之说，提出十种“无心功夫”，即觉察、休歇、泯心存境、泯境存心、泯心泯境、存境存心，内外全体、内外全用、即体即用、透出体用。对这十种功夫，他一一具体说明。这十种功夫很有特色，是其真心说中的重要内容，也是对中国禅宗思想的深刻总结和精彩发挥。

十种功夫中，第一觉察，是说觉察并破除妄念。第二休歇，是说休歇妄心，做到心不起念。这两种功夫，是对慧能以来“无念为宗”旨趣的具体发挥。第三至第六泯心存境、泯境存心、泯心泯境、存境存心这四种功夫，知讷说，这其实就是祖师所说的夺人不夺境、夺境不夺人、人境两具夺、人境具不夺之四法门。他这里所说的祖师，是指中国禅宗临济宗创始人义玄。义玄启发弟子觉悟时，应机采取四种方法，这就是“有时夺人不夺境，有时夺境不夺人，有时人境具夺，有时人境具不夺”。[1] 义玄所说的人与境，约略相当于知讷所说的心与境。当时有僧人请义玄解释这四法门，他用比喻的方式、偈颂的语言回答：夺人不夺境，如同“煦日发生铺地锦，婴孩垂发白如丝”。前一句是暂时存境，后一句则是夺人，这是针对偏执“我”为实有的人而言。夺境不夺人，如同“王令已行天下遍，将军塞外绝烟尘”。前一句夺境，后一句存人，这是针对偏执外境为实有的人而言。人境具夺，如同“并汾绝信，独处一方”。这是针对我执、法执都严重的人而言。

①《镇州临济慧照禅师语录》卷一。

人境具不夺，如同“王登宝殿，野老讴歌”。这是对已经破除了我执、法执的僧人而言。知讷的泯心存境等四种方法，与义玄的夺人不夺境等四法门十分相似，但意味并不完全相同，义玄的四法门是启悟弟子的手段、施设，知讷则把这四法门引申为个人修习的方法，使其更带有普遍实践性的品格。

第七至第十种功夫内外全体、内外全用、即体即用、透出体用，这是阐述如何处理好真心的体用关系。体用是中国哲学史上的一对重要范畴，《论语》中谈到“礼之本”、“礼之用”，可见孔子已经意识到“本”和“用”这对概念。汉代司马谈《论六家要旨》，说道家的学术思想是“以虚无为本，以因循为用”。本指根本原则，用是根本原则的具体运用，“本用”实际上也就是“体用”。到魏晋时期，玄学代表人物王弼明确把体用作为哲学范畴，他在《老子》第三十八章注中说：“万物虽贵，以无为用，不能舍无以为体也。”意思是说，万物以“无”为本体，才有各种各样的表现、功用。后来佛教思想与玄学融合，体用问题也引入中国佛教理论之中。梁武帝萧衍笃信佛教，他著的《立神明成佛义记》，提出：“心为用本，本一而用殊。殊用自有兴废，一本之性不移。”对此，梁武帝的朝臣沈绩（也是佛教徒）注释说：“既有其体，便有其用。——用有兴废，体无生灭。”把梁武帝所说的“本用”直接解释为“体用”。中国哲学中，体用的含义不尽相同。在佛教中，体一般指各种事物的共同本质、体性，不变的真理实相或人人共通的心性。用指人或事物的不同作用，千差万别的各种表现。唐代佛教论著中多谈体用，六祖慧能《坛经》讲解“无念为宗”时说：“无者无二相，无诸尘劳之心。念者念真如本性。真如即是念之体，念即是真如之用。真如自性起念，非眼耳鼻舌能念。真如有性，所以起念。真如若无，眼耳色声当时即坏。善知识，真如自性起念，六根虽有见闻觉知，不染万境，而真性常自在。”在这里，慧能明确谈到体用问题，而且知讷正是读到“真如自性起念”等一段话时惊喜不已，意自得之。知讷把这种体用观运用到修习实践中，着眼于理论和实践的结合。他所说的内外全体，是说做功夫时要觉悟到自身和世界万物都是基于“真心”这同一的本体，大千沙界打成一片，如《肇论》所说“天地与我同根，万物与我同体”。达到如此境界，妄心自然不生。内外全用，是把内身外器一切事物及其活动变化，全都观作真心的神妙作用，如《永嘉证道歌》所说“光明实性即佛性，幻化空身即法身”。既然一切都是真心妙用，妄心便无处安置。即体即用，是做功夫时冥合真体，空寂中内隐灵明，灵明中内隐空寂，体用相即不离。透出体用，是不分内外，不辨东西南北，通身打成一片，超越体用的界限，得到大解脱。这样，知讷把体用关系问题与佛教的修行实践紧密联系在一起，也是对中国佛教思想的丰富和发展。

知讷对十种功夫的论述，在《真心直说》中占了相当大的篇幅，比对其他问题的论述都更详尽而具体。他自己说："此个休歇妄心法门，最紧要故，偏多说无文繁也。"可见他最重视这十种功夫。他又指出，以上十种做功夫法，不须全用，个人根据各自的情况，随缘修习，"但得一门，功夫成就，其妄自灭，真心即现。"就是说，十门功夫并无先后高低的区别，并不是渐修渐进的十个修行阶次。这本质上仍然坚持了禅宗的顿悟说。

知讷认为，要显现真心，最主要的是做无心功夫，但这并不排除各种善行。他以无心息妄为正、为主，以修各种善行为助、为辅。他说，如同明镜被尘垢覆盖，要用手力擦拭，还须妙药磨莹，才能重现光明。真心就如镜光，烦恼便如尘垢，无心功夫如手力，各种善行如磨药。如果修善时与无心相应，不取着因果，不有意去追求善报，那么，这样的善行便是证悟真如的"方便"，是超脱生死的"要术"，因而可得广大福德。

另外，知讷《真心直说》的重要性不仅在于确立了"真心"这一概念，而且也在于采用了"直说"这种形式。中国禅宗在六祖慧能之后，逐渐形成一种思想和风气，即认为佛教真理是无法用文字语言来传述的，必须是由师心直接传予弟子之心，弟子通过自己的直觉体验而悟得。因此，禅门便有十六字口诀流行起来，就是"不立文字，教外别传，以心传心，见性成佛"。并且说，这是佛佛祖祖一脉相承的法门，是"正法眼藏"，是传承"涅槃妙心"。

首先，禅门要不要立文字言说？这在六祖慧能之前是不成为问题的，中国禅宗的开祖菩提达摩有"理入"、"行入"的理论。二祖慧可阐发达摩禅的精神实质，"奋其奇辩，呈其心要，故得言满天下"[①]。到六祖慧能，有《坛经》传世，这当然是立文字言说。曹溪慧能门下，菏泽神会仍然主张"不破言说"。但慧能之后的五家七宗，多有"不立文字言说"的主张。例如，五家禅中居主导地位的临济宗的开创者义玄就认为："若约祖宗门下称扬大事，直是开口不得"[②] 名言章句不过是"曲顺人情"、"接引小儿"的施设方便。这种禅风在当时具有开新风气的

①《续高僧传》卷十九《慧可传》。

②《镇州临济慧照禅师语录》卷一。

意义，对于学人真正体悟禅的意境确有帮助。然而长此以往，禅宗便难于普及。知讷不赞成此种风气，他在《真心直说》的序言中说："佛祖出头，无法与人，只要众生自见本性。——是故佛祖不令人泥着文字，只要休歇见自本心。所以德山入门便棒，临济入门便喝，已是探头太过，何更立语言哉。"这似乎有否定语言文字的倾向。但是，他又接着说："妙高顶上，从来不许商量；第二峰头，诸祖略容话说。"妙高顶上，是指禅悟的最高境界，也就是真心自现的境界，不是通过语言文字思辨就能认识到和表达得出来的，所以说"从来不许商量"。然而，要登上妙高顶峰，须要第二峰头作为阶梯，这"第二峰头"就是佛教经典和禅门祖师们的言说文字。这就是说，要以语言文字为"方便"，以达到不可言诠、不可思议的幽微境地。正因为如此，知讷才"不惜眉毛，谨书数章，发明真心，以为入道之基渐也"。

其次，禅门是不是"教外别传"？这与要不要立文字的问题有一致之处，如果主张不立文字，当然就会主张教外别传。其实，从初祖达摩，到六祖慧能，都是尊奉佛教经典的。达摩主张"藉教悟宗"，以四卷《楞伽经》授二祖慧可；三祖僧璨继慧可之后仍然持《楞伽》以为心要；四祖道信依《楞伽经》和《文殊说般若经》，制《入道安心要方便法门》；五祖弘忍也很重视《楞伽经》，同时又劝道俗"但持《金刚经》一卷，即得见性，直了成佛。"① 慧能就是"闻说《金刚经》心开悟解"的。慧能的《坛经》中多引经论，他一再劝人持《金刚经》，反对"谤经法"，明确批评"直言不用文字"是"谤法"。菏泽神会主张教禅一致，劝人"广读大乘经典"②。但后来的五家七宗中，那些倡导"不立言说"的大师们，对经教也轻慢起来。这种轻慢经教的思想，后来发展成公然的呵佛骂祖。义玄就说："夫大善知识，始敢毁佛毁祖，是非天下，排斥三藏教，辱骂诸小儿，向逆顺中觅人。"③ 毁佛毁祖，是为了"向逆顺中觅人"，即帮助人们破除对佛祖、经教的迷信，找回迷乱中失去的自己，建立自信心，发现人自身的价值，这是有积极意义的。但是，如此发展下去，一些浅薄之人只知效法呵佛骂祖的形式，并不能领会其真实精神，又不肯读经学法，这样就不仅不能领悟佛理，而且会带来严重的信仰危机。所以圭峰宗密、永明延寿等人便起而提倡教禅一致，力图纠正

①《坛经》。
②《神会集》。
③《古尊宿语录》卷四《临济录》。

排斥经教的倾向。

高丽佛教的特征，在于教宗与禅宗互相妥协调和。义天的观点是站在教宗的立场来把握禅宗的思想，而知讷则力图站在禅宗的立场来融合教宗。他认为：“世尊说之于口即为教，祖师传之于心即为禅，佛祖心口，必不相违，岂可不穷根源而各安所习，妄兴诤论，虚丧天日耶？”这是说，教、禅同出一源，相辅相成，不可偏废。但是，在修持时，禅与教仍有主次先后之别，“修心之士，先以祖道知自心本妙，不拘文字。次以论文辨心之体用”①。在《真心直说》中，知讷广引佛教经论和祖师语录、偈颂百余处，可见其对经教是十分重视的。对于呵佛骂祖，他说：“古有呵佛骂祖者，是与此心相应。今见才入宗门，未知道之远近，便学呵佛骂祖者，太早计也。”意思是说，像义玄那样的禅学大师呵佛骂祖，那是与“真心”相应的。而后世学禅的人，才一知半解，就学呵佛骂祖，则是无自知之明，于道无补。语气之间可以看出，知讷是反对参禅者呵佛骂祖的。

再次，知讷强调“直说”，又是与隐说、喻说、巧说乃至以动作代语言的方式相区别的。六祖慧能和他以前的诸祖，基本上是采用“直说”的形式，直截了当地演说法义。其实，主张“不立文字”、“不立言说”者，也难于完全排除文字言说。他们要阐扬“不立文字”、“不立言说”的意旨，这本身就需要文字言说。另外，要启发弟子觉悟自心、自性，也不可能完全不讲话。他们只是不系统地说或不直接地说，尽量不用经论中固有的名言概念而另辟蹊径。如此一来，说法的语句虽越来越平常，越来越贴近生活，但也越来越模糊，越来越难解，缺乏系统明晰的理论论证。这样，中国禅的走向，“慧能从高远引向平实，后人又从平实而引向深秘”②，以至于最后排斥任何言说，采用扬眉、瞬目、棒打、口喝、擎拳、脚踏等肢体语言的方式接引学人，这类办法很难向一般民众推广。

知讷不赞成此种风气，他在《六祖坛经跋》中说：“忠国师（指唐代僧南阳慧忠）呵破南方佛法之病，可谓再整颓纲，扶现圣意，堪报不报之恩，我等云孙，既未亲承密传，当依如此显传门诚实之语，反照自心本来是佛，不落断常，可谓离过矣。”正因为如此，知讷才系统地“直说”禅宗理论，这带有向传统佛教和慧能禅复归的性质，同时又对慧能之后的各派禅学思想进行了认真的总结，吸取

①《华严论节要序》。

②印顺《中国禅宗史》。

各派中新鲜活泼的内容，使禅学发展到了一个新的阶段。

知讷又在《法集别行录节要并入私记》中说："荷泽神会是知解宗师，虽未为曹溪嫡子，然悟解高明，抉择了然。密师宗承其旨故，于此录中，伸而明之，豁然可见。今为因教悟心之者，除去繁词，抄出纲要，以为观行龟鉴。予观今时修心之人，不依文字指归，直以密意相传处为道，则溟涬然徒劳坐睡，或于观行，失心错乱故，须依如实言教，抉择悟修之本末，以镜自心，即于时中观照，不妄用功耳。"由此可见，知讷是自觉承继曹溪惠能——荷泽神会——圭峰宗密这样的法脉系统的。但是，他并不盲目排斥其他派别，并非唯神会、宗密的观点是从。例如，圭峰宗密曾评论北宗、洪州、牛头三家禅说："初一切皆妄（北宗），次一切皆真（洪州），后一切皆无（牛头）。若就行者说，初伏心灭妄（北宗），次信任情性（洪州），后休心不起（牛头）。"又说：洪州"于顿悟门，虽近而未的，于渐修门而全乖；牛头已达空故，于顿悟门而半了，以忘情故，于渐修门而无亏；北宗但是渐修，全无顿悟故，修亦废真。菏泽则必先顿悟，依悟而修"。知讷认为，若如此说，"则凡修心人，唯取信于菏泽，不取信于余宗必矣。"他不完全赞同宗密的看法，而是主张："而今末法修心之人，先以菏泽所示言教，决择自心性相体用，不堕空寂，不滞随缘，开发真正之解。然后历览洪州、牛头二宗之旨，若合符节。岂可妄生取舍之心耶？故云：'三点个别，即不成〈伊〉。三宗若乖，焉能作佛？'此之谓也。"①

知讷在论说"真心"本体的同时，又进一步提出顿渐并行、定慧双修的修行方法。关于悟、修的关系与次第，澄观曾提出顿悟渐修、渐修顿悟、渐修渐悟、顿悟顿修、先修后悟、修悟一时等五种②，宗密在《禅源诸诠集都序》中则提出渐修顿悟、顿修渐悟、渐修渐悟、顿悟顿修、顿悟渐修等五种，其第五谓："顿悟渐修如日光顿出，霜露渐消；孩子顿生，志气渐成；猛风顿息，波浪渐停。"顿悟渐修也正是菏泽神会的主张。知讷继承了神会、宗密的顿悟渐修论，他提出："若论修证顿渐，义势多端，撮其枢要，不出此录（宗密《法集别行录》）中顿悟渐修耳。"③ 他认为，"夫入道多门，以要言之，不出顿悟渐修两门耳。虽曰顿悟顿

①《法集别行录节要并入私记》。

②《法集别行录节要并入私记》。

③《法集别行录节要并入私记》。

修，是最上根机得入也，若推过去，已是多生依悟而修，渐熏而来，至于今生，闻即开悟，一时顿毕。以实而论，是亦先悟后修之机也。则而此顿渐两门，是千圣轨辙也。则从上诸圣，莫不先悟后修，因修乃证。所言神通变化，依悟而修，渐熏所现，非谓悟时即发现也。”① 这意思是说，即使最上根机的人能顿悟顿修，那也是由于多生顿悟渐修，至于今生，方能“闻即开悟，一时顿毕”。在他看来，觉悟自己本来是佛，这并不是靠修行而得，而是依靠无“阶级渐次”的顿悟。他解释顿悟说：“顿悟者，凡夫迷时，四大为身，妄想为心，不知自性是真法身，不知自己灵知是真佛也。心外觅佛，波波浪走。忽被善知识指示入路，一念回光见自本性，而此性地，元无烦恼，无漏自性，本自具足，即与诸佛分毫无殊，故云顿悟。”但是，悟之后还必须长期“照察”，妄念一起；随即排除，如此循环往复，以至于“无为。”人世间“轮回因缘”根深蒂固，只有渐修才能最终解脱。所以他又解释渐修说：“渐修者，顿悟本性，与佛无殊，无始习气，难卒顿除，故依悟而修，渐熏功成，长养圣胎，久久成圣，故曰渐修也。”② 他主张顿悟与渐修必须相结合，无顿悟的修行非真修，必须先悟后修。顿悟以断障，渐修以成德，二者联结起来，才是真正的修行。悟后的修行之道又有定与慧，没有定与慧，就会陷入狂或愚。所谓定，就是“依止缘之功而心定寂然不变”；所谓慧，就是“依观照之功而知无分别。”这样顿渐结合、定慧双修，经历不同的阶段，就可以达到菩提涅槃而成佛。

知讷在修行方面开有三门，即惺寂等持门、圆顿信解门、径截门。关于惺寂等持门，他引述《永嘉集》之意谓：“寂寂谓不念外境善恶等事，惺惺谓不生昏住无记等相。若寂寂不惺惺，此乃昏住；惺惺不寂寂，此乃缘虑。不寂寂不惺惺，此乃非但缘虑，亦乃入昏而住。亦寂寂亦惺惺，非唯历历，兼复寂寂，此乃还源之妙性也。”③ 他又说：“今时修心人具佛种性，依顿宗直指之门，发决定信解者，直了自心常寂，直然惺惺。依此而起修故，虽具修万行，唯以无念为宗，无作为本也。以无念无作故，无有时劫地位渐次之行，亦无法义差别之相。”④ “若设法义，入理千门，莫非定慧。取其纲要，则自性上体用二义，前所谓空寂灵知是也。

①《修心诀》。

②《修心诀》。

③《结社文》。

④《结社文》。

定是体，慧是用也。即体之用故，慧不离定；即用之体故，定不离慧。定则慧故，寂而常知；慧则定故，知而常寂。如曹溪云：‘心地无乱自性定，心地无痴自性慧’。若悟如是，任运寂知，遮照无二，则是为顿门个者双修定慧也。若言先以寂寂治于缘虑，后以惺惺治于昏住，先后对治，均调昏乱，以入于静者，是为渐门劣机所行也。虽云惺寂等持，未免取静为行，则岂为了事人不离本寂本知、任运双修者也。故曹溪云：自悟修行，不在于静。若静先后，即是迷人。则达人分上，定慧等持之意，不落功用，元自无为，更无特地时节。”① 由此看来，知讷的惺寂等持门乃是以慧能的“无念为宗”为根据的，且与定慧双修、定慧等持紧密结合在一起。

圆顿信解门是受到李通玄《华严论》的启发而提出的。知讷在《圆顿成佛论》中说：“《华严论》者，是果后大圣李通玄长者所撰。——详夫论主旨趣，要以分析《华严》大义，令末世大心凡夫，于生死地面上，顿悟诸佛不动智，以为初悟发心之源也。是故第二会以普光明智为殿名，说十信法门直示如来普光明智大用无方重重无限，以为信心。又举十色世界、十智如来、十首菩萨，表法示之，令其易解。”此即圆顿信解门之所由来。据此，知讷又说：“只令大心凡夫，返照自心根本普光明智一真法界之道，则便悟卢舍那佛、不动智佛等十方诸佛，虽有名号差殊，依正庄严各别，皆是自心普光明智之相用，俱非外物也。以自心普光明智量同虚空法界，无有一佛不从本智而起，无有一众生不从本智而生。故知佛及众生，依智幻生，依智幻住，生无所从，灭无所至也。”

径截门则是受大慧宗杲看话禅的启示而提出的。知讷在《看话决疑论》中说：“禅门话头参详，径截悟入之门，全拣佛法知解之病也。——禅门亦有为密付难堪借教悟宗之者，说真性缘起、事事无碍之法，如‘三玄门’初机得入‘体中玄’所明云：‘无边刹境，自他不隔于毫端；十世古今，始终不离于当念’。又云‘一句明明该万象’等是也。禅门中此等圆顿信解，如实言教，如河沙数，谓之死句，以令人生解碍故，并是为初心学者，于径截门活句未能参详故，示以称性圆谈，令其信解不退转故。若是上根之士，堪任密传，脱略巢臼者，才闻径截门无味之谈，不滞知解之病，便知落处，是谓一闻千悟，得大总持者也。”知讷的意思是，法门千万，关键在于应病与药，对机说禅。对初机者，乃说圆顿信解门。对上根之士，为避“知解”之病，则开径截门。

①《修心诀》。

有意思的是，知讷所提出的修行三法门，恰与他学道悟道的三个时期大致相应。惺寂等持门与他在清源寺读《六祖坛经》而得开悟相应；圆顿信解门与他寓居下柯山普门寺研读李通玄《华严论》的心得相应；径截门则与他隐栖智异山上无住庵时读到《大慧语录》“忽然眼开”相应。这正说明，知讷的禅学思想的形成，是与中国禅宗的发展路向密切联系在一起的。

智讷还特别强调，修行不能只停留在智性的寂静上，还应当不忘解救众生，因为即便能够达到明见佛性，“利他行愿”也不会“自然成满”，所以“智者觉慧常明，精修梵行，发大誓愿，广济众生，不独求自己一身之解脱”。

第四节　知讷法嗣慧谌的禅学（附：冲止）

继知讷之后，曹溪山第二代修禅社主是真觉国师慧谌。其事迹载于《顺天松广寺真觉国师圆照塔碑》[①] 据此，慧谌（1174—1234），俗姓崔（一作曹），名寔，字永乙，自号无衣子，罗州和顺县（全罗南道）人。幼年丧父，乃向其母乞请出家，“母不许，勉令业儒。然常念经持咒，久乃得力。喜毁拆淫巫妖祠，或往往救人病有效。”承安六年辛酉（1201）举司马试，中之，之后入大学。第二年（1202），其母病逝，慧谌闻说“普照国师在曹溪山新开修禅社，道化方盛”，即前往参礼，“请营斋荐母，因乞剃度”。知讷国师应允，乃为知讷弟子。慧谌“尝居蜈山，坐一盘石，昼夜常习定，每至五更，唱偈甚厉，声闻十许里，略不失时，闻者以此候旦。又居智异山金台庵，宴坐台上，雪积没顶，犹兀坐如枯株不动，众疑其死，撼之不譬。其刻苦如此，非夫与道凝精、外生死遗形骸者，孰至是哉。”乙丑（1205）秋，“国师在亿宝山，师与禅者数人方往谒憩山上，距庵千余步，遥闻国师在庵中唤侍者声，作偈，其略云：‘呼儿响落松萝雾，煮茗香传石径风。’及参礼，举似此话，国师颔之，以手中扇授之。师呈偈曰：‘昔在师翁手里，今来弟子掌中，若遇热忙狂走，不妨打起清风。’国师益器之。又一日，随国师行，国师指一破鞋云：‘鞋在遮里，人在什么处？’答曰：‘何不其时相见？’国

①见《朝鲜金石总览》上册，第460—464页。

师大悦。又举赵州'狗子无佛性'话，因续举大慧杲老十种病问之，众无对。师对曰：'三种病人方解斯旨。'国师曰：'三种病人向什么处出气？'师以手打窗一下，国师哈哈大笑。乃归方丈，更密召与话。乃嘉曰：'吾既得汝，死无恨矣。汝当以佛法自任，不替本愿也。'"泰和戊辰（1208），知讷欲命慧谌嗣席，慧谌固辞，遂去智异山绝迹灭影数载。大安庚午（1210），知讷入寂，慧谌奉敕继任曹溪修禅社主，开堂说法，"于是四方学者及道俗高人逸老"云集，就显得人多寺小，康宗乃命人增构，扩大了寺院的规模。"又遣使就赐满绣袈裟、磨衲各一领并茶香宝瓶。因求法要，师撰《心要》以进，今行于世。自是，公卿贵戚四岳邦伯，闻风慕道，或遥礼为师，或亲趋下风者不可胜记。凡禅讲之负气屈强、自谓莫己若者，及一见，莫不愕然改容，犹师事之不暇也。今门下侍中晋阳崔公（瑀），聆师风韵，倾渴不已，屡欲邀致京辇，竟不至焉。然千里相契，宛如对面。复遣二子参侍，凡师之常住资具，莫不尽力营办，至于茶香药饵珍馐名果及道具法服，常以时饷遗，连旦不绝。"及高宗王即位，制授授禅师，又加大禅师，"其不经选席，直登缁秩，自师始也。"后敕住断俗寺，但仍以本社为常栖之所。甲午年（1234）六月二十六日示寂。寂后谥真觉国师。今有《真觉国师语录》、《无依子诗集》等著作传世。其著述收于《韩国佛教全书》第六册。

慧谌继承了知讷的真心说，同时也注重参话头的修行法门。他说："依上古教，深信上圣下凡，同一真心，同一正位，然后看个话头。"① 参话头时，"但参活句，莫参死句。活句下荐得，永劫不忘；死句下荐得，自救不了②"。他又说："微言滞于心首，翻为缘虑之场；实际居于目前，尽是名相之境。知是般事，拨置一边，但向十二时中四威仪内，看个话头。僧问法灯：百尺竿头，如何进步？灯云哑。世出世间，善恶攀缘，种种分别，莫教相续，亦莫断除。念念起时，但举话头云哑，不得作瘖哑会，不得向意根下思度，不得向举起处承当，不得将心待悟，莫管有味无味，悟与不悟，但时时举觉，念念提撕，日久月深，知其功能耳。"③

慧谌和他的门人录成《禅门拈颂》三十卷，收于《韩国佛教全书》第五册。

①《曹溪真觉国师语录》。
②《曹溪真觉国师语录》。
③《曹溪真觉国师语录》。

其序云："详夫自世尊、迦叶以来，代代相承，灯灯无尽，递相密付，以为正传。其正传密付之处，非不该言义，言义不足以及，故虽有指陈，不立文字，以心传心而已。好事者强记其迹，载在方册，传之至今，则其粗迹，固不足贵也。然不妨寻流而得源，据末而知本。得乎本原者，虽万别而言之，未始不中也；不得乎此者，虽绝言而守之，未始不惑也。是以诸方尊宿，不外文字，不吝慈悲，或征或拈，或代或别，或颂或歌，发扬奥旨，以贻后人。则凡欲开正眼，具玄机，罗笼三界，提拔四生者，舍此奚以哉。况本朝，自祖圣会三以后，以禅道延国祚，智论镇邻兵。而悟宗论道之资，莫斯为急。故宗门学者，如渴之望饮，如饥之思食。余被学徒之力请，念祖圣本怀，庶欲奉福于国家，有裨于佛法，乃率门人真训等，采集古话凡一千一百二十五则，并诸师拈颂等语要，录成三十卷，以配传灯，所冀尧风与禅风永煽，舜日共佛日恒明。海晏河清，时和岁稔，物物各得其所，家家纯乐无为，区区之心，切切于此耳。第恨诸家语录，未得尽览，恐有遗脱，所未尽者，更待后贤。"这里有几点值得注意：其一，慧谌肯定佛祖"正传密付之处"，"不立文字，以心传心"，同时又肯定"诸多尊宿，不外文字"，"发扬奥旨，以贻后人"。这继承了知讷"依显传门"阐发禅家理论的立场。其二，他主张弘法与护国结合起来，以为弘法与护国是统一的。其三，他把尧风舜日与禅风佛日相提并论，表明他的思想带有儒佛融合的倾向，也体现出高丽王朝儒佛并重的政策。

他还明确论述过儒佛关系，提出儒佛一致的主张。他在《答崔参政洪胤》一文中说："我昔居公门下，公今入我社中，公是佛之儒，我是儒之佛。互为宾主，换作师资，自古而然，非今始尔。认其名则佛儒向异，知其实则儒佛无殊。"他甚至根据伪经《起世界经》的说法，以老子为迦叶菩萨，孔子为儒童菩萨，从而证明"儒道之宗，宗于佛法，而权别实同。"①

在佛教理论方面，慧谌主张人人皆有佛性，"诸人本心是佛，更无别物。但以法尔随缘，习以成性，故有善恶愚智差别。"② 因此他说："迷则佛众生，悟则众生佛。"③ 他和知讷一样，主张无心功夫，认为"直下无心最为省要，内若无心，外即无事。无事之事是名大事，无心之心是名真心。所谓无心者，无心无无心，

---

①《曹溪真觉国师语录》。

②《曹溪真觉国师语录》。

③《曹溪真觉国师语录》。

亦无无心尽，是真无心。无事者，无事无无事，亦无无事尽，是真无事。若以事遣事，事事弥增，将心无心，心心却有，不若一刀截断左右葛藤，更不思前念后，直然放下，放到无放下处，无放下处亦放下，到这里，方始大事现前，朗然独耀，此是诸圣放身舍命之处，成佛作祖之处，此名大真佛，亦名法身佛，亦名如如佛。”①

慧谌之后，曹溪山修禅社第六世社主冲止，曾应元世祖之诏入元。据奉禄大夫国学大司成文翰学士承旨臣金赆奉教撰《曹溪山第六世赠谥圆鉴国师碑铭并序》② 载，冲止，原名法桓，后改为冲止，自号宓庵，俗姓魏，定安（忠清北道）人。其父魏绍，户部员外郎；其母宋氏，吏部员外郎子沃之女。冲止生于丙戌年（1226）十一月十七日，九岁始就学，“凡经书子史，过目即诵，又善属文。”十九岁登壮元第，曾奉使日域，“显国美于异邦”。他自少年时即有出尘之志，当时圆悟国师天英正在主法于禅源社，遂前往拜谒，剃染受具。随后便策杖南游，历叅讲肆，为丛林所重。四十一岁时住持金海县甘露社，有一禅德向冲止请诗，止师云：“春日花开桂苑中，暗香不动少林风，今朝果熟沾甘露，无限人天一味同。”此诗脍炙人口，广为传颂。“远近闻师，想见其像，自师入院，宿德风驰，后进云集。”丙戌（1286）二月，圆悟国师顺世，同年四月十六日冲止奉诏继其法席，为第六世。住院七年，使普照国师知讷的禅风更加发扬光大。“上国闻国师之风，嘉师之德，遣宫使迓师，乘驲至中夏，皇帝亲自迎迓，对以宾主之礼，褒师传之恩。举国仰德，万民归仁。授金襴袈裟、碧绣长衫、白拂一双，皆道具也。”癸巳年（1293）正月初十泊然而逝。忠烈王闻之震悼，下敕书诔书慰门徒，赠谥曰圆鉴国师，塔曰宝明。世寿六十七，腊三十九。

第五节　知讷著作在中国的流通与影响

知讷的《真心直说》、《修心诀》等著作从明代起即在中国流传开来。李海涛

①《上康宗大王心要》。

②《海东曹溪第六世圆鉴国师歌颂》“附录”，《韩国佛教全书》第六册，第410页。

博士2012年4月的博士学位论文（中国社科院哲学所）《普照知讷真心思想研究》，考察了知讷真心思想对中国佛教的影响。在这里，参考李博士的研究成果，并查阅相关资料，对知讷著作在中国的流通情况及其影响，作一些论述。

明代的《永乐北藏》（1410—1440）即收录有“《高丽国普照禅师真心直说》”与“《高丽国普照国师修心诀》”，明英宗正统十二年（1447），《真心直说》单行本刊行，蒙堂比丘为之撰写了后跋，其跋文云：“夫心者，是世间出世间万法之总相也，万法即是心之别相。然其别有五：一肉团心，状如蕉蕾，生色身中，系无情摄。二缘虑心，状若野烧，忽生忽灭，系妄想摄。三集起心，状如草子，埋伏识田，系习气摄。四赖耶心，状如良田，纳种无厌，系无明摄。五真如心，状同虚空，廓彻法界。系寂照摄。已上五心，前四皆妄，念念生灭，后一是真。三际一如，若不拣辩分明，犹恐认妄为真，其失非小。故引佛经祖语，问辩征释，开示迷妄根源，指陈修证本末。次第一十六章，始于正信，终乎所往。深明真心之快捷方式，故名直说。予获是书，仅十余载，朝夕观览。以为栖神之秘要。一日出示众，信善士感节庵，居士陈普忠，慨然乐施绣梓流传，庶修心之士观之者，感悟真心之妙，迥出直说之表也，是为跋。正统十二年岁在丁卯。腊月八日大天界蒙堂比丘。”①

蒙堂比丘把“心”分为五种，前四都是念念生灭之妄心，只有第五“真如心”才是离妄之真心。在他看来，知讷的《真心直说》其旨趣正在于“开示迷妄根源，指陈修证本末”，是“深明真心之捷径”。他说，他在“十余载”前获得此书，说明此书至晚在1437年前已经在中国流传。他得书后，“朝夕观览，以为栖神之秘要”，可见他对该书的重视程度。在他的倡导和信众的支持下，《真心直说》单行本得以刊行，使更多的人能够“感悟真心之妙”。

此后不久，在明宪宗成化已丑年（1469），又有比丘净林的《真心直说》重刻本问世，文定为之作序。其《重刻真心直说序》云：“夫《真心直说》者，佛佛授手、祖祖相传，更无别法也。心者人人之本源，诸佛之觉性，一切万法尽在一心之内，八万四千法门从此而出。悟此心者，凡圣交参；迷此心者，生死无际。心随事转，事随理彰，事理融合，名直说者矣。今比丘净林，宿生庆幸，得遇斯文，发心重新刊梓流通，命予为序以冠篇首。予才陋语拙，学问之浅，无足以发

①见《大正藏》第48册。

明其深奥，略序直说真心，以塞其请耳。时成化己丑年五月端阳日后学文定序。”①

此“序”虽短，但有三层意思引人注目。首先，作序者认为，《真心直说》是“佛佛授手、祖祖相传”的不二法门，给予了极高的评价。其次，“序”中说道：悟此心者，则可超凡入圣，得以解脱；迷此心者，则流转生死，不得出离。充分肯定了真心说的意义。再次，“序”中表示，“直说”的形式表达出了“心随事转，事随理彰，事理融合”的内涵。由此可见，“序”的作者是十分看重《真心直说》的。

明寂晓所撰《大明释教汇目义门》和明末四大名僧之一的智旭（1599—1655）所撰《阅藏知津》中，都介绍了《真心直说》和《修心诀》。《阅藏知津》谓：“真心直说（一卷），敦，元曹豁山老衲知讷述。凡十五章，明正信，异名，妙体，妙用，乃至所往，以释疑问。后附诫初心学人文，又附皖山正凝禅师示蒙山法语，东山崇藏主送子行脚法语，蒙山示众，蒙堂跋。”又谓：“高丽园普照禅师修心诀（一卷），敦，直指心性本来同佛。既悟心已，或习轻，则用自性定慧门；或习重，则用随相对治门，皆与先修后悟者不同。”② 知讷继承了慧能、神会、宗密一系的悟修思想，主张顿悟渐修，与北宗禅的先修后悟有所不同。

《真心直说》和《修心诀》的版本相当多，除以上所述外，还有明万历年间寂照庵刊行的单行本，明末清初编纂的《径山藏》（嘉兴藏），清代的《乾隆版大藏经》，均收录了《真心直说》和《修心诀》。从清代到近代，此两文尚有多种刊本流行③，足见知讷著作在中国的影响。

---

①见《大正藏》第48册。

②智旭《阅藏知津》卷四二。

③参见李海涛博士学位论文《普照知讷真心思想研究》第七章第三节（一）。

第十一章

元代临济禅与高丽求法僧

第一节　绍琼赴高丽弘法

元大德八年（1304）七月，临济宗第十七世法嗣绍琼赴高丽弘法，圆明国师冲鉴师事之。

绍琼自号铁山，十八岁出家，首参雪岩祖钦和尚，一日，于室中举哪吒太子析骨还父、析肉还母因缘，乃得省悟，述偈曰："一茎草上现琼楼，识破古今闲话头，拈起集云峰顶月，人前抛作百华球。"祖钦深以为然。雪岩寂后，遂入东林，谒东岩净日禅师。东岩问："心不是佛，智不是道，上座作么生会？"琼曰："抱赃叫屈。"东岩曰："不是心，不是佛，不是物，是甚么？"琼曰："眉间迸出辽天鹘。"后参蒙山异禅师，"每遇入室只道欠在。后于定中触着欠字，于是身心豁然，彻骨彻髓……捉住山曰：'我少欠个甚么？'山打三掌，师礼三拜。又曰：'哑铁山者着子几年。今日方了。'次年作首座，秉拂上堂曰：'冬在月头，卖被买牛。冬在月尾，卖牛买被。'卓拄杖曰：这里无尾无头，中道齐休。行也休休，坐也休休，住也休休，卧也休休。睡眼豁开，五云现瑞，光风霁月，无处不周。梅绽枯枝古渡头，风前时复暗香浮。虽然到此，向上一路，万里崖州，何以见得。

靠拄杖曰：休休。”[①]

据《高丽史》记载，高丽忠烈王三十年（元大德八年，1304）七月，元朝江南僧绍琼赴高丽，“承旨安于器，迎于郊。琼自号铁山。”八月，“王率群臣具礼服，邀绍琼于寿宁宫听说禅。”[②] 忠烈王又“召僧绍琼于宫中点眼画佛，读《华严经》，王与淑昌院妃受菩萨戒，（右中赞韩）希愈与承旨崔崇言：‘《秘记》有国君敬南僧必致覆亡之语，愿殿下慎之。’（王）不听。”[③]

冲鉴事迹载于国子监丞危素所撰《林川普光寺重创碑》[④]。碑文记述说，冲鉴字绝照，号穴峰，生于前至元十二年（1275）。幼时即不茹荤，与群儿嬉戏，以帛制伽黎衣为佛事。稍长，祝发于禅源寺，礼慈悟国师以为师。十九岁入选登上上科。后“拂衣游诸方，宿留吴楚，闻铁山琼禅师道行甚高，迎之东还。师（冲鉴）执侍三载，琼公甚期待之。及琼公辞归，师主龙泉寺，始取百丈海禅师《禅门清规》行之。”后住禅源寺十五年，“弘扬宗旨，为国矜式。”再纪至元二年（1336），移居林州普光寺，“其门人三千余指，石屋不足以容”。官署出面修葺扩建，“远近闻风而至”，“久之蔚然为大道场矣”。冲鉴在普光寺弘法四年，于再纪至元五年（1339）八月二十四日跏趺端坐入灭，世寿六十五，僧腊五十八。

第二节　普愚入元参清珙

普愚（1301—1382）初名普虚，号太古，俗姓洪，洪州（忠清南道洪城郡）人。大德五年（1301）生，十三岁投桧岩寺广智禅师出家，访道诸方丛林。十九岁“参‘万法归一’话，众莫知焉。”二十六岁入华严选场，“既中，探索经义，窥其壶奥。一日叹曰：‘此亦筌蹄耳。古之大丈夫，其所立卓尔，岂鲁莽为哉，予独不夫乎！’即斩断众缘，苦硬清约，工夫日进。”天历三年庚午（1330）春，入龙门山上院庵，礼观音，发十二大愿。元统改元癸酉（1333）秋，寓居城西甘露

①《续指月录》卷六《袁州慈化铁山琼禅师》；《五灯会元续略》卷二《蒙山异禅师法嗣—铁山琼禅师》。
②《高丽史·世家·忠列王》。
③《高丽史·列传·韩希愈》。
④《朝鲜金石总览》上册，第495—497页。

寺僧堂，端坐七日，忽然有省，乃作颂八句，末句云："佛祖与山河，无口悉吞却"。至元丁丑（1337）秋，在佛脚寺独占一室，看《圆觉经》，至"一切尽灭名为不动"，所知剥落。又参赵州"无"字话头，疑而未悟。是年十月，寓居松都（开城）旃檀园结冬，"师于是到寤寐一如之境，尚犹'无'字上破疑不得，如大死人焉。"至戊寅（1338）正月七日五更，豁然大悟，随即作颂，有"打破牢关后，清风吹太古"之句。己卯（1339）春，往逍遥山白云庵，高闲踈野，自乐天常，作白云歌一篇。当时有唐（元）僧无极，航海到高丽。无极"宏才博辩，勘破诸方。一日与师偶话，肃然心服曰：'某甲所见止此耳，乌可企也。南朝有临济正脉不断，可往印可。某某与某为唱导师，某某与某为本分作家，在某山待其人久矣。'其所谓作家者，盖指临济直下雪岩嫡孙石屋珙等数人也。师闻而悦之。"至正元年辛巳（1341），本欲入元寻师，当时有蔡侯河冲、金侯文贵，钦慕普愚之风范，遂延请至三角山重兴寺，开堂说法，"玄学云臻"。普愚又于寺东结蓝若，扁曰"太古"，在此潇洒迈越，发为长歌，如此生活近五年。丙戌（1346）春，普愚入燕都，寓居大观寺，道誉闻于天子，在太子令辰，天子请演《般若经》。第二年四月，往南巢欲拜见竺源盛禅师，但到达时禅师已然过世。七月，到湖州霞雾山天湖庵，参访临济宗十八世之法孙石屋清珙，颇得清珙的器重，付以袈裟，以表信征，并且对他说："衣虽今日，法自灵山，流传至今，今付于汝。汝善护持，毋令断绝。"八月，普愚拜辞珙师后从湖州出发，十月还抵燕京，住居永宁寺。适逢太子令辰，普愚奉旨在永宁寺开堂说法，帝师、正宫皇后、二宫皇后、太子皆降香币，当时也莅此法会的高丽玄陵世子（即后来的恭愍王）嘉叹良久，乃曰："小子若新政于高丽，则当师吾师矣。"戊子（1348）春，普愚东还，挂锡重兴寺，后到龙门山北麓结茅为庵，额曰"小雪"，隐栖于此，有终焉之志。壬辰（1352）春，因恭愍王遣使强请，乃入宫说法，又住敬龙寺演说法义，"京城士女，飡师法音，奔走礼拜。既徂一夏，师知国之有机变，辞退入小雪山。"丙申（1356）三月，受恭愍王之请，于奉恩寺说法，封为王师，住广明寺。后历住迦智山宝林寺、全州普光寺、莹原寺、阳山寺等，封为国师。壬戌（1382）十二月二十四日寂于小雪山，世寿八十二，僧腊六十九。谥曰圆证，塔名宝月升空。①

①其事迹见《高丽国国师大曹溪嗣祖传佛心印行解妙严悲智圆融赞理王化扶宗树教大愿普济一国大宗师摩诃悉多罗利雄尊者谥圆证行状》及《圆证塔铭并序》，《全书》六，第695—701页。

石屋清珙，苏州常熟人，俗姓温。初依崇福寺永惟出家，祝发受具。后登天目山参高峰，示“万法归一”话。服勤三年，无所发明。因而至建阳庵参信和尚（及庵禅师）。几经启发，豁然有省，乃对信和尚说：“某甲今日会得活句也。”信和尚问：“汝作么生会?”清珙答曰：“清明时节雨初晴，黄莺枝上语分明。”及庵颔之。后辞别及庵，登霞雾山，住居天湖庵。复因广教府再三驰檄请住当湖福源寺，清珙勉就入院，上堂说法谓：“把住也锋铓不露，放行也十字纵横。水云深处相逢，却在千峰顶上；千峰顶上相逢，却在水云深处。今朝福源寺里，开堂演法；昨日天湖庵畔，垦土耕烟。所以道：法无定相，遇缘即宗。”至正间（1341—1368），“朝廷降香币，皇后赐金襕法衣。有闻天湖之风，吟天湖之诗者，莫不心爽神慕。以为真得古先德遗型。”寂后建塔于天湖之源，及庵塔右麓。“高丽国师太古愚公，尝侍师得旨，王闻钦渴，表达朝廷，勅谥佛慈慧照禅师。仍乞移文浙江，请师舍利归国供养。”①

普愚在丁亥（1347）七月到天湖庵参访石屋清珙时，曾呈示自己入元前于三角山作的《太古庵歌》，清珙读后，挥毫作书谓：“高丽南京重兴禅寺长老，讳普愚，号太古。向曾为此一段大事立志去下苦硬功夫，来见处透脱，绝意路，出思惟，非言像之所能拘，欲潜隐，遂结庵寺之三角山，以自号扁其庵，亦名太古。以道自适，放意于泉石间，述《太古歌》一章。丙戌春，出乡至大都，不惮路途劳役，寻迹而来，丁亥七月，到余山石庵，寂寞相忘，道话半月，观其动静安详，听其言语谛实。将别前，出示向者所作《太古歌》。余乃晴窗展玩，老眼增明。诵其歌也淳厚，味其句也闲湛，真得空劫以前消息，非今时尖新锥钉者而可方比，则太古之名不谬也。余久绝酬应，管城子忽焉脖跳，不觉书于纸尾，复为词曰：‘先有此庵，方有世界，世界坏时，此庵不坏，庵中主人，无在不在，月照长空，风生万籁。’至正七年丁亥八月旦日湖州霞雾山居石屋老衲七十六岁书。”普愚辞别清珙后，二人仍有书信往来，传递彼此信息。

①见《续指月录》卷七《湖州福源天湖石屋清珙禅师》，《释鉴稽古略续集》卷一。

第三节　普愚的禅学思想

普愚在《重刊淄门警训序》中论佛教的思想精神说："尽大地人，谁无佛性，谁无信心，然不遇圣教，则不发无上菩提之心，长沉苦海，头出头没，虚生浪死，实可悯也。是以佛祖圣贤，作不请友，行无缘慈，为说种种方便，教化调伏，令其生净信心，成就无上佛果菩提。佛果菩提岂异事乎，正是当人本觉心也。"

普愚论佛教第一义说："有一物，明明历历，无伪无私，寂然不动，有大灵知。本无生死，亦无分别，亦无名相，亦无言说，吞尽乾坤，盖尽天地，盖尽声色，具大体用。言其体，则包罗尽广大而无外，收摄尽微细而无内。言其用，则过佛刹微尘数智慧、神通、三昧、辩才，即现即隐，纵横自在，有大神变，虽大圣莫之能穷。"[①] 这就是说，第一义无所不包、无处不在、无时不有的，虽然它不可言说，没有名相，无法分别，但却是神妙万能的主宰者。

他进而论述这个第一义与人的关系，他说："此一物常在人人分上，举足下足时，触境遇缘处，端端的的，的的端端，头头上明，物物上显，一切施为，寂然昭著者，方便呼为心，亦云道，亦云万法之王，亦云佛。"[②] 这是说，第一义就在人们的日常生活之中，通过人们的动作施为而显现出来，这个第一义就是心，就是道，也就是佛，它是万法之王。

他接着说："佛言：经行及坐卧，常在于其中。尧舜亦曰：允执厥中，无为而天下治。尧舜岂非圣人乎？佛祖岂异人乎？只明得个此心，更无别法。若此心外，别有一法，便是魔法，元非佛语。所以名此心者，非是凡夫妄生分别之心，正是当人寂然不动底心也。"[③] 这是以"心"来统合、融合儒佛的思想。

普愚论念佛说："阿弥陀佛，梵语，此云无量寿佛。佛者，亦梵语，此云觉，是人人个个之本性，有大灵觉，本无生死，亘古今而灵明净妙，安乐自在。此岂不是无量寿佛也。故云：明此心之谓佛，说此心之谓教。佛说一大藏教，指示人

---

①《太古和尚语录》，《韩国佛教全书》第六册。

②《太古和尚语录》，《韩国佛教全书》第六册。

③《太古和尚语录》，《韩国佛教全书》第六册。

人自觉性之方便也。方便虽多，以要言之，则唯心净土自性弥陀，心净则佛土净，性现即佛身现，正谓此耳。阿弥陀净妙法身，遍在一切众生心地，故云：心佛及众生，是三无差别。亦云：心即佛，佛即心，心外无佛，佛外无心。若相公真实念佛，但直下念自性弥陀，十二时中，四威仪内，以阿弥陀佛名字，帖在心头眼前，心眼佛名打成一片，心心相续，念念不昧。”① 这是提倡教禅结合、禅净结合的思想。值得注意的是，他说的净土、弥陀是“唯心净土自性弥陀”，是自心的世界，不是西方世界。

普愚亦提倡看话禅，他说：“念起念灭，谓之生死。当生死之际，须尽力提起话头，话头纯一则念头起灭即尽。起灭尽处谓之寂，寂中无话头谓之无记，寂中不昧话头谓之灵知。即此空寂灵知，无坏无染。如是用功，则不日成功，身心与话头打成一片，无所依倚，心无所之。——如人饮水，冷暖自知，千疑万疑，一时透了也。”② 他又说：“赵州云无，这个无字，不是有无之无，不是真无之无。毕竟如何即是？到这里直得通身放下，一切不为，不为的也不为，直到闲闲的，荡荡的，切无拟思。前念已灭，后念不起，当念即空，空亦不守，不守亦忘，忘亦不立，不立亦脱，脱亦不存。到恁么时，只是个惺惺寂寂底灵光，卓尔现前。切莫妄生知解，但举话头，十二时中，四威仪内，单单不昧，切切参详。如是参去，捱来捱去，逗到好时，宜回详看赵州道无意作么生，犹老鼠入牛角相似，便见道断。利根者到此，豁然打破漆桶，捉败赵州，不疑天下人舌头。虽如是了悟，无智人前切忌道着，须遇见本色宗师。”③

普愚的禅风，后来被朝鲜王朝的禅家所继承，成为那个时期的佛教主流，在现代也具有重要影响。

第四节　慧勤入元谒指空、处林

慧勤（1320—1376）俗姓牙，原名元慧，号懒翁，岭南宁海人，其居处称江

①《示乐庵居士念佛略要》，《韩国佛教全书》第六册。
②《太古和尚语录》，《韩国佛教全书》第六册。
③《太古和尚语录》，《韩国佛教全书》第六册。

月轩。延佑庚申（1320）正月十五日生，二十岁入功德山妙寂庵从了然禅师祝发出家，后游历诸山，至正十四年（1344）到杨州（京畿道）天宝山桧岩寺宴坐，精修四年而得开悟。元至正八年（1348）入元寻师访道，抵燕京法源寺参拜西天僧指空和尚。指空云："汝从甚处来?"答云："高丽来。"空云："船来耶? 神通来耶?"答云："神通来。"空云："现神通看。"慧勤近前叉手而立。空又问："汝从高丽来，东海那边都见来也未?"答云："若不见，争得到这里。"空云："十二个房子将来否?"答云："将得来。"空云："谁教你来?"答云："某甲自来。"空云："为何事来?"答云："为后人来。"空然之，乃令随众。庚寅（1350）三月离大都，到通州上船，四月八日到平江府休休庵结夏。八月到杭州净慈禅寺谒拜平山处林禅师，平山适在僧堂，慧勤直入堂内，东西信步。平山云："大德从何方来?"慧勤答云："大都来。"云："曾见什么人来?"答："曾见西天指空来。"云："指空日用何事?"答："指空日用千剑。"云："指空千剑且置，将汝一剑来。"慧勤以坐具打平山，平山倒在禅床大叫云："这贼杀我!"慧勤便扶起平山云："吾剑能杀人，亦能活人。"平山哈哈大笑，即把手留方丈，请茶数月。有一天，平山手书嘱云："三韩慧首座，来见老僧，看其出言吐气，便与佛祖相合，宗眼明白，见处高峻，言中有响，句句藏锋。兹以雪岩所传及庵先师法衣一领、拂子一枝，付嘱表信。"至正十一年（1351）二月，慧勤礼辞平山处林禅师，游历明州补陀洛迦山和育王寺。壬辰（1352）四月初二，上婺州伏龙山参谒千岩元长和尚，千岩问云："大德从甚处来?"慧勤答云："净慈来。"问："父母未生前从甚处来?"答："今朝四月初二日。"千岩云："明眼人难瞒。"即许入室，住留一夏，还到大都法源寺再参指空，得法衣、拂子及付嘱。之后游历燕代山川数载，其道行闻于元顺帝，乙未（1355）秋，奉圣旨住大都广济禅寺，第二年设开堂法会，帝遣院使赐金襕袈裟并币帛，皇太子亦赐金襕袈裟、象牙拂子，"是日，千官僚佐，及于士庶，诸山长老，江湖衲子俱会"。至正十七年（1357）退院，游燕蓟名山，还到法源寺问指空云："弟子当往何处?"空云："汝还本国，择三山两水间居之，则佛法自然兴矣。"翌年东还，在辽阳、平壤、东海等地随机说法。庚子（1360）秋，入居台山象头庵。辛丑（1361）冬，恭愍王遣内詹事方节迎慧勤入京，请说法要，赐满绣袈裟，水精拂子，公主、太后皆有厚赠，留住神光寺。乙巳（1365）三月，诣阙上书辞退，游龙门、圆寂诸山，随缘任运。后入住金刚山正阳庵。丁未（1367）秋，奉王命住清平寺。同年冬，普庵长老亲受指空遗嘱，袈裟一领，手书一封，到寺授予慧勤。己酉（1369）九月，以疾辞退，又入台山，住灵感庵。庚戌（1370）秋，元朝司徒达睿奉指空灵骨舍利至桧岩寺，第二年三月，慧勤礼灵骨后入城结夏于广明寺。八月，王请住桧岩寺。九月，设工夫选，“大会两宗五教诸山衲子”，请慧勤主盟。辛亥（1371）封他为王师，赐号“曹溪宗师禅教都总摄勤修本智重兴祖风福国优势普济尊者”，并敕住东方第一道场松广寺。丙辰（1376）四月，入住桧岩寺。不久，有旨移住莹源寺，慧勤在赴莹源寺途中，于五月十五日病逝于骊兴（今江原道原州郡）神勒寺。世寿五十七，僧腊三十七。谥曰神觉。①

慧勤所师事的指空，传为西天迦叶之后第一百八祖，曾入元游历诸地，后又东游高丽，但不久即奉元帝之诏返回燕都，在内庭演说法义，声名远播。其佛学思想是教禅并行，尤重禅学。其禅学似带有临济禅的特色②。

慧勤所师事的平山处林，俗姓王，十七岁（或谓十二岁）受具足戒。即往金华谒信和尚及庵于西峰，及庵一见器之，命处侍室。在及庵的启示下悟入禅机。不久，及庵迁湖之道场寺，处林从之典藏，并很快即秉拂升座，“学者发百余问，随问随答，如矢中的”。“机如瓶泻，众咸慑伏。”及庵示寂后，往依仰山虚谷陵禅师，居第二座。又曾为当湖福源寺之开山，迁住中天竺寺，后住持杭州净慈寺，“学者坌集至万，指施者亦向风而来。”至正辛丑（1351）五月一日泊然而化。世寿八十二，僧腊六十六。敕谥普慧性悟禅师。③

平山处林与石屋清珙、中峰明本等同为临济法脉之第十八世，而慧勤曾拜谒的千岩元长又是明本门下的高足。由此可见，慧勤亦是临济法脉的传人。

---

①其事迹见《高丽国王师大曹溪宗师禅教都总摄勤修本智重兴祖风福国佑世普济尊者谥禅觉懒翁和尚行状》及《高丽国王师大曹溪宗师禅教都总摄勤修本智重兴祖风福国优势普济尊者谥禅觉塔铭并序》，《韩国佛教全书》第六册，第703—711页。

②事见《杨州桧岩寺薄陀尊者指空浮屠碑》，《朝鲜金石总览》下册，第1283页。

③《杭州净慈平山处林禅师》，《续指月录》卷七；《增集续传灯录》卷六。

第五节　慧勤的禅学思想

慧勤的佛教思想与普愚相似。他论第一义说：“觉性如虚空，地狱天堂自何而有；佛身遍法界，傍生鬼趣甚处得来。汝等诸人，曰僧曰俗，曰男曰女，从生至死，日用之中，所作所为，或善或恶，皆谓之法也。”他又论心说：“何者为心，心在诸人分上，唤作自己，又唤作主人公。十二时中，受他主使，一切处听他差排，顶天立地也是他，负海擎山也是他，使汝开口动舌也是他，使汝举足动步也是他。此心常在目前，视之不见，听之不闻，着意求之，转求转远。颜子有云：‘仰之弥高，钻之弥坚，瞻之在前，忽焉在后’，便是这个道理。当其一念未生之际，一真无妄之时，皎皎然如古镜之光明，无染无污，昭昭然如止水之澄潭，不动不摇，胡来胡现，汉来汉现，照天照地，鉴古鉴今，无一丝毫隐蔽，无一丝毫障碍。这个是诸佛诸祖境界，亦是诸人自古至今受用不尽的本有之物。”① 在这里，他以宇宙为觉界，以万有为佛身，以真心灵明为佛之境界、为法界的根本。其中如引《论语》中颜子语，也透露出儒佛融合的思想信息。

慧勤从这种观点出发，又谈到人的生死问题，他说：“生来一阵清风起，灭去澄潭月影沉，生灭去来无挂碍，示众生体有真心。有真心，休埋没，此时蹉过更何寻。”② “四大成时，这一点灵明不随成，四大坏时，这一点灵明不随坏。生死成坏等空花，冤亲宿业今何在。今既不在觅无踪，坦然无碍若虚空，刹刹尘尘皆妙体，头头物物总家翁。有声有色明明现，无色无声默默通，随时应节堂堂现，自古至今玄又玄。横拈倒用非他物，煞活临机总是渠”③。

慧勤亦看重参话头的工夫。他说：“修心之要，更莫别求。吾在广明时，曾为公说底是个什么话头？常于二六时中，一切处一切时，切莫放舍，提来提去，参来参去，不得有少间断，行也只是个什么，住也只是个什么，坐也只是个什么，卧也只是个什么。着衣吃饭，屙屎放尿，迎宾对客，乃至判断公事时，上前进退

①《懒翁和尚语录》，《韩国佛教全书》第六册。
②《懒翁和尚语录》，《韩国佛教全书》第六册。
③《懒翁和尚语录》，《韩国佛教全书》第六册。

时，把笔作书时，毕竟是个什么，但恁么提，但恁么参，参来参去，提来提去，蓦然到得话头，不提自提，不疑自疑，吃饭不知饭，吃茶不知茶，亦不知幻身在人间，身心如一，寤寐一般处，翻身一掷，到得这个田地，始知不改官职，不改俗形，不离火宅，西天四七，东土二三，天下善知识，传不到说不及底本有之事也。"①

《懒翁和尚行状》有谓，恭闵王曾设"工夫选"，由慧勤主盟，开选席时，"上率诸君两府文武百僚亲幸临观，禅讲诸德江湖衲子悉皆集会。时雪山国师亦赴是会，师（慧勤）与国尊相见，初入方丈，提起坐具云：'和尚。'国尊拟议，师以坐具打筷头三下，便出舍那堂中，排设法座。师拈香罢，升座垂问，在会大众以次入对，皆曰未会。或理通而碍于事，或狂甚而失于言，一句便退，上若有不豫色然。幻庵修禅师后至，师历问三句三关。师之前在金经寺也，上使左街大师慧深问师曰：'以何言句，试取功夫？'师答云：'先问入门等三句，次问功夫十节，后问三关，可验功行浅深。'众皆未会，故终不及问十节三关。会罢，上使天台禅师神照请问功夫十节，师手书进献②"。此三关三句及功夫十节载于《懒翁和尚语录》，其中说："入门三句：入门句'分明道'，当门句'作么生'，门里句'作么生'。三转语（三关）：山何岳边止，水何到成渠，饭何白米造。"又说："工夫十节目：尽大地人，见色不超色，闻声不越声，作么生超声越色去；既超声色，要须下功，作么生下个正功；既得下功，须要熟功，正熟功时如何；既能熟功，更加打失鼻孔，打失鼻孔时如何；鼻孔打失，冷冷淡淡，全无滋味，全无气力，意识不及，心路不行时，亦不知有幻身在人间，到这里是甚时节；工夫既到，动静无间，寤寐恒一，触不散荡不失，如狗子见热油铛相似，要舐又舐不得，要舍又舍不得时，作么生合杀；蓦然到得，如放百二十斤担子相似，啐地便折，嚗地便断时，那个是你自性；既悟自性，须知自性本用，随缘应用，作么生是本用应用；既知性用，要脱生死，眼光落地时，作么生脱；既脱生死，须知去处，四大各分，向甚处去。"③

①《懒翁和尚语录》，《韩国佛教全书》第六册。

②《懒翁和尚语录》，《韩国佛教全书》第六册。

③《懒翁和尚语录》，《韩国佛教全书》第六册。

第六节　自超、智泉入元师事指空、慧勤

懒翁慧勤的弟子自超，号无学，所居曰溪月轩。俗姓朴，三歧郡人。其父名仁一，赠崇政门下侍郎。泰定丁卯（1327）后九月二十生。十八岁时脱然有出世之志，依慧鉴国师上足弟小止禅师剃发受具，至龙门山咨法于慧明国师法藏，“国师示法已，乃曰：得正路者非汝而谁”。遂令自超居浮屠庵，“自是废寝忘食，专于参究”。后居镇州吉祥寺，继住妙香山金刚窟，“功益进，或睡则若有击钟磬以警焉者，是时释然了悟，汲汲有求师就质之意”。癸巳（1353）秋，挺身走燕都，参西天指空。自超礼拜起云：“三千八百里，亲见和尚面目。”指空云：“高丽人都杀了。”乃许为入室弟子。次年甲午正月，到法泉寺参懒翁，懒翁一见而深器之。之后游历雾灵山、五台山等地，复于西山灵岩寺见慧勤，住留数载，“其在定也，至有当食而不知者”。懒翁见之曰：“汝却死了耶？”自超笑而不答。有一天，翁与超坐阶上，翁问：“昔赵州与首座看石桥，问是什么人造，首座答云李膺造。州云向什么处先下手，首座无对。今有人问尔，如何祇对？”自超手握阶石以示之，懒翁便休去。当日夜分，自超去见懒翁，翁云：“今日乃知吾不汝欺也。”接着又说：“相识满天下，知心能几人。尔与我一家矣。”又说：“道之在人，如象之牙，虽欲藏之，不可得也。他时，尔岂为人前物乎。”丙辰（申）（1356）夏，自超欲东还，懒翁手书一纸送行曰：“观其日用全机，与世有异，不思善恶圣邪，不顺人情义理，出言吐气，如箭锋相柱，句意合机，似水归水，一口吞却宾主句，将身透过佛祖关。俄然告行，予以偈送云：已信囊中别有天，东西一任用三玄，有人问尔参访意，打到面门更莫言。”

自超还国后住天圣山元晓庵，不久，懒翁慧勤也回国，自超前往事之，翁授之以拂子、衣钵。此后自超入居高达山，卓庵自守。朝鲜太祖元年（1393）冬十月，召自超至松京，封为王师大曹溪宗师禅教都总摄传佛心印辩智无碍扶宗树教弘利普济都大禅师妙严尊者，当时两宗五教诸山衲子皆在，自超师升座拈香，竖起拂子，示大众曰：“这个是三世诸佛说不到，历代祖师传不底，大众，还会么？若以心思口舌计较说话者，何有吾宗？”他接着又对太祖说：“儒曰仁，释曰慈，其用一也。保民如赤子，乃可为民父母。以至仁大慈莅邦国，自然圣寿无疆，金

枝永茂，社稷康宁矣。今当开国之初，陷于刑法者非一，愿殿下一视同仁，悉皆宥之，俾诸臣民共臻仁寿之域，此我国家无疆之福也。”太祖嘉之，即宥中外罪囚。当时韩山李文靖公牧隐以诗赠自超，有“圣主龙飞天，王师佛出世”之句。太祖命自超入住懒翁慧勤曾居住的桧岩寺大道场。自超在桧岩寺为先师指空、慧勤奉塔名，并为慧勤挂真，在广明寺大设挂真佛事，自制《真赞》云：“指空千剑平山喝，选择工夫对御前，最后神光遗舍利，三韩祖室万年传。”戊寅（1398）秋，自超以老辞归，居龙门寺。壬午（1402）五月，太宗又命住桧岩，翌年正月，又辞入金刚山真佛庵。乙酉（1405）九月十一日示寂。世寿七十九，法腊六十一。①

智泉俗姓金，载宁人，元泰定甲子（1324）生。十九岁祝发于长寿山悬庵寺，起初不学文字，直参禅旨，后来钻研《楞严经》，大义了然，“质诸讲师，往往有学解所未到处，讲师乃服”。至正癸巳（1353），与无学自超同入燕京，谒指空于法云寺。当时懒翁慧勤已先入燕受指空印可，道誉颇著，指空遂遣自超和智泉皆往投之，同游参访。之后，智泉又往五台山谒碧峰和尚，有名士赵仲穆书古篆“竺源”二大字赠与智泉，“竺源”即智泉之号。他丙申（1356）还国，游历诸大名山，“所至必独屏一室，不随众会。常寡言笑，谨重而已。或有咨其道要者，随问而应，言希以究，不问则不言。”众人对他只是敬重而已，“未尝知有异德也”。“懒翁、无学相继有重声，为王者师，大振宗风，四众奔波，靡然趋向。而公（智泉）独韬光晦迹，潜隐云山，未尝一领众会、一主讲席。专修内朗，至老无倦。”洪武二十八年乙亥（1395）秋七月初七日示寂于天磨山寂灭庵，春秋七十二，僧腊五十四。朝鲜太祖追赠正智国师。

资宪大夫花山君权近奉教所撰《正智国师碑》对智泉评论说：“佛法以寂灭为宗，以清净寡欲为道。而世所称法师者，顾乃广张罪福，诱集士女，俨然以受供施而不辞，纷闹侈靡，罔有纪极，是于寂灭寡欲之道如何！惟公（智泉）不然，高绝自守，隐嘿不彰，是真得道者也。”②

①其事迹见《杨州桧岩寺妙严尊者塔碑》（《朝鲜国王师大曹溪师禅教都总摄传佛心印辩智无碍扶宗树教弘利普济都大禅师妙严尊者塔铭并序》），《朝鲜金石总览》下册，第1280—1283页。

②其事迹见《砥平龙门寺正智国师碑》，《朝鲜金石总览》下册，第727—729页。

第七节 千熙入元参万峰时蔚

万峰时蔚，温州人，俗姓金。十三岁从演庆升法师受业，便知向上宗乘，然后到杭州受具戒，参虎跑止岩禅师。又往明州达蓬山佛趾寺侧卓庵，昼夜力参。闻伏龙千岩元长禅师之名，随即参访，元长谓左右曰："蔚山主颇有衲僧气息。"遂命居第一座。后又卓庵于兰溪之嵩山，开堂说法，凡九载。元长曾寄偈曰："郁郁黄华满目秋，白云端坐碧峰头，无宾主句轻拈出，一喝千江水逆流。"并且三为手书招之，爱重弥至，旋付以法衣顶相。后游姑苏邓尉，喜其山水盘结，遂驻锡此处，未几四众咸集，成大伽蓝，名曰"圣恩"。洪武十四年辛酉（1381）正月二十九日示寂，世寿七十九。①

千熙，号雪山，兴海人，大德丁未（1307）年生。十三岁投华严盘龙社主一非大师落发，十九岁登上品选，历住金生、德泉、符仁、开泰等十余寺，"操志甚高，参究禅旨"。曾游小伯山、金刚山、五台山，均梦见蒙山付其衣法，乃决意南游。甲辰（1364）秋，航海抵达杭州，有门徒随从，奉侍跬步不离。后至休休庵蒙山真堂，按墙壁所写的三转语开启两重密柜，发现蒙山衣物、文书及将棒拂传授给千熙的遗嘱。浙江省丞相张大尉闻之，入庵收蒙山衣物，千熙便离开了休休庵。丙午（1366）春，到圣安寺参万峰时蔚，三日不出户。万峰问："高丽老和尚作么不出？"千熙答："本无入时，岂有出耶？"万峰曰："我病矣，谁有好眼看我病？"千熙以拳安其背。当夜，万峰以袈裟禅棒授之，千熙遵师嘱离开圣安寺，有万峰堂下僧追至吴江，欲夺其师衣棒，不及而还。千熙回国之后，恭愍王劳慰良渥，国人争相瞻礼。千熙隐于雉岳，游于东海，至洛山，见观音放光之瑞。丁未（1367）正月还雉岳，由于恭愍王再三遣使邀请，遂于五月入京，被封为"国师大华严宗师禅教都总摄传佛心印大智无碍性相圆通福（此处缺十个字——注）圆应尊者"，置府设寮属，赐印章法服。庚戌（1370）九月恭愍王请王师懒翁主盟选境内禅教诸僧"功夫节目"时，千熙为证明。选会结束后，住居敬天寺。辛亥年（1371）游金刚山，五月，王请还。当年秋，恳乞归雉岳。壬子岁（1372），

---

①《续指月录》卷九《苏州邓尉万峰时蔚禅师》。

住居浮石寺。洪武十五年（1382）夏六月十六日，示寂于彰圣社。享年七十六，法腊六十三。赐谥曰真觉国师，塔曰大觉圆照。著有《三宝一镜观》若干卷行于世。[①]

第八节　元朝喇嘛教之入高丽

元代密教以藏传佛教为主，传播于我国藏族、蒙古族等地区，及不丹、锡金、尼泊尔等地，与汉传佛教、南传佛教并称佛教三大体系。藏传佛教分前弘期和后弘期两个时期，前弘期始自公元7世纪中叶的松赞干布之世，至9世纪后半叶朗达玛灭佛。后弘期始自10世纪后半叶藏传佛教的复兴。从11世纪开始陆续形成各种支派，主要有宁玛派、噶当派、萨迦派、噶举派等前期四大派和后期的格鲁派等。派别的形成主要不是基于教义或戒律的不同，而是由于师承、修持教授、所依经典等方面的不同，以及地域、施主等因素的差异而形成的。藏传佛教又称喇嘛教，意为“无上教”。随着喇嘛教在西藏的发展，上层喇嘛逐步掌握地方政权，形成了独特的、政教合一的藏传佛教。成吉思汗建立蒙古帝国，西藏即成为其领土的一部分。元代中统元年（1260），世祖尊八思巴为国师，敕封“大元帝师大宝法王”尊号，喇嘛教遂为元代宫廷佛教。其教义特征为：大小乘兼学，显密双修，见行并重，并吸收了苯教的某些特点。在修持方面，一般分为事部、行部、瑜伽部、无上瑜伽部等四部，而多以无上瑜伽部为主要修行法门。

元朝与高丽有所谓“舅甥之好”的关系，因此喇嘛教也传入了高丽。据《高丽史》记载，在高丽元宗十二年（1271），有“蒙古吐蕃僧四人”到高丽，“王出迎于宣义门外”[②]。忠烈王元年（1275）五月，有五位僧人以“诏使”的身份到高丽王廷，忠烈王“率侍臣时服迎于西门外”[③]。忠烈王二十年（1294）元世祖派遣吃折思八、八哈思到高丽宣斋护沙门诏，高丽王廷“百官具袍笏率僧徒出迎于

①其事迹见《水原彰圣寺真觉国师大觉圆照塔铭》，《朝鲜金石总览》上册，第529—532页。

②《高丽史·世家·元宗》。

③《高丽史·世家·元宗》。

门外，馆于肃陵寺，非肉不食。吃折思八者，蕃僧之名；八哈思者，蕃师之称。师本珍岛郡人，岁辛未讨南贼时被虏而西，遂投帝师剃发。离乡久，不知父母存殁。至是，得于西林县，贫不能自存，为人家佣。王赐米与田，令家于乔桐县，聚其族而复其役”①。忠宣王元年（1309）五月，有“西蕃八哈思等十九人”受忠宣王召请到高丽，“王与公主受戒于蕃僧”。六月，“太上王（忠烈王）及国王、公主受戒于蕃僧”，“壬申幸寿宁宫饭蕃僧，咒咀”②。

《高丽史》载：“忠烈王齐国大长公主，名忽都鲁揭里迷失，元世祖皇帝之女，母曰阿速真可敦。元宗十五年，忠烈以世子在元，尚公主。元宗薨，王嗣位东还，遣枢密院副使奇蕴逆公主于元，王幸西北面迎之，又令妃嫔诸宫主及宰枢夫人出迎，宰枢百官迎于国清寺门前，王与公主同辇入京，父老相庆曰：‘不图百年锋镝之余，复见大平之期。’——（忠烈王二年）有吐蕃僧自元来，自言：‘帝师遣我为公主国王祈福。’宰枢备旗盖出迎，闾巷皆焚香。其僧食肉饮酒，常言：‘我法不忌酒肉，唯不迩女色。’无何，潜宿倡家，又请设曼陀罗道场，令备金帛鞍马鸡羊，以为人，长三尺，置坛中。又以面作小儿及灯塔，各百八，列置其傍。吹螺击鼓，凡四日。僧戴花冠，手执一箭，系皂布其端，周回踊跃。车载面人，令旗者二，甲者四，弓矢者三十，曳弃城门外。公主施钱甚厚。其徒争之，诉曰：‘僧非帝师所遣，其佛事亦伪也。’公主诘之，皆伏，遂黜出郊外。”③

高丽时期的佛教，虽然得到王廷贵族的支持，但到后期实际上已步上了解体之路，它已不能像新罗时期那样成为统合国民精神的意识形态，面对外敌侵略，只以编大藏经来祈愿国家安定，而在民众间，则以佛事求个人及家庭的平安幸福。越到后来，佛教就越失去了信仰性的力量，佛事变为例行的节仪，佛教的祭典则成了歌舞宴乐的场合。

①《高丽史・世家・元宗》。

②《高丽史・世家・元宗》。

③《高丽史・列传・后妃・齐国大长公主》。

第十二章

临济宗在朝鲜王朝的传演

到朝鲜王朝时期，佛教往往处于受排斥的地位，儒教代替佛教而成为官方的意识形态。朝鲜历代君王大都推行崇儒斥佛的政策，佛教走向颓败和衰落，一般只是在传法度中勉强维持其不绝如缕的命脉，思想理论方面的创意不多见。寺院、僧侣及占用土地，均被限定在很小的数量，许多寺院自然成为废寺。

朝鲜王朝建国之初，太祖仍承继高丽时代的遗习，在尊儒的同时也尊信佛教，修行佛事。但自高丽后期，由于佛教的大发展，寺院遍布全国各地，寺院不仅有庞大的庄园，占有大量的土地，而且占有众多奴婢，还经营商业和高利贷等业，腐败之风日趋严重，直接影响国家经济、财政等许多方面。所以到朝鲜王朝自第三代王太宗王时，即采取排佛政策，同时大力支持前朝末期勃兴的儒教。太宗除了从经济角度限制寺院的发展之外，又把当时的佛教十一宗（曹溪宗、总持宗、天台疏字宗、天台法事宗、华严宗、道门宗、慈恩宗、中道宗、神印宗、南山宗、始兴宗）合并为七宗（曹溪宗、天台宗、华严宗、慈恩宗、中神宗、总南宗、始兴宗）。太宗之子世宗进而把七宗统合为禅、教二宗，曹溪、天台、总南归为禅宗，华严、慈恩、中神、始兴归为教宗。世宗还进一步限定寺院数量（禅、教二宗各十八寺）以及寺院的土地和僧侣人数。后来历代君王多采取削弱佛教势力的政策，甚至规定不准僧侣出入城内。他们被放逐到山中，受到各种压迫，还要筑山城以守卫都城，并为官家服各种杂役。

朝鲜王朝初期，与王室维持着亲密关系的无学和已和（1376—1433）等高僧，曾著文论驳排佛的理论，认为佛教与儒教的教理并不相悖，应当儒佛协同一致，共建理想国土。但这仍无法改变李氏朝鲜排佛政策的大趋势。

李氏朝鲜的君王中，只有世祖（1455—1469）不取排佛政策，他被称为大护佛王，在他治世期间，是佛教在朝鲜王朝最盛的时代。他设置了刊经都监，组织力量用创制不久的国语文字《训民正音》翻译了《楞严经》、《法华经》、《金刚经》、《心经》、《圆觉经》、《永嘉集》等佛教经典。世祖还命人创作了佛教乐曲《灵山会上曲》，这是朝鲜王朝雅乐的重要遗产。他又重建汉城的一废寺，定名为圆觉寺，并在那里建起了十层石塔。此外，他还重建或修复了许多寺院，并常去那些寺院巡礼，供养。世祖又规定，僧侣如有犯罪嫌疑，要事先得到国王准许后方可讯问，严禁官吏侵入寺院，僧侣可以自由出入城内。由于他采取了诸多保护佛教的措施，使佛教得到了一定的发展。但是在世祖之后，成宗（1469—1494）又着力重建儒教的王道政治，废止刊经都监，禁止出家为僧，奖励僧侣还俗。这种政策一直继续到王朝末期。

尽管如此，朝鲜王朝仍有一些名僧大德出现，他们为佛法永续而尽心竭力，同时为保卫国家做出了贡献。其中最著名的是休静。

第一节　临济法裔休静的事迹

休静（1520—1604）俗姓崔，名汝信，小字称云鹤。法名休静，字玄应，自号清虚子，因其常居妙香山，故又号西山，安州人，生于庚辰年（1520）三月。其父世昌，乡举为箕子殿参奉，不就，诗酒自娱。休静幼时与群儿游戏，或立石为佛，或聚沙成塔。稍长，风神英秀，力学不懈，事亲至孝，甚得州牧喜爱。他不幸九岁亡母，十岁丧父，伶仃无所依，州牧携其至京师，就学于泮斋，然而郁郁不适意，便与同学数人南游智异山，穷览形胜，探赜诸经。明嘉靖庚子（1540），休静二十一岁时，投崇仁长老剃发，从曹溪宗的一禅和尚受戒，又参灵观大师，得印可后，七八年间，遍踏名山胜地。三十岁时偶入京师，赴禅科中选，任至禅教两宗判事。不久，拂衣入枫岳，作《三梦吟》曰："主人梦说客，客梦说主人，今说二梦客，亦是梦中人。"自此韬光铲彩，不出山门，"问道者日益众”。后因讼事而得宣祖信任，宣祖见之，赐御制一绝，及御画竹墨障子，休静立进诗谢恩，宣祖更加称赏，厚赉还山。

壬辰（1592），日本丰臣秀吉侵寇朝鲜，宣祖西避龙湾。休静仗剑出山，晋谒宣祖，宣祖曰：“世乱如此，尔可弘济耶?”休静泣而拜命，请曰：“国内缁徒之老病不任行伍者，臣令在地焚修，以祈神助。其余臣皆统帅，悉赴军前，以效忠赤。”宣祖嘉其大义，遂命为八道十六宗都总摄。休静乃分命诸上足纠集义徒，于是，松云（惟政）率七百余僧起关东，处英率一千余僧起湖南，静师亲率门徒及自募僧一千五百合五千余名会于顺安法兴寺，配合“天兵”（赴朝支援抗日的明军），英勇作战，克复平壤，迎接宣祖还都。明朝提督李如松给休静送帖嘉奖，有“为国讨贼，忠诚贯日，不胜敬仰”之语，并题诗曰：“无意图功利，专心学道禅，公闻王事急，总摄下山颠。”诸将官也争先送帖赠遗。退敌之后，休静向宣祖启请曰：“臣年垂八十，筋力尽矣。请以军事属于弟子惟政及处英，臣愿纳总摄印，还香山旧栖。”宣祖嘉其志，悯其老，答应了他的请求，并赐号“国一都大禅师禅教都总摄扶宗树教普济登阶尊者”。自此之后，他“义益高，名益重，道益尊。往来于头流、枫岳、妙香诸山，常随弟子千余人，出世者七十余人。”甲辰（1604）正月二十三日，会弟子于妙香圆寂庵，焚香说法，取自家影帧，书于其背曰：“八十年前渠是我，八十年后我是渠。”又付书谢松云讫，趺坐而逝。享年八十五，法腊六十七。其著有《禅教释》、《禅教诀》、《云水坛》、《三家龟鉴》、《禅家龟鉴》各一卷，有《清虚堂集》八卷行于世。①

李廷龟《休静大师碑》有谓：“吾东方太古和尚，入中国霞雾山嗣石屋，而传之幻庵，幻庵传之龟谷，龟谷传之正心，正心传之智严，智严传之灵观，灵观传之西山。此实临济之正派，而惟西山独得其宗。”李维《清虚大师碑铭并序》亦谓，休静法嗣葆真、彦机、双仡、海眼等请他撰写碑文时具状说：“临济十八传而为石屋清珙，丽朝国师太古普愚，得石屋之传。自是，又六传而至吾师。其源流之远如此，请以是铭焉。”由此可见，休静是临济宗的法脉。

朝鲜王朝后期的正祖（1777—1800 在位），曾亲撰《御制西山大师画像堂铭

①见世子傅李廷龟撰《淮阳清虚堂休静大师碑》，《朝鲜金石总览》下册，第 852—855 页；弘文馆大提学溪谷张维撰《海南县大兴寺清虚大师碑铭并序》，《朝鲜佛教通史》上编，第 469—472 页，《大藏经补编》第 31 册，第 402—403 页。

并序》，评说佛教的真精神，表彰休静的卓越贡献。碑文谓："释家之通称曰沙弥，沙弥者，息慈也，谓安息于慈悲之地也。故佛有三藏而修多罗为首，佛有十回向而救众生为首。概戒律也，禅定也，智慧也，无一不慈悲乎究乘，而法界之功德在此，恒沙之福田在此。无上哉，慈悲之为教也。后世之沙弥则不然，云天水瓶，游心于实相之外，翠竹黄花，比身于无情之物。吾儒遂以枯木死灰讥之，非吾儒讥之，沙弥自诒其讥也。

"若西山大师休静之为沙弥也，其亦不愧天息慈之义乎。始焉腰包杖锡，遍参诸方，树法幢为人天眼目，则云章宝墨，宠赉优异，至今与贞观、永乐之序争耀于兜率蓝若间；中焉显发宗风，弘济国难，倡义旅为勤王元勋，则腥膻妖气应手廓清，至今使方便度世之功永赖于阎浮提无量劫；终焉随缘现身，像过摄身，寻因果为上乘教主，则梅熟莲香倏到彼岸，至今有望俨即温之像，受顶礼于西南香火之所，如此然后方庶几乎济大千惠尘境。曾面壁数珠、磨砖作镜之谓慈悲乎？曾广建塔庙、多写经律之谓慈悲乎？"①

第二节　休静的思想和宗风

休静的宗风和思想，继承了中国临济宗和高丽末期太古普愚等临济传人的理论和禅风，他所著《三家龟鉴》"佛教"卷劈头便说："有一物于此，从本以来，昭昭灵灵，不曾生不曾灭，名不得状不得。佛祖出世，无风起浪。然法有多义，人有多机，不妨施设，强立种种名字，或心或佛或众生，不可守名而生解。当体便是，动念即乖。""大道本乎其心，心法本乎无住。无住心体，灵知不昧，性相寂然，包含德用。""心清净是佛，心光明是法，心不二是僧。又性本知觉为佛，性本寂灭为法，性上妙用为僧。忽得自家底今日，方知本来无事。"这都是强调心的根本性。

他又论禅家的"教外别传"说："自迦叶阿难二尊者至六祖慧能大师，所谓三十三也，此教外别传之旨迥出青霄之外，非徒五教学者难信，亦乃当宗下根茫

---

①《大藏经补编》第31册，第223页。

然不识。”[①] “今错承禅旨者，或以顿渐之门为正脉，或以圆顿之教作宗乘……或认光影为自己者，至于恣行盲聋棒喝，无惭无愧者，是诚何心哉！……吾所谓教外别传者，非学而知、思而得者也，须穷心路绝然后始可知也，须自首肯点头后始可得也。”[②]

休静在《三家龟鉴》“佛教”卷中论禅与教的关系说：“世尊三处传心者，为禅旨；一代所说者，为教门。故曰禅是佛心，教是佛语。若人失之于口，则拈花面壁，皆是教迹；得之于心，则世间粗言细语，皆是教外别传禅旨。”这是说，禅与教是佛心、佛语，本来无二，关键是要领悟其宗旨。他又说：“教门唯传一心法，禅门唯传见性法。心即是性，性即是心。心则从妙起明，如镜之光；性则即明而妙，如镜之体。教门唯执悉达一生成佛者，为小乘机也；多劫修行，相尽性显，方得成佛者，为大乘机也；一念悟时，名为佛者，为顿机也；本来成佛者，为圆机也。犹禅，烦恼菩提异执者，为皮也；断烦恼得菩提者，为肉也；迷则烦恼悟则菩提者，为骨也；本无烦恼，元是菩提者，为髓也。”在这里，他对禅宗与教宗的观点进行了具体的比较，说明教禅两者是一致的。他在《心法要抄》中又说：“祖师所示，皆是一句中，八万四千法门，元自具足，故随缘不变，性相体用，顿悟渐修，全收全拣，圆融行布，自在无碍，元是一时，无前后者，禅也。诸佛开示，顿悟渐修，随缘不变，性相体用，全收全拣，圆融行布，事事无碍法门，虽有具足，有修有证，阶级次第先后者，教也。”他在继承知讷教禅调和思想的基础上，又有多方面的发挥。

在《心法要抄》中，基于教禅调和的立场，他分别指出教学者、禅学者以及三乘学人之病。“教学者病：教学者，不参活句，徒将聪慧口耳之学，衒曜于世，脚不踏实地，言行相违，这边那边，讨山讨水，徒费粥饭，自被经论赚过一生，终作地狱滓，非济世舟航也。”“禅学者病：禅学者，习闲成性，不求师范，野狐窟中徒劳坐睡，被目前缘起事法，未能透脱，粥都嚧博谜子者，只作依草附木精灵，亦非济世舟航也。”“三乘学人病：夜绳不动，汝疑之为蛇；暗室本空，汝怖之为鬼。心上起真妄之情，性中立凡圣之量，如蚕吐丝，自缠其身，是谁过欤？若一念回光，则直是菩提正路。千思万虑，失我心王。此心王者，言语道断，心

①《禅教释》，《韩国佛教全书》第七册。以下所引休静著述，皆见于《韩国佛教全书》第七册。
②《禅教诀》。

行处灭。”

休静论参禅门说：“若欲脱生死，须参祖师禅。祖师禅者，‘狗子无佛性’话也。一千七百则公案中，第一公案也。天下衲僧尽参无字话。”“大抵学者，须参活句，莫参死句。活句下荐得，堪与佛祖为师；死句下荐得，自救不了。活句者，径截门也，没心路，没语路，无摸索故也。死句者，圆顿门也，有理路，有心路，有闻解思想故也。”① 他又说：“学者先以如实言教，委辨不变随缘二义，是自心之性相；顿悟渐修两门，是自行之始终。然后放下教义，但将自心现前一念，参详禅旨，则必有所得，所谓出身活路。大抵学者，须参活句，莫参死句。凡本参公案上，切心做功夫，如鸡抱卵，如猫扑鼠，如饥思食，如渴思水，如儿忆母，心有透彻之期。”这也显然继承了知讷的参禅思想。

休静承袭中国明代念佛与参禅并行的风习，提出结合参禅的四种念佛，即口诵、思像、观相、实相。他又论念佛的功德说：“心则缘佛境界，忆持不忘，口则称佛名号，分明不乱。如是心口相应，念一声，则能灭八十亿劫生死之罪，成就八十亿劫生死功德。一声尚尔；何况千万声；一念尚尔，何况千万念耶！”② 又说：“念佛者，在口曰诵，在心曰念。徒诵失念，于道无益。阿弥陀佛六字，定出轮回之快捷方式也。心则缘佛境界，忆持不忘；口则称佛名号，分明不乱。如是心口相应，名曰念佛。”③

休静在《三家龟鉴》“儒教”卷中，阐发儒家的思想说：“孔子曰：天何言哉。董仲舒曰：道之大原出于天。蔡沉曰：天者言其心之所自出，此即周茂叔所谓无极而太极也。《书传》序曰：精一执中，尧舜禹相传之心法也；建中建极，商汤周武相传之心法也。曰德，曰仁，曰敬，曰诚，言虽殊而理则一，无非所以明此心之妙也。”他赞扬儒教之德，“其盛矣乎”。他又说：“有客来相访，如何是治生，恒存方寸地，留于子孙耕。为子死孝，为臣死忠，人无忠孝之心，其余不足观也。心统性情，君子存心，恒若鉴空衡平，与天地合其德。于戏，三月忘味，终日如愚，此圣贤忘内之乐也。不贵黄屋，不贱陋巷，此圣贤忘外之乐也。然则圣贤之乐，不在内外，当在何处？古之诗人，观鸢鱼而知道之费隐，圣人观川流

①《心法要抄》。

②《清虚堂集》卷四。

③《心法要抄》。

而知道之不息。今之学者，岂可不尽心乎？文王之《诗》，无声无臭之天，子思子亦引之，以结《中庸》之义。吁，即吾浑然未发之中也，此周茂叔所谓太极本无极也。”他极力称颂儒家之德、儒家之心，在他看来，儒家的“心”与佛家的“心”是相通的。

在《三家龟鉴》“道教”卷中，他阐述了道家与道教的思想，并表示出认同的态度。他说：“有物浑成，先天地生，至大至妙，至虚至灵，浩浩荡荡，历历明明，方隅不可定其居，劫数不能穷其寿。吾不知其名，强名曰心，亦曰谷神，遂为三才之本，万物之母。”在他看来，道家道教思想与佛、儒相通，都是以“心”为根本的。

在《三家龟鉴》的结尾处，他说：“古云：儒植根，老培根，释拔根。其次序概可见矣。今为初学，略开三门户而通之尔，他日若开心眼，则必大笑而骂之。”

休静的出现，给朝鲜王朝的佛教带来了一些转机。他主张禅、教兼修，儒、佛会通，并主张王法、佛法不二，亲率僧兵抗敌卫国，为国家民族建立了奇功，可以说是名垂青史。

第三节　休静的门人

休静门下，麟凤甚多。其著名者有松云惟政、鞭羊彦机、逍遥太能、中观海眼、静观一禅、泳月清学等。惟政是休静上首弟子，以忠烈报国而闻名。而鞭羊彦机弘传休静之禅最为得力。

惟政，字离幻，自号四（泗）溟，俗姓任，丰川望族，后迁密阳。生于甲辰（1544）十月十七日。生而聪颖，嶷然不类常儿。稍大，偕群童嬉游，或团沙为塔，或竖石为佛，或采花拾栗为蒲供。七岁时其父“诲以史”，他力学不懈。十三岁从黄柳村汝献学《孟子》，后感叹“俗学贱陋，世缘胶扰，岂若学无漏之学乎！”遂投黄岳山直指寺，礼信默和尚被剃。“初阅《传灯录》，未熟已悟奥旨，诸老宿皆就质焉。”辛酉（1561）中禅科，“华闻渐彰，一时学士大夫诗人如朴思庵、李鹅溪、高霁峰、崔嘉运、许美叔、林子顺、李益之之辈，咸与之欢，唱和诗翰，传播词林，人以为美谈。”后得奇高峰指点，“竦神受教，勤苦不少懈。因受‘四子’于苏斋相，又学李杜诗，自是，文章日益进，而内典千函亦尽涉猎。”

乙亥岁（1575），以空门众望，请住持禅宗，惟政苦辞，拂锡而去，入妙香山受益于清虚休静座下，“老师提醒心地，直授性宗。师（惟政）言下大悟，即扫薙群言，断除闲习，从前游戏词家，忏为绮语，一志于安心定性。苦行三载，尽得其法。”戊寅（1578），辞别老师，到枫岳山报德寺结三夏，又南游八公、清凉、太白诸山。丙戌（1586）春，到沃川山东庵，一夜骤雨，庭花尽落，惟政忽悟无常之理，便招门人，语之曰：“昨日开花，今日空枝，人世变灭，亦复如是。浮生若蜉蝣而虚度光阴，实可矜闷。汝等各具灵性，盍反求之，以了一大事乎？如来在我肚里，何必走外求而蹉过日时耶？”随即遣散门徒，独入禅室，杜口结跏，或旬日不出。己丑（1589），住五台山灵鉴蓝若，因误挂逆狱，被拘江陵府，由于儒士辈讼其冤情，而获释。庚寅（1590）游枫岳山，又结三夏。

壬辰（1592）夏，日本兵闯入岭东榆岾寺，惟政率十余名门徒直入山门，“贼悉缚之，独师至中堂。则倭头知其非常，待以宾主，解其徒。师书以往复，诸倭敬服。”随后惟政等又“飞锡入高城，则贼将三人俱加礼遇。师以书劝其毋嗜杀，则三将皆拱手受戒，挽三日，设供出城，九郡之得免虔刘者，盖师功也。”及至宣祖西幸，惟政募集义僧数百名亟赴顺安，与其他来顺安的僧兵相会合，组成了数千人的队伍。当时清虚休静以朝命总摄诸道僧兵，因其年事已高，便荐惟政代行兵权。惟政代师统率大众，跟随体察使柳成龙，协同明将作战，收复平壤。随后随都元帅权公栗下岭南驻扎在宜宁，“颇多杀获”，受到宣祖的嘉奖，“授堂上阶”。甲午（1594）春，刘綎总兵命惟政入釜营晓谕日将清正，“凡三返，尽得其要领”。宣祖招惟政入宫，备问平生，然后说：“昔刘秉忠、姚广孝俱以山人建立殊勋，名流后世。今国势如此，尔若长发，则当任之百里之寄，授以三军之命矣。”惟政谢绝而退。返回岭南后筑龙起、八公、金乌诸山城以为屏障，各方面安排处理停当，即“还上印绶”，“抗章乞闲”，朝廷不许。丁酉（1597）冬，从麻贵提都入岛山，第二年又从刘提都入曳桥，“皆有首功。前后备饷四千余石，器甲万计。”宣祖特阶嘉善，授同知中枢府事。辛丑（1601）筑釜山城后还内隐山。癸卯（1603）承命入京，第二年秋奉国书出使日本，见德川家康，“备言两国生灵久陷涂炭，吾因普济而来。康亦归心释教者，闻而发信心，敬之如佛，克成和好而归。”并带回被掳男女一千五百人。乙巳（1605）复命，受到朝廷的嘉奖。

其时清虚已示寂，惟政入妙香山礼其影塔，守制普贤寺，后又结茅三清洞。丁未（1607）秋，乞骸还雉岳山，第二年闻宣祖去世，赴京哭拜，因得病，庚戌（1610）秋八月二十六日趺坐入灭世寿六十七，法腊五十五。谥慈通弘济尊者。

《四溟大师石藏碑》有云："自象教之东被三韩也，教律并倡，圆渐分门，数千年来，蒙伽黎者，人人各自夸握牟尼之宝矣。唯牧牛江月独得黄梅宗旨，蔚为禅门之冠，钳槌一震，万人皆废。俾涅槃妙心、正法眼藏传于青丘之域，岂不异哉。普济五传为芙蓉灵观，而清虚老师称入室弟子，其慧观妙悟，有出于前辈，实近代之临济、曹洞也。厥后嗣法者不无其人，而淄门盛推四溟大师谓可继西山之传，或庶几乎哉！"又谓："知师者或病其乏津筏，而徒区区救世为。夫岂知诛魔济难是渠家无量功德，而摩诘无言，直入不二法门，又奚用哓哓立训乎？"①

惟政的佛学著述不多，他的佛学思想，在其所作为宫廷祈福《华严经跋》中有所涉及，其中说道："大哉，华严之为顿教也，体本不生，而无始无终，用实非灭，而无成无坏。是为众教之本，而万法之宗也，天以之而清，地以之而宁，山川以之而流峙，禽兽以之而飞走，以至草木昆虫，亦以之而动息，此所谓体万物而不遗，性一切而无忒者也。我佛之所宣说，盖说此也；五十三善知识所示人，盖示此也。乃至君仁臣忠，父慈子孝，兄爱弟恭，夫和妇顺，亦无非得此而然也。"②形式上是论述华严之体用，实际是阐发万物一体、体用不二的佛教观，期间还透露出佛儒融合的思想。

另外，圆俊长老作法华忏文，惟政应请作《圆俊长老法华后跋》，其中有："夫清镜浊金，元非异物；浑波湛水，同出一源。其本同而末异者，在乎磨与不磨、动与不动耳。凡圣愚不肖，性亦如是，但以迷悟为别，孰云愚智有种？以至愚望大觉，势绝霄壤，及乎一念回机，便同本觉。然而回机有二种：一自力，二他力。自力谓一念回机，便同本觉者也。他力乃归依慈父，十念功成者也。西方有国曰极乐，有大圣曰无量光，河沙菩萨，尘数声闻围绕，而四十八愿八万四千随身相好光明，摄取众生一念至于七念，皆蒙玉毫接引。然则所谓佛之一字觉海中，一钩者非的言也，非释师子独称，乃诸圣同愿往生，岂欺我哉。"③ 这里明确

①其事迹见《陕川海印寺四溟大师石藏碑》，《朝鲜金石总览》下册，第823—827页。

②《四溟堂大师集》，《韩国佛教全书》第八册。

③《四溟堂大师集》，《韩国佛教全书》第八册。

论说本觉思想，可与上文之论《华严》体用相互参照，以见其禅机，亦见其禅教一致和禅净结合的主张。因此，恒阳居士吕圭亨所撰《重刊逍遥集序》有谓：“逍遥禅师，西山清虚祖师之高足弟子也。祖师门中，禅师与鞭羊师为禅宗，松云师为教宗，一时并峙 。”[①]

彦机（1581—1644）俗姓张，堂号鞭羊，万历辛巳（1581）七月生，竹州人。幼年出家，从玄宾大师受具戒。长而挂锡妙香山的西山，得传休静衣钵。尔后南游，“遍参诸禅长老，以充其学”。在枫岳山天德寺和妙香山天授庵“开堂讲法，广演禅教，从而悟解修结者不可胜纪”。甲申（1644）五月初十日感微疾而示化，法腊五十三。[②]

他著有《鞭羊堂集》三卷[③]，其中卷一有《答尹巡使偈》曰：“不学宣王教，宁闻柱史玄，早入西山室，唯传六祖禅。”表明他对孔孟之教兴趣不大，比较喜欢老庄之学，后来则很快转向禅佛教。《鞭羊堂集》卷一又有诗吟其逍遥世外的精神境界：“云走天无动，舟行岸不移，本是无一物，何处起欢悲。”

彦机论禅说：“六祖曰有一物于此，上柱天下拄地，如日黑似漆，常在动用中收不得，儒谓之太极，老谓之天下母者，皆不离于此也。此物之为体也，虚灵不昧，具众理应万事，天下阴阳，日月星辰，山川草木，人及禽兽之属，无一不承渠之恩力而得成立焉。有生皆具，谁独且无，但昧者不知所谓，而民日用而不知者也。惟我释迦如来，自以净饭王太子唾金轮万乘之位，入雪山六年修道，腊月八夜见明星，豁悟向所谓一物者而成正觉，叹曰奇哉，一切众生皆具如来智慧，但以妄想执著而不证得。”（卷三）

他在《禅教源流寻创说》中提道：“昔马祖一喝也，百丈耳聋，黄檗吐舌，此一喝便是拈华消息，亦是达摩初来底面目，即空劫以前父母未生的消息。诸佛诸祖奇言妙句，良久棒喝，百千公案，种种方便，皆从斯出。银山铁壁措足无门，石光电光难容思议者也。此教外别传禅旨，所谓径截门也。”（卷二）

他又论教说：“教有四等差别，初成道为缘熟等菩萨上根凡夫说二顿华严也；为声闻说四谛，为缘觉说十二因缘阿含也；为菩萨说六度方等也；为前三乘究竟

---

①见《逍遥集》，《韩国佛教全书》第八册。

②见《宁边普贤寺鞭羊堂大师碑》，《朝鲜金石总览》下册，第883—884页；《淮阳白华庵鞭羊堂大师碑》，《朝鲜金石总览》下册，第884—885页。

③见《韩国佛教全书》第八册。

说阿耨多罗三藐三菩提法华也，是为四教也。然当机自有差别，法无差别。不起树王而游鹿苑，而于顿说即说四谛，然则仙苑觉场一座也，华严四谛一说也。华严不必玄于四谛，四谛不必浅于华严也。但随机而有大小差别，如天降雨，草木受润，草木自有长短，其雨一味也。佛说亦尔，教随机异，其实皆一法也。——四教所示法体皆妙，万法明一心，即幻化示实相。其所示也，根境诸法也；其能悟也，亦根境诸法也。空本无花，见花者病也；法无差别，见差别者妄也。一念不生，火宅即寂光也；毫厘有差，寂光即火宅也。禅门为最下根者借教明性，所谓性、相、空三宗也。有理路、语路闻解思想，故圆顿门死句，此义理禅也，非前格外禅也。虽然，之二者亦无定意，只作当人机变。若人失之于口，则拈华微笑尽落陈言；若得文于心，则粗言细语皆谈实相也。”（卷二）他明确主张，教禅虽有区别，但从根本上说是一致的。

彦机和休静一样，也主张参禅与念佛相结合，与明末的中国禅相通。他说：“参禅则念佛，念佛则参禅，初何尝有间哉。”（卷三）又有诗论念佛云：“雨后秋天万里开，川流白石净无苔，念佛人心正若此，娑婆国界即莲台。”（卷一）他认为：“念佛门工夫，行住坐卧常向西方，瞻想尊颜，忆持不忘，则命终时，佛陀来迎接上莲台也。此心即六道万法，故离心别无佛也，离心别无六道、善恶诸境也。命终时若见佛境界现前，无惊动心；若见地狱境界现前，无怖畏心。心境一体，是为不二。于此不二法门中，何有凡圣、善恶差别乎？如此观察不惑，则生死魔何处摸索？此亦是道人制魔之要节也，学者须着眼看。”（卷二，《禅教源流寻创说》）这是用禅家思想来诠释净土念佛。

彦机门下最有名的是义谌[①]。义谌（1592—1665）是“清虚之嫡孙，鞭羊之法嗣”。俗姓柳，号枫潭堂，京畿通津人，生于万历壬辰（1592）。十六岁入妙香山从性淳老师落发受戒。初参天冠山圆彻大师，后“入鞭羊之堂，尽得清虚之传”。遂南游，遍参奇岩、逍遥诸长老，住锡于金刚、宝盖两山。“日把《华严》等经百数十卷，正其差谬，着其音释，然后三乘奥义，焕然复明。前后开度悟解者，指不胜屈。”乙巳（1665）春，示寂于金刚之正阳寺，病剧吟一偈曰：“奇怪这灵物，临终尤快活，死生无变容，皎皎秋天月。”俄而坐化，法腊五十八。其门

①其事迹见《金刚山枫潭堂大禅师碑铭并序》，《朝鲜佛教通史》上编，第510—511页，《大藏经补编》第31册，第412页。

下弟子数百人，有霜峰净源、月潭雪霁、月渚道安、枫溪明察、雪峰自澄、青松道正、碧波法澄、幻宴庄六等各成一派，因而被称为海东中兴之祖。

第四节　临济法裔浮休善修、碧岩觉性

浮休与休静是同一代的临济宗法裔。白谷山人处能所撰《追加弘觉登阶碑铭并序》开首即说："临济后二十四世，有嫡孙曰浮休。"据该《碑铭》所记，浮休俗姓金，法名善修，古带方獒树人，癸卯（1543）二月生。自幼辞家，入头流山（智异山）从信明长老剃发，谒芙蓉（灵观）大师，"尽得篱笆边物"。得法之后，借卢相国守慎家藏书，"七阅寒暑，书无所不读"。其书法"效钟王法，与松云政公齐名"。

壬辰国难中，浮休在德裕山隐身避锋。敌退之后，入住伽倻山海印寺。适逢明将李宗城奉神宗皇帝之命到朝鲜封关白，间道入海印寺，"一见师（浮休），辄忘归，留语数日，侃侃如也。临别赠诗一章，期为千里面目。"不久，移住九千洞，又住头流山。光海君在位时（1608—1622），曾召其入宫，"询问道要"。光海君大悦，"赐紫襕方袍一领，碧绫长衫一衫，绿绮重襦一袭，金刚数珠一串，其余珍玩厚赉，迨不可记。"又设斋于奉印寺，"遣师为证"，"都人望风趣拜，耻居后。斋毕，师辞还，道俗争先，递夫舆归"。还山之后，四远问道者"憧憧坌集，众盈七百"。万历甲寅（1614），浮休七十二岁时，"自曹溪之松广，之方丈，之七佛"。第二年秋七月，有疾，乃付法于上足碧岩大师。十一月初一日，沐浴之后，索纸笔书一偈曰："七十三年游幻海，今朝脱壳返初源。廓然空寂元无物，何有菩提生死根。"偈毕泊然而逝，报年七十三，坐夏五十七。光海追加弘觉登阶。①

《顺天松广寺嗣院事迹碑》中记载："近世有浮休喜（善）修者居是寺，传碧岩觉性、翠微守初，三师皆阐扬道法，增饰院宇，比诸国师时为尤胜，而宗派则有殊焉。自临济十八传而为石屋清珙，丽朝太古普愚得珙之传，又六传而为浮休，

①见《朝鲜佛教通史》上编，第484—486页；《大藏经补编》第31册，第406页。

则此为如来正眼，而非得于牧牛（知讷）之传者也。"① 《全州松广寺开创碑》中记载："丽僧普愚入中国霞雾山，参石屋清珙禅师，清珙即临济十八代嫡孙也。普愚尽得其法，传之幻庵混修，混修传之龟谷觉云，觉云传之登阶净心，净心传之碧松智严，智严传之芙蓉灵观。灵观之上足弟子，其名曰善修，自号浮休，淹贯内典，为一代宗师。碧岩处浮休之门，已有出蓝之誉，法名觉性，学者尊师之，朝廷亦重之，赐报恩阐教圆照国一都大禅师号，授都总摄。"② 这里详细说明了浮休在临济法脉传承中所处的地位。

浮休的禅学思想，体现在他所作的诗偈中。其《赠岩禅伯》云："默坐虚怀独掩门，一声春鸟碧山云，烟霞剩得闲中趣，只自熙怡不赠君（一）""独坐深山万事轻，掩关终日学无生，生涯点检无余物，一椀新茶一卷经（二）。""寻师踏尽万峰峦，问道求禅碧眼寒，祖意如今几扫地，一生无事切参看（三）。"《次柳相韵赠全禅伯》云："随缘眼尽江湖景，归卧蓬莱第一峰，烟锁洞门红尘隔，水云穷处掷孤筇。"《山中闲咏》云"扫地焚香书掩关，此身孤寂此心闲，秋风叶落山窗下，无事常将古教看。"③

如上所述，浮休的法嗣是碧岩觉性。觉性字澄圆，号碧岩，法名觉性，湖西报恩人，俗姓金，万历乙亥（1575）十二月生。九岁失怙，"忽遇过僧，倾心学禅"。后"之华山礼雪默而师之。"十四岁落发受具于宝晶老师。浮休到华山时见到觉性，"大异之，勉以真筌。乃从休师入俗离山，转历德裕、伽倻、金刚等山，日阅贝叶，自是相随不暂离。"壬辰之难，觉性代师从军，"仗剑从天将破贼于海中，汉人见师，盛赞之"。

庚子（1600），于七佛蓝若结夏时，浮休因病辍讲，他受师命，"登座讨论，玄风丕振"。觉性"业于休门二十余年，入室传法，戒行绝高，随缘泊如，绝粒而不饥，通宵而不睡，常衣销瘦，结跏丈室，负笈者云集，甘露遍洒。自撰《三箴》以戒徒弟，盖'思不妄，面不愧，腰不屈'也。"光海君时，浮休因讼事入京，觉性偕师同往，后浮休还山，光海君留觉性于奉恩寺，并任命为判禅教都总摄，"卿士大夫多与之，东阳尉（申公翊）特相善"。未几，南归。仁祖时筑南汉

①《朝鲜金石总览》下册，第954—955页。

②《朝鲜金石总览》下册，第868—870页。

③《浮休堂大师集》，《韩国佛教全书》第八册。

山城，征觉性为八道都总摄，统领缁徒监筑三年而告讫，因之受赐报恩阐教圆照国一都大禅师号，并锡衣钵。

丙子（1636）冬，清兵猝至，仁祖避难于南汉山城，觉性出智异山，“募义僧三千，号降魔军，与官军为犄角，上闻益嘉之。”敌退之后还智异山。孝宗王龙潜时，觉性曾谒于安州，“论核华严宗旨，孝宗大称赞，嚫以龙眉画管砗磲数珠琉璃图书鋈金狮子”。及其即位，“用朝议授以总摄之印”。庚子（1660）正月十二日，临终应弟子之请，拈管书偈曰：“大经八万偈，拈颂三十卷，足以兼二利，何须别为颂。”（或谓：“拈颂三十篇，契经八万偈，何须打葛藤，可笑多事在。”）书罢悠然而化，寄世八十六岁，禅腊七十二。其著有《禅源集图中决疑》一卷，《看话决疑》一篇，《释门丧仪抄》一卷。[1] 李景奭所撰《碑》有：“大师之承竺教，厥有所自，芙蓉灵观接临济之遗绪，浮休与清虚休静俱事观。静传之松云，休传之碧岩。”

综上所述，朝鲜王朝时期的佛教传承，是以中国禅门临济一系为主线的。而休静及其门下传人，与浮休及其门下传人，又是临济法脉之最有影响的两大派系。

---

①见世子师李景奭撰《求礼华严寺碧岩大师碑》，《朝鲜金石总览》下册，第916—919页；春秋馆修撰官郑斗卿撰《报恩法住寺碧岩大师碑》，《朝鲜金石总览》下册，第922—923页。

参考文献

大正新修《大藏经》。
新纂大藏《卍续藏经》。
《大藏经补编》。
释慧皎撰、汤用彤校注：《高僧传》，中华书局 1992 年版。
释道宣：《续高僧传》，中华书局 1987 年版。
宋赞宁：《宋高僧传》，中华书局 1987 年版。
（日）圆仁：《入唐求法巡礼行记》，《大藏经补编》第 18 册。
《二十四史》，中华书局点校本。
《全上古三代秦汉三国六朝文》。
《全唐文》。
《唐文拾遗》。
吕澂：《中国佛学源流略讲》，中华书局 1979 年版。
汤用彤：《汉魏两晋南北朝佛教史》，中华书局 1983 年版。
汤用彤：《隋唐佛教史稿》，中华书局 1982 年版。
季羡林：《季羡林论佛教》，华艺出版社 2007 年版。
任继愈主编：《中国佛教史》，中国社会科学出版社 1997 年版。
杜继文主编：《佛教史》，中国社会科学出版社 1991 年版。
郭朋：《中国佛教思想史》，福建人民出版社 1994 年版。
（日）镰田茂雄著、关世谦译：《中国佛教史》，台湾佛光出版社 1985 年版。
杜继文、魏道儒主编：《中国禅宗通史》，江苏古籍出版社 1993 年版。
释印顺：《中国禅宗史》，中华书局 2012 年版。
杨曾文：《唐五代禅宗史》，中国社会科学出版社 1999 年版。
杨曾文：《宋元禅宗史》，中国社会科学出版社 2006 年版。

（日）忽滑谷快天著、朱谦之译：《中国禅学思想史》，上海古籍出版社 2002 年版。

汤一介：《佛教与中国文化》，宗教文化出版社 1999 年版。

方立天：《佛教与传统文化》，上海人民出版社 1988 年版。

方立天：《魏晋南北朝佛教论丛》，中华书局 2002 年版。

方立天：《中国佛教哲学要义》，中国人民大学出版社 2002 年版。

楼宇烈：《中国佛教与人文精神》，宗教文化出版社 2003 年版。

周贵华：《唯识、心性与如来藏》，宗教文化出版社 2006 年版。

王颂：《宋代华严思想研究》，宗教文化出版社 2008 年版。

《韩国佛教全书》。

《海东高僧传》。

朝鲜总督府编印：《朝鲜金石总览》。

《朝鲜寺刹史料》，《大藏经补编》第 31 册。

《三国史记》。

《三国遗事》。

《高丽史》。

《朝鲜王朝实录》。

《韩国文集丛刊》。

（韩）成均馆大学校大东文化研究院编：《崔文昌侯全集》，成均馆大学校出版部 1982 年版。

黄心川：《东方佛教论》，中国社会科学出版社 2002 年版。

陈景富：《中韩佛教关系一千年》，宗教文化出版社 1999 年版。

李能和：《朝鲜佛教通史》，《大藏经补编》第 31 册。

李能和：《朝鲜道教史》，韩国民族文化社 1980 年刊行。

（韩）金煐泰著、柳雪峰译：《韩国佛教史概说》，社会科学文献出版社 1993 年版。

（韩）东国大学校佛教文化研究院编：《韩国佛教思想史概观》，东国大学校出版部 1995 年版。

（日）镰田茂雄：《朝鲜佛教史》，东京大学出版会 1987 年版。

何劲松：《韩国佛教史》，宗教文化出版社 1999 年版。

（日）爱宕显昌著、转瑜译：《韩国佛教史》，佛光出版社 1989 年版。
（日）忽滑谷快天著、朱谦之译：《韩国禅教史》，中国社会科学出版社 1995 年版。
（韩）金相铉：《新罗华严思想史研究》，民族社 1991 年版。
（日）金勋《元晓佛学思想研究》（日文），大阪经济法科大学出版部 2002 年版。
（韩）韩国哲学会编、白锐等译：《韩国哲学史》，社会科学文献出版社 1996 年版。
（韩）柳承国著、傅济功译：《韩国儒学史》，台湾商务印书馆 1989 年版。
（韩）池明观：《韩国文化史》，（日）高丽书林 1979 年版。
周一良：《中朝人民的友谊关系与文化交流》，开明书店 1951 年版。
《大日本佛教全书》。
日本《本朝高僧传》。
《古事记》。
《日本书纪》。
杨曾文：《日本佛教史》，浙江人民出版社 1995 年版。
圣严法师：《日韩佛教史略》，台湾法鼓文化出版社 1997 年版。

后记

这套多卷本的《中华佛教史》中有一卷《中韩佛教交流史卷》，我觉得很有道理。中华民族所创造的灿烂文化，在世界上产生了广泛而深远的影响，尤其在东亚地区，从汉代之后便逐渐形成了一个文化共同体，人们常称之为“汉文化圈”、“儒教圈”或“大乘佛教圈”，由此即可见中国文化在这个地区的历史地位。中国和朝鲜半岛不仅地理上唇齿相依，而且从历史上看，思想文化等方面都有非常密切的联系。中国文化最先传到朝鲜半岛，在那里得到进一步发展，而且朝鲜半岛在中国文化东传日本的过程中发挥了黄金纽带的作用，这个特点在佛教方面表现得特别突出。中国佛教最早传到朝鲜半岛，中国的《高僧传》、《续高僧传》、《宋高僧传》等佛教传记典籍中，对朝鲜半岛的名僧大德多有收录。在这些传记作者的眼里，中国佛教和朝鲜半岛的佛教是一个整体。而日本之有佛教，也是从朝鲜半岛传过去的。毋庸置疑，中国佛教推动着朝鲜半岛佛教的形成与发展。但是另一方面，韩国佛教反过来对中国佛教的发展也有很大的促进作用，中韩佛教实际上不仅仅是单向的传播，是一种双向交流互动的关系。

中韩佛教交流是在中韩文化各个方面相互交流的大背景下进行的，不是单独孤立的。因此，本书的第一章先简单介绍韩国的历史，并以儒释道传统思想文化的交流为主线，概述中韩文化交流的整体情况；然后依时代顺序，分章对中韩佛教的交流情况展开论述。中国历史上的朝代更迭十分复杂，朝鲜半岛的朝代变化则较为单纯。本书从中国佛教初传朝鲜半岛说起，时代划分大体是东晋南北朝隋唐对应朝鲜半岛的高句丽、百济、新罗三国，宋元对应高丽时期，明清对应朝鲜王朝时期。其中，对在中韩佛教交流史上有重要地位的韩国佛学大家，则辟专章讨论，以便突出重点；又以有代表性的人物为主，兼述其他相关人物，力求能够揭示佛学思想或佛教派别在韩国的前后传承脉络。

中韩佛教的交流，在我看来至少有三种形态，其一是半岛的僧人或来华定居的居士，如新罗圆测，少年时来唐，终生在唐学法、弘道，对中国佛教做出了杰出的贡献；其二是来华求法后回国在半岛弘扬佛教的，大多数入华求法者是属于这种情况；其三是虽然从未来华，但其思想理论实与中国佛教有不可分割的联系，并且在中国佛教史上也有重要的影响的，例如元晓、知讷等韩国佛教史上著名的代表人物就是这样。然而，在谈到中韩佛教交流时，这第三种情况往往容易被忽视，而这恰恰是很重要的一个方面。本书对这个方面有较多的关注，同时侧重对这些佛学家的佛学思想进行论述和分析，阐明其在中韩佛教交流中的重要性。

在本书的写作过程中，笔者尽可能收集了比较多的文献资料，但使用时则审慎地加以拣择，凡所引用，都尽量依据原始文献。对相关的研究著作中的引文，或“资料选编”一类的第二手资料，引用时必核查原始文献，依原始文献加以引用，非不得已时不作转引。如果在原始文献中查无踪影，或者出入甚大，即使看上去很有价值的资料，也只得忍痛割爱，以避免以误传误甚至以讹传讹的弊害。

其实在多年前，季羡林先生尚健在时，他和汤一介先生就把写这一卷的任务交给了我。但是由于种种原因，主要是自己的惰性作怪，总是明日复明日，迟迟没有动笔。到了不得不兑现承诺的最后时限，我才下决心集中精力撰写。然而在这个时间段的前前后后，我的身体变得很成问题，如果没有家人（妻子胡小玲、女儿魏荣欣）的全力支持和无微不至的照顾，没有亲朋好友的关怀与帮助，这册书可能写不下来，写出来了也未必能看到出版。现在这册书就要面世了，我的身体也一天天好起来，我真的很幸运。另外，真诚地感谢山西教育出版社的刘立平、李梦燕、潘峰等同志为此书付出的心血。

由于笔者水平所限，也由于写作的时间仓促，书中错误和不妥之处可能不会少，希望读者不吝赐教。

魏常海

于北京博雅西园

《中华佛教史》后记

◎汤一介

1999年冬，山西教育出版社约请季羡林先生主编一套多卷本《中华佛教史》。其时，季先生年近九十，因身体的原因，季先生向出版社提出由他与我共同主编。我虽对中国佛教史稍有涉猎，但并无深入研究，为了帮助季先生实现编著《中华佛教史》的意愿，我答应了。自2000年起，我们开始组织编写队伍，又花了一年多的时间经多次与作者共同讨论，就《中华佛教史》的框架和编写体例达成了共识。我们认为，现有的中国佛教史著作多为汉地佛教，而且往往只写佛教思想，这次我们是否可以编写出一套有特色的佛教史，把我国多个受佛教影响的民族的佛教历史也包含在内，这样也许更有意义。为了与过去的中国佛教史有所区别，我们把这部佛教史定名为《中华佛教史》，此点季先生在本书的总序中已有说明。

原来我们讨论编写的《中华佛教史》共分十三卷：一、汉魏两晋南北朝佛教史卷；二、隋唐五代佛教史卷；三、宋元明清佛教史卷；四、近代佛教史卷；五、佛教文学卷；六、佛教美术卷；七、西藏佛教史卷；八、西夏佛教史卷；九、云南上座部佛教史卷；十、西域佛教史卷；十一、敦煌佛教史卷；十二、中韩佛教交流史卷；十三、中国佛教东传日本史卷。后季先生自2003年起因身体原因长期住在医院，我又担任了教育部哲学社会科学重大攻关研究项目“儒藏编纂与研究”的首席专家，加之各卷作者的教学与其他研究任务繁忙，因此《中华佛教史》的进度较慢。自2004年，开始有作者交稿，至2012年已交十卷，敦煌卷、西域卷、西夏卷因各种原因而无法继续写作。现在完成的是以下十卷，即汉魏两晋南北朝佛教史卷、隋唐五代佛教史卷、宋元明清佛教史卷、近代佛教史卷、佛教文学卷、佛教美术卷、云南上部座佛教史卷、西藏佛教史卷、中韩佛教交流史卷、中国佛教东传日本史卷。为了稍稍弥补此套《中华佛教史》之不足，我征得季先生同意，从季先生的著作中把他所写的中国佛教论文编成一本《佛教史论集》，把它作为本书的最后一卷，一方面希望读者能了解季先生对"中华佛教史"总体上的把握，另一方面季先生的这本《论集》中包含着他对敦煌、吐鲁番以及西域地区佛教的若干看法，这或许对敦煌佛教、西域佛教的研究有所帮助。还需要说明一事，季先生曾为西域卷写了三万余字的书稿，但现在不知手稿在何处，故未及编入《论集》，希望以后能找到，供研究西域佛教的学者利用。把季先生的《佛教史论集》作为《中华佛教史》最后一卷，其他十卷顺序排列，这或者也可以说仍是一套稍具规模而与其他中国佛教史著述有所不同的研究著作。

由于我不是专门研究佛教史的专家，加之我晚年特别关注中国儒家哲学及其现代发展的可能性问题，因此没有可能把大力花在《中华佛教史》上，这是一件遗憾的事。学术研究是没有止境的，我相信一定会有更好的包含中华各民族佛教信仰的佛教史研究著作出现。这对凝聚中华民族为一体也有一定的意义。

《中华佛教史》

总主编
季羡林
汤一介

《汉魏两晋南北朝佛教史卷》 张雪松
《隋唐五代佛教史卷》 洪修平 等
《宋元明清佛教史卷》 魏道儒
《近代佛教史卷》 麻天祥
《佛教文学卷》 孙昌武
《佛教美术卷》 金维诺
《西藏佛教史卷》 王 尧
《云南上座部佛教史卷》 张公瑾 杨民康 戴红亮
《中韩佛教交流史卷》 魏常海
《中国佛教东传日本史卷》 杨曾文
《佛教史论集》 季羡林